2016年闻一多国际学术研讨会论文集

国际学术研讨会

论文集

陈国恩　方长安　张园◎主编

中国社会科学出版社

图书在版编目（CIP）数据

2016年闻一多国际学术研讨会论文集/陈国恩等主编.—北京：
中国社会科学出版社，2018.3

ISBN 978-7-5203-1576-0

Ⅰ.①2…　Ⅱ.①陈…　Ⅲ.①闻一多(1899-1946)—人物研究—
国际学术会议—文集　Ⅳ.①K825.6-53

中国版本图书馆CIP数据核字(2017)第288889号

出 版 人	赵剑英
责任编辑	李炳青
责任校对	冯英爽
责任印制	李寡寡

出　　　版	中国社会科学出版社
社　　　址	北京鼓楼西大街甲158号
邮　　　编	100720
网　　　址	http://www.csspw.cn
发 行 部	010-84083685
门 市 部	010-84029450
经　　　销	新华书店及其他书店

印刷装订	北京明恒达印务有限公司
版　　　次	2018年3月第1版
印　　　次	2018年3月第1次印刷

开　　　本	710×1000　1/16
印　　　张	31
插　　　页	2
字　　　数	498千字
定　　　价	118.00元

目　录

拳拳赤子心 一片爱国情

——祝贺研讨会召开

赵宝江
（武汉闻一多基金会）

各位代表，女士们、先生们，大家好：

今年是闻一多先生殉难 70 周年。国内外专家学者共聚珞珈山麓，缅怀闻一多先生，研讨闻一多先生的思想和精神、创作及学术成就，这是一大学术盛事。

闻一多先生成长于动荡的岁月。他青年时代怀着救国救民的理想远涉重洋，留学美国，亲身体验了发达的西方对于贫弱的中国的偏见。他站在中国的立场上，站在劳动者的立场上，向不公平的世界发出了严正的抗议，表达了对祖国的深切感情。他热爱中国的文化，是与他希望中国有一个美好的未来这一崇高的追求联系在一起的。当他回国后亲眼看见他在异国他乡日夜思念的祖国处于混乱和黑暗中，感到无比痛心。尽管现实非常令人失望，但闻一多并没有因此丧失对他所深爱着的祖国的信心。他是在看不到希望的时代，怀着对祖国的深爱，不倦地探索着前进的道路。他就是这样凭着信念，不断地前行，寻找着民主的理想。最后他发现，民主的理想就在人民的方面，所以他义无反顾地投入到了反内战、争民主的斗争中去，用自己的生命谱写了一曲惊天动地的爱国主义正气歌。

闻一多的精神，是不断地追求真理，当认定真理的方向时，哪怕面对强权也无所畏惧、奋勇向前的精神，是把个人的荣辱与祖国的命运紧紧联系在一起的精神，是为了祖国的美好未来甘愿过清贫的生活乃至献出自己的一切直至生命的精神，这是一种伟大的爱国主义的精神。闻一多的道路，代表了现代中国那些具有很好的文化修养、经历了曲折的过程，通过个人的切身经历认清了祖国的前途，从而投身人民民主的知识分子道路。

今天，中华民族面临和平崛起的机遇和挑战。纪念闻一多先生，就更要继承他的探索真理、热爱祖国的精神，学习他结合自己的人生经验认识真理、确立理想的精神，学习他为祖国的民主和平、繁荣富强而不断探索和追求的精神。

武汉闻一多基金会是在老一辈无产阶级革命家李先念、王任重同志的倡导和支持下，在中共湖北省委和中共武汉市委的直接领导和指导下，于 1991 年成立的。自此，就将支持推动闻一多精神的宣传和学术研究作为一种责任，薪火相传、坚守如一。今天，我们欣喜地看到，有更多的国内外专家学者共聚一堂，研讨闻一多思想，传承闻一多精神。我们相信，这必将把闻一多学术研究推向新的高度。

最后，祝愿"2016 闻一多国际学术研讨会"取得圆满成功！

开幕式致辞

柳建辉
（中共中央党校）

各位领导、各位专家：

大家好！

今年是中国现代著名诗人、学者、民主战士闻一多先生殉难 70 周年。由中国闻一多研究会、《文学评论》编辑部、闻一多基金会、中国现代史学会、武汉大学文学院主办，华中师范大学文学院等六家单位协办的"2016 闻一多国际学术研讨会"今天在武汉大学召开。首先，我代表中国现代史学会和会长郭德宏先生向研讨会的召开表示热烈祝贺，向各位领导、专家的到来表示热烈欢迎，并预祝会议圆满成功，取得丰硕的研讨成果！

毛泽东曾总结指出："党的建设、武装斗争、统一战线，这是中国革命胜利的三大法宝。"的确，中国共产党领导的统一战线在革命年代发挥了团结朋友，壮大自己，组成浩浩荡荡的革命大军，凝聚起牢不可破的革命力量的重要作用。中国民主同盟盟员、著名教授闻一多先生，正是在中国共产党统一战线政策的强烈感召下，奋起参加革命，成为无畏的民主斗士，最后壮烈捐躯的革命烈士。大家知道，闻一多先生毕业于清华大学，后赴美留学，专攻美术，学习之余创作了大量的优秀诗篇，充满着爱国主义情怀。回国后，他先后任教于武汉大学、青岛大学和清华大学，潜心于学术研究，取得了丰硕成果，成为国内外知名学者、教授。他知识渊博，学贯中西，在知识界和青年学生中享有很高威望。但是，当时的中国面临内忧外患,不可能使他埋头学术,不问政治,伟大的抗日战争炮声惊醒了他,"华北之大,再也放不下一张安静的课桌!"清华大学、北京大学和南开大学被迫南迁至长沙,后再迁至昆明,合并而成西南联合大学。在学校由长沙迁至昆明时,年已四十的闻一多自愿跟学生们一起步行三千五百多公里。一路上,他蓄须明志(直到抗战胜利),到达昆明后,以深湛的学识、严谨的教风,赢得了师生的尊重和敬佩。处在抗战时期物质生活极端贫困的他,以到中学兼课和雕刻印章来贴补家用,生活虽然清贫,但他精神异常充实,忧国忧民之心愈重。中国共产党的抗日民族统一战线政策和国民党"积极反共,消极抗日"的倒行逆施以及腐败之风从正反两方面教育了闻一多,他终于走出"象牙之塔"而投身革命洪流。

抗战时期的中国共产党,已经摆脱了幼稚而成熟起来。以毛泽东为主要代表的中国共产党人,长征中及时提出"团结起来,一致抗日"的政治口号,在 1936 年促成"西安事变"和平解决,从而开始了第二次"国共合作",抗日民族统一战线得以建立。中国共产党一改党内教条主义者打击和排斥知识分子的极端态度而重视团结和争取知识分子,对闻一多这些欧美留学回国的高级知识分子也极其尊重,以诚相待,在全国人民中特别是中青年学生和知识分子中的威望与日俱增。而国民党在抗战期间所持的"消极抗日、积极反共"政策则丧失人心,使一大批曾经对国民党政府抱有幻想的民众转而同情共产党、拥护共产党。富于正义感的知识分子唾弃国民党政权转而盼望共产党领导,这是时代的潮流,历史的选择。

闻一多的思想转变正是在此期间完成的。民族的危机、国家的灾难、人民的疾苦、国民党的腐朽、共产党的正气,这一切汇成一股合力,促使他拍案而起,走出书斋,为抗日、为民主而呐喊。他的进步和转变既是受中共抗日民族统一战线的感召,也是中共南方局及其地下组织具体工作促成。周恩来领导的南方局正确地贯彻统一战线,善于通过知识分子中的党员如民盟上层领导人物楚图南和西南联大的学生党员来细致地、耐心地做闻一多等一批有名望的知识分子的工作。周恩来曾亲笔写信指出:像闻一多这样的知识分子,对国民党反动派的腐败是反抗的,他们也在探索,在找出路,而且他们在学术界、在青年学生中,还是有广泛的社会联系和影响的，所以，应该争取他们、团结他们。闻一多参加民主运动以后，要求参加共产党的愿望非常强烈，但他还是尊重共产党地下组织的建议，参加了中国民主同盟，入盟后任民盟中央执行委员和民盟云南省支部宣传委员兼《民主周刊》社社长。从此，他自觉接受中国共产党的领导，成为民主运动中一名英勇无畏的斗士。在校内外大小集会上，闻一多慷慨陈词、大声疾呼、义正词严地抨击国民党的独裁统治，满腔热情地赞颂共产党的民主政治，多少青年学生和人民群众为之拍手称快，国民党特务则对他恨之入骨，把他列入暗杀的黑名单，但他无所畏惧，仍然发表演说，撰写文章，坚持斗争。

抗战胜利后，全国人民欢欣鼓舞，但国民党政府竟悍然发动内战企图一举消灭共产党，而国民党政府"接收"大员贪婪掠夺财产的种种丑行，则使南京政府的威信扫地以尽。中国共产党为争取和平，避免内战所做的种种努力，特别是毛泽东亲赴重庆进行和平谈判，大大提高了中国共产党在全国人民心中的威望。重庆谈判期间，毛泽东冒着危险拜访民盟中央领导人，并就国内形势同他们交谈看法。在这历史转折关头，中国共产党和民主党派风雨同舟、荣辱与共，中国民主同盟旗帜鲜明地拥护中国共产党的主张，反对国民党制造内战的阴谋。闻一多和民盟云南省支部的领导人一起，挺身而出支持昆明学生举行的反内战、吁和平的罢课运动。1945 年 12 月初，国民党特务进入罢课的大中学校，残杀了四名手无寸铁的学生，打伤无数师生后扬长而去。这就是著名的"一二·一"惨案。惨案发生后，闻一多争取到西南联大校长和多数教授的支持，召开记者招待会，发表公诉状，由校长和教授们声讨国民党特务的暴行。在为"四烈士"出殡时，闻一多和其他十多位教授及学生一起坚持了八小时的游行。"一二·一"运动是抗战胜利后第一次大规模的学生运动，这次运动有力地揭露了国民党法西斯独裁统治的真面目，推动了国民党统治区民主运动的发展，积累了进一步开展民主运动的经验，培养和锻炼了大批的优秀学运干部。

民盟云南省组织的革命活动深为国民党当局忌恨，1946 年 7 月 11 日，省支部的领导人之一李公朴先生被国民党特务暗杀。闻一多悲痛万分，冒着生命危险出席 7 月 15 日上午举行的李公朴先生追悼会，并在会上发表了被称为《最后一次的讲演》的演说。他大义凛然，痛斥国民党特务杀害李公朴的无耻行径，并义无反顾地表示："我们不怕死，我们有牺牲精神，我们准备随时像李先生一样，前脚跨出大门，后脚就不准备跨进大门！"结果，当天下午，闻一多就被国民党特务暗杀了，年仅 48 岁！他的鲜血，染红了昆明大地，噩耗传开，国内外震惊。闻一多的死唤醒了千千万万的民众，抗议的浪潮一浪高过一浪，国民党法西斯独裁统治陷入了四面楚歌的狼狈处境。中国共产党对闻一多的被害深为震惊。毛泽东、朱德联名给闻一多夫人高真发去唁电，表示哀悼，称："一多先生遇害，至深悲悼。先生为民主而奋斗，不屈不挠，可敬可佩。今遭奸人毒手，全国志士，必将继先生的遗志，再接再厉，务使民主事业克底于成"。周恩来闻讯后沉痛地流下了眼泪，并和董必武、邓颖超、李维汉联名给高真发去唁电，指出："中国法西斯暴徒如此横行无忌，猖獗疯狂，实法西斯统治的最后挣扎，自掘坟墓。中国人民将踏着李公朴、闻一多诸烈士的血迹前进，为李闻复仇。灭亡中国法西斯统治，实现中国之独立与民主，以慰李、闻诸烈士在天之灵。"

闻一多的选择是历史的选择。作为一位"贫贱不能移、富贵不能淫、威武不能屈"的有骨气的知识分子，他选择中国共产党，自觉地接受党的领导，这是中国共产党统一战线的胜利，也是闻一多留给我们最宝贵的精神财富之一。他在中国共产党统一战线的领导下英勇斗争直至无畏献身的那种"惊天地、泣鬼神"的精神永远激励着后人，奋勇前行。从这个角度，我们可以说，共和国的五星红旗，同样是由民主党派革命先烈的鲜血染成的。在中共中央祝贺中国民主同盟成立五十周年的贺词中曾指出：中国民主同盟之所以成为中国共产党最忠实、最亲密的朋友，正是沿着闻一多等民盟早期领导人用热血和生命开拓的道路前进的结果。

今天，我们研究、学习、纪念闻一多先生的思想和精神，就要学习他苦学马列主义和毛泽东著作，确立正确的政治方向和人生信念的坚定选择。从 1944 年夏季起，根据现实斗争的需要，在共产党人热忱帮助下，闻一多就有计划地学习有关马列主义和毛泽东著作、《整风文献》以及其他马克思主义哲学、历史、文学等专著。由于他学习刻苦，理论联系实际，才促使自己确立了正确的政治方向，明确了阶级观点。闻一多几次对人说："我们一向说爱国，爱国，爱的国家究竟是什么样子，自己也不明白", 读了《新民主主义论》这些书后, 我"对中国的前途有信心了"。明白了"现在为新民主主义而奋斗, 将来为社会主义、共产主义奋斗"的道理。他认为在中国的条件下, 知识青年的意识比较接近工农大众, "民主运动的真正的原动力是在人民大众中间", 知识青年只有根据人民的意志参加民主运动, 才能更好地发挥先锋作用。1946 年 5 月 4 日, 在西南联大"青年运动检讨会"上, 闻一多对知识青年是不是一个阶级和在民族运动中的作用问题, 曾作过深刻的阐述。他常对进步学生说: "我们实际上都属于剥削阶级, 什么时候懂得恨自己, 反对自己的阶级, 而替人民的利益服务, 就算为人民了。这是一件痛苦的事, 可是我们一定要做到", "我们一定要改造自己的思想"。学习用阶级方法观察分析问题, 是他后期思想的一个显著特点。正因为这样, 他发自内心地向往延安, 向往解放区, 在许多场合, 公开称颂解放区是"敌后的民主中国", "解放区政权是人民的政权", "现在抗战要靠共产党, 抗战胜利后建国也要靠共产党"。

今天, 我们研究、学习、纪念闻一多先生的思想和精神, 就要学习他和党同心同德, 忘我工作, 全心全意为民众服务的态度。"一二·一"惨案发生后, 闻一多就表明了和党同心同德的坚定立场。运动的一个突出特点, 就是昆明市多数大、中学教师坚定地支持学生的斗争, 其中尤以拥有大批国内外知名学者的西南联大教授会采取罢教抗议、召开中外记者说明惨案真相和控告凶犯国民党云南省党部主任委员兼代省政府主席李宗黄等办法, 支持学生的正义行动, 影响最大。作为联大校务委员会教授代表和教授会书记的闻一多肩负重托, 呕心沥血, 做了极其繁重、细致、艰巨的工作, 起了别人难以替代的作用。按照党的指示, 他积极做群众工作和统战工作, "上至教授, 下至学生, 云南地方耆老, 民主人士, 中学教师以及路过昆明的文化界人士, 他从不放过任何一个可以争取的对象"。他的战友和学生深切感到闻一多像一团火, 对革命事业极端负责, 不论办刊物, 写文章, 作报告, 交朋友, 联系教授, 接待学生, 起草、抄写、修改文件, 参加会议, 串联跑腿, 他都做得十分细致和周全, 充分表现出高度的忘我工作的精神, 堪称同辈战友和青年人的楷模。1946 年 10 月, 在上海举行的鲁迅逝世 10 周年纪念会上, 周恩来曾激动地说: "鲁迅、闻一多都是最忠实、最努力的牛, 我们要学习他们的榜样!"这些都充分反映了他全心全意为人民服务的崇高品质。

今天,我们研究、学习、纪念闻一多先生的思想和精神,就要学习他鲜明的人民观点,主动和工农大众相结合。闻一多先生后期思想的一个显著特点,就是具有鲜明的人民观点。他对学生说:"不要以为有了知识就是力量,真正的力量在人民。我们应该把自己的知识配合他们的力量。没有知识是不成的,但知识不能配合人民的力量,决无用处!""我们知识分子常常夸大,以为很了不起,却没有想到人民一觉醒,一发动起来,真正的力量在他们身上。"因此,他强调"知识分子只有和工农大众相结合,才会成为不可战胜的力量"。他认为从抗日战争中可以认识到"人民不但赢得了胜利,扭转了历史,并且历史一向是人民创造"。1946年春,联大几个文艺社团计划联合组成"艺联",闻一多给他们写了"向人民学习"的题词,后来他又强调:"光明就在人民身上,我们要向人民学习。"这充分反映了闻一多思想进步发展的过程和牺牲前思想境界所达到的高度。

今天,我们研究、学习、纪念闻一多先生的思想和精神,就要学习他严于解剖自己,敢于进行批评和自我批评的精神。闻一多是昆明进步人士和学生们公认的严于解剖自己、积极发扬自我批评精神的典范。他诚挚地听党的话,积极地跟着党走,常常以自我批评和现身说法去说服和影响他人进步。1944年10月,在有两千余人参加的鲁迅逝世8周年纪念大会上,闻一多毫不隐讳自己的过去:"从前,我们骂鲁迅,看不起他;现在,我们向他忏悔,鲁迅对,我们错了!""我们过去自命清高,实际上是做了'帮闲'和'帮凶'。"说到这儿,他突然转过身子,向鲁迅画像恭恭敬敬地鞠一躬,全场愕然,无不为之感动。对他以前的超然态度,他也常常进行自我批评:"我们觉悟了我们昨天那种严守中立、不闻不问的超然态度,不是受人欺骗,就是自欺欺人。"随着闻一多在昆明爱国民主运动中威信越来越高,而他本人却更虚怀若谷地向比他先行的同志、共事的朋友和青年学生求教。在研究工作、讨论问题时,他既坚持真理,诚恳严肃地指出、批评别人的不足之处;又勇于修正自己的错误,"服膺真理,表里如一,始终不失赤子之心"。正如他的战友楚图南指出的,经过一段探索、实践,闻一多终于得出了自己的结论:"现在只有一条路——革命!"

闻一多作为著名学者，由热爱祖国和人民走上革命道路的先进思想和不朽业绩，给中国知识分子树立了光辉榜样，值得我们永远学习。胡耀邦生前曾评价说："闻一多是我国伟大的民主革命战士"，"是浠水人的骄傲，也是全国人民的骄傲！""闻一多是一个伟大的爱国主义诗人和学者，他将个人的命运与祖国紧密相连。""他的精神将感染和激励着一代代后人！"

总之，闻一多先生是中国近现代史上最杰出的爱国知识分子代表。他站在人民立场上，为推进中国民主主义制度建设做出了应有贡献，也使他永载共和国的英模史册！他的思想历程，典型地说明了五四以来中国真正的爱国知识分子的道路。他热爱祖国，热爱人民，要求民主，追求真理，是最勇敢、最忠实的五四精神的继承者和捍卫者。正如他明确宣称的那样，我是从五四运动开始懂得为人和为学的基本原则的。因此，我们也只有从五四精神和原则考察起，才能真正认识闻一多、理解闻一多。"不管道路如何曲折，最后胜利永远是属于人民的，二十六年前如此，今天也如此。在'五四'的镜子里，我们看出了历史的法则！"他的这段话，应该成为我们进一步推动闻一多先生生平思想和人格精神研究的一个重要切入点。

谢谢大家！

开幕式致辞

[日] 牧角悦子
（日本闻一多学会会长）

大家早上好。我是日本二松学舍大学的牧角悦子，日本闻一多学会的会长。

1999年，我参加了闻一多一百周年诞辰的国际学术研讨会，深受感动。回国后决心创立日本闻一多学会。经过一年的努力后，日本闻一多学会在2000年成立。15年来，我们召开了20次研讨会，出版了14期会刊《神话与诗》，每期刊载日中学者最新的研究成果。

日本闻一多学会现有70名会员，虽然规模不大，但我们持之以恒，也非常感谢中国各位闻一多研究者对我们的支持。闻黎明教授、商金林教授、陈国恩教授、李乐平教授都来参加过我们的大会，给我们这个小小的学会以莫大的支持。非常感谢闻一多基金会今年春天的拜访，我们也衷心欢迎在会的大家来日本闻一多学会交流。

今天在这里能和大家一起围绕闻一多进行深入的学术探讨，非常荣幸，谢谢。

闭幕式学术总结

陈国恩
（中国闻一多研究会）

各位专家，女士们、先生们，下午好。

2016 闻一多国际学术研讨会，经过两天的热烈发言，将要圆满结束了。感谢大家在百忙中拨冗与会，给了研讨会有力的支持。

闻一多研究是一个富有历史感和现实意义的重要课题。它一方面联系着历史，而历史不是教科书式的定论，而是在一个重大的历史转折时期联系着各种政治力量的场域，对已然的事件的解释本身就充满着挑战；就现实意义的一面而言，闻一多的意义，相当程度上取决于历史的合乎理性发展的内在规律性，反映了当下民族和国家想象的格局，取决于研究者自己的价值观念和正义立场。从这样的意义上，我觉得闻一多研究是一个常说常新的话题。这一次国际学术研讨会，我的体会就是没有重复既有的话语模式，而是有所开拓创新的。一个突出的特点是，我们没有更多地停留在闻一多诗歌创作和诗学探讨的领域，而是提出了新的研究思路和新的研究重点。

一是文学与史学的综合，研究模式的创新。文学研究本身是有史学研究品格的，仅仅是它更侧重于从想象来透视心灵史、精神史，而它相当程度上又是有助于生动地把握现代思想史和政治史的，尤其是关于闻一多的研究。比如闻一多的《最后一次的讲堂》的一些问题的考证，诗与神话的亲和性问题，显然是从文本延伸到了历史的现场，延伸到了思想史的领域。再比如，闻一多与大学的关系，从闻一多与武汉大学，与西南联大,看闻一多的思想转型和发展,是现代思想史的主题。这样的研究,既深化了对闻一多的认识,也有助于廓清一些带有普遍性的思想史的问题。这主要是因为闻一多是现代知识分子中很有个性的类型,他的直面现实,独立思考,坚定不移,有中国传统士大夫的富贵不能淫、威武不能屈的优秀品质,又具有现代知识分子的独立人格,因而他在一个重大的历史关头经过自己的思考所作出的选择,充分体现了中国现代政治的复杂性,也体现了这一类知识分子敢于为国赴死的悲壮情怀。研究闻一多,从某种程度说,正是当下中国面临又一个重大发展关头知识分子应该如何承担自己的责任和使命的一种严肃的思考。这是在研究历史,但又是在思考当下,具有重要的学术价值和现实意义。

二是古今与中西的打通,研究方向的凝练。这不仅仅是我们这次研讨会有古代文学的论题,如闻一多的国学研究,闻一多对古典文学包括乐府的研究,于闻一多与宗教问题的研究,涉及闻一多与西方、与传统的关系,是对于原来作为诗人闻一多研究的一个突破,而更重要的是这类研究中的研究方法的创新。这要求我们把闻一多看作是联系古今中外的一个节点,而不仅仅是一个新诗人、新诗批评家或者古代文学的研究者。从诗人、诗评家、学者的不同身份的综合中,来探索他作为一个知识分子的内存品质,把这问题引向宗教、人格、思想发展等更为内在的论题上去,并提出了一些富有新意的解释。这是多学科研究闻一多所取得的一个重要成果。

古今中外打通的另一个成果,就是把闻一多作为一个现代经典,从经典的综合性属性出发,提炼出新的研究课题,如从女性描写的角度来看从鲁迅到闻一多的意识形态问题,来深究闻一多的诗学问题。闻一多与老舍问题,影像世界中的诗人闻一多的问题,闻一多论学文体的问题。这些都是视野拓展后所取得的新的研究成果,给人以耳目一新的感觉。

三是旧的问题新的思考,研究力度的提升。比如闻一多的诗学贡献,是一个老的话题,但一些学者从闻一多诗学思想的前后联系中来考察他诗学思想的更为深层次的意义。又比如把闻一多与象征主义联系起来,强调闻一多的审丑,代表着新诗从牧歌式的自然审美向象征化的都市审丑转换,从中透视现代新诗发展的一个潮流。再比如,强调闻一多新诗格律的理论是在交往的过程中形成的,不仅仅是闻一多孤立探索的结果,既尽量回到了历史现场，又把问题置于相互的关系中，这些都是有些新意的。

四是多视角交叉，研究领域的拓展。比如运用心理学的理论对闻一多人格结构的研究，运用传统的实证研究方法，对海外闻一多研究的个案研究和综合梳理，对闻一多与校园文化关系的研究。这些文章，给人以某种启示，或者提供了真切的历史现场感。

闻一多研究，范围是比较窄的，但又是十分宽广的，关键看我们如何做。如果仅仅把闻一多当成一个诗人、学者、战士，孤立地研究，我们会感觉思维受到限制，话题总有说尽的一天。但如果我们转变观念，基于闻一多与中国现代史、现代新诗史、现代思想史的深刻联系，把历史问题当作历史问题研究的同时，又注重发掘它的现实意义，老的话题一定会常说常新，而更重要的是，我们可以把闻一多视为一个具有深刻历史内涵和文学史意义的经典来研究，超越既有的思路，从更深层的综合性角度，提炼出新的课题，比如基于闻一多与古今中外的广泛联系，通过闻一多的研究，来推动深化研究、古典文学研究、中国诗学发展史的研究，甚至把研究进一步延伸到中国现代思想史、现代政治史、中共党史，肯定会取得新的研究成果。这个问题，我们这次研究会已经有不止一个学者提出了。而这既是闻一多研究所面临的挑战，同时也是闻一多研究的新的出路。之所以这样，我想根本点就在于两个方面，一是闻一多是现代作家中通过他的创作和研究得以连接古今中外文化中的最有代表性的人物中的一个；二是闻一多是中国现代知识分子中的一个独特的类型，涉及当今不可回避的知识分子怎样爱国、如何正义、怎么承担历史的使命的丰富复杂的话题。有了这两点，我想闻一多研究既是历史的，又是当代的。正因为这是一个具有当代性的话题，所以它又是属于未来的。

闭幕式致辞

孙党伯

（武汉大学）

各位专家学者，女士们、先生们：

刚才陈国恩会长对这次会议作了全面系统的学术总结。这次会议能够取得如此圆满的成功，首先是因为得到了武汉大学文学院、《文学评论》编辑部、闻一多基金会、中国现代史学会以及兄弟院校华中师范大学文学院、湖北大学文学院、中南民族大学文学与新闻传播学院、中南财经政法大学新闻与文化传播学院、西南大学新诗研究所、江汉大学文学院的大力支持，在此特表示感谢。参加这次会议的国内外学者提交了五十余篇论文，作了专题报告，在闻一多研究方面取得了新的重要成果。感谢大家的热情参与，祝贺大家取得的成就。

中国闻一多研究会自1985年成立以来，积极开展闻一多的研究工作，举办了多次有影响的国际学术会议，其中有不少海外学者做出了重要的贡献，对他们表示特别的感谢。

闻一多的精神是一份丰富的文化遗产，有待进一步的深入研究。特别是如何结合社会发展的现实，更好地理解闻一多精神，研究他在新诗创作和诗学探讨方面的成就，研究他在古代文学和古代文化研究方面的重要成绩，他的研究方法的意义，他与中国现代史发展的关系，以及在新时代如何发扬闻一多的爱国主义精神，继承他的自由、民主的理想，为推动中外文化交流而努力，都是值得我们认真研究，大有可为的。

祝愿今后的闻一多研究，遵循历史真实的原则，实事求是，绝不牵强附会，取得新的丰硕成果。

闻一多最可宝贵的精英意识

商金林

（北京大学）

一　在是非旋涡中绝不混淆是非

　　1925 年 6 月，留美的闻一多没有毕业就匆匆回国，可他一回国便卷入论争的旋涡中，以徐志摩、陈西滢（陈源）为代表的"新月派"和以鲁迅为代表的"主流"阵营，正刀来剑往，硝烟弥漫。

　　鲁迅的讽刺诗《我的失恋》，可能夹杂了嘲讽徐志摩"爱情诗"的意味，因而遭到代理总编辑刘勉己的腰斩，孙伏园愤然辞职。孙伏园辞职后，《晨报副镌》由刘勉己暂兼主持，他要找的接替人是徐志摩或闻一多。1925 年 8 月 11 日，闻一多在致闻家骃的信中称："北京《晨报》为国内学术界中最有势力之新闻纸，而《晨报》之《副镌》尤能转移一时之思想。《副镌》编辑事本由正张编辑刘勉己兼任。现该报拟另觅人专管《副镌》，与徐志摩接洽数次。"可见徐志摩是首选，"徐已担任北大钟点，徐之友人不愿彼承办《晨副》，故徐有将《晨副》事让弟办理。据徐云薪水总在二三百之间，大约至少总在百元以上。今日徐问弟：'谋到饭碗?'弟答'没有。可否替我想想法子?'后谈及《晨副》事，又向弟讲：'一多，你来办罢!'弟因徐意当时还在犹夷（疑），不便直接应诺。容稍迟请上沅或太侔向徐再提一提，想不致绝无希望也。刘勉己与弟有来往，昨日来函约为特约投稿员，稿费每千字在二元以上。刘初次遇弟时，甚表敬意。刘亦属新月社。约弟担任《副镌》，刘之方面亦不致有异议。"

只不过徐志摩与研究系的关系较深，加上新月派的人脉广，使得刘勉己最终瞩意的是徐志摩。

1925 年 10 月 1 日，徐志摩成为《晨报副镌》的主编，《晨报副镌》的风格也随之发生巨变，概括地说是"自由主义"加"阵营意识"。孙伏园主持《晨报》副刊期间，"阵营意识"也较强，但副刊质量较高，这一点徐志摩自己也承认，认为孙伏园主持的《晨报》副刊在内容和艺术上都有"生动的光彩"。徐志摩接编后，由于阵营对立，周作人、鲁迅等向《晨报》少有投稿，由周氏兄弟等撰稿人给《晨报》副刊带来的清新，以及幽默与讽刺的风格随之丧失。徐志摩由此感喟，"《晨报》副刊漂亮日子是过去的了，怕是永远过去的了？现在的本刊是另外一回事了；原来轻灵的变了笨重，原来快爽变了迂滞，原来甜的变了——我说不出是什么味儿的了。"更糟糕的是，徐志摩刚一接手，就引发了"图案"风波。

徐志摩接手编的第一期，即《晨报副镌》第 49 期作了改版，报头为雄鸡报晓图。徐志摩在该期发表的《我为什么来办，我想这么办》中宣称："徐志摩邀请的作者队伍重要的有梁启超、张奚若等，还有常见面的西林、西滢、胡适、张歆海、陶孟和、江绍原、沈性仁、凌叔华等。"这一期《晨报副镌》第一篇刊发的是凌叔华的小说《中秋晚》，徐志摩在"按语"中称："为应节（急）起见，我央着凌女士在半天内写成这篇小说，得要特别谢谢她的。还有副刊首日广告的图案也都是凌女士的，一并致谢。"所谓"副刊首日广告的图案"，就是《晨报副镌》的报头雄鸡报晓图。可让徐志摩始料未及的，是这个"报头"并不是凌叔华的原创，而是英国画家琵亚词侣（鲁迅译作比亚兹莱）的作品，凌叔华只是临摹而已。于是，当时尚属鲁迅阵容的刘半农等在《语丝》上发难，指责凌叔华剽窃。陈西滢不忍坐视女友被讨伐而不救（1927 年，陈西滢与凌叔华结婚），写了《剽窃与抄袭》一文，为凌叔华辩护，并埋下伏笔，不点名地揭发鲁迅的《中国小说史略》"整大本的剽窃"了盐谷温的《支那文学概论讲话》。其后又在《闲话的闲话之闲话引出来的几封信》中正式抛出了鲁迅《中国小说史略》抄袭之说，使得最痛恨"剽窃"的鲁迅对污蔑他抄袭的陈西滢和顾颉刚等人一直耿耿于怀。

"图案"风波发生在 1925 年，闻一多当时还沉迷于"国家主义"，在思想层面与鲁迅是隔膜的，私人感情方面也亲近于徐志摩、陈西滢等所谓的"新月派"。但闻一多始终没有说话，只是为《晨报副镌》画了报头。1925 年 10 月 17 日《晨报》副刊刊头易图，徐志摩郑重说明："这幅新图案是闻一多先生制赠的，我们多多道谢。"

率真而豪放的闻一多没有卷入这场风波，则说明他遇事有冷静而独到的思考，绝不会感情用事，帮腔凑趣。1931 年 11 月 19 日，徐志摩因飞机失事罹难，几乎所有的悼念文章都把徐志摩说成是"最完美的人"，甚至说："不仅新文艺运动以来的作家，比不上他，就是把从前的文人算上，也无出其右的。"徐志摩是闻一多最亲近的人之一，按说应该有所表示。但闻一多闻讯后只是马上与杨振声、梁实秋、赵太侔等人一起，"请沈从文去济南打探究竟"[①]，并没有写悼念文章。他跟胞弟闻家驷说："徐志摩那么浪漫，叫我说什么好呢？"把好友徐志摩界定为"浪漫"，即便是"悼念"，也不愿意放宽评人说事应有的尺度。这就是闻一多，与率真而豪放相对应的，是作为一个学者应有的冷静和执着。

二 学术研究勇于自我修正

作为诗人，闻一多是"全副精神来服伺"诗的。进入大学之后，闻一多开启了由"诗人"到"学者"的转换，尤其是 1932 年 8 月应聘为国立清华大学中国文学系教授之后，更是以"全副精神来服伺"学问。冯友兰在《回念朱佩弦先生与闻一多先生》中说：

> 一多到清华任教授以前，在别的大学担任过重要的行政职务。几次学校内部风潮，使他对于学校行政感觉厌倦。到清华以后，先七八年，拿定主意，专心致力研究工作。他的学问也就在这个时期，达到成熟阶段。在战前，有一次叶公超先生与我谈起当代文人。我们都同意，由学西洋文学而转入中国文学，一多是当时的唯一底成功者。[②]

---

① 闻黎明编著：《闻一多年谱》，群言出版社 2014 年版，第 207 页。
② 《文学杂志》1948 年第 3 卷第 5 期。

"一多是当时的唯一底成功者。"闻一多的"成功",固然缘于他的天赋和努力,而还有一个很重要的特点,是专心致力于学术研究,敢于自以为非,不断地求真。郭沫若在开明版《〈闻一多全集〉序》中称:

> 就他所已成就的而言,我自己是这样感觉着,他那眼光的犀利,考索的赅博,立说的新颖而翔实,不仅是前无古人,恐怕还要后来者的。这些都不是我一个人在这儿信口开河,凡是细心阅读他这《全集》的人,我相信都会发生同感。

"就他所已成就的而言,我自己是这样感觉着,他那眼光的犀利,考索的赅博,立说的新颖而翔实,不仅是前无古人,恐怕还要后无来者的。"这几乎成了评论闻一多的"经典"。郭沫若强调"这些都不是我一个人在这儿信口开河,凡是细心阅读他这《全集》的人,我相信都会发生同感"。他随后举的"两个例子":

> 第一,他有一篇《诗新台鸿字说》解释《诗经·邶风·新台篇》里面"鱼网之设,鸿则离之"的那个鸿字。两千多年来读这诗的谁都马虎过去了,以为是鸿鹄的鸿,但经一多先生从正面反面侧面来证明,才知道这儿的"鸿"是指蟾蜍即蛤蟆。……这确是很重要的发现。要把这"鸿"解成蛤蟆,然后全诗的意义才能畅通。全诗是说本来是求年青的爱侣却得到一个弓腰驼背的老头子,也就如本来是想打鱼而却打到了蛤蟆的那样。假如是鸿鹄的鸿,那是很美好的鸟,向来不含恶义,而且也不会落在鱼网子里,那实在是讲不通的。然而两千多年来,差不多谁都以这不通为通而忽略过去了。

《诗新台鸿字说》一文收在《闻一多全集》第二卷《古典新义》卷内,篇末注:"原载《清华学报》第十卷第三期,民国二十四年七月",论文解释"鱼网之设,鸿则离之"中的"鸿"为虾蟆(蛤蟆)。《郭序》称:"这确是很重要的发现。要把这'鸿'字解成虾蟆,然后全诗的意义才畅通。"又说:"然而两千多年来,差不多谁都以这不通为通而忽略过去了"。

可是，《闻一多全集》第一卷《神话与诗》卷中还另有《说鱼》篇，其第三段"打鱼"一节先引录《邶风·新台》全诗，然后解释道：

> 旧说这是刺卫宣公强占太子伋的新妇——齐女的诗，则鱼喻太子（少男），鸿喻公（老公）。"鸿""公"谐声，"鸿"是双关语。我从前把这鸿字解释为虾蟆的异名，虽然证据也够确凿的，但与《大戢》篇的鸿字对照了看，似乎仍以训鸟名为妥。

文末注明写作时地为"一九四五，五，二五，昆明"，已在《鸿字说》发表十年之后。

《诗新台鸿字说》发表将近十年后，闻一多按照"揆之本文而协，验之他卷而通"的训诂原则，对自己过去所作的"鸿"字的解释有了动摇，认为还是"训为鸟名为妥"。尽管对"鸿"字的训释，闻一多用了"似乎"两字，表示他还在犹豫，尚未定论，但已倾向"旧说"则是毫无疑义的。

此时（1945 年 5 月）的闻一多，正是郭沫若所称颂的"他那眼光的犀利，考索的赅博，立说的新颖而翔实"的大学者，自己站出来对十年之前的学术观点"质疑""修正"，这在现代学者中是少有的。中国现代学者中有相当一部分"精英"自始至终都"独领风骚"。喊打倒孔家的是他，喊应立"孔教"为"国教"的也是他；歌唱"无产阶级文化大革命就是好"的是他，咬牙切齿式清算"文化大革命"的也是他，在"学术"上始终站在"最前沿"，书出一回改一回，改得面目全非，还大言不惭地说是"原稿"，使得当下的中国在一定程度上已经没有真正意义上的现代文学和现代学术。闻一多锐意开拓进取，勇于突破陈说。他是把"学问"当作"学问"来做的，从不"媚俗"，绝无"事功意识"。非但不"炫弄"，不"装饰"，"不愧少作"，反而在不断地反思自己，辨疑正谬，自我修正。这种既矜持而又锐进的学术追求，在今天尤为值得我们效法和景仰。

三　立场站队毫不避讳和遮掩

就"派别"而论，20 世纪 30 年代的闻一多似乎应该隶属"京派"，"京派领袖"周作人的名声赫赫。郁达夫在《〈中国新文学大系·散文二集〉导言》中说：周作人"是湛然和蔼"，"头脑比鲁迅冷静，行动比鲁迅夷犹"，"而周作人的理智的固守，对事物社会见解的明确，却是谁也知道的事情"，"周作人的理智既经发达，又时时加以灌溉，所以便造成了他的博识，但他的态度却不是卖智与炫学的，谦虚和真诚的二重内美，终于使他的理智放了光，博识致了用。他口口声声在说自己是一个中庸的人，若把中庸当作智慧感情的平衡，立身处世的不苟来解，那或者还可以说得过去；若把中庸当作了普通的说法，以为他是一个善于迎合，庸庸碌碌的人，那我们可就受了他的骗了"。郁达夫在《回忆鲁迅》中则说："凡是认识鲁迅，认识启明及他的夫人的人，都晓得他们三个人，完全是好人；鲁迅虽则也痛骂过正人君子，但据我所知的他们三人来说，则只有他们才是真正的正人君子。"

可闻一多对周作人则有过猛烈的抨击。朱自清 1935 年 9 月 9 日日记中记有：

> 赴杨（振声）之宴会。闻一多指责周作人之虚伪态度。他认为周急于出名，却又假装对社会漠不关心。闻称之为"京派流氓"。诚然，周之人生态度确有某些矛盾之处，他不会做如其宣称之引退。不管怎样，他承认自己性格中的这些矛盾之处。一致性是颇难达到之完美典模。①

闻一多在一次宴会上指责周作人虚伪，"认为周急于出名，却又假装对社会漠不关心"，是"京派流氓"。

郁达夫的《〈中国新文学大系·散文二集〉导言》，写于 1935 年 4 月，与闻一多骂"京派流氓"几乎是同时的。《回忆鲁迅》在上海《宇

---

① 《朱自清全集》第 9 卷，江苏教育出版社 1997 年版，第 380—381 页。

宙风乙刊》（1939 年 3 月至 8 月）和同年新加坡的《星洲日报半月刊》（1939 年 6 月至 8 月）连载，此时的周作人已经落水。

与那些一味吹捧周作人的"苦雨斋门生"不同的是：郁达夫也是鲁迅的知己，对鲁迅有过最真挚而热烈的颂扬。"没是伟大的人物出现的民族，是世界上最可怜的生物之群；有了伟大的人物，而不知拥护，爱戴，崇仰的国家，是没有希望的奴隶之邦。"就出自郁达夫的《怀鲁迅》。郁达夫将周氏兄弟并举，都界定为"真正的正人君子"，只能说明郁达夫的天真和善良。而闻一多怒斥周作人是"京派流氓"，则说明闻一多的敏锐。与对周作人的痛骂相对应的是，闻一多是对鲁迅作了真诚的礼赞。

1936 年 10 月，鲁迅逝世之后，反动当局不准人们悼念这位伟人，闻一多不避风险，毅然参加了清华文学会主持召开的鲁迅追悼会，并讲了话。他说：鲁迅先生死了，除了满怀的悲痛之外，我们还须以文学史家的眼光来观察他。我们试想一下，在中国文学史上的人物中支配我们最久最深刻，取着一种战斗反抗的态度，使我们一想到他不先想到他的文章而先想到他的人格的，是谁呢？唐代的韩愈跟现代的鲁迅都是除了文章以外，还要顾及国家民族永久的前途，他们不劝人做好事，而是骂人叫人不敢做坏事。他们的态度可以说是文人的态度，而不是诗人的态度，这也是文人与诗人的不同之点。闻一多对鲁迅的这些评价，当然是不够的。但是，作为一位"新月诗派"诗人，在自己的学生面前如此赞扬鲁迅的战斗精神，肯定他"骂人叫人家不敢做坏事"，肯定鲁迅"骂人"骂得对，这是要拿出极大的勇气的。闻一多还引用了陆游悼杜甫的诗句："文章垂世自一事，忠义凛凛令人思"，来表达对鲁迅的敬仰和哀思。

这之后，随着对鲁迅的理解越来越深入，闻一多对鲁迅的评价越来越高。1944 年 10 月 19 日，闻一多参加了西南联合大学与云南大学联合举办的鲁迅逝世八周年纪念晚会，地点在云南大学至公堂。到会者有及各大中学生、职业青年、文化界人士，共四千余人，闻一多在大会的发言中说：鲁迅是圣人，这个圣人比孔子伟大得多，"孔子是拉着时代后退的，鲁迅则是推着时代向前进！"孔子的一生只努力于封建制度之维持，而鲁迅却以"揭破旧中国的脸"为主要任务，后期的鲁迅积极指示了并迎接了新中国的诞生。"时间愈久，越觉得鲁迅先生伟大，今天我代表自英美回国的大学教授，至少我个人，向鲁迅先生深深地忏悔！"闻一多"语意沉重，每个字吐得匀慢而清楚，声音里充满了恳挚的热情，略微停顿一下又继续说下去……'鲁迅奠定了今天中国文艺道路，然而看看从英美回来的贡献些什么成绩呢？我真惭愧！'"甚至说自己过去一度停留在"英美有闲阶级文学的小圈子里"，"为英国作家所囿，致创作及欣赏方法都盲从做了与中国读者凿枘不相入的英国作家的奴隶"。

闻一多在几千名学生面前毫不掩饰地说自己过去是"错了"，这个"自己"绝非仅仅是他"个人"，而是像他那样的一批人，当然包括像徐志摩、梁实秋在内的"新月派文人"。闻一多在大庭广众中"深深地忏悔"，说自己过去是"错了"的时候，"他自然已经是'对的'了"。闻一多的"良知"所展示出来的是现代文化阵营中最难见到的"磅礴率真之气"！闻一多和鲁迅二人真是"同其伟大，先后辉映！"①

四　需要挺身而出时便舍身赴汤蹈火

朱自清称颂闻一多是"唯一的爱国诗人"。"爱国"，可以说是闻一多生命的哲学。国民党文人赵友培在《文坛先进张道藩》② 一书中写到闻一多时说：

> 我在青岛大学服务时，就跟闻一多相识。据我所知，他的思想很保守，是在线装书里下工夫的学者。"五四"时代，他曾经反对过白话文。这位传统的书生型人物，他走的路子，与共产主义相差十万八千里；为什么忽然思想激进，反被××利用成为牺牲的工具呢？这个问题就值得我们检讨和反省了！

青岛大学期间，闻一多"是在线装书里下工夫的学者"这不假，可他心中始终装着"中国的山川，中国的草木，中国的鸟兽，中国的屋宇——中国的人"。他在《心跳》这首诗中写道：

---

① 参见闻黎明编著《闻一多年谱》，群言出版社 2014 年版，第 447—448 页。

② 赵友培：《文坛先进张道藩》，台北重光文艺出版社 1975 年版。

这灯光，这灯光漂白了四壁；/这贤良的桌椅，朋友似的亲密；/这古书的纸香一阵阵的袭来；/要好的茶杯贞女一般的洁白；/受哺的小儿咳呷在母亲怀里，/鼾声报道我大儿康健的消息……/这神秘的静夜，这浑圆的和平，/我喉咙里颤动着感谢的歌声。/但是歌声马上又变成了诅咒，/静夜！我不能，不能受你的贿赂。/谁希罕你这墙内尺方的和平！/我的世界还有更辽阔的边境。

　　仅从这首《心跳》便可断定：把闻一多在西南联大期间从事民主运动说成是被共产党"利用"，完全是一种恶意的宣传。也有好心人说闻一多过于"诗人气质"，缺乏"政治智慧"。缺乏"政治智慧"，这恰恰是闻一多最可贵之处。壁立千仞，无欲则刚，绝不会被名利掩盖良知，关键时刻挺身而出，带领时代往前走，这才是真正意义上的斗士。中国传统士人阶层有强烈的社会担当意识，重名节、讲骨气、不畏强暴、"杀身成仁"，这种道德追求是儒家入世话语全面付诸实践的人格典范。闻一多就正是这样的一种人格典范。1946 年 7 月 11 日晚，民盟昆明负责人李公朴教授遭到暗杀。反动派扬言"第二个便是闻一多"。许许多多的好心人都劝闻一多躲一躲，回避一下。闻一多则镇定自若地说："假如因为反动派的一枪就都畏缩不前的放弃民主运动工作，以后谁还愿意参加民主运动？叫谁信赖为民主工作的人？"记得鲁迅在整理瞿秋白遗稿《海上述林》时说过"心中好象捏了一团火"，看到李公朴遇害，闻一多心中肯定也"象捏了一团火"！

　　7 月 15 日，闻一多在云南大学礼堂主持报告李公朴殉难的经过，面对特务的猖狂捣乱，拍案而起，慷慨宣誓："我们不怕死，我们有牺牲的精神，我们随时像李先生一样，前脚跨出大门后脚就不准备再跨进大门！"闻一多的这篇演讲，从他的"诗人气质"这个角度来看，那种单纯的美，庄严的美，那种毫不退缩，撞碰刀山的精神和洪水似的生命力，简直是一首气势浩荡而富于高潮性的最光彩的诗章。在恶劣的现实面前，闻一多与敌人展开"短兵相接"的肉搏战，用"朗诵""政治演讲"这些"武器"，和敌人作殊死搏斗的"白刃"战，"说话做事没有一点遮回""让热情奔放到政治的警惕性以外"，预示出为了争取民主，争取自由，"他将倾泻出他的全部生命"的崇高的人格。有人天真地惋叹："闻先生要是稍微沉默一下，是可能渡到安全地带的"，但"良知"不允许他"稍微沉默"，时代和民族都需要在这个转折点上有人能"赤膊上阵"、不讲"策略"，用鲜血和生命，用一个"圣洁的灵魂"来宣布一个时代的结束，催促一个新的时代的来临！

毛泽东说鲁迅的"骨头最硬"，又说我们应该写"闻一多颂"。鲁迅让我们感受最深的是他的"韧性"，一辈子都在打"壕堑战"。闻一多让我们感受最深的是他的"刚性"，"很公开的说和做"，"情感最奔放也最热烈"，表现出来的是他"伟大的忘我精神"！鲁迅生前谈"国家民族"谈得很多，他一辈子都在思考"国民性"。相对来说，闻一多谈得更多的是他"个人"，例如他说"诗人的天赋是爱，爱他的祖国，爱他的人民"。鲁迅一辈子都在"启蒙"，闻一多一辈子都在"示范"。鲁迅说他是"为敌人"而活着，闻一多则是为"人民"而献身。鲁迅的"启蒙"带有"听将令"的色彩，闻一多"示范"更多的是他个人的选择，是"精英意识"的抉择。

"精英意识"通俗一点儿说就是"良知"，就是"道德心"。人一旦有了"良知"，有了"道德心"，就会有情怀，知进退。而作为"精英阶层"的作家或学者一旦拥有了"良知"，在文化上就会有厚度，在思想上就会有锐度，在情感上就会有深度，在视野上就会有宽度，在学术上就会有纯度，达到儒家圣贤的最高境界：富贵不能淫，贫贱不能移，威武不能屈，这就是闻一多给我们的启示！

学术随笔：在学术与文学之间

——以闻一多《唐诗杂论》为中心的考察

吕若涵

（福建师范大学）

一 现代学术转型期的论学文章

清末民初新学迭兴，在变法、革命与新文化运动的进程中，学术变革同时展开。康有为、梁启超、章太炎、罗振玉、王国维等作为新一代学人，既深悉"古董式之学术"，也受现代学术洗礼，代表着晚清新学的成就。五四以后以胡适为代表的学术新人的成长，继续推动现代学术转型和学术新范式的建立。① 在学术的转型期里，"西潮""古学"与"新知"互相激荡、你进我退，治学方法、学科体系、大学制度等变革全面展开。②

新学术范式的确立不是一蹴而就的过程。身处其中的学者们须对如何做学问、如何表述学问进行不断的揣摩与探索。余英时在《钱宾四先

① 参见王汎森《什么可以成为历史证据》，《中国近代思想与学术的谱系》，吉林出版集团2010年出版。此书探讨中国学术范式的转变，共分三编，冠以"旧范式的危机""传统与现代的辩证""新知识分子与学术社群的建立"三个标题，展现了近代以来思想与学术转型的基本过程。

② 参见陈平原《导言：西潮东渐与旧学新知》，《中国现代学术之建立》，北京大学出版社1998年出版，第9—20页。

生论学书简》一文中，披露过钱穆先生以晚清以来博古通今的几位学术大家的述学文体为例，一一评点、分析"学问如何表述"的问题。无论是章太炎的"最有轨辙，言无虚发，绝不枝蔓"，还是梁任公"文字则大江大河，一气而下，有生气，有浩气，似较章太炎各有胜场"，或是陈援庵"其文质朴无华，语语必在题上，不矜才，不使气，亦是论学文之正轨"，等等，旨在表明学术文章自有不同。① 注意到现代论学文章的文辞、文字、文句的重要性，恐怕与钱氏对现代论学之文的学术语言与传统学术语言的断裂而产生的忧思有关。值得注意的是，钱穆将传统中那些片断、零碎、偏重主观感性的批评置于一旁不论，特别推荐《明儒学案》的"各家之序"那样的"绝大文字"，或许说明，他尊重学问本身的各种中西方来路时，对中国学术根底，抱有浓烈的敬意与惜情。因为学术的发展趋势正如史学家王汎森所说："我们现代学术中的所谓'学'，基本上是以客观的、研究的角度，把我们研究的东西客观化，然后取一'研究的态度'。我感觉'取研究之态度'是一个非常关键的现代观念。""我们所使用的许多学术语言是从日本或西洋次第借来的新词汇或新观念"，"这一百多年来，我们对知识的了解、定义、诠释、范围，大多是跟着新式教科书走的，就像突然一阵风吹来，人们的思维世界悄悄换成教科书或其他新书中的新定义、新概念，此后大家相沿而不自知"②。

闻一多生于19、20世纪之交，他走向学者书斋的20世纪三四十年代，现代学术体系尚未完全打造得密不透风，仍然为学者提供了一段很是可以任性的时期。有的明显延续着传统学术轨制，有的学者在西方留学时便全面接受科学思维的训练；但更普遍的情况是新中有旧、旧中有新。尤其是文学研究领域，文献目录版本学、传统诗文评与现代文学批评，感性鉴赏与学理性研究等，还能各擅其场，互相渗透。总之，还留存一个交叉路口，一个过渡的桥梁，一个特别的文学与学术间的天地，让许多学者在这个尚存诸多可能性的、模糊不清的空间里，将学者本人的文学气质与文学经验渗入研究文章中，不少人就此脱颖而出，学术文

① 余英时：《〈现代学人与学术〉附录：钱宾四先生论学书简》，广西师范大学出版社2006年版，第58页。

② 王汎森：《执拗的低音：一些历史思考方式的反思》，三联书店2014年版，第15、7页。

章兼有辞章之美，论学风格自成一家。而往往是这些不太拘泥于科研论文规范的，以其生气淋漓的创造意识、不拘一格的文体形态、独具一格的学术个性，为后辈学者所追慕，想象并建构起一个时代的"学术气象"。

闻一多先为诗人再为学人，跨文界与学界，这在五四以后也很普遍。那些常常徘徊于学术与文学间交叉地带的，多有作家兼学者双重身份。他们在现代文学创作与现代学术研究方面，今天看来，大多有开拓与建设之功。如鲁迅、郭沫若、俞平伯、朱自清、闻一多、钱锺书、吴宓、朱东润、阿英、林庚、唐弢、苏雪林等，既是文章高手，也是对现代学术有所贡献的学者。如此说来，作为一个论题，它提供足够的空间给予今天的研究者去发掘各种史料与事实，来考证文学与学术间种种隐秘的或显性的联系。

一旦讨论作家创作的个性与风格如何渗透到学术文章，一般会以作家的身份作为论述逻辑的起点，为的是进一步突出已有的文学写作经验对于学术研究可能产生的影响。在陈平原主编《中国现代学术研究现代化进程》及《进程二编》两书中，研究者一般都会留意到，学者的创作经历对学术研究的直接影响，在要求"客观"的"研究态度"的学术文章中，摇曳笔墨、有感而发、"学中有文"的情形并不少见。樊骏撰文评价现代文学史家唐弢，认为唐弢的现代文学研究有着他个人的作家经验："当他作为学者，对文学现象作历史的梳理或者理论的概括时，还常常自觉不自觉地同时带着作家的眼光和角度，由此形成不同于一般学者的视角和思路，有自己侧重的方面，和特殊的感受与发现。"[1]葛晓音评价新诗人林庚的古代文学研究，也得出"诗性与理性的完美结合"的结论。

闻一多作为新月派诗人的身份如此显赫，加之他演说、绘画、书法、篆刻诸艺皆精，学术文章便大大受益于他的诗歌理论与实践以及艺术家气质，学问与创作、与才情相互贯通、彼此渗透。《唐诗杂论》尤其突出，而其中的"诗性"思维显然不仅是文章笔法或文章修辞的问题。那么，在学术研究规范相当森严的今天，用什么样的标准重新界定闻一多

---

[1] 樊骏：《唐弢的现代文学研究》，陈平原主编：《中国文学研究现代化进程二编》，北京大学出版社 2002 年版，第 375 页。

以及类似学术文章的归属，既是现代散文学的文体问题，也多少还有些现实意义。

二　作为学术经典的存在

对闻一多学术研究个性与价值判断，从闻一多去世后，《闻一多全集》编辑出版时就展开了。郭沫若为《全集》撰写的"郭序"认为闻一多在"秦以前和唐代的诗与诗人"的研究方面，"实实在在下了惊人的很大的工夫"，有"眼光的犀利，考索的赅博，立说的新颖"① 等特点；而研究中国上古文化，用上了当时属于有理论新意的民俗学研究、人类学研究、弗洛伊德的心理学方法。《闻一多全集》中的"朱序"，为朱自清所撰，他用严谨的史家论笔以及一贯的真挚同情，把闻一多从诗人走到一个"于故纸堆中寻生活"的学者的路理得格外分明，或者其中也蕴含着朱自清个人的切身体会："他觉得作诗究竟'窄狭'，于是乎转向历史，中国文学史。"② 由文学创作转向学术研究，必然要接受相当时间的学术训练，遵从相关要求和规范。因此，他所进行的第一步"还得走正统的道路，就是语史学和历史学的道路，也就是还得从训诂和史料的考据下手"③。到 80 年代前后，傅璇琮先生对闻一多用力甚勤、细密谨严的文字考订、字义训释以及作家年谱会笺等，给予充分肯定："过去一些研究者强调闻先生继承清代朴学家训诂学的传统，这是对的，但仅仅讲这一点是不够的，应当说闻先生是多方面地承受了前代学者的优良学风。"④ 接着以闻一多《唐诗杂论》为例，认为研究突破了宋代以来杜甫年谱的局限，"把眼光注射于当时的多种文化形态，这种提挈全局、突出文化背景的做法，是我国年谱学的一种创新，也为历史人物研究做出了新的开拓"⑤。借闻一多，正好可以发现现代学术转型中"传统与现代"的紧密关系。

---

① 郭沫若：《郭序》，《闻一多全集》，生活·读书·新知三联书店 1982 年版，第 1 页。
② 闻一多：《致赵俪生》，《闻一多全集》第 12 卷，湖北人民出版社 1993 年版，第 361 页。
③ 朱自清：《朱序》，《闻一多全集》，生活·读书·新知三联书店 1982 年版。
④ 傅璇琮：《〈唐诗杂论〉导读》，《唐诗杂论》，上海古籍出版社 2006 年版，第 9 页。
⑤ 同上书，第 10 页。

今天看起来傅璇琮先生的评价有不少溢美之词，但在 20 世纪 80 年代学界开拓、激进的学风中，傅先生要肯定闻一多《唐诗杂论》作为学术经典的地位，是"发现"其中展露的现代学术个性。比如现代史家意识。他认为，在治学方面，闻一多的特点是："他从不孤立地论一个个作家，更不是死守住一二篇作品"，"他是站在一个新的高度，以历史的眼光、观察和分析唐诗的发展变化，冲破了传统学术方法的某种狭隘性和封闭性"。[①] 这是对闻一多文学史家研究视野的肯定，闻一多在这方面也颇有史家自信，20 世纪 40 年代，他认为自己就是一位"文学史家"，他几乎在每一学术文章里，都隐含着文学史的脉络与总体把握的史识与史见。《类书与诗》，开篇便向上扫掠，将文学风格的延续性呈现出来："我们要谈的这五十年，说是唐的头，倒不如说是六朝的尾。"由此引导出六朝"特殊的文学观念"在唐代文学中的体现。脉络式纵向提领文学发展的史家眼光，在《宫体诗的自赎》中，是一步一步为宫体廷诗制作年谱，将一点点与文学相关的偶然因素切入，终于看到宫体诗的"堕落毕竟到了尽头，转机也来了"，讽刺来了，旁观的自我来了，矛盾来了，宇宙意识出现，最终一首《春江花月夜》"替宫体诗赎清了百年的罪"。这种诗体变迁的研究，如果没有现代宏观的视野、文学的哲学高度以及精准的解读本领，是难以展示史家的史识与高屋建瓴的眼光的。

再如，现代史料学与研究方法。现代论学之文非常重视史料考察与细微的比较与阐发，如何将二者结合起来，往往见初学者学术训练的扎实规范与否。20 年代到 40 年代，古代文学研究中的"文学史"，是一个非常诱人的、发展空间很大的领域。闻一多西南联大时期的诸多论文，采用的便是文学史写法，从头说起，抓住关键字来拉一条简明的线索，处理繁复而多枝节的文学历史。因此，即使是一篇并不长的《歌与诗》，闻一多也从原始人的声音论及音乐的萌芽，论到"诗与志"二者的关系，再从诗即史的不可分离，论述诗与歌的合流，这一论述线索，几乎是凭着一两字的训诂，拉清了一条《三百篇》以前诗歌发展

---

① 傅璇琮：《〈唐诗杂论〉导读》，《唐诗杂论》，上海古籍出版社 2006 年版，第 10—11 页。

的大势。理顺线索，重点突出，是文学史家常用手法。好处是简明扼要，不枝不蔓；局限是囿于题旨较大，多半只能顾全大局，很难兼及细节。

闻一多最令人感佩的是他身上有着"新月派"诗歌理论建设者与创作者身份，这一点与他的诗歌研究达成高度契合，使得闻一多在表现个人文学兴趣与学术激情时，呈现出独特的"诗心"，也较他人更有发表个人"独断的意见"的自信。在《杜甫》一文中，闻一多明确表示不想遵循"近来某某考证，某某研究，分析的工作作的不少了"的学术套话，他自称"自己在这里偶尔虽有些零星的补充，但是，我承认，也不是什么大发现"，似乎表示尚不具备写专篇论文的条件；然而他以退为进，说明主观上具有对"数千年来的祖宗"怀着追念、崇拜、仰慕之心，怀着"思其高曾，愿睹其景"之情，这是将学术情怀与诗人气质的体现。而最早提出闻一多述学文章具有"文学"情怀的，还是朱自清。他认为，闻一多的唐诗研究，以及《诗经》《楚辞》等，都是从诗到诗，学术研究本身就可以充分发挥闻一多现代新诗人的本色："他本是个诗人，从诗到诗是很近便的路。"① 钱锺书在记录"陈衍石遗说"的《石语》中有曰："论诗必须诗人，知此中甘苦者，方能不中不远"，虽然谈的是旧体诗，其意相同。

傅璇琮《〈唐诗杂论〉导读》非常尊重朱自清"他是一个斗士。但是他又是一个诗人和学者。这三重人格集合在他身上，因时期的不同而或隐或现"这一结论，但他消除了"斗士"一词所带有的政治色彩，而认为这是闻一多的生命人格在唐诗研究中的体现，"贯穿着一种渴望新事物能穿透惰性的旧事物。而生机勃发地诞生的心态，这也正是朱自清先生所说的诗人、学者身上的斗士气质的反映，无疑，这是与当时新旧交替之际的社会环境有关的"② 。傅璇琮将闻一多的学术情怀与五四以后反传统的文化思潮联系起来，突出他激烈的文化叛逆者与忧思者的激情："这生气，这渴望使他能直探本源，抓住要害，并联系广阔的社会环境，对传统的弊病和现实的症结作犀利的批判，那种眼光与手力，到现在还

① 朱自清：《朱序》，《闻一多全集》，生活·读书·新知三联书店 1982 年版，第 1 页。
② 傅璇琮：《〈唐诗杂论〉导读》，《唐诗杂论》，上海古籍出版社 2006 年版，第 17 页。

能给我们以启示。"这一点，正如人们后来阅读陈寅恪晚年尽其心血撰写的《柳如是别传》的感受一样，能在陈氏繁复的史学论证中，看出"写史偏多言外意"的对现实对历史的深重忧思。

当然以"诗人"的"诗心"这一解诗者的天然便利，仍然无法完全解释闻一多这一学术经典的全部"个性"。因此，傅璇琮先生在《导读》文章的末尾谈到"闻先生学术文章的艺术美"："《唐诗杂论》的这几篇文章，对学术论著如何做到既富有理致，又能给人以艺术享受，很能给人以思考。当然，要做到这一点，须要具备许多条件，要有生活阅历，要像闻先生那样对传统文化广博的学识，还要有很高的艺术素养与诗人气质，能够品味出艺术美的细致精妙之处。"结论是"把学术文章当作美文来写，这方面，闻先生也给后来者树立了一个不太容易达到的标准。……其实这是很值得写一篇专文来谈的。"① "不太容易达到的标准""很值得写一篇专文"，强调闻一多式论学之文的个人性，但不认为这是人人可以习得，或值得推广的论学文体。这真是与钱穆先生遥相呼应的文体之思，面对独特的闻一多，在"学问如何表述"的问题上，傅先生显然不乏探索之兴趣。

三　学术随笔中的文学性

学中有"文"，指的是不牺牲学术严谨性的"纹"，文章中的文采、卓然独立的见解、特殊的语言风格，或文体个性等，让讲求科学性、逻辑性的学术文章读起来兼具个人的情味、意味或趣味。如上所述，《唐诗杂论》等文章的学术意义已毋庸置疑，但它过于彰显的文学性却不是"学中有文"所能概括得了。在现有的学术研究规范中，能容忍"把文学文章当作美文来写"已经不很现实。尤其值得注意的是，《唐诗杂论》中的文章，绝大多数还不是发表在大学或研究机构的学术期刊上，而是发表在《新月》《北平晨报》《大公报·文艺副刊》《大国民报》《中央日报·文艺》《当代评论》《世界学生》等报刊、文艺副刊或杂志评论上，这类刊物的副刊，大多定位为一般的文学读者而非研究同好，这可能是

---

① 傅璇琮：《〈唐诗杂论〉导读》，《唐诗杂论》，上海古籍出版社 2006 年版，第 18—19 页。

闻一多学术文章随笔化的原因。

"美文"有没有在某种程度上改变闻一多学术文章的体性呢？能不能不把其中的文学性看成附属于学术，而肯定"美文"本身也具有可与学术相提并论的主体性，也能进入"文学的殿堂"而与散文的其他体式比肩而立呢？如果这疑问尚有道理，那么不妨暂时放下学术性，探讨一下《唐诗杂论》的文学性，以及学术文章与学术随笔的区别与联系。

一种能够给人以艺术享受的文体，它的"文学性"的核心应当是，作者将自身的生命力融化于其中，甚至可以说借批评对象阐发着自己的生命哲学，由此生成《唐诗杂论》中特有的生命结构。闻一多进行考察的每一个诗人、每一首诗，无不以诗心透视其中，无不以探讨人生为目的，无不以飞扬生命为旨趣。《贾岛》是备受研究者赞叹的一篇好文，贾岛的生命形态是闻一多不认同的，因此，他将之与同时代的诗人进行比较，力求找到诗人最突出的生命特点，他认为，贾岛一生，便是"为责任作诗以自课，为情绪作诗以自遣"，他对时代"不至如孟郊那样愤恨，或白居易那样悲伤……他爱静，爱瘦，爱冷，也爱这些情调的象征——鹤、石、冰雪……甚至爱贫、病、丑和恐怖"。对诗人的气质与性情的解读，源于他对贾岛诗歌意象与意境的深刻理解，并由此对某一种诗人的人生"状态"做出了自己的哲理性批评。而对孟浩然，人性的"矛盾"成了解读的关键，闻一多批评说"孟浩然原来是为隐居而隐居，为着一个浪漫的理想，为着对古人的一个神圣的默契而隐居"。他解读《长安古意》，竟是有着"生龙活虎般的节奏"，而骆宾王诗歌则有"缠绵往复的旋律"，这类解读，无不以他个人的生命体验为旨归。

闻一多论学文章建构起了由知性与智性结合而生的智慧结构。他总是能够从历史材料中发现批评对象的独特性。闻一多善写人物心理，他带着史料的考证与细致的分辨，却取来自西方文学中的艺术标准去加以衡定判断。他往往以极为精彩的描绘和塑形之笔，将诗歌中的唐代诗人的形象与生活情状，重现于今人面前。不属于《唐诗杂论》中的《庄子》是一篇用心体验与逾矩的学术文章。语言诙谐有趣，对庄子的性情与思想，或滑稽或激烈或高超或毒辣的刻画，都栩栩如生。闻一多好用断语来突出最重要的结论，如庄子的朋友圈故事，说及惠子："惠施在庄子生活中占一个很重要的位置。这人是他最接近的朋友，也是他最大的仇敌。""两人本是旗鼓相当的敌手，难怪惠子死了，庄子反而感到孤寂。"这种"哲理"式说话方式，也出现于孟浩然的故事里，里面出现相当多的格言警句，如"我们似乎为奖励人性中的矛盾，以保证生活的丰富，几千年来一直让儒道两派思想维持着均势""矛盾是常态，愈矛盾则愈常态""永远矛盾着，冲突着，于是生活便永远不谐调，而文艺也便永远不缺少题材"等，讲诗人故事而实指人性、谈论人生，颇有随笔杂文家的机智与诙谐，与林语堂写《苏东坡传》时的幽默笔法也很相似。这些地方是看出闻一多的学术文章里有现代智性随笔的特点。

学术文章多以理性取胜，在闻一多论唐诗的文章里，理性者的客观却常常会被作家的俏皮与机警所偷袭，节制往往让位于充沛的想象和放纵的多情；论述的沉静与严谨，更是被旁逸斜出的"偏见"所打破。科学研究本身讲的是准确与公允，而"偏见"当然不是值得鼓励的做法。但恰恰在散文随笔这种自由度极高的文体里，"偏见"成为灵感与才情的表现，甚至借由"偏见"来揭示真理、打开真相。当闻一多诗心放逸时，便会游离学术文章的公允之状，写《孟浩然》，他完全可以谈隐逸诗与中国文化的关系，但他偏偏加以诛心之论：诗人的隐居，之于旁人只是"暂时的调剂，或过期的赔偿，在孟浩然却是一个完完整整的事实"；孟浩然诗中质高的不多，因为都"不是真正的孟浩然"，真孟浩然的诗被他冲淡了；"淡到看不见诗了，才是真正孟浩然的诗，不，说是孟浩然的诗，倒不如说是诗的孟浩然，更为准确。在许多旁人，诗是人的精华，在孟浩然，诗纵非人的糟粕，也是人的剩余"。诸如此类的"偏见"里有调侃和俏皮，搬用到诗人论中，当然不符合学术研究的要求，甚至可能被视为解读的逾矩与任性，但是这鲜明的褒贬，独具慧眼的文学个性，正是许多优秀随笔家的基本特征。

闻一多的解诗学，集合了心理学的、传记式的、文学修辞学的、有诗为证等方法，尤其是文学叙述话语与修辞话语运用得相当熟稔与老道，它们构成闻一多文章文采益然、诗情澎湃的诗性结构。闻一多在他的学术文章中，常常"神与物游"，纵情于文学形象的创造力与文学情境的想象力。在形象方面，他结合人物小传或人物志的写法，直接采用诗人之诗来证其每一阶段的生活与心理状态，在这个过程中，当然要发挥充沛的文学虚构力与想象力，"观古今于须臾，挫万物于笔端"，将诗人所生活的时代在笔下变得生动鲜活，构造出了血肉丰满的个个不同的生命。《杜甫》大概是最有画面感以及人物传记色彩的一篇。前人留下的史料只有一成，余下九成，便由闻一多虚构、想象、描绘、叙述、抒情、议论等手法共振齐飞了。杜甫的少年抱负到中年壮游，闻一多写得激情四溢，其中融入多少自己读诗的经验已难以分辨。文章意兴湍飞，将读者带进了一个天才诗人接二连三出现的伟大时代。

这些文字，既有闻一多以诗心来表现对研究对象的独特发现，也有他在鉴赏诗歌、品评诗人时的趣味性、哲理性和语言的诗性特征。他极擅长将自己的绘画、诗歌之长，加上散文中特有的比拟与形象性语言，便如庖丁解牛般将一些看似复杂的问题处理得更有理趣，更易理解。《歌与诗》讨论感叹字与实字的主客观关系，顺手用上钟子期与俞伯牙来做比，生动而风趣："我们又可以说，感叹字是伯牙的琴声，实字乃钟子期讲的'志在高山'，'志在流水'。自然伯牙不鼓琴；钟子期也就没有这两句话了。感叹字必须发生在实字之前，如此的明显，后人乃称歌中最主要的感叹字'兮'为语助，语尾，真是车子放在马前面了。"当论及韵文与散文的新旧更迭的过程时，他所擅长的形象性语言又适时而出："你满以为散文进一步，韵文便退一步，直到有如今日的局面，'记事'几乎完全是散文一家独有的山河，韵文（如一切歌诀式的韵语）则蜷伏在一个不重要的角落里，苟延着残喘，于是你惊异前者的强大而惋惜后者的式微。你这兴衰之感是不必要的。韵文并非式微，它是迁移到另一地带去了。"① 第二人称的启用，口语的运用，将学术语言变成有着潜在听众的语言，强调亲切、生动和感染力。

作家和诗人的浪漫气质与创造才能，文学史家的眼光与恣肆放纵的文学手笔，构建了闻一多《唐诗杂论》中的生命结构、智性结构、诗性结构。这是一位散文家、诗人、学者对于唐诗的热烈拥抱，带着指点江山式的品鉴与姿态，为唐诗的时代与巨星唱起或高或低的咏叹，为唐代诗人画起素描、探其内心、观其性情。这是现代学术的前沿与现代散文的边缘让学术与美文相得益彰的学术随笔。

---

① 闻一多：《神话与诗》，华东师范大学出版社1997年版，第199、207页。

四　学术随笔:在学术与文学的交汇处

中西方文学批评中,诗文评、文学批评、学术随笔等概念各有特点,都是批评文体,但分类时存在差异,这其中,中西文学传统的不同、现代学术定义的歧义、多义,以及文学批评者或研究者的个体差异,是造成概念模糊的主要原因。

依上文所论,学术文章的个性与学者们各自不同的文学禀赋有极大关系,也与写作目的、发表刊物的性质有关。学者以学术作为自己的安身立命之本,因此,往往借著作的“序”与“跋”、前言与后记,或翻译家在译著前后的“译者序”“译后记”,或学者的读书笔记、演讲记录等述学文字或学术随笔,展露文采,突出个人笔调。钱锺书作为小说家和杂文家,他向来有强烈的文体意识,独出心裁,自成一家;作为学者,艺高胆大,不受学术文体的限制,自由放恣。《谈艺录》中部分诗文评,《七缀集》中看似中规中矩的论文,常洒脱地跳出学院派的规范,从不僵硬、死板;各种比喻信手拈来,掌故、个人回忆、阅读感受,纷披而至。《宋诗选注》,其“序”作为述学文章,写得暗藏机趣和理趣。钱锺书谈诗论艺渊博睿智,文字风趣透亮,取譬精巧,毫无学究气。他谈“批评该有分寸,不要失掉了适当的比例感”,“选了宋诗并不等于有义务或者权利来把它说成顶好、顶顶好、无双第一,模仿旧社会里商店登广告的方法,害得文学批评里数得清的几个赞美字眼儿加班兼职、力竭声嘶的赶任务”。① 鲜活明快、通俗易懂,即使遵循 20 世纪 50 年代学术普及的要求,也照旧趣味横生。《七缀集》中《林纾的翻译》② 一文论林译小说,与之相关的问题,均一一深入、牵引、举证,研究的核心终究不变;而语言的潇洒从容、史料之巨量,既是学术文章深入独到的呈现,又是写作者以一个问题展开多个层面的本事。这里的学术性,与他《写在人生边上》那论世事、论人性的杂文自然很不一样。但文章中又有童年读林译的疑惑不解,有掩盖不了的顽皮与思维的乐趣,传统治学的谨重多

---

① 钱锺书:《宋诗选注·序》,人民文学出版社 1997 年版,第 10 页。

② 钱锺书:《七缀集》,上海古籍出版社 1994 年版。

半会被他感性、随性与诗性的文学语言所冲淡，性情发挥中和了科学的理性控制，俏皮语无处不在，读起来与他的智性随笔有什么太大的区别呢？如果有，就是终归以学术为核心。

现代作家兼学者的学术文章个性突出、大有可观。鲁迅的《魏晋风度及文章与药及酒之关系》既是一篇充满文学趣味的演讲，也是富于个人学术视野与创见的经典文章，字里行间里有鲁迅先生杂文的灵魂，透露出鲁迅文章的渊源与师承。周作人《中国新文学的源流》，是演讲稿，"言志"与"载道"此起彼伏，晚明小品作为新文学源流的发现，当然不算科学研究的路子，但此小书竟以文学创见、历史洞见而对 20 世纪 30 年代文学创作、文学出版、散文思潮流派起了重要影响，甚至 20 世纪的晚明小品文研究，都不可不首归周作人之功。这类文章吻合郭宏安先生对学术随笔的判断，"既清新可读，又坚实可靠，既有个人的色彩，又有论据的翔实，既表达探索的精神，又张开想象的翅膀"①。

宇文所安在为自己带随笔风格的古典文学学术著作写的"前言"中，提出了自己对西方 essay 的理解与概括，他认为存在一类学术性的 essay，有时是文学批评，有时是学术随笔，并无太大区分，但是它因为"尝试"而有"独立"存在的意义：

> 英语的 essay 是一种颇有趣味的形式。它和现代中国随笔有所不同：现代中国随笔强调作者的主观性和文体的随意性，而英语的 essay 则可以把文学、文学批评以及学术研究，几种被分开了的范畴，重新融合为一体。作为一种文学体裁的 essay，必须读起来令人愉悦；而且，既然属于文学的一部分，它就应该时时更新，不能只是一成不变。作为文学批评的 essay 则应该具有思辨性，至少它提出来的应该是一些复杂的问题，这些问题的难度不应该被简化。作者面临的挑战是把思想纳入文学的形式，使二者合而为一。最后，essay 必须展示学术研究的成果。我们的学术写作，通常喜欢使用很多的引文，很多的注脚，来展现学者的知识范围。而写一篇 essay，学者必得隐

---

① 郭宏安：《从阅读到批评——"日内瓦学派"的批评方法论初探》，商务印书馆 2007 年版，第 312 页。

藏起他的学识，对自己所要用的材料善加选择……essay 的本义，是"努力"或"尝试"。每一篇 essay 都是一次尝试，把那些被历史分隔了的领域重新融为一体。这一简单而也许不可能达到的理想值得我们记在心里，因为文学创作、学术与思想，是可以也是应该结合在一起的。①

这里的 essay，可以归属更宽泛的"文学批评"。诺思罗普·弗莱在《批评的解剖》中认为应当视"文学批评"为"一种艺术"，它有自己的独立性。他批评两种"偏见"，一种"仿佛批评成了寄生于文学表现的一种形式"，被贬视为"是对创造力的间接模仿"；另一种则走向了要么低俗化要么神秘化的两个极端。② 他认为，批评家应该努力捍卫文学批评的权利，"就应该确认如下的前提，即批评是一种思想和知识的结构，这种结构本身有权利存在，而且不依附于它所讨论的艺术，具有一定程度的独立性"③。用这样的标准来看，闻一多《唐诗杂论》，有着不依附其讨论对象的"一定程度的独立性"。

这一批作家型学者接受了相当充分和规范的西方现代学术训练，多数人的留学经历为他们后来的治学奠定了重要基石的同时，参与构成其治学基础的，还有中国传统学术以及中国的"诗文评"。作为中国特有的传统文学批评方式，"诗文评"的特点，一是"以作家为本位，以批评为末技"，"批评家是以作家的身份而兼有的。这一事实是如此清晰，它不容我们坐视不顾"。④ 二是"中国的'诗文评'，最突出的意思是'品评'、'品说'、'鉴赏'、'赏析'、'玩味'、'玩索'，其'感性'（感受、感悟）特色更浓厚些"⑤。换句话说，传统诗文评，到了今天，人们几乎将它与文学创作相提并论了。尽管这种结合了文学感悟、富于个性与灵

① ［美］宇文所安：《〈追忆：中国古典文学中的往事再现〉三联版前言》，生活·读书·新知三联书店 2004 年版，第 1 页。

② ［加拿大］诺思罗普·弗莱：《批评的解剖》，上海外语教育出版社 2009 年版，第 4—5 页。

③ 弗莱：《批评的解剖》，上海外语教育出版社 2009 年版，第 6 页。

④ 彭玉平：《诗文评的体性》，北京大学出版社 2012 年版，第 12 页。

⑤ 杜书瀛：《从"诗文评"到"文艺学"》，中国社会科学出版社 2013 年版，第 28—29 页。

气的文体，在现代学术体系讲"科学"的铁腕下，终于离我们越来越远，成为一种"文化乡愁"，但它却是流淌于那些埋首故纸堆里的现代中国学者的血液与营养。在闻一多的《唐诗杂论》中，"诗文评"的审美经验时时灵光乍现，令人惊叹。至此，似乎可以说，现代一批生气淋漓的"学术性的杂文"，是现代学术转型间，旧学与西学交相融汇而产生的学术随笔。当传统"诗文评"难以在现代保持其原有的地位时，不妨将之做"现代性的转化"，它可能不见得能在日益严格的学术系统之中找寻到一席之地，却可以因其审美感性、自由和创造性而在作为文类的散文与作为研究的学术的交叉地带安身立命。

闻一多文化选择的独特性及其
历史价值兼与鲁迅比较

逄增玉

（中国传媒大学）

闻一多与鲁迅，是受到现代领导中国革命取得胜利的政治领袖高度赞誉的两个现代作家诗人和学者，鲁迅被称为是半殖民地中国骨头最硬的人，没有丝毫的奴颜婢膝，闻一多则敢于面对专制的手枪拍案而起，为民主中国视死如归。政治领导人的概括主要从政治和历史层面着眼，角度和结论自有鹄的，而本文则发现闻一多不仅与鲁迅、郭沫若和整个五四时期的新文化阵营，也与现代中国包括文化保守主义的整体的文化选择和文学选择，都既有精神联系又存在差异，而这些差异与联系，涉及现代中国文化与文学的价值选择与历史走向的问题，涉及闻一多文化选择的重要性与独特性问题，在当今中国文化复兴、传统回归的时代，闻一多的文化选择，具有重要的历史意义和启示价值，值得探讨。

一

鲁迅和郭沫若等与闻一多都是在近代中国面临千古未有之奇变的危机环境下，赴国外留学的，他们留学的动机与晚清整体的社会文化思潮相吻合：救国与强国的强烈的民族主义，驱使他们出洋学习率先实现现代化的欧美日之西学。但饶有兴味的是，早于闻一多留学日本的鲁迅，却在留学生涯中逐渐萌生科学和实业不足以救国强国的思想变化，而留学之初他们认为那是使日本强大也是最终会使中国强大的西学之本。于是众所周知鲁迅弃医从文选择文学与文化，认为改造愚弱国民的精神即"立人"是立国的根本。由此出发，鲁迅进而对发源于西方的物质、制度现代性，即富裕、金铁、国会、众治（民主）等分别予以否定，认为轾才小慧之徒希图把它们引入中国实现富国强兵完全是本末倒置，而人的现代化即"立人"是当务之急之首，改造国民精神是救亡强国的第一要义。故此鲁迅提出了"掊物质而张灵明，任个人而排众数"的主张。1908年写作的《文化偏至论》，就是这种代表鲁迅前期思想精华的集大成者。

但是，一般论者没有注意到的是，留日时期的鲁迅在抨击中国的轾才小慧之徒没有抓到西方与西学的根本——人的自我解放和主体性为中心的现代性，否定当时中国人热心的西方的物质与制度文明的时候，也抨击了另外一种轾才小慧的行为："故今者翻然思变，历岁已多，青年之所思维，大抵归罪于古之文物，甚或斥言文为蛮野，鄙思想为简陋，风发浡起，皇皇焉欲进欧西之物而代之……"① 在当时的鲁迅看来，这种对中国固有思想文化的否定和抛弃，与简单地以金铁路矿富裕、众治众数民主等欧西末路文明作为"图救今日之阽危"的灵丹妙药，一样是不可取的，也就是说，在为了"立国"而必先实施的"立人"的现代性工程中，中国的古典文明文化与19世纪和20世纪初叶的以个人主体性为核心的新神思，都是应该"施之国中"的主要思想资源。

有意味的是，鲁迅如此坚守被时代青年鄙薄排斥的"古之文物"和思想言文的精神价值，将其视为与19世纪末兴起的个人主体性思潮同样重要的救国立人的价值财富，但是，当新文化运动时代大潮兴起、鲁迅被动地又是坚决地参与其中之际，我们看到了一个矛盾的鲁迅样态：一方面，他积极整理古代文化遗产，撰写了《中国小说史略》《汉文学史纲要》等研究传统文学的筚路蓝缕之作，在中国古代小说研究中多有开拓斩获，私下里给友人孩子开设的书单也多是传统的经史子集，他日记里记载的每年所购书籍也大多是隶属传统文化范畴的古籍；

---

① 鲁迅：《文化偏至论》，《鲁迅全集》第1卷，人民文学出版社1981年版，第56页。

另一方面，鲁迅却在新文化运动中与其他先驱者一样，几乎是树起了全面反传统的大势，"我们目下的当务之急，是：一要生存，二要温饱，三要发展，苟有阻碍这前途者，无论是古是今，是人是鬼，是《三坟》《五典》、百宋千元、天球河图、金人玉佛、祖传丸散、秘制膏丹，全都踏倒他"①。对国学与"国粹"，鲁迅予以辛辣嘲讽，视之为毫无价值的文化垃圾，甚至劝告青年人不要读中国书而多看外国书。新文化运动先驱者的陈独秀、钱玄同等人把中国古典文学特别是四大古典文学名著，皆视为诲淫诲盗的山林文学，是毁坏国民精神的毒素。作《中国小说史略》的鲁迅，在此点上是与他们具有立场与观点的一致性的。为什么鲁迅在新文化运动前写作的文章里维护古典文化价值、批评青年人否定古典文化的时代性浅薄和不当，到了五四新文化运动中却一反前期立场态度，成为老中国文明文化的坚决批判者与扬弃者？这其中的缘由，除了受到老师章太炎的复古思想的影响，是否还有更复杂的东西？值得深长思之。

在北京清华读书前后恰逢五四新文化运动和爱国反帝运动的闻一多，在接受五四时代精神和思想文化洗礼的过程中，显示出对两个五四的不同接受态度，他积极参加了五四学生的爱国运动，这是基于民族感情和政治激情的五四选择，尽管闻一多读的清华受的是美国式的西化教育，尽管他和他们参加五四运动并非出于理性思考而是单纯的政治化的冲动，但闻一多一直具有的爱国情怀使他接受了五四爱国运动的爱国主义精神。另一方面，闻一多却又罕见地没有接受五四新文化运动和文学运动的反传统的倾向和旨归，特别是被很多五四新文化领袖否定的中国古典文学的价值，闻一多不但不否定反而是努力学习和继承，身上具有浓厚的中国古典文化的情怀，五四新文化提倡的对传统文化的质疑和否定，甚至提出不读中国书的主张，对自幼及壮一直耽读和喜爱中国古典文化且深受其影响的闻一多，好像基本不起作用，特别是考虑到闻一多读的是美国人创办的美国化和西方化教育思想与模式的清华学校，西学的课程占据绝大多数，这一点就尤其令人惊奇。在欧洲的启蒙运动和 19 世纪后东方被压迫被殖民的民族国家，他们都努力发掘本民族、本国历史传统和

---

① 鲁迅：《忽然想到·六》，《鲁迅全集》第 3 卷，人民文学出版社 1981 年版，第 45 页。

文化的价值与光荣，不无浪漫地甚至夸大往昔的辉煌，欧洲是以此对抗中世纪神权压抑而倡导人性解放和人权价值，近代被压迫民族和国家是借此拒斥殖民主义的统治和同化，捍卫本民族和本国文化。① 现代中国的五四启蒙性质的新文化运动是一个另类，大力引进和拥抱西方文化而排斥本国传统文化是新文化运动中的两大方向性选择，也是世界启蒙主义运动中的罕有现象。当然，在五四新文化运动排山倒海般地拥抱西学挞伐中学的时代大潮中，也有所谓文化保守主义或守成主义者对传统文化的坚守，从五四发端之际的林纾"国粹"派到章士钊为首的"甲寅派"和梅光迪胡先骕等人代表的"学衡派"，分别从各自角度出发反对新文化运动及其主张，强调和捍卫中国传统文化的价值及其永恒性。文化激进主义和文化保守主义其实一直存在于中国现代文化发展的历史长河中。而闻一多是受过五四时代大潮影响的既接受时代新潮又有自己文化选择独特性的一个主体性鲜明的人，既拥护新文化新文学，又如文化保守主义者一样热爱中国的传统文化特别是古典文学。由此，闻一多的思想文化显示出饶有意味的二重性装置，即一方面是五四新文化和文学的积极拥抱者和五四爱国反帝政治运动的参与者，另一面却又少年老成地显示出对传统文化的价值坚守，与五四的新文化阵营的整体文化价值取向构成反差，也就是说，闻一多没有如五四新文化阵营中的大多数人具有的文化决定论倾向，没有把现实中国社会与政治的不良与国家的衰落同中国文化联系起来。表面地看，五四时期的青年闻一多与五四时期的文化保守主义者显示出文化态度的同一性，但是二者其实存在立场的差异，即闻一多没有全面肯定和无条件认同中国传统文化的一切价值，没有文化保守主义顽固拒绝承认新文化价值的抱残守缺的态度。这种态度，在闻一多后来的思想行为中，越来越明显。总之，政治上的参与五四爱国反帝运动、拥护五四新文化新文学却又坚持文化民族主义——核心是承认中国传统文化特别是文学文化的永恒价值，而且闻一多认为政治的一般的爱国主义是情感性的，而文化的认同则是理性的也就是更高级的，

---

① 逄增玉：《中国与亚洲启蒙中的文学》，见逄增玉《文学现象与文学史风景》，商务印书馆 2011 年版，第 294 页。

因而文化的爱国主义是一种真正内在的理智化选择。① 这形成了闻一多式的文化爱国主义的内涵与装置。

怀抱着强烈的文化爱国主义甚至国家主义的闻一多，在五四运动后的 1922 年到美国留学，与晚清出国留学的鲁迅、郭沫若等人相差了一个时代。这种文化爱国主义导致身在异国的闻一多，第一，政治上参与国家主义性质的大江会，过去有人认为这是闻一多思想的负面现象存在，其实就实质来说，艺术家和诗人气质浓厚的闻一多根本没有搞清国家主义和爱国主义的区别，他是以爱国主义的认识参与其中，"五四时代我受到的思想影响是爱国的，民主的，觉得我们中国人应该如何团结起来救国。五四后我出洋，还是关心国事，提倡 Mationalism，不过那是感情上的，我并不懂得政治……"② 爱国主义在闻一多那里是与爱故乡、爱中国文化、爱国家三个层面构成的，凡有阻碍这样的爱国行为，他都是反对的，国家主义强调中国外抗强权内争自由民主，强调中国古代文明的价值，这些才是闻一多一度加入大江会、主张文化的国家主义的根本缘由。第二，在诗歌写作中表达强烈的思乡爱国之情，甚至是对故乡与故国从自然山川到历史文化的过度的美化与夸赞，《忆菊》《太阳吟》或《红烛》诗集的主体表达的就是这种诗人的祖国恋。身在异国而强烈怀念家乡与祖国的诗文和思情，从跨文化交流角度看，也是对身处的异域文化出现认同困难、接受阻碍甚或文化拒斥后出现的文化症候，这在世界范围内的跨时空文化交流中是普遍出现的现象。第三，对美国存在的资本主义的工业物质现代性的反感与拒斥和对艺术美学现代性的接受，与鲁迅留日时期表达的对中西社会与文化现代性的选择和态度，存在诸多的精神同一性。20 年代的美国恰好处在现代化崛起的"镀金时代"，但闻一多却对所处的美国的物质、制度与社会的现代性表现出强烈的不适应和反感，在异域环境和国度出现了跨文化交流学所定义的"文化休克"现象，即对移入国的物质与社会现代性因严重不适应出现强烈排斥即认同危机。他在给友人信中对刚到达的美国工业城市芝加哥印象很不好，"密西根街一带，房屋皆着黑色，工厂吐出之煤烟熏之使然也。我们在那里

---

① 闻一多：《女神之地方色彩》，《闻一多全集》第 3 卷，三联书店 1982 年版，第 365 页。
② 闻一多：《五四历史座谈》，《闻一多全集》第 3 卷，三联书店 1982 年版，第 536 页。

去一回，领子就变黑了"①。"抬头望窗口一望，那如像波涛的屋顶上，只见林立的烟囱开遍了'黑牡丹'，接下是火车，电车，汽车，货车（trucks，运物的汽车，声响如雷），永远奏着惊心动魄的交响乐。"② 闻一多是喜爱和敬佩郭沫若诗歌的人，郭沫若在其反映了五四时代精神的诗集《女神》里，对代表 20 世纪工业文明的黑烟囱，对科学和动的世纪是热情讴歌的，而赞誉《女神》之时代精神的闻一多，却表现出对工业文明代表的物质现代性的极大反感，痛斥工业文明，这也是他后来到科罗拉多州的珂泉河继之到纽约的原因之一。不仅如此，闻一多还对工业文明等物质现代性必然带来的社会现代性同样反感，所以，他写作的《洗衣歌》等，不仅仅是表现一个游子对海外华人遭受的带有种族主义色彩的歧视，更主要的是表达了对资本主义镀金时代美国的两极分化和金钱主导的社会现代性的强烈反感和拒斥。而这种反感和拒斥，即是一个现代化落后和低端国家的人到发达国家后产生的难免的落差情绪，也是欧美自文艺复兴和工业革命以来出现的对资本主义的物质和社会现代性进行批判的美学现代性、欧洲的反现代化思潮和希望回到往昔、自然与未受现代文明污染的化外之地的浪漫主义思潮对闻一多影响的结果。还有，当时的美国社会既有资本主义工业化的迅猛发展——美国彼时已经开始普及火车和家庭小汽车，工业文明代表的物质现代性和社会制成为美国的标志，同时美国也继承了欧洲的批判物质与社会现代性的美学现代性，而美国本土也产生了梭罗式的远离现代文明的生活方式和思想遗产。从闻一多留美生涯来看，他并没有多少的社会实际的接触与实践，更多的始终是不同的学校和专业之间的流连，在象牙塔里耽于文学与美术。但是他通过艺术不可避免地接受了西方美学现代性与浪漫主义传统，而与欧美浪漫派和人文主义思潮及美学现代性思潮一样，拒斥和反感西方的物质与社会现代性，这在受过五四思潮洗礼的留学青年中，是很少见的现象，也是闻一多之为闻一多的独特文化选择。当然，如上所述，闻一

---

① 闻一多：《给景超、毅夫、毓琇、实秋》（1922 年 8 月 14 日），转引自刘炫《闻一多评传》，北京大学出版社 1983 年版，第 50 页。

② 闻一多：《给梁实秋》（1922 年 5 月 15 日），转引自刘炫《闻一多评传》，北京大学出版社 1983 年版，第 50 页。

多在美国的留学生涯中对美国和西方文化不是全盘拒斥和否定，他只是对美国的工业物质文明和带有种族与阶级歧视色彩的社会文明表现出强烈的反感，而对美国和西方的文艺与美学、对批判社会现代性和物质现代性的美学现代性是接受和首肯的。这样的现代性的选择和接受也进入和构成了他的文化爱国主义的范畴，与他的文化爱国主义并不矛盾。

因此，闻一多在回国后，他的文化爱国主义不排除他在从事文学和美术运动中坚持接受的美学现代性，甚至他回国后主持的北京沙龙四子社的装饰也是浪漫主义和现代主义风格，徐志摩在《诗刊弁言》中作了真切的描绘：

> 我在早三两天才知道闻一多的家是一群新诗人的乐窝，他们常常会面，彼此互相批评作品，讨论学理。上星期六我也去了。一多那三间画室，布置的意味先就怪。他把墙壁涂成一体墨黑，狭狭的给镶上金边，像一个裸体的非洲女子手臂上脚踝上套着细金圈似的情调。有一间屋子朝外壁上挖出一个方形的神龛，供着的，不消说，当然是米鲁维纳斯一类的雕像。他的那个也够尺外高，石色黄澄澄的像蒸熟的糯米，衬着一体的背景，别饶一种澹远的梦趣，看了叫人想起一片倦阳中的荒芜的草原，有几条牛尾几个羊头在草丛中转动。这是他的客室。那边一间是他做工的屋子，犄角上支着画架，壁上挂着几幅油色不曾干的画。屋子极小，但你在屋里觉不出你的身子大；带金圈的黑公主有些杀伐气，但她不至于吓瘪你的灵性；裸体的女神（她屈着一只腿挽着往下沉的亵衣）免不了几分引诱，但她决不容许你逾分的妄想。白天有太阳进来，黑壁上也沾着光；晚上黑影进来，屋子里仿佛有梅斐士滔佛利士的踪迹；夜间黑影与灯光交斗，幻出种种不成形的怪相。

当然，闻一多的文化爱国主义情怀在使他回国后进行艺术与诗歌创作活动之后，更以主要时间和精力进入了研究和教授古典文学的学者生涯。如果说，青年时期的闻一多是以爱国主义激情和新诗创作著名的文学家，那么壮年直至逝世的闻一多，是以古典文学研究者和价值发现者的身份而闻名于世的，并且在诗经、楚辞、唐诗的研究中，从辞章到义理，从整理到阐释，都取得世所公认的成就，做出了辉煌的贡献。一个新文学和新诗的拥护者创造者却又是文化爱国主义和守成主义者，这两者在他身上完美地统一起来，这在现代中国文化和文学中，都是一种非常独特的现象，也是非常需要在现代中国文化语境中阐释其独特价值的。如果说，在胡适、周作人、陈独秀、鲁迅等新文化先驱者身上，他们表面激烈（不是全面）反传统但又发现和捍卫了传统，并没有使中国文化断裂的话，那么作为受五四思想精神和文化文学哺育的闻一多这一代人，则更可说明五四一代人没有撕裂传统而是赓续了传统，这个现象和内含的矛盾以及矛盾的克服，都是现代中国历史、思想与文学中的一道风景，这个风景的构成及其内在机制和装置，至今仍然具有极大的研究价值。

二

闻一多的文化爱国主义，也使得他在中国新文学、新诗发展上做出了独到的贡献，这种贡献及其内含的价值和意义，事关中国现代文学和现代文化发展的方向与方法，事关新文学内部矛盾的克服与发展的路径，个人感到以往的研究虽然已经言及，但角度与高度尚有不足，有重新阐释的价值和必要。而要讲清这个问题，有必要从五四新文化和新文学的内部矛盾讲起。

五四与新文化运动，本来都是在民族和国家面临危机的时刻，为了救亡的目的而启动的思想文化启蒙性质的运动，并在启蒙中运用西学现代性作为观照和批判传统中国的思想武器，批判作为武器的中国文化。这样一来就不可避免地陷入一种历史吊诡和悖论：为了挽救民族危机和救亡而启动的思想文化启蒙运动，却把批判和否定的目标放在了本民族的传统和文化，这样的吊诡和矛盾律，必然性地使得启蒙发动者的鲁迅及其新文化同志，面临着启蒙的困境和陷阱：他们用以对人民进行思想精神的国民性改造的思想武器，是本源于西学的现代性话语，难以被作为思想文化传播和改造对象的中国语境下的国民接受——中国的思想精神资源里没有这样的同质化的话语系统和语码符号，难以在老中国语境下与人民进行沟通和对话，二者之间存在巨大的先天性的鸿沟，于是，启蒙者及其所携话语，就进入了尴尬的传播与交流的阻碍，出现了交流与传播的阻断和无效，最后的结果只能是思想文化交流与传播的空洞化和负反馈，出现文化失语症和异质文化语境内的文化休克。

鲁迅的小说《狂人日记》作为现代文学的第一篇白话小说，其实就以极其深刻的寓言方式内含和揭示了来自西方精神现代性的五四启蒙话语和新文化的内在困境：这种为了立人、启发国民觉悟的现代性话语及其展开的对本国传统思想文化的否定批判，造成了与启蒙对象之间的天然鸿沟，启蒙者认为传统思想道德和制度文化皆落后且造成人民的普遍愚昧，传统和现实的世界都不正常；而人民认为启蒙者的话语是处于不正常的癫狂状态下的狂语疯话，因此二者之间存在无法逾越的话语与思想的障碍，结果是启蒙者无法启蒙人民，人民拒绝启蒙，双方无法对话交流，自能陷入对话中断和交流休克。这种状况，象征性地预示了中国现代文学发展的两难困境：为了救亡救民的民族主义目的及其有效达成这一目的，中国的现代文学必然内含民族的精神文化内容及其文化形式，此之谓民族化道路与方向；但新文学与新文化当时的处境与语境，却使发动和创建新文学的先驱者们否定和扬弃民族传统的文学与文学的内容和审美方式，以导源于西方的现代性思想和文化作为新文学的目标，现代性的内容和美学作为新学不仅是工具性的也是目的性的，此之谓现代中国文学的现代性。但这种精神和思想的现代性从文学传播和接受的角度看，却又是难以进入中国语境和难以被接受的，而不能有效传播和接受、没有接受者的信息反馈和信息零化，就等于无传播或传播效果零化。可是新文化运动深层的民族主义性质和目的要求新文学思想的现代性传导给人民、改造人民使之成为现代国民与公民，如此一来，新文学内含的民族性与现代性的追求，就成为无法克服的内在矛盾，导致新文化新文学出现内容与方向上的内在背反与矛盾。这样的内在矛盾，势必影响新文学的前景和发展，到一定时候，需要进行新文学内部的缝合与弥合，即便没有后来民族危机和抗战时代民族文化在外部刺激下的复兴，其内在逻辑也终会出现闻一多这样的以自身的文化实践弥合矛盾、创生新文学的路径，将其导向正路和新路，这是五四和新文化新文学运动在发展中的必然性逻辑，而五四及其以后新文学出现的新与旧、现代性与反现代性、欧化与大众化、现代化与民族化的矛盾论证的出现及结果，都是这种逻辑的体现。其实在新文化运动的后期，所谓新文化阵营就出现了内部的分裂，也即鲁迅说的高升、退隐和屈服的分化，使鲁迅成为荷戟独彷徨的"孤独者"。新文化运动的分裂实质上也是其民族性与现代性矛盾构成的精神的与历史的辩证法，在新文学历史中合规律性与合目的性运动和运转的结果。

新文学不仅思想精神的现代性导源于欧西，其形式和叙事的装置也是西化的，鲁迅就承认自己的小说是看了大量外国小说的缘故。[①] 郑伯奇也认为五四新文学是在短短数年间把欧美文学两百年的历史重新上演一遍。[②] 作为文学语言的白话虽然是民族的，但句法和叙事语法却是欧化的（后来的大众化大众语运动希望校正的就是语言的欧化创造民族新语言）。新文学的这种从语言到形式的现代性与形式的意识形态性，与上述的思想精神的现代性一样，用意是在打碎本国固有的文学传统创造新的文学形式，最终落实在使作为接受者的中国国民受到新思想的改造、成为救亡图存建设现代民族国家的"新人"，而后实现立国强国的宏大民族主义叙事和诉求。但是，这种形式的外来性、西化性也如思想精神的现代性诉求一样，存在民族性与现代性的内在矛盾，需要新文学在发展中克服和破解。

闻一多新诗和文学创作与美学诉求出现的意义就在于，作为脚踏东西文化、对中西文化皆有造诣且能中西会通的学者与诗人，作为从五四新文化运动激烈反传统主义大潮中走过来的闻一多，他对五四整体的新文化精神并不反对并且受哺育于斯，在评价以郭沫若《女神》为代表的诗歌创作时，他认为《女神》反映的动的精神、科学精神、自由自我、叛逆创造等主题，才是真正的时代精神，而反映了这种代表着五四时代精神的新诗，才是真正的现代诗歌——怀抱文化爱国主义的闻一多在这方面显示出他是五四时代之子，对导源于西方的五四时代精神有精确的把握。他对俞平伯的《冬夜》的批评，从内容构成的情感质素、艺术创造的想象幻象、音节格律的艺术形式、思想境界的高低雅俗等角度，都

---

① 鲁迅：《我怎么做起小说来》，《鲁迅全集》第4卷，人民文学出版社2005年版，第526页。

② 郑伯奇：《中国新文学大系·小说三集·导言》，上海良友图书公司1935年版，第2页。

做出了比较严厉的批评，主因就是俞平伯的诗集缺乏时代的、现代的思想精神与艺术创造。但是，《女神》中表达的叛逆和五四整体新文化中表现的对本国古代文化的扬弃，闻一多出于他的文化爱国主义立场并没有全盘接受。相反，闻一多真正热衷和倾心的，是在中西文化文学的融合中创造新文学的内容与美学。因此他在另一篇写于美国的诗评《〈女神〉之地方色彩》中，就批评了郭沫若诗歌的地方色彩——其实是中国色彩、民族要素的不足。从《女神》的外语词汇入诗、西化的词语与意象、西方的精神到整体的欧化，闻一多指出造成这一切的根本是作者居住环境的欧化、思想的欧化和对于中国文化的"地方色彩"疏离的结果，因此"我们的中国""我们四千年的华胄""我们的大江，黄河，昆仑，泰山，洞庭、西子"在诗里都看不到。闻一多认为五四后的新文学提出的世界文学，必须是各民族文学构成的，"真要建设一个好的世界文学，只有各国文学充分发展其地方色彩，同时又贯以一种共同的时代精神"[1]，要改变《女神》和新文学缺乏地方色彩的弊端，建设一种有民族地方文化底蕴和特色的新文学并参与世界文学的大格局，就要"恢复我们对于旧文学的信仰，因为我们不能开天辟地（事实上与理论上是万不可能的），我们只能够并且应当在旧的基础上建设新的房屋……我们更应该了解我们东方底文化"[2]。闻一多一直强调在了解本国文化的基础上，吸收和借鉴他国文化的所长，在中西会通交融中创建新文学。如此，才能彻底克服中国新文学内部民族性与现代性之间的矛盾，培育出既具有民族性、地域性（地方色彩）又具有现代性世界性的文学。

为此，闻一多不仅在理论上提倡，还一直尝试进行这样的会通和建设的实践。清华期间在尝试写作新诗之际，就对他素所热爱的中国古典诗词进行整理研究，写下了《格律诗底研究》，此后，不论是在自己的诗歌写作还是对他人的诗作进行理论批评中，闻一多在坚守中国古典文化、古典诗歌和诗学从语言到形式的良性传统的同时，把古典诗艺同来自西方的思想现代性和艺术美学的新质兼容并蓄，创生新貌。而回国以后从四子社到新月社时期，闻一多与徐志摩等新月社同人，提出了著名的关

---

① 闻一多：《〈女神〉之地方色彩》，《闻一多全集》，三联书店 1982 年版，第 366—367 页。
② 同上。

于中国新诗发展的美学构想，即诗歌要具有建筑的、音乐的与色彩的美。我以为这不是一个简单的新的诗歌美学原则的崛起，而是闻一多一贯的对于中国现代新诗、现代文学建构和发展的美学思想的体现。毫无疑问，中国古典诗歌是具有这样的三美特色的，这也是中国古典诗歌千古流传的美学原因，当然，中国古典诗歌的思想精神内容——对自然的歌颂、现实的讥刺、人生的感悟、哲思的叹咏等，是人类的永恒思虑与情怀，没有古代与现代之分，在五四新文化运动发起的传统批判中，中国古典诗歌是最没有所谓"吃人"思想的糟粕性的，是最具人性与人民性的，因此中国古代才能够成为西方意象派等现代主义诗歌的精神源泉之一。闻一多深厚的传统文化修养和西方文艺的修养，一方面使得他对中国古典诗歌情有独钟恋恋不舍，实际上把中国古典诗歌当作了他心目中的女神、诗神和"年轻的姑娘"；另一方面，他又对西方思想与美学现代性有实际的接触了解和感受，在留美期间也接触了西方意象派的诗歌，虽然没有对意象派进行全面的研究，但意象派以中国古典诗歌诗意和诗艺为意象的诗学追求，与闻一多心有戚戚焉。对中西文化、文艺和美学价值的认同与接受，使得他有意愿和能力通过自己的诗歌写作实践，为中国新诗、为新文学提出和提供一套新的美学原则。他的诗集《红烛》和《死水》尽管不是五四和20年代新诗写作的巅峰之作，但已经表现出这样的迥异于一般五四文学作者的思路与选择，是他对中国新诗如何在音尺、节奏、韵律、句式、结构、形式上，汲取古典与西方诗艺提出的主张的艺术实践，也是他诗歌和新文学创作的美学原则的具体体现。

在闻一多的同时和之后，对于中国新文学、新诗创作的方向问题，一直成为新文学内在矛盾的表征，30年代关于大众化大众语的讨论，40年代抗战期间关于民族形式的论争，解放区提出的赵树理的民族化大众化方向等，都可看出新文学的民族化与现代化内置的矛盾张力在新文学发展中的外化，换言之是内在矛盾紧张化的表现。而闻一多作为五四中人、留学西方的诗人、艺术家与教授，他的文化爱国主义所导致的中西文化立场，所派生出的关于中国新诗和新文学创造与发展的具体主张和实践的背后，实质包含了一种文学价值和文化价值的创造问题，包含了如何解决民族性与现代性的内在矛盾与紧张的文化原则和美学原则，这种原则才是中国新文学发展的真正的有生命力的方向，而某些过分拘执于西化或民族化的主张原则，某些被政治和意识形态树立的方向如赵树理的方向，其实都不是真正的方向且早已不断为中国的文艺实践所否决。闻一多的主张和实践才是中国现代诗歌与文学的发展方向，至今仍然具有巨大的生命力、开放性、真理性、超前性、召唤性，且已经被时间和实践证明，尽管闻一多后来忙于古典文学研究而没有继续进行探索和实践而留下了遗憾，但闻一多从五四开始就一直秉持在古今与中西会通中创造新诗与新文学的主张和实践，随着时间的推移越来越显示出其独特而重要的意义和价值，是具有文学史方向性的历史正识和思想资源，甚至可以说，闻一多提出和昭示的方向，才是中国新文学的发展方向，也是在文化意义上化解新文学的民族性与现代性的内在矛盾走向融通的唯一道路。

三

自五四时代开始，闻一多表现出强烈的政治爱国主义和文化爱国主义，特别是文化爱国主义（闻一多并没有严格界定也没有搞清文化民族主义与国家主义同爱国主义的区别），使闻一多在反传统大潮中强调中国甚至东方文化的价值，在海外留学中大写爱国主义情怀的诗歌，在新诗批评与理论中倡导民族性的地方色彩的不可或缺，对新诗与新文学中存在的欧化、西语词汇和缺失中国本土形象与意象提出批评，回国后不久就一头扎进古典文学的研究中并做出了辉煌的贡献，俨然成为陈寅恪所说的为中国文化所化之人，他在大学下午上课讲《离骚》、开课前的名言"痛饮酒狂读离骚方为真名士"的开场白，他刻苦治学几乎足不出户被戏谑为"何妨一下楼"的美谈，他在抗战最艰苦时期的"鬐字"刻印以为稻粱谋，都构成了闻一多国学研究时代的美丽传说，而这些流传于清华和西南联大校园的传说，其实都是事实。从新诗人成为国学教授，是闻一多身份和职业即人生事业模式的华丽转型，这种转型使闻一多成为中国最顶尖大学里最著名的中国古典文学学者。

然而，从五四时代就强调和坚守中国文化价值、东方文化价值的闻一多，却又不是完全的国粹派和古董派，不是死抱着传统不放的冬烘先生。五四的反帝爱国精神和科学民主精神同时成为他思想装置的组成部分，留学期间对西方工业与物质现代性的反对批判并没有妨碍他接受自由民主和个性张扬的精神现代性。他成为学者后近二十几年的古典文学的研制的动机和目的，一方面是他文化民族主义和爱国主义思想价值的追求，对中国文化热爱甚至几近痴迷的文化态度使他要进入中国文化的宝库里寻宝，重现中国文化的价值光辉；另一方面，具有西学底蕴和新知的闻一多也存在着对国学之粹粹在哪里、国学之弊弊在何方进行梳理的职志，用国学的与西学的方法对古典进行价值发现与糟粕扬弃的工作，这也是五四后胡适等人一再提出的重整国故的思想路径。由于有了这样的思想目的与路径，所以刻苦浸泡于古典文化的闻一多，并没有成为所谓的国粹派和抱残守缺之辈，相反，他对当时的国粹派和"腐儒"如钱穆等人，是予以蔑视的，这种蔑视的对错姑且不论，至少表明了治古典的闻一多的文化立场与态度。

这种思想面貌到了抗战时期，再次集中显现出来。抗战的现实打破了学府的安宁，躲在书斋专心治学的闻一多再次走出书斋，他不仅跟随西南联大学生从长沙步行千里到达云南，用浸润于古典文学之美的眼睛关注现实，而且在民族大难面前再次思考中国文化的价值问题。本来，在西安事变发生时，身在清华园的闻一多以他尚存的国家利益高于一切的类国家主义情怀，对叛逆的张学良等人甚为反感，对代表政府的蒋介石抱有希望。但是当抗战爆发后蒋介石发表《中国之命运》的文章后，那种国家至上、民族至上、尊孔崇古的言论，引起了闻一多的警觉和反感。其实早在 1928 年，当建立政权的国民党政府作为五四运动得益者却开始压抑和贬低五四的思想与政治遗产时，作为五四新文化领袖人物之一的胡适就发表过《新文化运动与国民党》，对当局的数典忘祖的行径予以揭露和批判。作为同样从五四历史中走来的闻一多，他固然在五四时期就坚守中国文化的价值性而没有全面反传统，但五四给予他的科学民主的思想遗产，同样成为其思想的内在装置，因此对任何否认五四价值、过分崇古尊孔的言行，具有"新文化族群"本能的警觉。其实，在中华民族遭逢近代以来最大的外来侵略、需要组织和动员全民族奋起抗战御侮之际，抗战中的国家和知识分子中出现文化寻根和复古的思想倾向，也有合理之处，因为当物质化的山河土地、故国风物遭遇危难之际，历史悠久曾经辉煌的思想精神文化，成为民族和国家的象征与支柱，复兴文化是达到抗敌御侮、光复旧物、增强民族自信的有效手段，因此抗战时期从作为中央政府的国民党到作为地方政府的共产党，双方都提出了复兴民族传统文化的主张，相应地，在大后方的西南和敌后的延安抗日根据地，都出现了民族形式的讨论和民族文化复兴的文化思潮。简言之，复兴中国文化是为了凝聚民心、民气、民族精神，以达到抗敌救国、抗战建国的目的。但是，在历史紧要关头出现的文化复兴与寻根思潮，却也出现了变相否定五四的科学民主、自由人权和强调中国本位的倾向，所谓中国文化本位就是只承认中国传统文化的价值而拒绝承认五四倡导的、作为建构现代中国文化源泉之一的西方文化，极端者甚至提出复兴儒家文化、把五四的打倒孔家店颠倒过来、中国文化一切都有价值毫无糟粕的倾向，作为抗战最高领袖的国民党政府领袖蒋介石和文化教育界出现的新儒家，都有这种文化价值的取向。特别是学界中人甚至出现了尊古制、崇儒礼、个人崇拜和"献九鼎"的闹剧，闻一多在文章中多次提及和表达了对此的厌恶之情。

当此之际，闻一多对国家政府层面和思想教育学界以至社会层面的文化复兴和尊孔复古现象，发出了坚守五四立场的批判之声。在《家族主义与民族主义》《复古的空气》《什么是儒家》《关于儒·道·土匪》《五四运动的历史法则》《五四断想》《五四历史座谈》《妇女解放问题》等一系列文章中，闻一多再次提出了五四"打倒孔家店"的呼声，他认为五四的打倒孔学有历史合理性但没有说清楚，现在应该把这种历史与文化的合理性用学术学理讲清楚，指出抗战是民族肌体与精神的解放，而儒家由于是奴隶制社会制度之上建构的思想文化学说，骨子里是要人民安于现状和甘于为奴，儒家的礼教与礼仪是家族主义的体现并且影响于后世，反而造成中华民族的民族主义的缺失，现代的民族主义来源于现代工业文明诞生的西方，它们造成了帝国主义列强的强，而中国恰恰由于奴隶主义的儒家思想文化在历代的贯彻，反而使中国没有民族主义的资源，不利于民族的发扬蹈厉和自强。而中国的道家与墨家在历史的演变中或者退守慎独或者流于侠盗，也承担不起振兴民族强大国家的目的。因此，闻一多认为："我得强调地声明，民族主义我们是要的，而且深信是我们复兴的根本。但民族主义不该是文化的闭关主义。我甚至相信正因为我们要民族主义，才不应该复古。老实说，民族主义是西洋的产物，我们的所谓'古'里，并没有这东西。谈谈孔学，做做歪诗，结果只有把今天这点民族主义的萌芽整个毁掉完事。"① 复古和文化复兴、儒学复兴既然不足以在抗战时代培育真正的民族主义和民族精神，那么统治者和学界弥漫的儒学复兴，在闻一多看来，主要目的是倡导儒家伦理的序尊卑、明上下、守秩序、重服从，即建立普遍奴隶主义和奴性道德基础上的封建主义和法西斯主义的有效统治，是治人者的驭民术。闻一多的《什么是儒家》的副标题之一是"中国士大夫研究之一"，表露他有系列的研究计划，可惜没有完成，在他的手稿中他以图例的方式初步写出了他计划研究的孔子和儒学思想，即以孔子和儒学的仁学为核心，探讨仁学内含的五伦三纲，君臣父子，孝敬礼教，并且标出了孝敬是两面刀和吃人礼教。由此闻一多尖锐地指出：儒学"尽管有你那一套美丽名词，还是掩不住那渺小，平庸，虚伪，掩不住你的小算盘，你的偷偷摸摸，自私自利，和一切的丑态。你的孝悌忠信，礼义廉耻，和你先贤的什么哲学只令人作呕，我都看透了！"② 对文化复古和儒学批判的思路观点，与鲁迅在五四时期写的《在中国现代的孔夫子》和《春末闲谈》等揭露表述的一样，虽然没有鲁迅那样对传统的伦理道德、儒家礼教"吃人"和制造"人肉厨房与宴席"的论述的系统和全面。在批判文化复古和儒学复兴的基础上，闻一多重新以五四斗士的姿态，毫不犹豫地捍卫五四新文化运动和政治运动的反帝反封建的历史功绩，并且联系新的历史条件下的现实，提出如何以五四的反帝反封建的立场开展新的民主运动，甚至也像鲁迅那样向青年提出"读中国书是要戳破他的疮疤，揭破他的黑暗，而不是去捧他"③。坚持科学、民主、自由，有虔诚的宗教信仰，铁的生命意志，坚持真理的韧性，排除和舍弃"庸俗主义的儒家哲学"，这是五四的真精神和历史法则，是民主追求时代的思想资源和伟大传统。

　　自然，在 40 年代抗战时期，面对文化复古主义和新儒家复兴的思

① 闻一多：《复古的空气》，《闻一多全集》第 3 卷，三联书店 1982 年版，第 461 页。

② 闻一多：《从宗教论中西风格》，《闻一多全集》第 3 卷，三联书店 1982 年版，第 480 页。

③ 闻一多：《五四历史座谈》，《闻一多全集》第 3 卷，三联书店 1982 年版，第 536 页。

潮，闻一多的批判文章数量不多，且虽然已经是俯首书案多年的学者，但诗人的激情时常荡漾在他的笔下，故此他的某些批判和主张，如重新提出五四打倒孔家店的口号并坚持这一立场，在当时的整体的、国共两党都提倡的民族文化复兴的大潮中，没有产生五四时代那样的大共鸣和应者云集，但是，有如大音希声的闻一多的儒家和复古批判，却自有不能抹杀的、十分可贵的思想价值，特别是闻一多并非如五四青年时代那样以感性张扬，而是作为沉浸古典文化多年且建树颇丰的学者，很有自信地认为自己"念过了几十年的经书"①，因此敢于认为自己的主张的真理性，不像五四时期有些人提出打倒孔家店却讲不出之所以要打倒的理由，现在自己具有几十年的古书浸润和钻研，"我相信凭我的读书经验和心得"，可以理直气壮地认为"儒学就是用来维持封建社会的假秩序的"②，孔子和儒学思想的要不得就是因为它是封建专制主义的思想武器和帮凶，每到统治者要搞法西斯式的独裁专制和奴役人民如奴隶，就会抬出孔子儒学的灵幡，建构统治阶级的意识形态，用以毒害和麻醉人民。闻一多自信，由于自己自幼及壮对传统文化下过功夫，知道所谓儒学和国学的内奥，所以乐于同抗战时期的青年人一起参与反儒学争民主的运动，乐于戳破所谓文化复兴与儒学的表面冠冕堂皇掩盖的并非学术的政治目的。这些思想见识，如上所述，五四时期的鲁迅和其他新文化的精神战士也有过系统的阐述，但在 40 年代民族危难和抗战建国的时代语境中，当五四再次遭到非难和儒学代表的传统文化被捧上祭台时，闻一多表现出的五四文化战士和民主斗士的姿态，仍然光辉熠熠令人难忘，具有十分重要和久远的历史意义。

---

① 闻一多：《五四历史座谈》，《闻一多全集》第 3 卷，三联书店 1982 年版，第 536 页。
② 同上。

作为诗人、学者闻一多政治选择的认识意义和牺牲价值

李乐平

（广东海洋大学）

2015 年 7 月中旬，笔者在日本东洋大学由日本闻一多学会举办的闻一多国际学术研讨会上宣读的《闻一多与古今中外作家比较研究综论》论文中，有一未阐发的重要观点即"在古今中外文学史上，闻一多当属无与伦比的最独特景观，这就终让他成为'诗的史'抑或'史的诗'"。大概当然还有其他相关内容缘故，就获得大会专题评议人，日本关东学院大学国际文化学部闻一多研究专家邓捷女士的赞赏，她惊叹并充分肯定中国学者对闻一多的高度评价。

关于闻一多属于"诗的史"和"史的诗"这认识，当然正确但并非新见。这是朱自清根据闻一多认为"没有比历史更伟大的诗篇"，并且"不能想象一个人不能在历史（现代也在内，因为它是历史的延长）里看出诗来，而还能懂诗"，尤其"因为经过十余年故纸堆中的生活"，闻一多终于"有了把握，看清了我们这民族、这文化的病症"，并"敢于开方"医治那病入膏肓社会，而那"方单的形式"，就是撰写"一部文学史（诗的史），或一首诗（史的诗）"。闻一多后期虽然仍旧钻在故纸堆中，但他自称不是"蠹鱼"，而是"杀蠹的芸香"。① 因此朱自清这才认为闻

---

① 闻一多：《致臧克家》，《闻一多全集》第 12 卷，湖北人民出版社 1993 年版，第 380 页。

一多"学者中藏着诗人，也藏着斗士"。① 虽然闻一多自称"是以文学史家自居"，② 但"他却开了'民主'的'方单'，进一步以直接行动的领导者的斗士姿态出现"。朱自清尤其认为闻一多后期"是在历史里吟味诗"，他是"要从历史里创造'诗的史'或'史的诗'"，并且"创造的是崭新的现代的'诗的史'或'史的诗'"。就因"这原始的文化是集体的力，也是集体的诗"，因此朱自清强调闻一多是"要借这原始的集体的力给后代的散漫和萎靡来个对症下药"。朱自清说"这一篇巨著虽然没有让他完成"，但他"将古代跟现代打成一片，才能成为一部'诗的史'或一首'史的诗'"，尤其"他自己的一生也就是具体而微的一篇'诗的史'或'史的诗'"。虽然朱自清非常"可惜"闻一多"是一篇未完成的'诗的史'或'诗的史'"③，但我们必须肯定，虽然一部"诗的史"或一首"史的诗"是闻一多学者后期为当时社会"开方"的研究目标，但就他作为诗人的创作和作为学者的研究来看，闻一多的一生尤其他最终为人民利益鼓与呼，面对强权"手枪"毫无畏惧的壮烈牺牲，确实堪称典型的"诗的史"抑或"史的诗"。

　　虽然笔者在后来投稿杂志的《综论》文本中并未论及以上内容，但因关于闻一多"诗的史"抑或"史的诗"这定位源于朱自清，因此评审专家对此就未提出任何异议。然而关于"在古今中外文学史上，闻一多当属无与伦比的最独特景观"这认识的命运就不然。也许笔者在《综论》核心段落过多阐述其他内容，从而忽视对此观点的深度阐发，因此笔者先后投稿两个刊物的评审专家就都认为该定位具有"随意"之嫌。"随意"的内涵非常明显，亦即观点错误，至少是因不严谨而勉强。因此最先投稿的刊物将拙作退回了，所幸后投稿刊物的责编则告知让笔者参考评审意见酌情修改。我固然坚持原有观点，但专家意见不能置若罔闻。于是就在该观点基础上，增补内容为"在古今中外文学史上，鲜有集诗人、学者和'斗士'于一身者，更没有任何一位作

---

① 朱自清：《〈闻一多全集〉序》，《闻一多全集》第 12 卷，湖北人民出版社 1993 年版，第 443 页。

② 闻一多：《致臧克家》，《闻一多全集》第 12 卷，湖北人民出版社 1993 年版，第 382 页。

③ 朱自清：《〈闻一多全集〉序》，《闻一多全集》第 12 卷，湖北人民出版社 1993 年版，第 443 页。

家像闻一多这样前后如此反差。这缘于其始终坚守人格的高洁和伟大，在争求民主为人民利益不怕牺牲生命，尤其在牺牲惨烈悲壮这方面，当属无与伦比的最独特景观。他是蘸着自己血液，成就其人生的伟大诗篇。这就终让他成为'诗的史'抑或'史的诗'"。无论增补内容能否作为论点的充分论据，但因责编非常认可笔者既往的闻一多研究，特别宽容并通过终审。虽然如此，但笔者做过终校并且清样已出即将付印之时，责编却又电话通知笔者，拙作让编委会撤掉了。虽然理由是笔者的行文风格问题，但笔者猜想还是这观点缘故。就在这情况下，笔者将拙作寄给同样看好笔者闻一多研究的另一刊物责编，终于得到青睐并很快回复刊发出版。① 人文社科研究仁者见仁智者见智非常正常，但笔者却有意较真，拟就此观点，做进一步阐述，作为笔者课题的结论，也是笔者对评审专家"随意"批评的商榷。这并非笔者长期研究并偏爱闻一多有意对其拔高，而实为笔者求真研究面对的是另一种无独有偶的认识抑或"思潮"。笔者之所以这样说，是因为评审专家只认为笔者"随意"，而非强调笔者论据欠缺或论证疏松。说到底，是评审专家不认可笔者观点。

作为中国现代文学史上最优秀的诗人，闻一多不仅具有独特的诗歌创作实践，而且更有鲜明的诗学理论建树。这因闻一多早期的"志愿远大得很"，其"宗旨不仅与国内文坛交换意见，径直要领袖一种之文学潮流或派别"②，因此他敢"亲身赤手空拳打出招牌来"，并且强调"要打出招牌，非挑衅不可"③。面对胡适们的诗学理论和创作实践，闻一多认为那是"诗坛叫嚣，瓦缶雷鸣"④。面对郭沫若《女神》"欧化底狂癖"，闻一多针锋相对，提出诗作应该"中西艺术结婚"⑤。他早期追求极端唯

---

① 李乐平：《闻一多与古今中外作家比较研究综论》，《山东社会科学》2016 年第 6 期。

② 闻一多：《致梁实秋、吴景超》，《闻一多全集》第 12 卷，湖北人民出版社 1993 年版，第 80 页。

③ 闻一多：《致梁实秋》，《闻一多全集》第 12 卷，湖北人民出版社 1993 年版，第 215 页。

④ 闻一多：《致梁实秋、吴景超》，《闻一多全集》第 12 卷，湖北人民出版社 1993 年版，第 96 页。

⑤ 闻一多：《〈女神〉之地方色彩》，《闻一多全集》第 2 卷，湖北人民出版社 1993 年版，第 118 页。

美主义一度达到极端，更因此认为郭沫若"为主张极端唯美论者终不妥也"①。他不仅"意在将国内之文艺批评一笔抹杀而代以正当之观念与标准"②，甚至要创办刊物，目的是"与《创造》并峙称雄"③。闻一多诗作风格不仅追求"雍容冲雅，'温柔敦厚'"，同时也追求"驰魂褫魄"，但他更追求韩愈"龙文百斛鼎，笔力可独扛"，用英国美学家贝尔的话就是"征服一种工具底困难"。因此闻一多强调诗人应用文字"正如韩信囊沙背水，邓艾缒兵入蜀，偏要从险处见奇"④。闻一多诗"雍容冲雅，'温柔敦厚'"者如《美与爱》和《春之末章》等，"驰魂褫魄"者如《口供》和《心跳》等，"从险处见奇"者如《春光》和《死水》等。当然，所有这些作品，无不贯穿着极端唯美追求。然而闻一多后期，他之文艺思想一转而变为功利的人民性。他这时坚决反对"只吟味于词句的安排，惊喜于韵律的美妙；完全折服于文字与技巧中"，而强调诗的社会"价值"即功利性。因此他特别赞扬杜甫的笔"触到广大的社会与人群"，并"为了这个社会与人群而同其欢乐，同其悲苦"，尤其"为社会与人群而振呼"⑤。他肯定内容表现民间疾苦，风格追求瘦硬奇僻的孟郊，并将其和苏轼对比。认为"即令苏轼和苏轼的传统有优先权占用'诗'字"，但是"好了，让苏轼去他的，带着他的诗去！我们不要诗了。我们只要生活，生活磨出来的力，象孟郊所给我们的。是'空螯'也好，是'蚤吻涩齿'或'如嚼木瓜，齿缺舌敝，不知味之所在'也好，我们还是要吃，因为那才可以磨炼我们的力"⑥。闻一多完全背离早期"温柔敦厚"追求，甚至在"'温柔敦厚，诗之教也'这句古训里嗅到了几千年的血腥"。这是因他认为"从来中华民族生命的危殆，没有甚于今天的，多少人失

---

① 闻一多：《致梁实秋、吴景超》，《闻一多全集》第 12 卷，湖北人民出版社 1993 年版，第 81 页。

② 闻一多：《致梁实秋》，《闻一多全集》第 2 卷，湖北人民出版社 1993 年版，第 215 页。

③ 闻一多：《致梁实秋》，《闻一多全集》第 12 卷，湖北人民出版社 1993 年版，第 106 页。

④ 闻一多：《〈冬夜〉评论》，《闻一多全集》第 2 卷，湖北人民出版社 1993 年版，第 73 页。

⑤ 闻一多：《诗与批评》，《闻一多全集》第 2 卷，湖北人民出版社 1993 年版，第 218—221 页。

⑥ 闻一多：《〈烙印〉序》，《闻一多全集》第 2 卷，湖北人民出版社 1993 年版，第 176 页。

掉挣扎的勇气也是事实，这正是需要药石和鞭策的时候"。①

如果仅凭闻一多文艺思想转变，当然不能认为他是古今中外文学史上的最独特景观。因为古今中外文学史上转变文艺思想者不乏其人。仅就中国现代文学史上的两位大师即郭沫若和鲁迅看，前者就由原先的浪漫唯美追求者，转变为后期的现实功利主义者；后者更由开始的进化论者，转变为最终的阶级论者。但闻一多不唯文艺思想转变，还有他作为学者的学术研究目的转变，这即他由前期的求真求美研究，转变为后期的求真求善研究。就因闻一多十多年学术研究让他有把握并看清"我们这民族，这文化的病症"，因此敢于"开方"，还因闻一多"始终没有忘记除了我们的今天外，还有那二三千年的昨天，除了我们这角落外还有整个世界"，因此他说"我的课题甚至伸到历史以前，所以我研究了神话，我的文化课题甚至超出了文化圈外，所以我又在研究以原始社会为对象的文化人类学"。② 即便研究文学，他前后的研究角度也发生根本变化。这即由欣赏艺术之美，转而肯定社会功能。而且对作家认识更发生根本逆转，最明显者就是对李商隐、陶渊明、李白等诸诗人评价的坐标发生变化。虽然闻一多前后对杜甫和屈原都始终肯定，但他前期感佩杜甫者是艺术成就，后期感佩杜甫者则是人民意识。前期肯定屈原者是"洁身"元素，后期赞扬屈原者则是"忧国"精神。闻一多虽然肯定"唐朝是一个诗最发达的时期，也是诗与生活拉拢得最紧的一个时期"，但他更强调"未来的中国文学还要继续那些伟大的元、明、清人的方向，在小说戏剧的园地上发展"。因此闻一多认为"在这新时代的文学动向中，最值得揣摩的，是新诗的前途"。他说"要把诗做得不像诗……而像小说戏剧，至少让它多像点小说戏剧，少像点诗"。这因"太多'诗'的诗，和所谓'纯诗'者，将来恐怕只能以一种解嘲与抱歉的姿态，为极少数人存在着"。但"利用小说戏剧的技巧，才能获得广大的读众"。闻一多并且举例中外文学史上很多作家如阮籍、惠特曼等，他们常"把诗写得不像诗"，但"转瞬间便是最真实的诗"。这因

① 闻一多：《〈三盘鼓〉序》，《闻一多全集》第2卷，湖北人民出版社1993年版，第228页。

② 闻一多：《致臧克家》，《闻一多全集》第12卷，湖北人民出版社1993年版，第381页。

"诗这东西的长处就在它有无限度的弹性，变得出无穷的花样，装得进无限的内容"。据此闻一多强调"过去记录里有未来的风色，历史已给我们指示了方向"。①

当然，最让人拍案惊绝者，还是闻一多政治思想的转变，尤其他转变政治思想后，那为人民利益赴汤蹈火鼓与呼的牺牲精神。由于当时社会黑暗和统治者腐败，闻一多终于由留美后期和归国初期的"国家主义"者，转变为学者后期的民主主义者而成为"斗士"。他说"腐败便是封建势力的同义语，不是战争，而是封建余毒腐化了中国"，但"帝国主义的进步，封建势力的进步，结果都只为人民的进步造了机会，为人民的胜利造了机会"。② 腐败能够催生民主，这便是闻一多看到的"五四运动的历史法则"。闻一多尤其认为当时国民党政府"是特权阶级用以巩固并扩大他们的特权的机构"。他说"假如根本没有人民，就用不着土地，也就用不着主权"。而"只有土地和主权都属于人民时，才讲得上国家"。因此"今天只有'人民至上'，才是正确的口号"。③ 这是闻一多认为"两千多年的封建专制，最坏的朝代也没有"当时"这么坏，这么专横，这么腐败"。④ 为了人民利益，他不仅在国民党高官如邱清泉和傅斯年面前毫无畏惧承认自己"就是布尔什维克"，宣称当时"只有一条路"即"革命"，他不仅痛骂当时统治集团专制腐朽，更敢于直接痛骂蒋介石，说"蒋介石造了那么多的孽，害了那么多的人民，骂一下都不行吗?"⑤ 在昆明地下党领导下，闻一多终于明白中国共产党"最低纲领"和"最高纲领"的内涵。就因有这远大理想，闻一多在当时被称为民主运动心脏的昆明"吸收着也输送着愤怒的热血的狂潮"，他不仅强调国民党当局1945 年镇压学生"一二·一"运动"是中华民国建国以来最黑暗的一

---

① 闻一多：《文学的历史动向》，《闻一多全集》第 10 卷，湖北人民出版社 1993 年版，第 17—21 页。

② 闻一多：《五四运动的历史法则》，《闻一多全集》第 2 卷，湖北人民出版社 1993 年版，第 405 页。

③ 闻一多：《人民的世纪》，《闻一多全集》第 2 卷，湖北人民出版社 1993 年版，第 407 页。

④ 闻一多、何善周：《千古英烈万世师表》，许毓峰等编：《闻一多研究资料》，太北岳文艺出版社 1986 年版，第 202 页。

⑤ 闻一多、王康：《闻一多传》，湖北人民出版社 1979 年版，第 402 页。

天"，更指出"四烈士的血不会是白流"。① 如果认为这不足以代表闻一多性格，那么他之后来的牺牲，我们必须肯定其为"烈士"宿命的必然。闻一多奔走筹办李公朴丧事期间，昆明就疯传其为暗杀的二号人物。因此当时尤其李公朴追悼会当天，有朋友为其安全就阻止他不要参加。面对生死考验，闻一多毫不畏惧，他掷地有声反复强调"李先生为民主可以殉身，我们不出来何以慰死者"。更何况"事已至此，我不出，则诸事停顿"。② 就这样，闻一多"前脚跨出大门，后脚就不准备再跨进大门"，慷慨激昂作他《最后一次的演讲》。因为他之"以身以命争取民主，用力用血奠定和平"。③ 精神光彩照人永远激励后人奋进，所以他之牺牲谱写的最华美璀璨诗章，就成为古今中外文学史上最独特景观。因为他鲜血迸发出的是新中国成立的礼花，从而迎来一个新时代。

我们认为闻一多是中国近现代史上最杰出的知识分子，当然主要因他后期坚定站在人民立场上，作为民主党派人士，自愿紧跟当时处于政治弱势但却代表正义的中国共产党走，并且很愿意加入中国共产党，完成从"艺术忠臣"到"人民忠臣"的彻底转变，更为人民根本利益而反对当时国民党独裁腐朽政权，并为推进民主主义制度建设做坚决斗争。尤其他慷慨悲壮的牺牲，就更让人敬佩。这就让他载入中华知识分子精英行列的史册。虽然如此，但闻一多从前期执着追求艺术之唯美的"效率"，到后期坚定追求艺术之功利的"价值"，却经历一生的漫长阶段进行探索，并且无论其前期探索还是后期追求，其言行所为都达到极致。我们从其前后变化历程看，闻一多在当时所有知识分子中，最为典型。正因闻一多有此前后泾渭分明转变，所以在学术氛围宽松的今天，就有关于对闻一多前后不同追求认识之厚此薄彼观点自由表达乃至争鸣空间，甚至否认他后期转变的伟大。但事实胜于雄辩，闻一多转变成"斗士"为人民鼓与呼的牺牲：更经得住时代考验。尤其他根据中国革命实践，懂得了新旧民主主义的区别，

---

① 闻一多：《一二·一运动始末记》，《闻一多全集》第2卷，湖北人民出版社1993年版，第435页。

② 闻一多、闻黎明：《闻一多年谱长编》，湖北人民出版社1994年版，第1080页。

③ 重庆各界追悼闻一多挽联，闻黎明：《闻一多年谱长编》，湖北人民出版社1994年版，第1096页。

并在当时懂得用阶级和阶级斗争观点和方法这先进理论去分析和观察问题，认定只有共产党能够救中国的真理。因此这是闻一多生命中最辉煌、最有意义的价值选择。因为在这阶段，闻一多终于确定崇高理想，树立崭新的世界观和人生观，① 并为之献身。其实如果撇开政治偏见，我们还能认识到闻一多后期"斗士"阶段斗争的坚决，实为他青年时期"宁能牺牲生命，不肯违逆个性"② 人格的延续，其人格精神内涵一点儿也没有变。闻一多所变的，仅只他人格的价值取向，但却成为他政治思想和文艺思想转变的动力。

毫无疑问，闻一多的高洁品格源于庄子但却高于庄子。因为庄子仅只强调个人修养，然而闻一多的个人修养却转变成争取劳苦大众的解放。闻一多的爱国情操源于陆游拜伦但却更加陆游拜伦，因为他真正做到"诗人应该是一张留声机的片子，钢针一碰着他就响"。③ 因此闻一多就和屈原一样，同属爱国的"共名"。屈原的爱国表现是"路漫漫其修远兮，吾将上下而求索"，并且"虽九死其犹未愧"（屈原《离骚》），闻一多的爱国表现则是在此基础上的："诗人主要的天赋是'爱'，爱他的祖国"，并且"爱他的人民"。④ 对祖国和人民有着如此真挚情感的闻一多，面对当时贪腐政权下人民包括自身的磨难，这才在中国共产党领导下觉醒，并向当时专制独裁的国民党腐朽政权发出震天狮吼。因此笔者认为，闻一多在古今中外文学史上是最独特景观这定位，其认识价值较之鲁迅并不逊色。虽然闻一多在其政治思想和文艺思想转变后，曾公开表示忏悔并愿意向鲁迅学习，但他转变的原因和历程，乃至无论转变前后的极端表现，都给后人留下无尽思考空间而咀嚼不已。当然鲁迅也有前后两个时期迥然不同的表现，但鲁迅是从信奉进化论到相信阶级论的转变，从启蒙主义者向共产主义者的转变，从反封建到反独裁的提高。但因鲁迅

---

① 参见闻立雕《激情、理性、成熟与闻一多》，陆耀东等编《闻一多殉难 60 周年纪念暨国际学术研讨会论文集》，武汉大学出版社 2007 年版，第 549—558 页。

② 闻一多：《征求艺术专门的同业者底呼声》，《闻一多全集》第 2 卷，湖北人民出版社 1993 年版，第 19 页。

③ 闻一多：《文艺与爱国：纪念三月十八》，《闻一多全集》第 2 卷，湖北人民出版社 1993 年版，第 134 页。

④ 闻一多、季镇淮：《闻一多先生年谱》，《闻一多全集》第 12 卷，湖北人民出版社 1993 年版，第 481 页。

伊始就具有坚定不移绝不妥协的斗争性高起点，以致给人感觉即便后期再"高"，也缺乏波折似乎无有所变。然而闻一多给人印象却不然。他之政治思想和文艺思想历程的巨大反差，即从"艺术忠臣"转变为"人民忠臣"，从绅士转变为"斗士"，从对"国家主义"崇奉，到对"人民至上"呼喊这根本性转变，就较之鲁迅在知识分子中更具典型意义。因为闻一多转变即后期政治选择的认识意义，超越他个人范围而成为人们认识社会存在决定社会意识的象征。

闻一多显然是个复杂"金银盾"。因为他后期虽反叛传统价值观，但其秉承的却又恰是传统价值观。因此我们虽然充分肯定闻一多后期的政治与艺术追求和表现，但并不简单否认他前期的政治与艺术追求和表现。因为他前期对"国家主义"的崇奉，其实就是他后期对"人民至上"追求的部分基础。这样，闻一多为人民利益的悲壮牺牲，其实也是他人格的自我超越。我们肯定他前期人格崇高，但更赞扬他后期人格伟大。因此我们必须深刻认识闻一多后期反对国民党腐朽政权专制独裁，追求民主即人民利益最大实现而牺牲的意义，这即"假使屈原果真是'中国历史上唯一有充分条件成为人民诗人的人'，那么有了闻一多，有了闻一多的死，那'唯一'两个字可以取消了"。这因"屈原由于他的死，把楚国人民反抗的情绪提高到了爆炸的边沿，闻一多也由于他的死，把中国人民反抗的情绪提高到了爆炸的边沿"。闻一多牺牲后，昆明乃至全国民主运动空前高涨，这无疑加速当时国民党腐朽政权灭亡。闻一多当然也收获到他应得的荣耀，这即"替人民报仇者，人民亦必为之报仇；为革命催生者，革命亦必为之催生——催向永生的路上行进"。[①]

如同鲁迅像莎士比亚永远被"说不尽"一样，闻一多也是一位永远被"说不尽"的知识分子。之所以如此，归根结底是因为闻一多这复杂存在，能够让人从他博大精深"金银盾"中看到众多内涵。正因为此，这在留给我们巨大研究空间同时，犹让我们认识到挖掘其最闪光内涵的重要，这即作为诗人、学者闻一多政治选择的认识意义和牺牲价值：不仅加速终结一个旧制度旧政权，更加速催生一个新社会新时代。闻一多

---

① 郭沫若：《〈闻一多全集〉序》，《闻一多全集》第 12 卷，湖北人民出版社 1993 年版，第 440 页。

诗作诗论与人格之多维一体的方正和圆满亦即混元归一，闻一多诗文与生命之合一的险中见奇，尤其他在当时弱势与强势对比中的正义选择，更超越自己而成为时代现象。闻一多这良知即精英意识，堪称知识分子楷模，因此这才引起我们共鸣。尤更应为当今知识分子所认识并铭记，完成历史赋予的任务，为实现中华民族伟大复兴和繁荣富强发展而努力奋斗。

"诗的格律"的文学史意义

周海波

（青岛大学）

　　闻一多的《诗的格律》发表于 1926 年 5 月 13 日《晨报》副刊《诗镌》，这时，距离胡适发表《文学改良刍议》、1917 年 2 月《新青年》第 2 卷第 6 号发表《白话诗八首》已经过去了 9 年多的时间，而距郭沫若《女神》的出版也已经有六七年的时间了，留学过美国、深受美国自由主义文化思想影响的闻一多，也已经非常明确地表示承认新诗的存在，意识到"诗体底解放早已成了历史的事实，我今天还来攻击'斗方派'的诗家，那不是一个笑话吗"[①]，并且表示"我并不反对用土白做诗，我并且相信土白是我们新诗的领域里一块非常肥沃的土壤"[②]。但是，闻一多还是在这篇影响巨大的论文中，对五四以来的新诗创作提出了尖锐的批评，同时也在《本学年〈周刊〉里的新诗》《〈冬夜〉的评论》《先拉飞主义》等文章中，指出了新诗及其他文体的新文学创作的问题，尤其对新诗不讲诗的格律、浪漫主义过了头的现象进行了分析、批评，并在此基础上，提出了"诗的格律"的理论命题。重新思考闻一多的"诗的格律"的理论主张，考察其对于民国文体及文体学的意义，可能会有助于我们进一步认识纠缠已久的一些学术问题。

---

　　① 闻一多：《敬告落伍的诗家》，《闻一多全集》第 2 卷，湖北人民出版社 1993 年版，第 37 页。

　　② 闻一多：《诗的格律》，《闻一多全集》第 2 卷，湖北人民出版社 1993 年版，第 138 页。

一

闻一多是在《诗的格律》一文中正式提出"诗的格律"的,但他对新诗艺术的讨论,以及对新诗格律问题的思考,早在此之前的一些文章中就已经提出,他这同时期论述新诗和其他文体的批评论著中,几乎都涉及新诗格律及其他艺术种类的艺术形式问题。诸如《电影是不是艺术?》《评本学年〈周刊〉里的新诗》《〈冬夜〉评论》《〈女神〉之时代精神》《〈女神〉之地方色彩》《泰果尔批评》《戏剧的歧途》《先拉飞主义》《论形体——介绍唐仲明先生的画》等。闻一多在这些艺术评论中,主要目的之一,就是要使文体回归艺术的常识,回到文体自身,通过文体评论寻找到文体所具有的形式,以及艺术形式所体现的精神世界。因此,这些艺术评论也可以看作是他提出"诗的格律"的基础。闻一多是一位研习美术、研究唐诗出身的学者、评论家与诗人,他的宽广的学术视野和学术理性,使他保留着对历史与现实广泛的研究兴趣,同时也积极参与新文学的创造。1921 年与梁实秋等人成立清华文学社,并完成了《律诗的研究》以及和梁实秋的合著《冬夜草儿评论》。1925 年留学回国后,进一步关注五四以来文学尤其是新诗创作,与五四以来的一些新诗人保持着较密切的关系,诸如郭沫若、俞平伯等,他在诗评中也对新诗创作持有较多的关注,并在新诗及其他艺术评论中,建立起文学的纪律,探求新诗的格律。

五四以来的新诗创作与发展表明,中国传统的美学原则受到了极大的挑战,特别是诗的艺术形式与美学精神,为中国文学的发展提出了一个严肃的课题,以学衡派为代表的学者,对新文化及其文学的批评引起人们广泛关注。与学衡派不同,闻一多是站在新文学的立场上并不是站在新文学的对立面反对新文学和白话新诗的,在新诗创作已经取得一定成就并且已经建立起基本的抒情方式的时候,闻一多提出"诗的格律"的问题,显然不是直接针对新诗的,而是将思考的方向引向新文化运动以来的文学创作以及民族文化的重建和现代文化发展的问题。而在新诗艺术方面,这里的重要背景,就是开始于 20 世纪 20 年代初期的有关新诗创作的平民化与贵族化的争论。

平民化与贵族化的争论肇始于周作人于 1918 年 12 月发表在《每周评论》第 5 号上的《平民文学》，周作人在文章中认为，"就形式上说，古文多是贵族的文学，白话多是平民的文学"，但他随即就说"但这也不尽于此"。随后，周作人又发表了《贵族的与平民的》，再次对文学的贵族化与平民化问题发表了见解。1922 年 1 月《诗》创刊后，先后发表了俞平伯、刘延陵、云菱、王统照、叶绍均、朱自清等诗人、作家、批评家的文章，讨论新诗的平民化问题，特别是俞平伯的《诗底进化的还原论》发表后，不仅在文学研究会引起了一波讨论的热潮，而且也引起了文学研究会之外的梁实秋、闻一多等诗人、批评家的强烈反应。梁实秋在 1922 年 5 月 27 日至 29 日《晨报·副镌》发表的《读〈诗底进化的还原论〉》，是对俞平伯文章的尖锐批评，而梁实秋与闻一多合作出版的《冬夜草儿评论》[①] 则是对平民文学创作实绩的深刻检讨。梁实秋、闻一多的批评很快引起了俞平伯本人的关注和反思，并发表了《诗底新律》[②]，在纠正自己观点的同时，阐发了新诗格律的基本理论问题。

在闻一多、梁实秋等新月派诗人、批评家的一系列评论中，表达对五四以来新文学失去艺术精神的强烈不满，认为新文学浪漫主义过了头，文学失去了应有的审美品格。他们反对诗的平民化，反对没有感情节制的浪漫主义，认为五四以来文学创作中"型类的混杂"是导致文学坍塌的重要原因。闻一多对新诗的批评没有如梁实秋那样直接，那样激烈，他主要从新诗的形体与型类等方面，指出存在的先天性的缺陷："幻象在中国文学里素来似乎很薄弱。新文学——新诗里尤其缺乏这种质素，所以读起来，总是淡而寡味，而且有时野俗不堪。"[③] 闻一多借评论俞平伯的《冬夜》对新诗存在的问题进行了比较深刻的反思。这篇文章肯定了俞平伯的诗集《冬夜》中的一些篇章，如《黄鹄》《小劫》《孤山听雨》同《凄然》等，是属于"上等作品"。这些作品之所以属"上等"，主要在于它们的"音节"："凝练，绵密，婉细是他的音节特色。这种艺术本

---

① 梁实超、闻一多：《冬夜草儿评论》，清华文学社 1922 年版。
② 《诗的新律》，《我们的七月》，上海亚东图书馆 1924 年版。
③ 闻一多：《〈冬夜〉的评论》，《闻一多全集》第 2 卷，湖北人民出版社 1993 年版，第 77 页。

是从旧诗和词曲里蜕化出来的。"在闻一多看来，"俞君能熔铸词曲的音节于其诗中，这是一件极合艺术原则的事，也是一件极自然的事，用的是中国的文字，作的是诗，并且存心要作好诗，声调铿锵的诗，怎能不收那样的成效呢？"但是，闻一多却基本上否定了这部诗集，而且由此也否定了当时的诗歌创作趋向，"我很怀疑诗神所踏入的不是一条迷途"，"这条迷途便是那畸形的滥觞的民众艺术"。即使是他肯定了《冬夜》的音节，他也指出"像《冬夜》里词曲音节的成分这么多，是他的优点，也便是他的劣点。优点是他音节上的赢获，劣点是他意境上的亏损"。这种"劣点"还只是表面的，一般化的，更主要的，则是俞诗中所体现出的无可救药的平民精神，是"有什么话，就说什么话"，是俞诗的"破碎""啰唆""重复"以及"幻象""情感质素"的缺乏。他不无嘲讽意味地指出，读俞诗，"零零碎碎杂杂拉拉，像裂了缝的破衣裳，又像脱了榫的烂器具"，缺乏丰富的情感和充实的内容。《冬夜》为什么会出现这种在闻一多看来极为严重的艺术问题，其主要原因就是俞平伯的"谬误的主张底必然结果"。闻一多引用了俞平伯《冬夜》中的一段论述："我只愿随随便便的活活泼泼的借当代的言语去表现出自我，在人类中间的我，为爱而活着的我。至于表现的……是诗不是诗，这都和我的本意无关，我以为如要顾念到这些问题，就可根本上无意作诗，且亦无所谓诗了。"如同闻一多的朋友梁实秋一样，他也对此表示了极为不理解甚至反感，"俞君把作诗看做这样容易，这样随便，难怪他做不出好诗来"。所以闻一多认为，诗不是随便就可以作的，诗是诗人作的，是圣洁的，而不能"用打铁抬轿的身份眼光，依他们的程度去作诗"。闻一多的观点显然受到西方自由主义文艺思想的影响，追求一种贵族化的诗歌艺术，他认为这种诗是升华、净化人的灵魂的艺术，而不是低俗的"民众化"的东西。就在同一篇评论中，作为对诗的阐释的佐证，闻一多对胡适的《尝试集》也提出了批评。他认为胡适为他的《尝试集》诗"由词曲的音节进而为纯粹的'自由诗'的音节，很自鸣得意。这是很可笑的事"。因为诗之所以是诗，首先在于它的音节的组合与变化，而音节则是声与音的表现，这个表现就是包含着汉语美的质素，"这个质素发于诗歌底艺术，则为节奏，平仄，韵，双声，叠韵等表象"，而只有诗这样的艺术形式能够承载情感的语言才会有这种艺术力量，因为"诗是被热烈的情感蒸发了的水气之凝结，所以能将这种潜伏的美十足的充分表现出来"。因此，在闻一多看来，所谓自然的音节"最多不过是散文的音节"。胡适的诗歌中大量运用这种自然的音节，当然不能说是很成功的诗，如果说是诗，则只能说是失去艺术精神的"坏诗"。

在闻一多这里，他所忧虑的不仅仅是诗的格律被破坏，也不仅仅是典雅高贵的诗流落到世俗平民地位后艺术精神的失却，他由诗的艺术精神而真正忧虑的是民族精神在新诗世俗过程中的沦落。所以，闻一多在批评俞平伯的《冬夜》时，看到了作品中失去格律的同时，精神的世界也随之坍塌，他批评《冬夜》中有些作品的零碎的句子，"径直是村夫市侩底口吻，实在令人不堪"，因而导致诗作中的情感低下，"《冬夜》里所含的情感的质素，十之八九是第二流的情感。一两首有热情的根据的作品，又因幻象缺乏，不能超越真实性，以至流为劣等的作品"① 正如朱德发先生所说，在文学研究中，"往往一种倾向掩盖着另一种倾向，掀开一种遮蔽常常又造成另一种遮蔽"②。对于新诗艺术的平民化与贵族两种不同走向，五四以来一直存在着较大的争论，闻一多、梁实秋等新月派诗人理论家的态度，虽然不免有些英美新古典主义的偏执，但他们由对新诗艺术精神的忧虑而产生的更加深刻的思考，也是引起人们对新诗艺术乃至整个新文学艺术精神的重新反思。

闻一多在对新诗进行批评的同时，也对旧体诗表示了不满，认为旧体诗家是已经落伍的，旧体诗不能适应 20 世纪中国文化的时代需要，他尤其对那些"旧诗底渣滓，新诗底精神又没有捉摸到"③ 的劣等作品表示不满。所以，他"奉劝那些落伍的诗家"，"若要真做诗，只有新诗这条道走"④。这是因为旧诗的格律是一成不变的，而且与内容不发生关系，不管什么题材、情感，意境，都被生硬地装进一种被规定好的

---

① 闻一多：《〈冬夜〉的评论》，《闻一多全集》第 2 卷，湖北人民出版社 1993 年版，第 92 页。

② 朱德发：《现代中国文学研究"去政治化"管窥》，《山东师范大学学报》2014 年第 4 期。

③ 闻一多：《评本学年〈周刊〉里的新诗》，《闻一多全集》第 2 卷，湖北人民出版社 1993 年版，第 52 页。

④ 闻一多：《敬告落伍的诗家》，《闻一多全集》第 2 卷，湖北人民出版社 1993 年版，第 38 页。

格式中，这同样使诗失去应有的艺术精神。所以，在新的时代，"旧诗既不应作，作了更不应发表，发表了，更不应批评"①。旧诗之不能作，是因为旧诗的文体已经不能适应新的时代，作了更不能发表，是因为旧诗文体与现代传媒是格格不入的，不适合于期刊新媒体的体制。旧诗已经落伍，新诗出了问题，闻一多在探索第三条道路。这条道路既要适应时代的要求，而又要有诗的精神，这就是要创造新诗的格律或者新格律的诗。正如闻一多的好朋友梁实秋所说："文字乃思想的标记，思想常不断的变迁，所以文字也不能不随着有新的发展。"② 在这方面，闻一多显然要比同时期的"学衡派"诸公开明得多。新月派及闻一多能顺应时代的潮流，赞同新诗，创作新诗，积极参与新诗现代化的进程。因此，新月派得到文学史家更多的承认，也留文学史更多值得思考和借鉴的内容。

二

从诗的格律的角度来评论五四时期的新诗创作，闻一多也看到了新诗的长处，即使对《冬夜》等作品，闻一多也指出了诗作尤其在音节等方面对新诗艺术的贡献。作为一位理性的评论家，闻一多对新诗艺术所进行的充分肯定，使从事新诗创作的诗人们或许能够感受到些许的慰安。

如果从闻一多对新诗肯定的方面来看，他主要从新诗在音节、意象等层面上指出了如俞平伯等少数诗人的成功之处，而对艺术精神的缺失表示一定的忧虑。也可以说，闻一多特别看重诗的艺术精神，看重通过诗的一定的格律所表现出来的诗人以及时代的精神特征。实际上，对五四以来新诗创作的评价，无论是褒是贬，主要集中在新诗的艺术表现，或者是新诗文体的功能特征等方面。

---

① 闻一多：《评本学年〈周刊〉里的新诗》，《闻一多全集》第2卷，湖北人民出版社1993年版，第40页。

② 梁实秋：《何瑞斯之〈诗的艺术〉》，《浪漫的与古典的·文学纪律》，人民文学出版社1988年版，第130页。

对于俞平伯的《冬夜》、郭沫若的《女神》的评论，表现出闻一多与梁实秋共同的趋向，也是他们开拓的一块文学园地。在这些评论中，他们试图以文学评论的方式完成新文学话语的建构，形成独特的文学话语。1922 年，远在美国留学的闻一多致信梁实秋、吴景超，就国内诗坛现状发表了自己的看法。闻一多从吴景超的来信中，读到了要与国内文坛交流意见的观点，即在一种学术对话的过程中，建立起新诗的价值体系。同时，他又认为，更应在此基础上，确立自己在国内文坛的地位："我的宗旨不仅与国内文坛交换意见，径直要领袖一种之文学潮流或派别。"①1922 年 10 月 10 日，闻一多再次致信梁实秋和吴景超，提出文学社团既是兴趣的结合，也是文学主张的信仰，"现在我们偏要以一种主张现于社会之前"，"我们相信自己的作品虽不配代表我们的神圣的主张，但我们借此可以表明我们信仰这种主张之坚深能使我们大胆地专心地实行它"。②从这个意义上说，闻一多与徐志摩等人组织新月社，对新诗创作提出"诗的格律"的要求，正是试图从新的美学原则出发，为已经出现问题的新诗寻找一条新的生路。与此同时，闻一多曾多次就自己的诗作尤其是刚刚完成的《园内》，与梁实秋等朋友进行讨论，这些讨论可以看作是闻一多寻找能够代表他们的"神圣的主张"的艺术实践。1923 年 3 月 17 日，闻一多致信吴景超、梁实秋，就新近完成的《园内》告功。这首诗是"一首律诗的放大"，一首带有"复古的倾向"的诗。全诗写夕阳、凉夜、校园，诗的主体则是校园的晨曦、夕阳、凉夜和深更："每景有一主要的颜色，晨曦是黄，夕阳是赤，凉夜是蓝，深更是黑。"由此引发了诗人有关诗的格律的议论："我觉得布局 design 是文艺之要素，而在长诗中尤为必需。因为若是拿许多不相关属的短诗堆积起来，便算长诗，那长诗真没存的价值。有了布局，长篇便成一个多部分之总体 a composite whole，也可视为一个单位。宇宙底一切美，——事理的美，情绪的美，艺术的美，都在其各部分间和睦之关系，而不单在其每一部分底充实。

①　闻一多：《致梁实秋、吴景超（1922 年 9 月 29 日）》，武汉大学闻一多研究室编：《闻一多论新诗》，武汉大学出版社 1985 年版，第 161 页。

②　闻一多：《致吴景超、梁实秋（1922 年 10 月 10 日）》，武汉大学闻一多研究室编：《闻一多论新诗》，武汉大学出版社 1985 年版，第 173 页。

诗中之布局正为求此和睦之关系而设也。"① 在这里，闻一多已经从宇宙的事理出发，关注事物之间的"和睦之关系"，并将这种关系纳入诗的创作与研究中。在这封信中，闻一多特别谈到了"我的复古倾向日甚一日"，这种"复古倾向"也就是在追求传统的抒情方式，追求传统文化的静穆和谐的境界，从而他的新诗批评也越来越倾向于具有传统诗学精神的思路。

在《〈女神〉之时代精神》《〈女神〉之地方色彩》等文章以及留学美国时写给梁实秋等人的信中，也已看到闻一多对郭沫若及其《女神》的认识存在诸多矛盾的地方。这里需要进一步讨论的是，闻一多是在何种意义上肯定《女神》，他从《女神》中看到新诗的哪些美学精神？闻一多从事新诗评论是他由美术转向文学的工作之一，新诗评论又是他转向古典诗词研究的过渡。在 1922 年 10 月 27 日写给闻家騄、闻家驷的信中说："我现在对于文学的趣味还是深于美术。我巴不得立刻回到中国来进行我的中国文学底研究。"② 或者说，闻一多是在宏观考察中国文学的基础上，对《女神》做出评论并给予评价的。

学界都已经注意到闻一多特别对《女神》的"时代精神""地方色彩"给予高度评论，这也是闻一多几篇评论文章最为精华的地方。但是，需要进一步研究的是，闻一多是在什么层面上讨论"时代精神""地方色彩"的，或者说，在诗的格律的层面上，时代精神、地方色彩与格律的关系是什么，这或许是需要我们做出回答的问题。闻一多认为郭沫若的诗是真正的"新诗"，"不独艺术上他的作品与旧诗词甚远，最重要的是他的精神完全是时代的精神——二十世纪底时代的精神"③。对于闻一多所说的"时代的精神"，历来文学史家给予了较多的评价，并试图将《女神》的时代精神与五四的时代精神对接起来，这种观点在努力把握《女神》的同时，不免存在着某些误读和想象性的成分。闻一多所阐述的

① 闻一多：《吴景超、梁实秋（1923 年 3 月 17 日）》，武汉大学闻一多研究室编：《闻一多论新诗》，武汉大学出版社 1985 年版，第 222 页。

② 闻一多：《致闻家騄、闻家驷（1922 年 10 月 27 日）》，武汉大学闻一多研究室编：《闻一多论新诗》，武汉大学出版社 1985 年版，第 177—178 页。

③ 闻一多：《〈女神〉之时代精神》，《闻一多全集》第 2 卷，湖北人民出版社 1993 年版，第 110 页。

"二十世纪底时代的精神"与五四具有一定的联系，但也超越了五四的时代范围，不能简单地以五四对应《女神》中的"时代"，也不能以《女神》去印证五四的时代精神。《女神》中的"时代精神"具有一种更广泛的现代意义，也是一种新的艺术形式所表现出来的新的艺术精神的时代体现。或者说，闻一多是站在"20世纪"这一时代高度，重新解读《女神》作为"新诗"文体的时代的精神。闻一多提出了20世纪的时代精神是"动的世纪""反抗的世纪""科学的成分""大同的色彩""悲哀与奋兴的世纪"等，但这些时代精神的本身就不是诗，而是《女神》将这些精神入诗，以诗的方式"喊出人人心中最神圣的热情"。将时代的精神表现在新诗创作中，这种热情"不只焚毁了诗人底旧形体，并连现时一节青年底形骸都毁掉了"①。郭沫若以他的《女神》破坏了旧诗的体式，创造了新诗的形体。时代的精神是以诗的形体表现出来的，而不是空洞的喊叫和抽象的书写。那么，这种新诗的新形体是什么？虽然闻一多并没有直接点明，但我们可以从其论述新诗及其他艺术的著作中，间接看到闻一多对新诗形体的美学追求。在《论形体——介绍译著仲明先生的画》中，闻一多论及绘画艺术的形体："绘画最初的目标是创造形体——有体积的形。"② 西洋绘画是"用种种手段在画布上'塑'他的形"，也就是线条所表现出来的一定的轮廓。或者说，任何艺术都是通过一定的"有体积的形"表现出来的，"形"既是载体，容纳一定的精神——时代的、地方的、个人的精神，自身也具有美的特质，形体的本身就是美的所在。即如他在论述诗的节奏时所说，诗的节奏既有生理基础，诸如"脉搏跳动""紧张和松弛""声波和光波"等，因而节奏表现为诗人情绪的波动；节奏也有社会的、时代的因素，节奏是诗人情感的外化，也是一定的形体的表现。节奏会通过一定的音节表现出来，形成诗的音乐的美的必要条件。因而，节奏是诗的形体的组成部分，也是诗的时代精神和社会思想的艺术呈现。

---

① 闻一多：《〈女神〉之时代精神》，《闻一多全集》第2卷，湖北人民出版社1993年版，第116页。

② 闻一多：《论形体——介绍唐仲明先生的画》，《闻一多全集》第2卷，湖北人民出版社1993年版，第178页。

三

　　闻一多提出诗的格律，并不是以古代诗词格律诗取代新诗，更不是复古传统的格律诗，他的主要目的是在建立新诗的格律化，以格律对新诗文体提出必要的规范，寻找一条可行的新诗之路，一条既能体现诗的贵族精神而又可以被现代人接受的新诗创作道路。

　　"诗的格律"的核心内容既是以"音乐的美""绘画的美""建筑的美"对新诗艺术的美学规范，同时更是提出诗人应戴着脚镣跳舞即遵循必要的诗的法则进行创作，从文体学的角度对新诗进行规范。

　　作为诗评家和诗人的闻一多，不仅意识到旧诗人的没落，而且也明确感到新诗之于现代社会的意义，认为白话写诗是时代的趋势。闻一多所要表达的，是诗必须要有一定的形体，要有一定的诗的形式，任何艺术都需要有形式，而诗作为一种特殊的艺术形体更需要有诗的形式。早在 1921 年 12 月，闻一多就写作过一个诗歌节奏的研究提纲，并在其他文章中，特别关注传统诗体和新诗的格律问题。在他看来："诗的所以能激发情感，完全在它的节奏；节奏便是格律。"① 他以莎士比亚的戏剧创作为例，认为莎士比亚的诗剧创作中，往往遇见情绪万分紧张的时候，就用韵语来写，使用一定的格律对人的情绪进行必要的调节，使情绪控制在合适的范围内。闻一多在批评泰戈尔的诗时也曾经表达过类似的观点，认为泰戈尔的诗"是没有形式的"，"泰果尔底诗不但没有形式，而且可说是没有廓线"，"所以单调成了他的特性"。② 在他看来，诗的格律既可以规范诗的形体，又能够规范人的精神，诗人在一定的艺术形式如节奏的律动中，激发出诗的情感，提升精神的能量，净化心底的情绪，从而在诗的境界中得到一种节制，得到一种升华。闻一多诗的"体制严密且结构精湛，情感充沛而风格内敛"③ 的鲜明特征，正可看作是他在实际创

---

　　① 闻一多：《诗的格律》，《闻一多全集》第 2 卷，湖北人民出版社 1993 年版，第 139 页。

　　② 闻一多：《泰果尔批评》，《闻一多全集》第 2 卷，湖北人民出版社 1993 年版，第 128—129 页。

　　③ 施龙：《中国新文学史论纲（上）》，《山东师范大学学报》2013 年第 2 期。

作中对这一新诗观的践行。

就民国文学的文体学而言，新格律诗显然具有新诗文体的积极意义。胡适提倡白话新诗以来，中国文学中的诗体虽然得到了解放，但是，随之而来的问题是，中国传统诗词的韵味也随之消失了，文学的纪律遭到空前的破坏，艺术的精神也跌落到了惨重的地步。新诗在自由体、平民化的鼓动下，实际上泯灭了诗的精神，在放纵感情的同时，感情也犹如一匹脱缰的野马。在这样的背景下，闻一多、梁实秋等新月诗人、批评家试图以提倡新诗格律，重新回到诗的美学状态。

实际上，闻一多以及新月派诗人，不仅是看到了新诗创作提倡诗的平民化而使诗失去了应有的艺术精神，而且更是感受到了中国社会步入现代化进程以来社会秩序所遭受的巨大破坏，价值体系的紊乱以及由此带来的国民精神的败退。在闻一多的批评论著中，他一般使用"诗"或者"新诗"的概念，前者包含传统的格律诗和近世以来的新诗的意思，而后者则较多指"五四"以来的新体式。在闻一多那里，很少使用"诗歌"的概念。从诗到诗歌，从格律诗到自由体诗，不仅是概念上的变化，更是文化精神的变异。诗是贵族的、向上的、典雅的，而诗歌则是平民的、向下的、世俗的。近代以来，有关诗与诗歌概念的混用，不仅混淆了两种不同的文体，而且也使诗歌借用诗的概念，混杂进更多平庸的思想，宣泄了某些低下的情绪。有关这一点，闻一多、梁实秋与俞平伯等人的争论，很可以代表五四以来诗坛的两种不同趋向，以及对不同文体认识的差异。从这个意义上说，闻一多所说的《女神》的"时代精神""地方色彩"，正是对诗的格律所体现出来的诗的精神特征的肯定，是从文体的角度所提炼出来的时代精神和地方色彩。

幻象，在闻一多的新诗理论中是一个重要的关键词。无论什么艺术，幻象是形体不可或缺的，它是形体的灵魂，也是艺术精神的体现。什么是"幻象"？闻一多并没有直接给予定义，但他在评论新诗的论著中，常常使用这一概念概括诗的美学特征。在《评本学年〈周刊〉里的新诗》中，闻一多认为"'奇异的感觉'便是 ecstasy，也便是一种炽烈的幻象；真诗没有不是从这里产生的"。在英语中，ecstasy 有狂喜、出神、忘形、无法自控的情绪、迷幻药等意思，这也就是指诗人的一种创作状态，一种诗的精神的体现，类似于庄子所说的"心无天游，则六凿相攘"。所以他批评《月食》的作者"当时自身的感觉也不十分剧烈，不能唤起自己的明了的幻象，只为要做诗，便忙忙写下，所以得了这个不能唤起读者底幻象的'麻木不仁'的作品"①。没有幻象就没有诗的激情，就不会有诗的形体，诗的语言，当然也不会有诗的精神。幻象是格律的基础，幻象激发诗的情感，而当理性节制情感，会使幻象得到更充分的发挥。

　　诗的格律并非仅仅在于诗体的规范，而在于一个民族文化的秩序与规范，格律所表现出来的诗的艺术精神也就是一种民族精神和时代精神的体现。闻一多在 20 世纪 20 年代中期提倡新格律诗，重新规范诗的形体，目的在于重新寻找和重建民族文化、民族精神。古代文人已经意识到文体与时代变迁的关系，所谓"时运交移，质文代变"，"文变染乎世情，兴废系乎时序"②，就是指文体随时代变化而变化，而文体的变异也会昭示时代的变化，一定的文体会承载一定的时代精神。从梁启超提倡文学的"三界革命"，到胡适提倡"文学革命"，小说从不登大雅之堂到成为文学的正宗，从白话入诗到自由体诗的兴盛，文体的变异彻底颠覆了古典文体的传统，改变了人们的审美观念。也正是在这种情形下，闻一多看到了白话入诗是时代所然，不可改变，但他仍然执着于诗的贵族性传统，坚守以理性节制情感的格律诗原则。白话可以入诗并非是说白话可以传递低俗的感情和思想，以破坏诗体格律的代价损伤民族精神的完整性。闻一多批评俞平伯的《冬夜》，也正是针对《冬夜》以"第二流的情感"入诗，《冬夜》里"一两首有热情的根据的作品，又因幻象缺乏，不能超越真实性，以至流为劣等的作品；所以若是诗底价值是以其情感的质素定的，那么《冬夜》的价值也就可想而知了"③。在新月派诗人看来，"诗是向上的，诗人的生活是超于民间的普遍的真实的生活的"④，文学创作或文学批评，"都不再满足我们的好奇的欲望，而在于表

---

① 闻一多：《评本学年〈周刊〉里的新诗》，《闻一多全集》第 2 卷，湖北人民出版社 1993 年版，第 50 页。

② 刘勰：《文心雕龙注释》，周振甫注，人民文学出版社 1981 年版，第 476、479 页。

③ 闻一多：《〈冬夜〉的评论》，《闻一多全集》第 2 卷，湖北人民出版社 1993 年版，第 92 页。

④ 梁实秋：《读〈诗底进化的还原论〉》，唐金海等主编：《新文学里程碑（评论卷）》，文汇出版社 1997 年版，第 256 页。

现出一个完美人性",因此,"文学的活动是有纪律的,有标准的,有节制的"①,诗人不能借口诗的平民化而降低艺术的标准。闻一多指出过以俞平伯为代表的新诗人的致命错误:"民众化的艺术,与伪善的艺术","诗本来是个抬高的东西,俞君反拼命地把他往下拉,拉到打铁的抬轿的一般程度。我并不看轻打铁抬轿的底人格,但我确乎相信他们不是作好诗懂好诗的人。不独他们,便是科学家哲学家也同他们一样。诗是诗人作的,犹之乎铁是打铁的打的,轿是抬轿的抬的"②。人人作诗,这是文学的大跨进,是全民文学的症候。而全民文学的结果是文学失去了文学的精神和文学的秩序,文学秩序的混乱,带来的则是社会价值体系的塌陷。

文学失去规则,不讲究文法,不仅会带来文学文体的毁坏,而且更是导致人的精神的滑坡,从而导致社会价值观念的紊乱,社会秩序的混乱。对此,学衡派代表人物胡先骕曾说:"人情莫不喜新而厌故,莫不喜任情纵欲而畏节制与礼法。彼文学家者,既能迎合社会之心理,复有优美之艺术,以歆动人群好美之天性,无怪其书不胫而走,其说家喻户晓也。"③这里虽然不是说新诗创作,但他对整个社会趋新而毁故的倾向表示忧虑,并不是杞人忧天,在诗滑向诗歌之后,人们看到了诗的粗鄙化带来的各种恶果。正如闻一多在给闻家骥的信中所批评的汪静之的诗那样:"汪静之本不配作诗,他偏要妄动手,所以弄出那样粗劣的玩意儿来了。"这部诗集之所以"粗劣",主要在于"艺术手腕"不高,爱情的花儿夹杂在粗俗的文字中。当诗行缺少格律的约束时,诗的精神随之而去。所以他赞同胡梦华的批评,"讲得有道理"④。

"诗是向上的",不仅是指诗的贵族性,也不仅是指格律的高雅,而是诗在一定的体式与格律中所表现出的"时代精神",是一个民族独

① 梁实秋:《文学的纪律》,《浪漫的与古典的·文学的纪律》,人民文学出版社 1988 年版,第 116 页。

② 闻一多:《〈冬夜〉的评论》,《闻一多全集》第 2 卷,湖北人民出版社 1993 年版,第 82 页。

③ 胡先骕:《文学标准》,《学衡》1924 年第 31 期。

④ 闻一多:《致闻家骥(1923 年 3 月 25 日)》,武汉大学闻一多研究室编:《闻一多论新诗》,武汉大学出版社 1985 年版,第 229 页。

特的具有地方色彩的精神，而这种精神只有在特定的"格律"或秩序中才有可能建立起来的，或者说，只有在秩序中的精神或如闻一多所说的"要戴着脚镣跳舞才跳得痛快，跳得好"① 才是真精神，只有在规范化的社会秩序中，在一个遵守规则的国民社会里，人的精神才是向上的、不倒的。

① 闻一多：《诗的格律》，《闻一多全集》第 2 卷，湖北人民出版社 1993 年版，第 139 页。

"现代性"表象的女性描写

——从留日作家到闻一多

[日] 邓捷

（日本关东学院大学）

一 留日作家的"现代性"表述：
女性·故国·咖啡·象征诗

　　1926 年从东京帝国大学毕业回国的穆木天，这样感叹上海没有好的"咖啡馆"和"女侍"："回想起，在东京……的高架电车里，我站在不知名不知姓看不见脸的伊的背后，闻伊的脖颈上的香，头发上的香，我的手轻轻的放在距伊不远不近的地方，我只好出神无语。在日本我常说：女子者，可远观而不可亵玩焉者也；可是，到了上海，官能的满足，算是找不到了！"[①]

　　用现在女性主义的观点，我们从这种官能鉴赏中看出男性作家的女性蔑视。但是在当时，对留日学生来说，咖啡店的体验及对女性身体的描述，和他们所追求的文学，有着密不可分的关系。

　　1923 年考入东京帝国大学法文系的穆木天的诗、国民文学的主张及象征诗理论是在东京大地震（1923.9.1）后凌乱的废墟和大学课

---

　　①　穆木天：《道上的话》，《洪水》1926 年第 2 卷第 18 期。

堂以及周边的咖啡馆等酝酿出来的。① 他在《谭诗——寄沫若的一封信》里一边讲述"纯粹诗歌"必须表达诗人的内生活、内生命的飞翔，一边提倡诗也必须是"国民文学"，要表达乡土感情、国民意识和描写国民生活。"国民生命与个人生命不作交响（Correspondance），两者都不能存在，而作交响时，两者都存在。……国民文学是交响的一形式。"② 在"交响"（通感）后面特别注出的法文是象征诗理论的关键词，同时也是当时他们体验日本社会流行的"咖啡趣味"的关键词。穆木天在向郭沫若兴奋地谈论纯粹诗歌的行间里，贸然地穿插诗人冯乃超准备退学回国开咖啡馆的计划，可见诗论和他们咖啡体验的关系。郭沫若在《创造十年》里略带讽刺地挖苦银座的色香味声音触觉浑然一体的咖啡情调为"交响曲一样的鸡尾酒、鸡尾酒一样的交响曲"。穆木天最有名的诗《落花》就是把对恋人的想象、对自身漂泊的哀伤乃至对故乡的向往这两种感情"交响"而结晶为"一片一片地坠下的轻轻地白色的落花"的意象，来实现所谓内生命的统一和飞翔的。

对女性的描述也是穆木天诗里非常显著的特征。《旅心》（1927）收录了1923年至1926年在日本执笔的诗作，诗集里反复出现"妹妹"这一恋人形象。诗人对恋人的吟唱虽然古典色彩浓厚，但对女性身体的具体想象却是崭新的。作为诗人追寻的希望一般的"妹妹"形象，被描述为有"你象牙雕成的两只素足"（《泪滴》）、"桃红的素足"（《雨后》）的女性。

众所周知，日本女性健康的"素足"（裸足）对来自缠足的中国的留日作家而言是一个很大的冲击，同时也是他们关注描写的对象。1906年初到日本的周作人在鲁迅下宿的家中看到赤脚忙上忙下的少女，留下了深刻的印象③。郁达夫《沉沦》的主人公为日本女性鲜艳的和服下露出的

---

① 穆木天在《我的诗歌创作之回顾》里写道：在东京大地震后的凌乱的废墟中"攻案着我的诗歌。……在细雨中，在薄雾中，在夕阳的钟声中，在暗夜的灯光中，寂寞地，孤独地，吐出来我的悲哀。昼间，则去茶店喝咖啡，吸纸烟。每天，更读二十分钟的诗歌，找一篇心爱的作品，细细玩赏。"

② 穆木天：《旅心》，上海书店出版社1989年版，第139页。

③ 周作人：《最初的印象》，《知堂回想录》，河北教育出版社2002年版，第207页。

浑圆的白色小腿迷茫苦恼。与郁达夫相比，穆木天笔下的女性显得和谐健康而清新。除了"妹妹"以外，他还描写东京风景中的少女，郊外农家的胖胖的姑娘、朴素的老妇人等，诗中渗透出将自身的诗情融入异国风景中的诗人的余裕。

伊藤虎丸在描述创造社的文学性格时指出："对他们这些高校帝大出身的人来说，'文学'被置于和'学问'同等的地位，是在大学讲堂和高等学校生活的阅读中以及周边的茶店等……也就是说，是作为新的知识和教养来学习和吸收的。"① 对上述创造社的作家而言，如果说咖啡是表达文学的现代性的一个装置的话，那么女性也同样可以说是现代性的表象。穆木天在东京大学攻读最尖端的法国文学，目击地震后的废墟和举国的重建，他笔下的健康清新的女性形象可以说是诗人对从毁灭到重建的日本国家这一"现代性"的体验的表象。1924 年陪同泰戈尔访问日本的徐志摩赞扬日本民族在大地震面前的强韧和朴素古风的乡村②，《沙扬娜拉》里如莲花一般含羞的女性形象也是在大地震后的日本体验中诞生的。与这些不同的是比穆木天早五年来日本的郁达夫，《沉沦》里的女性对主人公来说具有强烈的性魅力，李欧梵把她们解读为"迫害者"，"那些'迫害者'在性事方面挑逗他，叫他时常屈服于她们的诱惑之下，后来却受尽自咎和懊悔的折磨"③。郁达夫笔下的女性形象所表象的是大正时期蒸蒸日上的国民国家日本的"现代性"，这对异国游子来说魅力十足却又具有巨大的威慑力和破坏力。

女性表述，可以说承载着一个作家对现代的体验和想象：现代性为何？中国的现代该以什么样的姿态出现？任重道远的文学又该如何展开？围绕这些问题，鲁迅和闻一多的女性描写呈现出极有意义的对照。

---

① 伊藤虎丸：「問題としての創造社——日本文学との関係から——」，伊藤虎丸編『創造社資料別巻 創造社研究』，アジア出版社 1979 年版。

② 徐志摩《留别日本》写道："我惭愧我来自古文明的乡国/……我惭愧——我面对着富士山的清越。"《徐志摩全集》一，商务印书馆 1983 年版，第 146 页。

③ 李欧梵：《郁达夫：自我的幻像》，《李欧梵自选集》，上海教育出版社 2002 年版，第 71 页。

二 鲁迅的女性表述:裸体和裸体的解体

鲁迅的日本留学,比郁达夫早十年左右,正值日俄战争前后富国强兵的明治时期。纵观鲁迅留学期间的文章,我们几乎找不到有关女性的描述。唯一让我们窥探到鲁迅留学期间的有关女性的间接资料,是他计划用于杂志《新生》创刊号上的封面画(出版计划最终受挫),那是 19 世纪后半期活跃于英国的著名画家乔治·费德里科·沃茨(George Frederic Watts,1817—1904)的作品《希望》——躬身坐在悬浮于宇宙空间的地球上的"诗人",双眼被一块白布蒙住,怀抱的竖琴,琴弦断裂,仅剩隐约的一弦。以英国金发女郎为模特而创作的沃茨在绘画上寄语:"希望不来自期待,希望令我们倾听那仅有的一弦的乐音。"① 虽然"希望"成为日后鲁迅文学的重要主题,但鲁迅终究没有在他的作品里描写出一个充满希望的形象。鲁迅在日本对"现代性"的体验,正如促成他弃医从文的契机——幻灯事件——一样,是和女性表象毫无关系的。他对西洋的"现代",并非以某种"镜像"来接受。对他来说,和"现代"的遭遇,首先意味着发现"一样是强壮的体格,而显出麻木的神情"的"愚弱的国民"里隐藏的中华民族的病根。② 在鲁迅看来,中国的现代化,必须从对民族历史的彻底否定、对国民性的毫不留情的批判开始。

在绝望的华大妈(《药》)、单四嫂(《明天》)、豆腐西施(《故乡》)、吴妈(《阿 Q 正传》)、祥林嫂(《祝福》)等以外,鲁迅也写了为补天殚精竭虑的女娲(《补天》)。她为拯救人类而倾尽自身一切,却被自己创造的"小东西""冷笑""痛骂"。这位创造女神被描写为裸体,非常性感诱人:"伊在这肉红色的天地间走到海边,全身的曲线都消融在淡玫瑰似的光海里,直到身中央才浓成一段纯白。……这纯白的影子在海水里动摇,仿佛全体都正在四面八方的进散。但伊自己并没有见,只是

① 关于绘画《希望》和鲁迅向倾慕的盲诗人爱罗先珂的关系,[日]藤井省三《エロシェンコの都市物语 1920 年代 東京·上海·北京》(みすず书房 1989 年版)有充分的论述。

② 鲁迅:《呐喊·自序》,《鲁迅全集》第 1 卷,人民文学出版社 1996 年版,第 416—417 页。

不由得跪下一足，伸手掬起带水的软泥来，同时又揉捏了几回，便有一个和自己差不多的小东西在两手里。"但是拥有自己文明后的"小东西"们却"累累坠坠的用什么布似的东西挂了一身，腰间又格外挂上十几条布，头上也罩着些不知什么，顶上是一块乌黑的长方板"，站在为补天辛勤劳作的女娲的两腿之间向上看，递上写着文字的竹板，试图用"裸裎淫佚，失德蔑礼败度，禽兽行"等"文明"的语言规诫她。① 在这里，"裸体"被置于衣冠、文字、语言等传统文化的反面，可以说是鲁迅对传统文化以及被其囚禁驯服的国民进行批判的一个文学表象。女娲最终在大风和火焰之中，为拯救人类用尽自己的躯壳。鲁迅之后也不断地描写裸体，《野草》里的《复仇》《颓败线的颤动》的裸体像与自我牺牲的女娲相比，更是一种基于绝对的爱、以不作为和沉默的颤动进行"大复仇"的形象。以卖身养育了女儿却被子孙鄙夷唾骂的垂老女人，在旷野里石像似赤身露体地矗立，口唇间漏出非人间所有的无词的言语。裸体、石像、兽、无词的语言都是反现实人间世界的象征。但是这种单纯的反现实人间世界也是作者要否定超越的，他想象了一个裸体颓败颤动的形象，石像仿佛解体，颤动如鱼鳞起伏，如沸水在烈火上，空中也一同震颤，仿佛暴风雨中的荒海的波涛。垂老女人的"无词的语言也沉默尽绝"，只有颤动如太阳光回旋在空中，如飓风奔腾于无边的旷野。赤身露体的垂老女人是对绝望的现实的强烈否定，而颓败颤动（解体）的裸体形象，更是对这种否定的再否定，双重的否定，具有一种推翻眼前选择判断而重新设定世界的力量，也即隐含着一切的感情、人间的非人间的、爱的恨的、祝福的诅咒的，都被融化、被重新组织构建的契机。丸尾常喜认为这是一个"再生的意象"，颓败线的颤动仿佛一个"进行重新铸造的巨大的痛苦的熔炉，预告着鲁迅的母性的复活"。② 这解释似乎可让我们联想到凤凰涅槃，但这绝非浪漫的理想，而是作者在被现实的痛苦压抑得无地可逃的心境下诞生的一个纯粹而冷彻的"大复仇"（再创造）形象（"将手搁在胸脯上"的一个"梦魇"）。

---

① 鲁迅：《故事新编》，《鲁迅全集》第 2 卷，人民文学出版社 1996 年版，第 345—346、351—352 页。

② ［日］丸尾常喜：《鲁迅〈野草〉的研究》，汲古书院 1997 年版，第 301 页。

三 闻一多的女性表述:裸体的天使和采凤

葛红兵在《身体政治》里说,"把国家比作母亲,是五四人的爱国主义发明,此前的国家因为是皇帝的国家,所以没有人敢用一个女性的身体来象征之,而现代文学家和思想家则不这样,他们把国家赋予女性身体的形象。……类似比喻把身体和对国家政治感情、政治想象紧密地结合了起来。"① 年轻时的闻一多也是把祖国当着爱人来吟诵的。

和鲁迅一样,留美期间闻一多基本不描写异国的女性,也很少在诗作里描写当地的风景。除了描写芝加哥洁阁森公园的《秋色》《秋深了》等几首外,很难找到明确地对美国风景的描述,即使在这些仅有的描述里,也总是倾诉着游子的悲伤和对祖国、家庭、母校、故人的思念。闻一多结婚后不久赴美,《红豆篇》可以说是写给妻子的思念篇章。对"我"思念的文字,"这些字你若不全认识/那也不要紧"(《红豆篇》一四)的爱人是妻子同时又是祖国的意象。"假如黄昏时分/忽来了一阵雷电交加的风暴/不须怕得呀,爱人/我将紧拉着你的手/到窗口并肩坐下/我们一句话也不要讲/我们只凝视着/我们自己的爱力/在天边碰着/碰出些金箭似的光芒/炫瞎我们自己的眼睛"(《红豆篇》四〇)。对这位"爱人"的形象,闻一多是这样想象的:"我若替伊画像/我不许一点人工的产物/污秽了伊的玉体/我并不是用画家的肉眼/在一套曲线里看伊的美/但我要描出常梦着的伊——/一个通灵澈洁的裸体的天使!/所以为避免误会起见/我还要叫伊这两肩上/生出一双翅膀来/若有人还不明白/便把伊错认作一只彩凤/那倒没什么不可"(《红豆篇》三九)②。对于攻读西方绘画的闻一多来说,"裸体的天使",可以看作是西方文化的象征,那么,"彩凤"当然就是他从清华学校时代起就仰慕不已的祖国文化的意象了。我们从闻一多的女性表述中可以看出,他所想象的"现代",是文化

---

① 葛红兵:《身体政治——解读 20 世纪中国文学》,(台北)新锐文创出版社 2013 年版,第 108 页。

② 闻一多:《红烛·红豆篇》,《闻一多全集》第 1 卷,湖北人民出版社 1993 年版,第109—112、120—121 页。

的西方，但同时它也可以被（错作）置换成中国文化的。当然，闻一多并不是复古的国粹主义者，他凭着现代的知性和感性重新审视中国传统文化并对其寄予莫大的期待。年轻时的闻一多的"中华文化的国家主义"主张，在他的女性表述里留下了清晰的印记。

鲁迅反复描写的裸体形象象征着对传统和文化以及被之驯化的中国人国民性的批判和反抗，充满痛苦和解体的危机，但同时也有一种强烈的负的力量。中野美代子在《作为衣裳的思想——中国人的肉体不在》里通过对中国绘画和文学作品的分析，特别是以《礼记》中的各种繁文缛节和礼仪为例，指出中国人的思想是重视肉体的庇护者即衣裳的伦理和论理，称鲁迅为"中国文学史里凝视肉体的最初也是最后的作家"。这一说法虽然难免偏颇，但她将鲁迅的一系列作品如《狂人日记》《药》《复仇》《铸剑》的主题解读为肉体对衣裳的复仇，这从文化史的角度上看是有说服力的。有意思的是，她认为《礼记》的繁文缛节，在语言方面被高度精致化后，就出现了唐代文化的精华即杜甫的律诗的世界。[①]

闻一多想象的裸体，不是用画家的"肉眼"去描绘的"曲线"。裸体的魅力本来是"肉体"的，但却不要用"肉"的眼去描绘——这样的审美意识，和鲁迅的充满危机的裸体描写呈现出强烈的对照，同时和他对古典律诗的推崇，以及后来主张的格律诗理论是一脉相通的。"戴着脚镣跳舞"，美丽得横暴的感情，也要用温柔敦厚的态度表达出来。与格律诗运动同步的还有文艺和爱国必须密切联系在一起的主张——这些都是闻一多的困境。闻一多的女性描述，是他想象的现代性，即"中华文化的国家主义"主张和文学审美观的流露，这些饱含着矛盾和冲突。而这些矛盾和冲突是闻一多个人的，同时也可以说是现代中国新诗普遍所具有的。

四　闻一多的困境：爱国和文艺的葛藤

闻一多对中国文化的强烈关心，产生在传统文化的空白最显著的留

---

① ［日］中野美代子《悪魔のいない文学　中国の小説と絵画》第二章，朝日新闻出版社1977 年版。

美预备学校清华学校。17 岁时他写下《论振兴国学》，表达了对古学日衰的危机感。1920 年以后开始发表新诗，同时研究律诗的特质，认为律诗才是"纯粹的中国艺术的代表"①（《律诗底研究》，1922）。留美后写下了不少具有浓厚的中国色彩的思念祖国的诗篇，并参加信奉国家主义的大江会。

1924 年春天泰戈尔访华，文学界掀起了一股泰戈尔及哲理诗的热潮。远在美国的闻一多却表示了反对。他认为哲理诗所代表的泰戈尔文学的最大的缺憾，是没有把捉到现实，泰戈尔笔下的"少女""新妇""老人"等都不是生活在现实里的人，只不过是上帝的象征。泰戈尔的文学必然失败，因为"文学的宫殿必须建立在现实的人生底基石上"②（《泰果尔批评》，1923）。值得注意的是，1922 年闻一多在《〈冬夜〉评论》里批判俞平伯的诗的"感人向善"的作用和"民众化"主张时，就表露了他崇尚为艺术而艺术的唯美文学观。一年之后强调文学的现实性是和他以往的观点相矛盾的。

对泰戈尔的批判是大江会同人的共同主张。当时和闻一多同在科罗拉多大学留学的梁实秋，在《大江季刊》创刊号上发表《诗人与国家主义》一文，用风和琴的比喻论述诗人和爱国的关系，从而展开对泰戈尔的批判。

> 诗人的情感原似一架寂静的弦琴，各种不同的风吹上去的时候，便自然的发出各种不同的声音的波圈。只要琴是完美无缺的，只要风吹上去的时候就响，那么，无论发什么样的乐声都是好诗。诗人给他的情人的诗是诗，赞美上帝的诗是诗，欣赏自然的诗是诗，颂扬爱国的诗是诗，宣扬世界和平的诗也是诗——这其间并无高下真伪之可分。所以诗人之鼓吹爱国，正是极自然合理的事，如其诗人的环境是迫使他不能不爱国。谁能令琴弦过风而不响呢……这里我们便不能不对印度的太戈尔表示诧异了。太戈尔的人格与诗才姑不具论，但他能在印度亡国之后，而高唱世界联合，这就如狂飚突起，

---

① 《闻一多全集》第 10 卷，湖北人民出版社 1993 年版，第 159 页。
② 《闻一多全集》第 2 卷，湖北人民出版社 1993 年版，第 126 页。

吹到琴上，而竟奏出和缓的调来，不能不说是咄咄怪事。①

在英国殖民统治下以爱和同情歌唱世界和平的泰戈尔，对国家主义者梁实秋来说是一个"超人"了。梁实秋的"风与琴"的诗人形象，是对闻一多批判泰戈尔文学没有把握现实的主张的一个补充和注释。闻一多所批判的是无视印度亡国现实的泰戈尔。但是，梁实秋列举多位英国文学史上的诗人来强调爱国感情的正当性之后，在篇尾这样写道："诗的价值的平衡是在其自身的艺术的优美，所以我还是笃信'艺术为艺术'的主张，我论爱国诗的时候，是论诗里的爱国思想，与诗的优劣毫无关系。"② 这表露了梁实秋的矛盾和担心：爱国会否有损于文学的艺术性？这一点也是闻一多的课题：爱国和文艺该如何联系在一起？

标志着新格律诗诞生的《晨报》副刊《诗镌》（下文简称《诗镌》）正好创刊于"三·一八"惨案之后，这一偶然对闻一多来说具有十分重要的意义。他在创刊号上发表《爱国和文艺——纪念三月十八》，比较爱尔兰和中国，认为相对于爱国运动和文艺复兴互为因果的爱尔兰，中国的爱国运动和新文化运动虽同时发生却没有"携手"。"爱尔兰的前例和我们自己的事实已经告诉我们了：这两种运动合起来便能互收效益，分开定要两败俱伤。所以《诗刊》的诞生刚刚在铁狮子胡同大流血之后，本是碰巧的；我却希望大家要当他不是碰巧的。"③

闻一多参加大江会、北京国家主义各团体联合会的各种政治活动，并一直努力尝试"中华文化的国家主义""国剧运动"，他所追求的，就是爱国和文艺紧密联系的文学。他批判新诗的"民众化"主张、《女神》的欧化、泰戈尔的哲理诗，在他看来都是文艺与爱国分离的东西。在《诗镌》上展开的新格律诗运动，应该是一场中国的真正的国民文学复兴运动。"完美的形式是完美的精神的唯一表现"——徐志摩在《诗刊弁言》中如此代言他们的主张，同时宣言："我们相信，我们的新文艺，正如我们的民族本身一样，有一个伟大而美丽的将来。"《诗的格律》也发

---

① 梁实秋：《诗人与国家主义》，《大江季刊》1925 年创刊号。

② 同上。

③ 《闻一多全集》第 2 卷，湖北人民出版社 1993 年版，第 133 页。

表在创刊号上，里面论述"格律"重要性的论据，和他清华时代的《律诗底研究》里论证律诗为最符合抒情原理的中国诗歌形式时所持的论据基本相同。清华时代对格律的关注和研究，终于成为现实的实践。"国家主义""中华文化的国家主义"和"为艺术而艺术"的主张，虽然包含着矛盾，但在新格律诗运动里将被联系在一起。

五 新格律诗的困境：横暴和典雅的冲突

闻一多在发表第一首新诗《西岸》之前创作过一篇童话小诗《一个小囚犯》（1920.5.15）。"我"在四月雨后的园里追赶蝴蝶，跌了一跤，"涂得满身的污泥，手被花刺儿戳破了"的，被妈妈幽禁在家，从而病了，半年后终于被允许推开窗子看外面，听到了一阵如泣如诉的歌声："……放我出来，把那腐锈渣滓，一齐刮掉／还有一颗明星，永作你黑夜长途底向导……""我"喜欢这歌，四面寻找，却看不到人，求妈妈道：如果有小孩陪我不捉蝴蝶不踏污泥，好好生生的玩耍，还唱嘹亮的歌儿，你也不放我出去吗？妈妈说：可以放你，但到哪儿找到这样一个伴儿呢？从此以后"我"便天天站在窗口喊："唱歌的人儿，我们俩一块儿出来吧！"这是一篇不引人注目的作品，但从其中可以窥探到闻一多对"美"的追求的激情和该如何"唱歌"的最初的焦虑。被囚禁的"我"渴望大自然的美丽、自由，却又担心大自然的横暴（污泥和刺儿），要寻找和自己一起"好好生生的玩耍"（歌唱）的伙伴。这首诗并没有发表，后被编入《真我集》。相反，可以说续写了《一个小囚犯》的《美与爱》（1921.3）收入《红烛》刊行。《美与爱》里，被囚禁的"心鸟"终于撞断监牢的铁槛寻找"无声的天乐"，却最终嗓子哑了，眼睛瞎了，心也灰了，为爱和美付出了代价。《美与爱》表达的是对唯美艺术的倾倒和激情，是年轻的闻一多的文学立场和姿态，但并未发表的《一个小囚犯》里述说的对美（精神）的横暴的焦虑，是一个创作者的真实的焦虑——该如何写，以什么形式？

1922 年 11 月，闻一多在《〈冬夜〉评论》里批评俞平伯的诗的民众化主张，认为幻想和情感是诗的最重要的成分，"《冬夜》里大部分的情感是用理智底方法强造的，所以是第二流的情感"①。同时，他也批判俞平伯的言语的粗俗，认为作诗应该雍容冲雅"温柔敦厚"。可见闻一多对感情和语言（形式）表达的要求的矛盾。闻一多自己是一个情感激烈的诗人，他在《爱国与文艺——纪念三月十八》里描述了和梁实秋"风与琴"相同的诗人形象："诗人应该是一张留声机的片子，钢针一碰着他就响。"② 但当如留声机片子一碰就响的诗人朱湘脱离《诗镌》时，闻一多气愤地写道："孔子教小子，教伯鱼的话，正如孔子的一切教训，在这年头，都是犯忌的。依孔子的见解，诗的灵魂是要'温柔敦厚'的。但是在这年头，这四个字千万说不得，说出了，便证明你是一个弱者。当一个弱者是极寒碜的，特别是在这一个横蛮的时代。在这时代里，连诗人也变横蛮了，作诗不过是用比较斯文的方法来施行横蛮的伎俩。"③

"温柔敦厚"是《礼记》里孔子的话，清初被作为理想的诗的条件之一。沈德潜提倡"格调说"，一方面崇尚诗的风格和音调的典雅，另一方面以"温柔敦厚"为口号，主张诗的道德和政治的效用，力图复活汉代儒家传统诗观。闻一多批判俞平伯的"令人感动引人向上"的民众化艺术，他所意味的"温柔敦厚"应该是指典雅的音调和语言以及柔和笃实的态度，这也是他所提倡的具有整齐的句法和调和的音节的格律诗的境地。

关于朱湘脱离《诗镌》的理由这里不再赘述。他是一个敏感而孤独的诗人，好友罗念生说他表面如冰一样冷，内心如火一样的燃烧。④ 为人远称不上"温柔敦厚"的朱湘，却是格律诗理论的忠实实践者，他借鉴中国古诗、西洋诗，特别是古典英诗，努力为新诗引进各种格律的形式。刊载于《诗镌》第3期的《采莲曲》在典雅的语言和调和的音节上可以说是格律诗的一个典范。横暴的诗人和典雅的诗风，如此文非其人，如

---

① 闻一多：《〈冬夜〉评论》，《闻一多全集》第2卷，湖北人民出版社1993年版，第89页。

② 闻一多：《爱国与文艺——纪念三月十八》，《闻一多全集》第2卷，湖北人民出版社1993年版，第134页。

③ 闻一多：《诗人的蛮横》，《闻一多全集》第2卷，湖北人民出版社1993年版，第145页。

④ 罗念生：《忆诗人朱湘》，《新文学史料》1982年第3期。

此矛盾的文学者是少见的。朱湘的诗歌很难看出时代的色彩，纯粹地为艺术而艺术。但罗念生回忆他热爱祖国，歌唱五千年的文化，充满宁静的东方情调的《草莽集》就是一见证，可见他深受闻一多"中华文化的国家主义"的影响。朱湘脱离《诗镌》，给刚开始的格律诗运动带来了分离的危机，同时，他的横暴与典雅的冲突，也显示了闻一多提倡的钢针一碰就响的激烈奔放的诗人情感（爱国感情）和优雅和谐的"温柔敦厚"的诗风（新格律诗）的主张的一个界限。

有研究者在分析《一个小囚犯》时指出"闻一多在他的诗中始终摆脱不掉的冷静、克制、精心修饰的一面……形式在闻一多身上却似乎成了一种先验的本体，一种意志化了的力量……他在理智上一直追求一种优雅和谐的贵族化的古典美，而在情感和无意识之中却更为企慕崇高的现代风格"①。这一分析十分恰当。1927 年，闻一多经历了回国后中国现实的洗礼，对该如何把握和表达他一直热衷的中国文化这样质疑："啊，横暴的威灵，你降伏了我/……五千多年的记忆，你不要动/如今我只问怎样抱得紧你……/你是那样的蛮横，那样的美丽！"奔放的激情和对典雅的形式的追求最终陷入困境，闻一多停止写诗，开始了对古典文化的长期的潜心研究。

六　中国新诗的困境：风与琴的系谱

1920 年和 1921 年，胡适的《尝试集》和郭沫若的《女神》相继出版，新诗开始走上"民众化"和"欧化"的一途。与这一倾势相反，强调新诗的民族化、本土化、艺术化的新格律诗运动，诞生在离西洋最近的留美预备校清华学校的校园里。对律诗的重新发现以及格律诗运动的展开，和清华园诗人对国学、中国文化的关注、国家主义活动基本同轨。年轻的闻一多对爱人、祖国、文学艺术的"裸体的天使和彩凤"的想象，虽然矛盾但又极其自然。这一女性表述在两个层面上体现了他文学活动的矛盾：首先，它体现了闻一多对以西洋为模式的文学现代性的向往和爱国主义激情之间的矛盾；其次，它也体现了一个表现者的个人困境：

---

① 王富仁编：《闻一多名作欣赏》，中国和平出版社 1993 年版，第 456—457 页。

火山一般不可阻挡的激情和创作冲动，却要用典雅的格律（形式）来规范。特别是第一种矛盾在某种意义上可以说是五四时代的文学所面临的共同课题。诗人们摇摆于爱国感情和文学之间而谋求二者的共存，这一点在留日的穆木天等诗人那里也是一样的，他们主张国民文学和纯粹诗歌的一体化，不同的是他们以"象征诗"为媒介，而留美的闻一多等诗人们却借鉴"律诗"的形式。

正如闻一多在《文艺和爱国——纪念三月十八》里所说，中国的新文学，是和爱国运动一起开始的。辛亥革命诞生了亚洲第一个共和国，但直到 1928 年北伐后统一，中华民国一直处于军阀割据的状态。"五四文学就是在国民国家以及其保证的市场未成立下的中国，由知识分子先驱性的努力而诞生的国民文学。"[①] 也就是说，中国的现代文学，一开始就背负着国民国家建设的重任，文学者们都宿命般被迫在"国家"（有时也表现为"现实"）和作为"个人"的表现的"文学"之间进行创作。对新诗来说这一宿命越发醒目，诗人们在某种意义上怀抱着矛盾而追求理想的诗的形态。他们在表述诗和诗人应有的形象和姿态时，总是喜欢用"琴""留声机片子""芦管""芦笛"等比喻，同时也意识到"风"——影响这些"发声器"的外界或现实的象征。除了闻一多和梁实秋以外，郭沫若、陈梦家也都爱用风中的芦草、芦管的比喻来表述他们理想中的诗的样式。[②] 徐志摩的诗《我不知道风是在哪一个方向吹》吟唱了诗人的不安和理想破灭后的悲哀。1936 年何其芳写道："我是芦苇，不知那时是一阵何等奇异的风吹着我，竟发出了声音。风过去了我便沉默。我不愿我成为一管笛子或一只喇叭"[③]，表达了他作为表现者应坚守的姿态，这与 20 年代的闻一多梁实秋为"风"（爱国）吟唱的主张已大不相同。艾青也爱用"芦笛"的意象，但他并不想象"风"，他在狱中写下了《芦笛》："但我要发誓——对着芦笛/为了它是在痛苦的被辱着/我将像一七八九年似的/向灼肉的火焰里伸进我的手去！/在它出来的日子里/将吹

---

① ［日］藤井省三：《中国文学この百年》，新潮选书 1991 年版，第 36—37 页。

② 郭沫若：《论节奏》（《创造月刊》1926 年第 1 卷第 1 期）、陈梦家：《〈新月诗选〉序言》（《新月诗选》，新月书店 1931 年版）。

③ 何其芳：《燕泥集后话》，《何其芳全集》1，河北人民出版社 2000 年版，第 184 页。

送出/对于凌侮过它的世界的/毁灭的诅咒的歌。"① 如果把凌侮芦笛的世界当作"风"的话，"芦笛"不仅不受它的支配，反而承担起破坏它的使命。

诗人作为一个发声器该歌唱什么内容，如何歌唱，也就是说，作家个人的诗的表现，和现实、国家的关系应该如何，关于这个问题的各种思考和实践的足迹，我们可以称为"风与琴"的系谱。闻一多的诗歌活动，可以说位于这个系谱的开端。他苦于自身爱国情感和对艺术的纯粹追求的矛盾，力图寻找解决这一矛盾的表达方式。他找到的新格律诗，却又陷入横暴的精神和典雅的形式相冲突的困境。闻一多一直都觉得"自己是座没有爆发的火山，火烧得我痛，却始终没有能力（就是技巧）炸开那禁锢我的地壳，放射出光和热来"②。经过多年古典文学研究的沉潜，直到昆明时代，亡国的危机、自身的窘困和对民族原始生命力的发现才爆发了闻一多打破囚禁的激情。那禁锢他的地壳，在 1945 年昆明"一二·一"惨案时终于炸裂。他和鲁迅在"三·一八"惨案时的表现一样，认为这是"中华民国最黑暗的日子"。关于这一点，日本学者目加田诚在《闻一多评传》（1955）里指出"三·一八"时闻一多的态度和"满身愤怒而喊出笔下所写毕竟是空言的鲁迅"不一样，并这样理解 1945 年的闻一多："三·一八惨案时，被段祺瑞政府暴虐杀害的学生，闻一多说他们的死难是一篇美丽的诗。但现在闻一多已不是过去的闻一多了，他已经用生命在战斗。如果把现在的闻一多的态度视为所谓进步的文化人等，那是错误的，他的内心里燃烧的东西终于要破壳而出了。"③ 就像鲁迅描写的裸体的颤动一样，我们似乎可以预感到冲破形式（衣裳）的闻一多自身的分解以及他在痛苦的熔炉中的重新铸造。

---

① 艾青：《芦笛》，《中国现代作家选集艾青》，人民文学出版社 1982 年版，第 7 页。

② 闻一多：1943 年 11 月 25 日《致臧克家》，《闻一多全集》第 12 卷，湖北人民出版社 1995 年版，第 381 页。

③ ［日］目加田诚：《闻一多评传》，《洛神赋》，讲谈社学术文库 1989 年版，第 305 页。

看见他的声音：影像世界中的
闻一多形象

梁笑梅

（西南大学）

当今的时代已进入了一个影像的时代，摄影、绘画、雕塑、电影、电视、广告等正在互为激荡汇流，视觉文化传播在极大地影响着文明的进程。在视觉形象的传播中，那些鲜活的人物形象、积极的思想行动、动感的画面场景、磁性的文字表述，给人以形象感、立体感、直观感。对闻一多的认知，除了最基本的阅读以外，影像表达也可以帮助完成一个丰富的文化存在，完成关于他诗人、学者和民主战士形象的塑造和想象。在闻一多形象的视觉展示与演绎中，无论是静态影像（定格型影像）如各种摄影绘画雕塑作品，还是传记类和纪实性的动态影像（进行型影像），无不尽现他嘹亮的文化歌吟，拍案而起的凛冽节操，视死如归的魂魄壮烈。爱国主义始终是这些影像艺术传递和构建的精神内核，因为它是闻一多自己心声的回响，也是他诗歌的徽章，是他学术研究的动机，是他英勇殉难的标记。

一 定格型影像世界中的闻一多形象

（一）画册和画传：更客观直接地接近传主

关于闻一多的书已经不少，仅仅是传记体的就有好几本，比如《闻一多传》（王康著，湖北人民出版社 1979 年版），《闻一多评传》（刘烜著，北京大学出版社 1983 年版），《闻一多传》（闻黎明著，人民出版社 1992 年），《闻一多传》（刘志权著，团结出版社 1999 年版）。这些传记是以文字为主，但画传和图传都是以图片和文字两个主导元素，反映传主的生活历史、生平状况、精神面貌、主要贡献等的纸质书籍或者电子文本读物，人物画传与文字传记、传记片一道，满足着不同层次和不同偏好的读者需求，图文结合的优秀画传让人读起来赏心悦目，装帧的艺术与考究，图片的逼真与细腻，往往能够把人带到传主的过去，去想象其踪迹，感受其情怀，体验其成长、奋斗的快乐与艰辛，同时优秀画传中的文字包含着学术意识、创新意识，凸显出传主和作者的思想观点、理论水平与哲学素养，这些简短精练的文字，富有弹性与张力，读者读后能够提升自己的思想认识与哲学品位，人物画传改变了过去人们阅读的人物传记，以文字一个基本元素为主，以几幅照片作为附录而存在的历史，图片与文字产生逆转，图片从附属地位一跃而成为与文字一道的主导元素，画传兼有文字传记和画册两方面的特点，既有客观性、真实性、可读性，又有直观性、可视性等，画传中的图片比起文字来，可以更直接地接近传主，同时，画传中也少了一般传记中作者带着很强的个人见解的文字描述，比起有些沉闷的文字传记，画传阅读起来更加活泼、质感。

《诗人·学者·民主斗士：闻一多》（大型画册）（闻立雕、闻立鹏、杜春华、闻黎明编，中国摄影出版社 1999 年版）的编者之一闻黎明者认为这本画册以图片为主，而难以全面表现传主的生平经历，闻黎明编写了图文并茂的《闻一多画传》，2005 年由河南人民出版社出版。在文化名人图传系列中有闻立雕与杜春华合著的《闻一多图传》，2006 年由湖北人民出版社出版。巴金先生说："民族的良心，青年的挚友，一多先生是中国知识分子光辉的榜样。"《闻一多图传》作者闻立雕、杜春华是闻一多之子、媳，以亲身经历生动地叙述了闻一多先生不平凡的一生，以图片为线索，展示了这位诗人、学者、民主斗士的学术成果和精神轨迹。画传在文图的编排搭配上是非常考究的，图片对于传主一生的命运轨迹、性情气质以及大事件等的体现，应该有清晰的线索和脉络。同时，图片与文章应该相映生辉，文字既不是图片说明，也不应是简单的资料汇编，而是与图片形成两个交互的独立空间，立体呈现传主人生。但很遗憾的是，由于历史条件的限制，有些阶段照片很少，或者根本没有，只能用文字、绘画、书法、篆刻等资料填空。

因此我们说作者主体性的差异不仅反映在作品中传主和形象的差异，往往也会导致作品真实性层次的高低与不同。传记写作是历史的一种特殊表述方式，传记作者只有具备了高超的识见，对历史精神的领悟，对人物内涵的整体把握，以及完全个性化的叙述，才能接近传主更高层次的真实，从而对社会和观众起着更为直接的启悟作用。

（二）绘画和雕塑：定格最富于包蕴性的时刻

对于绘画、雕塑、摄影等这样定格型的艺术（区别于电影、录像、电视剧这样进行型的艺术），造型艺术家在选取定格顷刻时，都极力避免选择高潮、顶点之际，而是选取在最有孕育性的顷刻，这一顷刻并不是事件本身的那个自然高潮，而是它时序上的前一顷刻，或者是欣赏过程思维运动高潮的前一顷刻。这一顷刻，最能调动欣赏者的艺术想象，让他们展开去参与艺术创造，去补充画面内涵。略显凌乱的头发、眼镜、黑髯、旧长衫、旧围巾、烟斗、手杖，这些是闻一多形象塑造中的基本外在元素，作品的创造者有所取舍，但总是在整齐深沉的影像格律中努力地传达出闻一多炽热搏动的情感。

闻一多之子闻立鹏1979年创作了油画《红烛颂》，这件作品刻画了一位集诗人、学者与革命者于一身，宁死不屈的勇士的崇高形象。画面上，成千上万支正在燃烧的红烛和熊熊烈火构成了一个悲壮的场面。在闻一多、红烛与烈火之间，在黑与红之间、动与静中构成了一个完整又和谐的画面。红色背景之上是闻一多著名的诗篇《红烛》，"红烛"是闻一多人格精神的物化，是闻一多的象征。

闻立鹏的出生就和这个时代的革命洪流紧密联系起来，他的油画之路即是他的人生际遇与时代命运相互渗化与融合的心迹之路。当年闻一多被暗杀于昆明，15岁的闻立鹏在悲愤与痛苦之中，强烈地感受了人间的美与丑、爱与恨。生活磨砺成为艺术表达的动力，对于父亲的永远怀念，对于革命烈士的崇敬，对于真善美的追求，转化为他笔下的永恒主题。

　　朱自清曾写诗歌颂闻一多："你是一团火，照彻了深渊；指示着青年，失望中抓住自我。你是一团火，照明了古代；歌舞和竞赛，有力猛如虎。你是一团火，照亮了魔鬼；烧毁了自己！遗烬里爆出个新中国！"一尊尊雕像就是一把把火炬，散发明亮炙热的光亮，星点在中国大地上。"一个世纪伟人的铜的、石的，圆雕的、浮雕的，全身的、半身的塑像，在北京清华大学风光绮丽的荷塘畔，在濒临东湖的武汉大学珞珈山上，在具有光荣传统的云南师范大学校园里，在海滨城市青岛、偎依长江的浠水、边陲重镇蒙自，上海城市雕塑广场闻一多雕像，相继耸立起来。人们用各种方式缅怀的这个人物，就是闻一多。"①

　　巍巍珞珈山，悠悠东湖水。坐落在武汉大学校园内的那些石头与碑屹立不倒，与这些石头和碑一同屹立的，还有那些雕塑，好像有了灵魂一般诉说着武大的历史，传承着永不磨灭的精神。走近武大校园里的闻一多塑像，用心体会上面一道道理性、微小却又难以褪去的印刻，感受其中传达出的思想与力量。

　　在青岛海洋大学内，有一座"一多楼"，它的旁边伫立着闻一多的雕像，这也寄托着人们对诗人、学者、民主斗士之深切怀念。1930 年 8 月，闻一多应杨振声校长的邀请，来到国立青岛大学任文学院院长兼国文系主任。闻一多是很爱海的，在诗集《死水》的第一首诗里，他写道："我爱青松和大海。"青岛虽然像诗一样，但是青岛时代的闻一多却没有更多的诗。这没有也不是绝对的，《诗刊》上就刊出了闻一多的长诗《奇迹》。虽然他要的不是"咫尺之内的和平"，到底四堵墙壁把他和世界隔绝了，但他却没有脱离开诗。他的精神是一个大海，在极端严肃而静穆的状态下，他无声地，在等待着一个大时代的风暴的到来。

二　进行型影像世界中的闻一多形象

（一）聚焦："最后一次演讲"

　　无论是电影《建国大业》、电视剧《解放》中关于闻一多的片段，还是闻一多的专题电视剧《最后的演讲》《闻一多》和电视纪录片《大

---

① 《闻一多画传·前言》，河南人民出版社 2005 年版，第 1 页。

师·闻一多》《记忆·闻一多1946年》《信念·无畏的斗士》,"最后一次演讲"都是演绎的焦点和高潮。视点高度集中在革命斗士这一形象塑造上,围绕"反内战""被杀害"展开矛盾冲突,并以闻一多在致公堂悼念李公朴大会上的演讲将冲突推向顶峰,着力刻画闻一多的革命战士的形象,高度集中而又有机结合地展示了闻一多的诗人气质、学者风度和战士风采,高歌了爱国主义精神和革命英雄主义精神。闻一多是个文人,于政治无天分,视爱国为天职。外患让他不安,内忧使他动怒。李公朴之死让闻一多将悲痛化作力量,再一次"爆一声狮子吼",怒斥黑手,终遭残害。《建国大业》中,闻一多时而表情沉痛,目视远方;时而悲愤交加,声嘶力竭。我们能感受到闻一多面对凶残的敌人,表现出的大无畏英雄气概。他的形象比较粗线条,满脸的胡茬儿,不加修理的头发,给人一种落拓不羁的印象,他同时又是一个文弱诗人,搭配了眼镜和围巾,在随意凌乱中又不失艺术气质。这部电影拍了一个国家诞生前的阵痛和血污,和充满希望的婴儿年代,然后,血污和黑暗,更多的血污和更多的黑暗,闻一多和他的战友们朝气蓬勃,充满信心,他反对内战,呼吁民主:"这是某集团的无耻,恰是李先生的光荣。李先生赔上了一条性命,我们要换来一个代价。正义是杀不完的,因为——真理永远存在!"我们听见了他的声音,看见了他的慷慨激昂和理想主义,看见民主党派的天真和理想主义,至此,看见了这个国家的基础,看见了它的合法性来源,看见了它从血污中携带理想的诞生过程,看见了这个婴儿的天真笑容。

闻一多的《最后一次演讲》入选中学语文教材,激励着一代代青年去追寻这位民主斗士、著名学者的足迹。其时闻一多任教于国立西南联大,同时为中国民主同盟会委员兼云南省负责人,兼任昆明《民主周刊》社长。这篇著名演讲的地点是在李公朴遇难报告会上,时间为1946年7月15日上午,而当天下午闻一多即被国民党特务杀害。闪耀着闻一多生命光辉的《最后一次演讲》的内容已广为人知,有关闻一多出席报告会的背景也大致满足基本历史的普及,不过中学语文课本上的《最后一次演讲》是删改过的,电影和电视中的"演讲"也是删改过的。比如原来闻一多在那次演讲中,对当时国民党的"主子"——美国寄予了希望,尤其是称赞了曾与闻一多"也常见面"的驻华大使司徒雷登。综合各种文献及访谈，诸种闻一多讲演记录中，最早的是《学生报》，最完整的是《民主周刊》，《新华日报》《联大八年》、开明版《闻一多全集》所收者，均来源于上述两种。[①] 70 年过去了，很多当时的情形一如风化的岩石，渐渐剥离成砂粒而难见原貌，但时代的主流仍是浩浩荡荡。

此外，闻一多演讲之后主持记者招待会，然后与接他的长子闻立鹤一起回家，突遭枪击残害，与他倒在血泊中的还有他的儿子，而影视剧中闻立鹤的形象多被删除。

对于人物传记片来讲，引起争论的焦点往往是作品的真实性问题。其中大致有这样几点，即传记片是"均史有所据"的史家"写真"，还是艺术家以当代意识对历史精神的把握与重现；是追求艺术形象与生活原型的最大限度的相似性，还是准确地开掘出人物内涵的深度真实，等等。人物传记片的真实性，绝非简单地指影视作品与历史之间的一种对应关系，它不可能将史录实证的历史本体完全再现，同样，它不可能也没有必要将传主所有行状言行重复与重演。它应是通过个人命运与社会历史之间带有必然性的联系，揭示出一种精神、一种内涵，一种当代人对于历史的体验、感悟，这也就是为什么人物传记片往往寻找那些足以凝聚我们民族历史精神的典型人物，他们不仅仅是作为个体的存在，更是民族精神、民族性格的优秀代表，这些人物或可作为中国思想与精神源泉，或以其行为或思想为建构新中国做出过巨大的贡献，或以道德及情操的高尚性赢得了人们普遍的认同。6 集电视连续剧《闻一多》的创作者在解读了闻一多作品、言论和记载他行状的文字后，并没有停留在对这一历史人物种种逸闻趣事的推衍，而是紧紧把握住闻一多的人格与精神，写出他所走过的道路，他所做出的人生抉择，他所代表的社会潮流，他所展示的中国知识分子的心路历程。对这一切的反思，事实上也是对中国历史、中国文化和中国现代革命历程以及中国知识分子自身的反思。在闻一多与时代、文化、政治的复杂联系中，蕴含了丰富的历史人物传记片的真实性问题启示和人生启示。

---

① 参见闻黎明《闻一多〈最后一次的讲演〉若干问题的追踪》，《2016 年闻一多国际学术研讨会论文集》。

（二）移焦："去神圣化"策略

朱自清在评价闻一多时指出，"闻一多先生为民主运动贡献了他的生命，他是一个斗士。但是他又是一个诗人和学者。这三重人格集合在他身上，因时期的不同而或隐或现。"① 其实，朱自清对闻一多的定评可以推而广之，因为现代文人往往具备多重身份和面相。然而，在文化人形象的塑造过程中，基于不同的文化立场和价值取向，一个人的某一重人格常常被刻意渲染和放大，其他部分则受到忽略和遮蔽。因此，严格来说，人物形象的客观再现常常是无法达到的。当下的中国，"政治、经济和文化的复杂互动关系，又导致了文化自身的分化，形成了主导文化、精英文化和大众文化的三分天下。这三种彼此相关又有所区别的文化，受到政治、经济和文化内部的各种力量的制约，从体制的作用，到市场的压力，甚至体制与市场的冲突和互动，再到文化生产者的分化和妥协等等。"② 主导文化重点关注那些具有鲜明政治倾向的名人，这些名人往往成为意识形态宣传和批判的对象，被贴上革命和反动的政治标签。"主导文化的真实功能是一种支配文化，是一种体现政治场对文化场引力作用的特殊领域"③，所以，主导文化对某一名人的定位，极大地影响着他的社会评价，名人地位的升降直接关涉其形象的变迁。"神圣化"策略通常被纳入对革命和进步文化人的刻画当中，对传主予以仰视的观照，塑造出高大完美的正面形象，成为担负教化功能的典范和楷模。比如电视剧《闻一多》《解放》和电影《建国大业》等对闻一多民主斗士形象的塑造，几乎成为中国民主建国叙事的一个标志性符号。不过，政治阐释框架无形规约和限制了艺术创作的自由，也遮蔽了人物形象和性格的丰富复杂性。以"神圣化"策略塑造的名人形象往往趋于单义化和脸谱化，其人格的真实性和完整性打了折扣，反而难以被受众所亲近。因此，主导文化也会借用大众流行文化的表意策略，增强名人形象的可信度和亲

① 朱自清：《开明版〈闻一多全集〉序》，《闻一多全集》第 12 卷，湖北人民出版社 1993 年版，第 442 页。

② 周宪：《文化表征与文化研究》，北京大学出版社 2007 年版，第 16 页。

③ 同上书，第 58 页。

和力。"民间隐形结构的生命力就是如此的顽强，它不仅仅能够以破碎形态与主流意识形态结合成显形结构，施展自身魅力，还能够在主流意识形态排斥它，否定它的时候，它以自我否定的形态出现在文艺作品中，同样施展了自身的魅力。"① 主导文化中化合了通俗文化异质因子，虽然在构成上显得比较混杂，但却暗合了受众的接受心理，更易于进行意识形态宣传和教化。而在大众文化日渐勃兴的背景下，主导文化和大众文化的关系颇为复杂微妙，一方面构成了某种合谋关系，另一方面又难免会发生冲突，在名人形象的塑造上，这种冲突具体表现为"神圣化"与"去神圣化"两种策略的分歧。

电视剧《最后的演讲》就试图在闻一多形象的塑造上进行"去神圣化"操作，却又矫枉过正，"把闻一多描述成为一切都是从自己私利、自己的面子出发的人"②，因而引起争议。《最后的演讲》大量画面反复表现因物价高涨，闻一多不得不辛苦刻章养家，几个孩子不得不捡菜帮充饥，在家里连豆腐都吃不饱，甚至在教授会议上，为了弄到吃的，他中途退席，和孩子们去地里抓蚱蜢、种菜，作为陪衬，吴晗也去河边捞小鱼。为了这些，也为了没有钱给妻子买件旗袍等，闻一多十分痛苦，大喊："门口要有汨罗江，我这会儿就跳下去！""我算什么男人！""中国呀，你让你的学子们活成这德行，你还有脸吗？"剧中的闻一多一再说"这鬼地方我真一天也待不下去了"，"早点走也好，离开这是非肮脏之地"，甚至说："也许当年就不该从美国回来。"剧中多次放映充满田园风光的闻一多故乡浠水巴河的画面，并配以画外音"我也要回家了，我要回家了！"所有这些都暗示闻一多此时已十分消极颓唐，厌恶昆明这"是非肮脏的""鬼地方"，急于要离开，脱离当时艰难的斗争，回到美丽恬静的故乡归隐，甚至自悔当年不该从美国回来，这些都不符合事实。闻一多的《大暑》《故乡》两首诗的 4 次重复运用并不十分恰当，画外音"我要回家了"出自闻一多作的《大暑》一诗，该诗写于 1924 年夏天，

① 陈思和：《民间的浮沉——对抗战到文革文学史的一个尝试性解释》，《上海文学》1994
年第 1 期。

② 李凌：《还闻一多以无私无畏的本来面目——评电视剧〈最后的演讲〉》，《电视研究》
1996 年第 9 期。

闻一多当时正在科罗拉多大学学习美术，科罗拉多大学地处科罗拉多州的珂泉，这里是沙漠边缘，但英姿挺拔的派克峰却有白雪如银，秀丽的自然景色令他乡的游子陶醉，但闻一多思乡的愁绪丝毫没有因此而稍减，诗人记得他有一个可亲可醉的故乡，这可亲可醉的故乡有一个如诗如画的"大暑节"。《大暑》一诗不能代表闻一多在抗战胜利前后的思想，更不是他已投身火热的爱国民主运动中的思想，他不可能逃避现实回到恬静的家园归隐。另外，闻一多要去参加民盟主持的李公朴殉难经过报告会，剧中有相当长这样的画面：闻夫人锁上了门不让闻先生出去，他在内要求开门，并反复说："我不能做胆小鬼呀⋯⋯连特务也会看不起我！""夹着尾巴跑了，这种人你瞧得起他吗？"这个情节也是虚构的。这样的话语不太符合他随时准备以身殉志的一贯思想的逻辑。闻一多是一个诗人，他的一生就是一首诗，特别是他的晚年，更是一首悲壮的伟大的诗。艺术地、如实地描述他的思想言行，才能收到最好的感人的效果。

英国传记文学理论家尼科尔森认为："个性、艺术、真实是传记文学的三要素。"他之所以把"个性"放在首要位置，是因为创作者的主体性原则即便是在人物传记片的制作中也是非常重要的。从历史背景的再现、历史氛围的营造渲染，到寻觅显现传主的踪迹，在史料的框架中丰满传主的血肉，都必须经过创作者主体心理"过滤"，这是在具体的、个体的审美活动中，审美观念与对象的直接契合而产生的一种美感现象。所以在传记片中，传主往往已不是纯粹的传主，而是创作者心目中的传主。

"闻一多是一位真正的爱国者。他作为诗人、学者和民主战士的一切创造力都来源于他对祖国和人民的爱。他的爱国思想有一个明显的发展过程，即他在真正接近人民，受到深刻教育之后，由崇奉'国家主义'，转而为强调'人民'利益，崇奉'民主主义'。闻一多的思想历程典型地说明了五四以来中国真正的爱国知识分子的道路。他受过五四的洗礼，是五四的产儿；他是最勇敢、最忠实的五四精神的继承者和捍卫者。"[1] 长篇传记电视剧《闻一多》作为颂体的这部电视剧着重展现闻一多由唯美主义诗人杰出的古代文学与古代文化学者，转变成为民主

---

① 张恩和、张洁宇：《闻一多：从国家主义到民主主义——一个真正爱国者的思想轨迹》，《清华大学学报》2003 年第 1 期。

革命战士的历史过程。在《闻一多》中，我们看到无论是曾作为国家主义者的闻一多如何痛苦、困惑、彷徨，到一旦认清方向就义无反顾地将自己的生命贡献给人民的事业，还是作为新月派诗人对鲁迅如何误解，而一旦醒悟竟会在万人聚会上向鲁迅画像鞠首认错，都是一个通体闪亮的真实的闻一多，他那率真、狷介的性格与中国具有良知的传统知识分子一脉相承。《闻一多》是史与诗兼融为一体的史诗剧，因为闻一多48年的生命活动本身就是一部鲜明而强烈地体现着中国现代历史文化转型期的时代特征的史诗，是一部辉煌壮丽的史诗。"对历史文化发生过重大影响的杰出历史人物的传记剧，是否具备史诗品格，是检验其历史深度与美学深度的基本标准。是否具备史诗品格或这种品格达到何种程度，既能反映剧作的艺术意蕴的深刻与否，又能体现其艺术形式与艺术意蕴相融合的程度。"① 电视剧《闻一多》没有陷入概念化、抽象化的创作思维，而是以一种独特的叙事模式，完整而全方位地塑造出集诗人、学者、斗士一身的闻一多的丰厚形象。该剧生动地再现了他浪漫天真的赤子情怀，展现了他学贯中西、博古通今的大家风范，讴歌了这位中国知识分子的楷模与典范。该剧既没有将闻一多任意拔高，也没有将其浪漫神化，而在特有的历史背景下，在不断渐进的求索过程中，作品完成了对他伟大人格力量的塑造，突出了闻一多个体的复杂性，并通过其个人的生存选择来完成生命意义的展示，因而也就显现出历史必然性中所涵盖的人性深度。

　　纪录片《大师·闻一多》也恰当地将闻一多的三重身份诗人、学者、民主战士融为一体，以表现战士为主，既写出了他的诗人情怀，又写出了他学者的品格，更突出了他作为一名战士的精神。民主战士的人格，是诗人和学者人格合乎逻辑的发展，也是诗人和学者人格的高度升华。正是战士的精神，点亮了诗人的情怀和学者的品格。也许因为闻一多的诗人身份，再现闻一多光辉形象的电视剧，也自然应当具有诗的抒情风格。在叙事方式上，纪录片采用了以诗串接的方法，既使叙述更为简洁，具有虚实结合的意境美，又极大地丰富了作品的内涵，增加了作品的思

_____

　　① 陈黎明：《在史与诗之间——论长篇传记电视剧〈闻一多〉的艺术创造》，《中国电视》2003年第1期。

想深度。

（三）映衬：《七子之歌》的历史回响

闻一多 1925 年 3 月在纽约写下了爱国思乡之作《七子之歌》，2 个月后，他怀着早日投身到报效祖国行列中去的理想，提前结束留学生活启程回国。然而，刚刚踏上祖国土地的闻一多万万没有想到，迎接他的是街头未干的斑斑血迹，两天前这里刚刚发生了帝国主义屠杀示威群众的"五卅惨案"。被失望乃至绝望笼罩着的闻一多愤然北上，在北京把《七子之歌》及《醒啊》《爱国的心》等几首爱国诗作，投稿给《现代评论》首次发表。《七子之歌》是时代的产物、不屈的呼号，它由 7 首短诗组成，分别写澳门、香港、台湾、威海卫、广州湾、九龙和旅顺大连这 7 个被帝国主义殖民者霸占的地方，与祖国母亲骨肉分离的痛苦情状。想象是诗的翅膀，诗人在《七子之歌》中，展开了丰富而奇特的想象，从多个角度对"祖国之子"作了具体形象的诗意描绘。《七子之歌》总题下有序云："吾国自尼布楚条约迄旅大之租让，先后丧失之土地，失养于祖国，受虐于异类，忆其悲哀之情，盖其甚于《凯风》之七子……为作歌各一章，抒其孤苦亡告，眷恋祖国之哀忱，亦可励国人之奋兴云尔。'精诚所至，金石为开'。诚如斯，中华'亡子'之归来在日夕乎！"作为中国古代第一部民歌集成、中华民族诗歌之源的《诗经》，被"五四"新诗人闻一多活用来为现实斗争服务，增强其新诗的思想内涵和艺术感染力，拓展其表现空间，使新诗创作为更大的受众所认同，并经受了时间的冲刷，《七子之歌》可以说是一个非常成功的范例。但是，由于这篇组诗不在闻一多的两部著名诗集《红烛》《死水》之中，也没有收入《闻一多全集》，因此，在后来很长一段时间内它并不为人们所熟悉。直到 1997 年庆祝香港回归祖国的活动中，有人提起了这组作于 70 多年前的诗篇，当年 4 月出版的《清华校友通讯》曾刊登 1947 级校友施巩秋题为《重温七子歌思念闻一多》的文章。随着澳门回归祖国日子的临近，第一节就诗咏澳门的《七子之歌》更加引起人们的关注。

1998 年初，大型电视片《澳门岁月》的总编导在一次偶然翻阅闻一多诗集时，发现了《七子之歌》中的《澳门》，即请祖籍广东中山的作曲家李海鹰为之谱曲。李海鹰一遍遍地吟诵闻一多的诗句，流着泪在一夜之间完成了曲子，他将潮汕民歌的特色融入其中，并从配器上也有意贴近闻一多生活的年代。编导又选中澳门培正中学小学部年仅七岁半的容韵琳小朋友担任领唱，她以夹带着浓重澳门乡音的普通话演唱，与曲调设计浑然一体。后来，《澳门岁月》的总编导感慨地说："主题歌词选用闻一多的诗是我们成功的首要因素和关键。"澳门特别行政区筹委会澳门委员、主题歌大合唱的指挥陈振华评价说："这首歌唱出的是我们灵魂的共鸣，时代的共鸣。澳门很多学校和社会团体都来索要歌谱，澳门同胞要唱着这首歌迎接回归的一天。"澳门回归祖国，又恰逢闻一多百年诞辰之际，《七子之歌》的首篇《澳门》在中华大地上再次引起轰动，在20世纪末澳门回归祖国时唱响中华大地。

> 你可知 MACAU 不是我真姓？
> 我离开你太久了，母亲！
> 但是他们掳去的是我的肉体，
> 你依然保管我内心的灵魂。
> 三百年来梦寐不忘的生母啊！
> 请叫儿的乳名，叫我一声澳门！
> 母亲！我要回来，母亲！

《澳门岁月》的播出在社会上引起强烈反响，尤其是主题歌给人留下了深刻、感人的印象，让我们总是热泪盈眶，心潮难仰，一股强烈的爱国主义情怀不禁油然而生。《澳门日报》发表文章赞扬节目及主题歌，题为《〈澳门岁月〉令人荡气回肠》，《华商报》题为《〈七子之歌〉感人至深》，内地的十余家媒体也相继报道介绍。诗人首篇对澳门的呼唤，正是编导在《澳门岁月》纪录片中所要表达的情绪，共鸣之处就是中华民族祈盼统一，祈盼澳门回归祖国的主旋律。《澳门岁月》是以政论与纪实相结合的手法，大写意、大手笔全面记叙澳门的历史渊源，回归历程，经济、文化发展的现状，涉及的所有内容及情绪把握上无非是强调了一个"情"字，那就是回归情，统一情，爱国情。首先在情感上，闻一多的诗与编导的创作思想已经有了莫逆之合，节目的内容需要这种情感，那么主题歌歌词选用闻一多的诗是它成功的首要因素和关键。主题歌成功的另外一个重要原因是迎合了观众，尤其是澳门同胞的感情和心态，觉得唱出了他们的所想所思，唱出了灵魂的共鸣。澳门是离散祖国最早的一块土地，已有数百多年的历史，历尽血泪沧桑，澳门同胞与祖国同呼吸共命运，血脉相连，回归祖国是他们世世代代的祈盼，邓小平"一国两制"的伟大构想，给予了他们无限的希望和信心。演唱地点选择在澳门大三巴牌坊前也是经过精心设计的，大三巴牌坊是澳门有代表性的建筑之一，是圣保禄学院经过三次大火残存至今的前壁，这是西方传教士最早进入东方的见证，它的侧面是大炮台，是葡萄牙人武装占领澳门的遗迹，今天这里虽然成为旅游胜地，但透过那残垣，不能不看到它的另一面，中华民族被外来者武装与文化齐头并进的侵略，这里是历史上民族耻辱之地，今天这里也应该是雪洗百年耻辱，激情高歌，喜迎回归之地。澳门居民触景生情，对演唱主题歌表现出了极大的热情，在爱国社团的积极参与下，其所属的各业余合唱团一千人参加了演出，他们中最小的七岁多，还有几位最年长的八十多岁，他们的演唱是朴实的，真实的，是发自内心情感的宣泄，所以也是最感人的。随着电视画面中流动的海浪，宗教音乐色彩的铃声由远及近，引出童声小范围的合唱和童声独唱之后，管弦乐及成人混声合唱的加入使音乐逐渐变得浑厚、温暖，在这种叠制处理中，反复演唱："三百年来梦寐不忘的生母啊"，形成了一种强烈的音乐呼唤态势，当情感因素推至极点时，又戛然而止，一个稚嫩的童声再次出现："你可知 MACAU 不是我真姓?"形成了强烈的跌宕起伏，结尾之处非常雄壮，伴着澳门的航拍镜头，所有人合唱出本曲最强音："母亲! 我要回来! 母亲!"我们看见了闻一多的声音，从历史深处传来，我们也终于看见了他的笑容。《七子之歌》穿越历史时空，依然震撼当代亿万中国人民的心灵。这是闻一多诗歌精神的一种力量，一种神圣的呐喊，一种苦难中怀着希望的情绪，一种对祖国的忠诚和热爱。

在社会文化思想和大众欣赏旨趣多元化的当下，体现主流意识形态的影像作品需要解决从单向度的宣教，到受众真诚接受与认同的核心命题，需要在国家认同、民众接受、历史真相、艺术品格之间取得共识，以利于传播效力的最大化，实现国家意识形态的有效传递与历史本真、受众诉求之间的隐秘缝合与平衡。

闻一多戏剧思想的转变

叶　林

（《戏剧之家》杂志社）

闻一多的戏剧思想在中国现代戏剧史上有着无可替代的地位。他的特殊性就在于作为杰出的诗人，卓越的学者，坚定的民主战士，其文艺观是稳定的，又是动态的；在文艺的内容和形式的关系上，他提出了真知灼见。前期写的《戏剧的歧途》重艺术，后期的《"新中国"给昆明一个耳光罢!》重政治。这两篇文章集中体现了闻一多的戏剧思想。然而前后不同的戏剧观表现出明显的矛盾性。由重艺术到重政治，标志着闻一多戏剧思想的重大转变。本文尝试梳理闻一多从诗人、学者转变为民主斗士的戏剧思想演变轨迹，进而分析其戏剧思想转变的一系列原因及对当下文化艺术建设的启示。

一　闻一多前期戏剧思想

闻一多从小就热爱戏剧，在清华读书期间，积极地参与话剧演出，表现出浓厚的兴趣。早期的认识是朴素的，也是真挚的，认为戏剧启发民智。校园文化的生活体验对于以后的影响是不可低估的，为后期戏剧思想的转变埋下了伏笔。

如果说少年时期播下了戏剧的种子，那么留美期间以及留学回国后的戏剧实践则在一定程度上催生了闻一多前期的戏剧观。这期间闻一多做了什么呢？绘画写诗自不必说，对戏剧的热爱有增无减，筹办"中华戏剧改进社"，与人合编独幕剧，写英文剧本《杨贵妃》；1925 年，策划演出《琵琶记》，将传统文学与现代戏剧结合起来，《琵琶记》上演凝聚了闻一多的很多心血，舞美设计是他亲自负责的。回国后添设戏剧系，创办剧刊提倡国剧运动，提出了艺术至上的戏剧观。通过对闻一多前期戏剧活动的简单梳理，不难看出，他前期的戏剧观和戏剧实践也是密不可分的。当然，还有其他的因素，比如戏剧实践以外的人生经历对于前期戏剧观的产生也是不可忽略的。

1926 年，闻一多发表了《戏剧的歧途》，这是一篇反映闻一多戏剧理论的重要文章。这篇文章集中体现了闻一多前期的戏剧思想。综观全文，它的鲜明主题概括起来就是四个字：艺术至上。

闻一多指出，戏剧应以艺术为最高目的，不与任何问题搅和在一起。在他看来，所有的社会问题，包括政治、道德、宗教、法律等不应干扰艺术。艺术就是艺术！艺术的独立性是第一位的。这种戏剧观是针对当时大张旗鼓地引进易卜生戏剧而阐发的，他敏锐地看到了这个问题的弊端，认为这是中国现代戏剧的歧途。

他写道："近代戏剧是碰巧走到中国来的。他们介绍了一位社会改造家——易卜生。碰巧易卜生曾经用写剧本的方法宣传过思想，于是要易卜生来，就不能不请他的'问题戏'——《傀儡之家》，《群鬼》，《社会的柱石》等等了。第一次认识戏剧既是从思想方面认识的，而第一次的印象又永远是有权威的，所以这先入为主的'思想'便在我们脑筋里，成了戏剧的灵魂。从此我们仿佛说'思想'是戏剧的第一个条件。"① 戏剧成了先入为主的思想的传声筒，成为戏剧范围以外目的的奴仆。所谓的"问题戏"，就是将戏剧作为宣传思想的一种工具和手段。针对这种弊端，闻一多提出了尖锐的批评。

黑格尔在《美学》中有这样一段话："诗的艺术作品却只有一个目的：创造美和欣赏美……艺术的活动不是为着达到艺术范围以外的某种结果的手段。"② 在这里黑格尔深刻地阐述了艺术活动的目的。既然艺术的目的不能在艺术范围以外去寻找，那么艺术自身便是至高无上的存在。

---

① 闻一多：《戏剧的歧途》，《国剧运动》，新月书店 1927 年版，第 55 页。
② ［德］黑格尔：《美学》第 3 卷下册，商务印书馆 1981 年版，第 49 页。

闻一多的戏剧思想与黑格尔的艺术理论不谋而合。

在问题戏剧中，看到的是一种主张，是传声筒，是实现艺术以外目的的工具。闻一多在《戏剧的歧途》中这样写道："社会问题是他们本地当时的切身的问题，准看得懂；爱情，命案，永远是有趣味的，准看得高兴。这样一出戏准能轰动一时。然戏剧家可算成功了。但是戏剧的本身呢？艺术呢？没有理会了。"① 闻一多正是从艺术的角度，指出了当时中国戏剧的问题，可谓一针见血，切中弊端。

在《戏剧的歧途》中，闻一多批评了中国戏剧的另外一个歧途：重视戏剧的文学化，忽略了舞台艺术。戏剧是一种综合性很强的艺术，剧本是有其重要的作用，但忽略了表演，忽略了布景，是一种错误的倾向。他批评道："第一，这几年来我们在剧本上所得的收成，差不多都是些稗子，缺少动作，缺少结构，缺少戏剧性，充其量不过是些能读不能演的 closet drama 罢了。第二，因为把思想当作剧本，又把剧本当作戏剧，所以纵然有了能演的剧本，也不知道怎样在舞台上表现。"② 闻一多认为，戏剧的艺术性应该得到足够的重视，剧本、表演、布景是有机地结合在一起的，强调剧本、重视戏剧的文学化，而忽略其他，是戏剧的歧途，不利于中国戏剧的发展。

闻一多敏锐地指出了中国戏剧的歧途，阐明了他的艺术主张，即艺术性高于一切。认为戏剧的最高目的是达到"纯形"的境地。针对当时的戏剧现状，他既反对戏剧泛问题化，也反对戏剧泛文学化，他认为戏剧和文学要分开，和其他的艺术形式要分开，认为戏剧是独立的艺术形式，主张严格的戏剧本位。闻一多在《〈冬夜〉评论》中写道："我并不看轻打铁抬轿的底人格，但我确乎相信他们不是作好诗懂好诗的人。不独他们，便是学者、哲学家也同他们一样。诗是诗人作的，犹之乎铁是打铁的打的，轿是抬轿的抬的。"③ 这段文字形象地说明戏剧应有自己的艺术独特性。戏剧要纯化，纯化的目的是达到"纯形"。闻一多在《戏剧的歧途》中形象地写道："你把稻子割了下来，就可以摆碗筷，预备吃饭

---

① 闻一多：《戏剧的歧途》，《国剧运动》，新月书店 1927 年版，第 55 页。

② 同上书，第 56 页。

③ 闻一多：《〈冬夜〉评论》，《闻一多论新诗》，武汉大学出版社 1984 年版，第 44 页。

了吗？你知道从稻子变成饭，中间隔了好几次手续；可知道剧本到戏剧的完成，中间隔着的手续，是同样的复杂？这些手续至少同剧本一样的重要。"① 闻一多认为戏剧不是别的，是经过加工提炼具有戏剧特质的纯形的艺术形式。笔者个人理解，闻一多关于戏剧的纯形不仅表现在他的戏剧本位论方面，还表现在戏剧的本体论方面。在闻一多看来，戏剧的本质不是客观现实性，而是一种精神实在性。他认为如果艺术不能找出精神性存在的"纯形"，则违背艺术精神。在《戏剧的歧途》中他写道："譬如一个画家，若是没有真正的魄力来找出'纯形的时候，他便摹仿照像了，描漂亮脸子了，讲故事了，谈道理了……"② 据此，他明确提出，艺术美高于自然美。他在《诗的格律》说："诗国里的革命家喊道'皈返自然'！其实他们要知道自然界的格律，虽然有些像蛛丝马迹，但是依然可以找得出。不过自然界的格律不圆满的时候多，所以必须艺术来补充它。这样讲来，绝对的写实主义便是艺术的破产。'自然的终点便是艺术的起点'，王尔德说得很对。自然并不尽是美的。自然中有美的时候，是自然类似艺术的时候。"③ 并且认为，知性不能掌握艺术美，用知性知识处理艺术，犹如缘木求鱼，是有害于艺术发展的。可以看出，闻一多认为追求"纯形"是艺术的最高境界，无论是戏剧的本位论，还是戏剧的本体论，以及艺术美高于自然美的观点，都是把戏剧的艺术性放在至高无上的地位。

闻一多的"纯形"的艺术观从本体上来讲，虽然不是唯物主义的，但是强调艺术价值的重要性，是非常宝贵的艺术思想。他敏锐地看出了当时中国戏剧的歧途，指出了问题所在。对中国戏剧的发展做出了独特的贡献。

二　闻一多后期戏剧思想的转变

抗战是闻一多一生中的重要转折。随着当时历史形势以及自身经历

---

① 闻一多：《戏剧的歧途》，《国剧运动》，新月书店 1927 年版，第 60 页。

② 闻一多：《戏剧的歧途》，《闻一多文集》，海南国际新闻出版中心 1997 年版，第 168 页。

③ 闻一多：《诗的格律》，《闻一多全集》第 2 卷，湖北人民出版社 1993 年版，第 137—138 页。

的变化，他由诗人、学者向民主战士转变。1945 年，闻一多写下了《"新中国"给昆明一个耳光罢!》，标志着他的戏剧思想的重要转变。

在这篇文章中，闻一多提出了一个核心的观点，即戏剧的人民性问题。文章称赞新中国剧社，"是我所知道的大后方第一个能把握人民现实生活的话剧团体。在这意义上，它不但指示了中国戏剧工作的新道路，而更要紧的是表现了中国知识分子的新觉悟，因此也就真能名副其实的象征了'新中国'"①。从这里可以看出，把握人民现实生活成了闻一多衡量戏剧价值的一个重要标准，而且将此提升到这是指示中国戏剧发展的新道路和表现戏剧工作者的新觉悟的高度。

他指出"新中国""认识了人民，热爱着人民，觉醒了的知识分子!不但戏剧，而且'行行出状元'，只要认识人民，每一个知识分子，都是一个可能的天才和英雄"。闻一多认为真正的戏剧是人民的戏剧，天才和英雄是不能脱离人民群众的。闻一多在戏剧思想中第一次提出了人民至上的观点。人民性的戏剧观与闻一多的"人民至上"的政治思想是紧密相连的。1945 年 5 月初为了纪念五四，闻一多在《大路周刊》创刊号上发表了《人民的世纪——今天只有"人民至上"才是正确的口号》一文，标志着闻一多人民观的正式形成。人民至上的思想深刻地影响着闻一多的戏剧观。

《"新中国"给昆明一个耳光罢!》写道:"'新中国'对昆明应该是一个严重的抗议。不，得给他们当胸一拳，再找上两个耳光，这些伪善和臭美的先生们，这些知识分子们，他们自己也该受点教育。告诉他们，该醒了，这是'人民的世纪'啊!"②闻一多认为，知识分子在"人民的世纪"里要接受教育，要脱胎换骨，要与人民相结合。文章尖锐地指出了知识分子的偏狭性以及戏剧问题的症结，他写道:"话剧是知识分子刚从海外输入的一种艺术形式，它是知识分子一手包办的，也是纯粹为着知识分子的兴趣的，所以在艺术上，它固然有着一些知识分子的进步性，同时在题材和观点上，也就不可避免的包含了知识分子的偏狭，软弱，

---

① 闻一多:《"新中国"给昆明一个耳光罢!》，《闻一多全集》第 2 卷，湖北人民出版社 1993 年版，第 334 页。

② 同上。

虚伪等缺点，而在脱离了人民的现实生活这一偏狭性上，尤其使它对于广大的人民永远是陌生的，因此也就永远限制了它自身的发展。所以关于目前话剧运动的麻痹状态，问题的症结，倒不在它的形式，而是在它的内容。"① 闻一多高度强调戏剧与人民的结合。认为脱离了人民的现实生活，戏剧的存在与发展是不可想象的。这反映了闻一多对戏剧与现实关系的认识。综上所述，闻一多反复强调人民性的高度重要性，认为戏剧要把握人民的现实生活，要反映人民群众的呼声，认为与人民大众相脱离的艺术是没有生命力的。这与前期的戏剧思想有了很大的区别。闻一多前期的戏剧思想是强调戏剧的艺术价值，是追求艺术"纯形"的境地；后期则强调人民性和社会价值，认为戏剧的内容更重要。

闻一多的人民性艺术观也表现在他的诗学思想中，他把艺术的人民性和社会意义作为衡量艺术家和艺术作品价值的重要标准。认为古代诗人中，杜甫与陶渊明相比是一等的，理由是"他的笔触到广大的社会与人群，他为了这个社会与人群而同其欢乐，同其悲苦，他为社会与人群而振呼"②。"陶渊明的诗是美的，我以为他诗里的资源是类似珍宝一样的东西，美丽而不有用，是则陶渊明应在杜甫之下。"③

闻一多戏剧思想的转变，表明他从前期强调戏剧的艺术价值到后期注重戏剧的社会价值，前后戏剧观表现出很大的矛盾性。

三 闻一多戏剧思想转变的成因分析

从《戏剧的歧途》到《"新中国"给昆明一个耳光罢!》，闻一多的戏剧思想从艺术至上转变为人民至上，从强调艺术价值转变为注重社会价值，从追求"纯形"转变为关注现实，造成其转变的原因和因素有哪些呢？主要是社会历史的原因，政治思想的转变，自身重要的经历以及

---

① 闻一多：《"新中国"给昆明一个耳光罢!》，《闻一多全集》第2卷，湖北人民出版社1993年版，第234—235页。

② 闻一多：《时代的鼓手》，《闻一多全集》第2卷，湖北人民出版社1993年版，第218—223页。

③ 闻一多：《诗与批评》，《闻一多全集》第2卷，湖北人民出版社1993年版，第221—223页。

戏剧实践、文艺观的转变，爱国情怀与民主精神的坚守等因素共同作用的结果。

社会历史的原因。蒋介石出版《中国之命运》，导致中国知识分子的心态发生转向。由于《中国之命运》抨击新文化运动，实质上的主张是要建立一个独裁专制的政府，遭到大批五四老战士的坚决反对。闻一多对国民党当局的倒行逆施强烈反感，他著文说："《中国的命运》一书的出版，在我个人是一个很重要的关键。我简直被那里面的义和团精神吓了一跳，我们的英明领袖原来是这样想法的吗？五四给我的影响太深，《中国的命运》公开的向五四宣战，我是无论如何受不了的。"[①]他的政治思想以 1943 年为标志，发生了重大的转变。这种转变深刻地影响了他的戏剧思想。他必须要面对当时的政治现实，作为一个有良知的知识分子，不能麻木不仁，不能无动于衷，揭露和批判反民主反人民的专制和独裁是民主战士的思想本能。这时艺术是斗争的需要，是政治的需要，是社会现实的需要。前期追求艺术的纯形在这个时候不见踪影了，在《戏剧的歧途》中，他认为思想和纯形是不沾边的，文章说："就讲思想这个东西，本来同'纯形'是风马牛不相及的，但是那一件文艺，完全脱离思想，能够站得稳呢？……但是文学专靠思想出风头，可真是没出息了。何况这样出风头是出不出去的呢？……不错，在我们现在这社会里，处处都是问题……但是我们可知道真正有价值的文艺，都是'生活的批评'；批评生活的方法多着了，何必限定是问题戏？……老实说，这种戏，我们宁可不要。"[②] 在这里闻一多认为戏剧是艺术的艺术，是纯形的艺术，是高雅得不能再高雅的艺术，与问题、主义、政治、民众不沾边，戏剧是有圈子的，是一种绅士文化。后期的戏剧思想是现实性的、人民性的、政治性的、问题性的、思想性的，是一种大众文化。

政治思想的转变。一般认为闻一多政治思想的转变以 1943 年 4 月为转折点。1943 年 4 月之前，他的政治思想主要是崇尚民主自由，反对专

① 闻一多：《八年的回忆与感想》，《闻一多全集》第 2 卷，湖北人民出版社 1993 年版，第 43 页。

② 闻一多：《戏剧的歧途》，《国剧运动》，新月书店 1927 年版，第 55 页。

制；宣扬爱国主义精神；主张文化救国，艺术救国；维护政权，支持国家统一。1943 年 4 月以后，闻一多在主观因素和客观因素，内部因素和外部因素等各种因素的综合作用下，从支持现政权转变为反对独裁，从远离政治转变为向圈外呐喊，从不赞成共产党的主张转变为认同马克思主义信仰，从"国家至上"的政治观转变为"人民至上"的政治观。很难想象，倘若没有这种政治思想的转变，闻一多的艺术观、戏剧观能够有现实性吗？能够有人民性吗？能够有政治性吗？1943 年，闻一多盛赞解放区诗人田间，认为他的诗具有时代性，具有很强的现实性，称田间为"时代的鼓手"。1946 年 5 月，闻一多策划指导，参与将彝族民间原生态歌舞搬上昆明舞台，获得了空前的成功，这是闻一多的戏剧杰作之一，在中国艺术史上具有开创性的意义。闻一多发现优秀的艺术在民间，在人民大众那里，他的艺术眼光与前期相比具有巨大的变化和伟大的进步，从而实现了由精英意识到民间取向的转变。

自身重要的经历以及戏剧实践。闻一多的一生经历颇多。1912 年至 1922 年，十年时期在清华读书，是他的价值观形成和奠基的重要时期。然而他的人民观的获得与抗战时期息息相关。一是源于现实生活的直接教育。1938 年闻一多参加了，长途跋涉，颠沛流离，艰苦卓绝。国难当头，闻一多深刻地认识了祖国和人民。亲身体验了落后山区农民生活的艰辛，了解到政治的腐败不堪，认识到人民的力量。这次"长征"，闻一多对社会现实问题有了深刻的认识和领会。二是源于后期参加了大量的戏剧活动。1939 年，闻一多参与《祖国》和《原野》的上演，均获得极大的成功。两剧体现了时代精神及深刻的社会现实性。他的戏剧思想的转变与重要的人生经历及戏剧实践是紧密相连的。

文艺观的转变。闻一多"人民性"的戏剧观与他的文艺观的转变是分不开的。1945 年 5 月，闻一多发表了《五四与中国新文艺》一文，提出了"让文艺回到群众中去"的重要口号。同年 6 月 14 日，闻一多写了《人民的诗人——屈原》一文，刊登在《诗与散文》"诗人节特刊"上，在这篇学术研究中，提出了"人民至上"的观点。这些文艺观的转变对于闻一多的戏剧观有着深刻的影响。

闻一多前后戏剧思想的转变还与他的文艺本体理论转变有关。前期闻一多的戏剧思想追求艺术的"纯形"，就艺术的本体论来说，他认为戏剧的本体不是客观实在性，而是精神性存在。带有一定的神秘性。抗战后期，闻一多阅读了大量的马列主义经典著作，接受了辩证唯物主义和历史唯物主义的思想。他从理性上树立了正确的文艺观。认为现实生活是文艺创作的源泉。把握人民的现实生活，对于艺术来说至关重要。这样，从艺术的本体论上发生了转变，认识到艺术的本质来自客观的现实生活，而不是带有神秘色彩的精神性存在。他的戏剧思想由唯心主义的戏剧观就转变为唯物主义的戏剧观了。

内在的精神联系。闻一多前后的戏剧思想具有很大的矛盾性，然而他的转变也恰恰是由于具有内在的精神联系。前期的戏剧观虽然崇尚艺术至上，但并没有否定戏剧的社会价值。后期强调人民至上，但也没有与艺术性切割。这样一来，闻一多的戏剧思想本来就将为艺术和为人生的理念统合在一起，只不过在不同背景下有不同的理念凸显罢了。所以不要简单地以为闻一多的戏剧观是不可调和的矛盾，恰恰相反，而是对立面的统一。

闻一多戏剧思想由前期的强调艺术的至高无上，到后期强调艺术的人民性，经过了一段发展过程。这是客观因素和主观因素、内因和外因共同作用的结果。前后戏剧观表现出矛盾性并不奇怪，因为闻一多的文艺观中本来就存在着为艺术和为人生的两种思想，有着内在的精神联系。这既是在不同背景下，从不同角度对戏剧的本质逐渐深化认识的过程，也是由于现实的原因使得貌似分离的戏剧观凸显一端而遮蔽另一端。本文着重论述闻一多戏剧思想转变的同时，也应看到前后戏剧观的相互联系，这才是全面的而不是片面的认识。我们认为，当下文艺依然要坚持以人民为中心的创作导向，艺术之树才能常青。戏剧应该是人民性和艺术性的有机统一，这样才能促进戏剧的繁荣和发展。

闻一多的诗和学术

——诗与神话的亲和性

［日］ 牧角悦子

（日本二松学舍大学）

前　言

　　目前学术界鲜有揭示关于什么是文学的文学论，文学研究的学术意义越发暧昧不清。因为"文学"与"研究"，都是近代词汇，文学研究自身存在的历史极为短暂，也尚未有确切定义。但正因为如此，如何实现以文学为对象的研究，便成了笔者迫切希望解决的问题。恐怕近代学术界所追求的文学研究形式之一，便是以超越个人感性次元的语言来证明对文学，特别是对"诗"，是有独立于其他任何文学形式之外的特殊性。而笔者认为，闻一多正是用其一贯的古典学研究态度，开创了近代文学研究的先河。对此将在下文予以论述。

一　诗与抒情

　　所谓诗或是诗人，该如何定义呢。以抒情为主的文学艺术形式——这是我们现代人对诗的定义。但是，这种界定终归不过是现代化的认识。

下文试以日本基本词义规范的词典《广辞苑》① 中对 "诗" 的解说加以引用论述。

1. 汉诗。书经舜典言 "诗言志，歌永言"。

2. 文学体裁的一种。以一种有节奏、有韵律的形式表达对风景、世事等一切事物的情感、想象等。以对押韵、韵律、字数等有无要求，分为格律诗和散文诗，另外可以根据内容形式分为叙事诗、抒情诗、剧诗等。

第一项将诗解释为 "汉诗"，并引用《尚书·舜典》。这说明在很长时期内，在日本 "诗" 特指 "汉诗"，其背后隐含着日本长期以汉学素养为学问前提的事实。（日语的 "汉诗" 是指仿照中国古典定型诗的形式创作的诗歌。"汉学" 是对日本人吸收中国古典基础上产生的学问的总称）。《广辞苑》将现代视角下的 "诗" 的定义，放在第二项进行解释。此时的 "诗" 作为翻译词汇，对应 poem 或者 poetry。

接着，《广辞苑》还引用到以下两项内容，对 "诗" 进行解说。

——诗有别才 （《沧浪诗话》）

——祭诗 （《唐书贾岛传》）

《沧浪诗话》的引用说明，诗才有着区别于知性或理性的特殊价值；贾岛的典故则说明了中唐以后世人对诗的狂热。无论是《沧浪诗话》还是贾岛的典故，都已经远离了现代人的认识。但对于二者的引用说明《广辞苑》的编者认识到，既然将诗的第一要义定义为汉诗，以上两项作为中国古典诗歌的转折点有着非常重要的意义。考虑到《广辞苑》这本划时代的词典成立于明治时期，且编者新村师出上田万年，那么这本词典反映的应该是日本传统，也就是根植于汉学的文化、语言。这本辞典的释义也说明现代化的词汇认识历史尚短。近现代将 poem、poetry 翻译为 "诗"，并定义为以抒情为主的语言艺术形式。但这归根结底不过是现代化的一种认识，无论是在中国还是在日本，诗都是完全区别于 poem、poetry 的一种存在。

在古希腊，将能听到神感召的人称为诗人。吟游诗人则被认为内心居住有神明的灵魂，是将神灵的感召传达给世人的人。而诗被认为是超

---

① 　新村主编：《广辞苑》，日本岩波书店出版。

越人类世界的秩序和价值的特殊语言。

诗之所以为诗，其本质意义恐怕就在于这种超现实性。我们称为诗的是一种超越世俗的或现实的价值，抑或是因为超越而成为反映普遍价值的一种语言艺术；是通过对个别现象的抒情、叙景，或是叙事来反映世界的普遍现象的语言。

但是，中国古典"诗"并非以抒情为中心。而且，闻一多在其《歌与诗》① 中，非常明确地表达了中国古典"诗"与我们所谓的诗是相区别的。闻一多说，古代抒情的是"歌"，而"诗"所表达的内容与"志"同义。并且，所谓"志"的意义本来是"记忆""记录"，而其内涵为"史"，也就是一种记录的自觉（书写并作以保留）。简单来说，闻一多主张中国古典"诗"，抛开抒情，首先有着一种鲜明的记录自觉性。

诚然，中国古典诗与欧洲、日本的诗并非同类。与其说其以抒情为主，不如说其更注重格律、理念。无论是形式还是内容，中国古典诗都以儒教规范为重。中国古代的"诗人"并非指作诗的人，而是指体现着"诗六义"的《诗经》之诗人：指代那些对现实进行批判或赞美，怀有儒教使命感的诗人。

如此，中国古典诗与 poem、poetry，其本质是不同的。对这么不同的古典诗歌里面，却同样探求诗的要素，同样追求抒情性、文学性，就是到现代才开始的学术方法。在古典研究中导入"文学史"，以探求"文学"，这将成为研究中国古典世界的新途径，也将引领我们逐步发现"文学"的本质。②

二　学术与古典学

现代以前的"学问"与始于现代的"学术"，其方向性不同。在

---

① 闻一多：《歌与诗》，《闻一多全集》第 1 卷，开明书店 1939 年版。

② 关于导入近代文学史的意义和背景，参考牧角悦子《文から文学への展開：古代変質の指標として》（二松学舎大学，2016 年 3 月）、同《文学史という方法論》（第八届中日学者古代史论坛论文集，2016 年 5 月）、《中国文学史における近代：古典再評価の意味と限界》（中国社会科学院历史研究所·东方学会编《第六届中日学者中国古代史论坛论文集》2015 年 8 月）。

中国，前近代的"学"是与"道"密切相关联，其中心思想常常是为人之正道，抑或经营天下之理念。与此相对，现代以后的学问，可以称作是一种新的理论体系。它作为学术或研究，以客观性或合理性，普遍性或社会性为研究方向。当面向个人心理、精神的学问转向社会的时候，需要的是客观性。正因为客观，对其进行说明就需要科学依据。为了赋予基于客观依据的理论以正当性，现代以后学术必须要有方法论。

下文引用的王瑶的回忆，讲述了19世纪30年代在清华大学，关于方法论的认识以及其混乱：

> 以前的清华文科似乎有一种大家默契的学风，就是要求对古代文化现象作出合理的科学的解释。冯友兰先生认清朝学者的治学态度是"信古"，要求遵守家法。五四时期的学者是"疑古"，要重新估定价值，喜作翻案文章。我们应该在"释古"上多用力。无论"信"与"疑"必须作出合理的符合当时情况的解释。这个意见似乎为大家所接受。并从不同方面作出努力。但既然着重在新释，由于各自的观点方法或角度的不同，同一问题的结论就可能很不相同。这也不要紧。只要能言之成理，持之有故，就可以存在。因为新释本来就带有研究和探索的性质。闻先生的"诗经新义"，朱自清先生的"诗言志辩"都是在这种学风下产生的成果。①

面对古代文化时，清华大学注重的是寻求其科学合理的解释。清华大学的这种学风正说明了近代学术的特性。同时，因为是古典学，冯友兰将"解释"这种特殊途径所含有的不能综合起来的各种方法论，统称为"释古"。

然而，艺术领域区别于以制度和事物等有形物作为研究对象的史学，是否能对其进行科学合理分析这一点，即便在古典学中也是大问题。艺术作品的评定属于合理性或科学性之外的领域。但并不能因此就说以文学或者艺术为研究对象的近代学术是不成立的。采用有别于制度以及权

---

① 王瑶：《纪念闻一多先生》，《闻一多研究四〇年》，清华大学出版社1988年版。

力构造的分析形式来探求艺术表现本身的普遍价值这一点是可行的。而在实践时，作为升华主观意识或是品评的学问性质的方法论，首先应该予以重视的是"文学史"这一方法。文学史导入的当初，带有浓重的政治性，反映的是文化教育要素，但这种研究方法从日本传入中国后，成了一些出色研究的转折点，获得了新的价值。若论及对文学认识的自觉性，并探索其独特价值的学问研究，鲁迅的《中国小说史略》最为瞩目。而奠定了诗这一表现形态的独特体系的则是闻一多的诗史构筑。鲁迅、闻一多这两位文人处在前现代与现代过渡期，经历了二人研究成果的阶段，中国文学这个东西，作为一个存在又是作为一种方法论，都将逐渐成为新的近代学术的研究对象。

关于现代文学史，其导入意义、背景，以及鲁迅和闻一多开创的文学史这一方法论，笔者已有所论及。① 下文将对闻一多古典学的另一特征进行论述。

三 闻一多的古典学研究

下面，根据研究对象的不同，对闻一多的古典学研究成果进行了分类。

唐诗研究

1. 律诗的研究　1922

2. 类书与诗　1934

3. 宫体诗的自赎　1941

4. 四杰　1943

5. 孟浩然　1943

6. 贾岛　1941

7. 少陵先生年谱会笺　1930

8. 岑嘉州系年考证　1933

9. 杜甫

---

① 王遥：《纪念闻一多先生》，《闻一多研究四〇年》，清华大学出版社 1988 年版。

诗经研究

    1. 诗经的性欲观 1927

    2. 风诗类钞 1933

    3. 卷耳 1935

    4. 诗经新义 1937

    5. 诗经通义

    6. 诗新台鸿字说 1935

    7. 匡斋尺牍 1934

楚辞研究

    1. 读骚杂记 1935

    2. 离骚解诂 1936

    3. 怎样读九歌 1940

    4. 九歌兮字代释略说 1940

    5. 什么是九歌 1941

    6. 楚辞校补 1942

    7. 九歌校释 1944

    8. 九歌古歌舞剧悬解 1945

上古文学史研究

    1. 歌与诗 1939

    2. 易林琼枝 1939

    3. 文学的历史动向 1943

    4. 中国上古文学 （未刊手稿）

    5. 七十二 1943

    6. 道教的精神 1941

    7. 神仙考 1941

其他

金文、契文、卜辞研究·庄子·周易·管子

关于闻一多这些古典学研究的整体情况及其时代特征，笔者已在别处进行论述。① 其特征可以概括为以下几点。从时代来讲，以《诗经》、《楚辞》、神话等为中心；从内容上来讲，通过年谱整理以及原文校勘以及语义解释等，进行了周到的考证、训诂的基础工作；另外，闻一多还将文学史作为一种新型方法论导入古典研究领域。考虑到这些特征的时候，闻一多的神话研究充分发挥了其自身作为诗人的感性特点，其晚年的神话研究成果不仅限于研究，还涉及实际创作以及演剧等。② 闻一多的古代研究产生于诗性的呼唤以及对古代世界的共鸣。通过这样的研究态度中，我们可以看出前言部分提到的现代文学研究这一方法的启示性。关于闻一多对诗和神话共同具有的一种特征的研究，笔者将在下一部分予以论述。

四　诗与神话的亲和性

"神话"原来并不是作为神话而"存在"着，而可以说是作为一种"解释"而产生着的。中国古典中既没有"神"也没有"神话"。直到现代，才从欧洲世界引入了"神话"这一概念，并产生了将其应用于对中国古典进行解释的动向。其最早的著作应是胡适的《白话文学史》以及鲁迅的《中国小说史略》。两者都从经书、子书中寻找"神话"，将其作为文学，或是小说的起点。另外，玄珠（茅盾）更是在《中国神话学ABC》中对"神话学"这一方法论进行了扩展。玄珠所依据的是西方神话学（Andrew Lang 的北欧神话学）。

如上所述，"神话"最初不是存在着的，也可以说"神话学"诞生时，"神话"就产生着。到了现代，儒教体系的崩坏使得新视点下的古代研究成为可能，而中国神话学也应运而生。在这股潮流下，顾颉刚、闻一多将古代研究从经学解释剥离并进行了重新构建。但二人致力的神话研究，其方向就不同。顾颉刚的神话研究视点基于古代史的再编，而闻

---

① 牧角悦子：《中国近代の文人と学術：魯迅・郭沫若・聞一多》，日本聞一多学会報《神話と詩》（第 4 号 2005 年 12 月）、《聞一多の古典研究》，日本聞一多学会報《神話と詩》第 10 号 2011 年 12 月。

② 关于闻一多的神话研究，参考牧角悦子的《神話と戯曲》，《神話と詩》创刊号 2002 年 12 月。

一多则从对古代这个时代的共鸣来解释神话。

其中，闻一多的神话研究成果如下所示：

1. 高唐神女传说之分析　1935
2. 姜嫄履大人跡考　1940
3. 伏羲考　1941
4. 道教的精神　1941
5. 龙凤　1944
6. 说鱼　1945

这些研究业绩，在对古代资料进行考证训诂的基础上，综合运用了民俗学以及宗教学，虽然包含条理欠缺或是考证粗糙的部分，但从分析视点的新颖性以及结论的崭新性上来讲，可谓空前。闻一多的神话学，以经学解释体系中视为大忌的生殖、超感觉为中心，有着划时代的意义与扎实的方法论。在古代世界，巫术是与神灵交流手段，并由此诞生诗、歌以及舞蹈。这不是单纯的儒教式价值的否定。而闻一多超越了儒教式视点，从本质上感知古代这时代的特殊性，即超越人类的力量的存在。这种超越正是闻一多神话学方法论的根源。

闻一多的神话学方法论，恐怕与他的诗人身份密不可分。对诗这一形式本身的灵性，闻一多并非从现实角度而是从超越理性、知性以及感性的一种模糊的视角来进行解读。闻一多的神话研究也充分应用了这种诗歌观。

以客观性、合理性为中心的新学术诞生于近代，并广泛应用于人文科学领域。但古典学，特别是诗以及神话的世界与近代学术未必可以顺利结合。这是因为诗以及神话是产生于语言之前的时代，诞生于非合理性的世界。

基于诗和神话之间的亲和性，闻一多将其古典学研究的重心放在古代，并在诗以及神话研究上开创了新的局面。古代处在理性和合理性的对立面，闻一多的研究也说明，对于产生于古代混沌世界中的诗和神话，与闻一多诗人的感性产生了完全意义上的共鸣。

对于闻一多来说，无论是诗还是神话，都产生于古代异次元空间。

正因为如此，他将诗的起源问题置于神话研究以及古代歌谣研究的背景之下进行研究。

若可以将对文学意义的研究、对诗的探讨视为学问的话，其研究内容只能限于对诗自身具有的独特境界的探讨。闻一多的研究深入古代时空，将诗的独特境界有形化。

但重要的是，在深入古代这一点上，闻一多并非出于学问或是研究目的。对于闻一多来说，古代是诞生诗以及神话的混沌世界，是其憧憬的对象。诗人式的共鸣追求的是对沉睡于自身内心世界中的古代感觉的追溯，闻一多的文学研究正是产生于这种共鸣下。

闻一多对乐府研究领域的贡献

［日］ 郑月超

（日本御茶之水女子大学）

闻一多生于 1899 年，卒于 1946 年。在不到 48 年的岁月中，他致力于中国古典文学的研究，并在诸多领域为我们留下了极其丰硕的成果。尤其是对《诗经》《楚辞》的研究，他达到了前所未有的高度，具有突破性的进展，从 20 世纪中叶起就备受瞩目，影响深远。与此同时我们也不难发现，对于闻一多在其他古典文学研究方面的成果还没有受到足够的关注与重视。鉴于此种情况，本论文试图通过对闻一多的《乐府诗笺》进行分析，找出其对乐府研究的新亮点，进而论证闻一多的研究特点以及对乐府研究所做的突出贡献。①

在闻一多的古典文学研究当中，有关于乐府的论述占据着相当大的比重。自 1928 年秋起，闻一多出任武汉大学文学院长兼中文系主任，他陆续发表了有关古典文学的文章著作，可以说 1928 年是闻一多正式从事中国古典文学研究的一个转折点。由《乐府诗笺》的后缀落款"此笺於二十九年十月动笔②"之句，可以看出 1929 年——闻一多在武大执教的第二年，他就已经开始关注乐府了。从 1940 年 10 月到 1942 年 10 月，他前后六次在《国文月刊》上发表了共 39 篇乐府的注解。而正是这 39 篇

---

① 关于闻一多乐府研究的论文有：柳卓娅《〈乐府诗笺〉训诂考据方法研究》，《东方论坛》2013 年第 4 期；张晓明《试论闻一多的乐府观念》，《东方论坛》2016 年第 6 期等，对闻一多的乐府研究的方法及对乐府的认识进行了阐述。

② 《乐府诗笺》，见《闻一多全集》辛集，开明书店 1949 年版。

结成了《乐府诗笺》一书。除此之外，闻一多还著有一篇 500 字左右的手稿《乐府叙论》[①] 而未能出版。虽然闻一多没能为我们留下大篇幅的论著，可是他对乐府的认知理解可以从《乐府诗笺》《乐府叙论》当中窥见一斑。

一　闻一多与乐府研究

从《闻一多全集·年谱》和《闻一多年谱长编》我们可以清楚地看到闻一多从事乐府研究的轨迹。

闻一多从事乐府研究轨迹

年（年龄）	任教大学	与乐府研究相关事迹
1928（30）	任武汉大学文学院院长兼中文系主任	闻一多中国古典文学研究的一个关键
1929（31）		动笔撰写《乐府诗笺》
1932（34）	暑假过后回清华大学任中国文学系教授	王维及其同派诗人、杜甫、先秦汉魏六朝诗
1934（36）		《诗经》《楚辞》唐诗、乐府研究
1936（38）		中国古代神话史、《诗经》、《楚辞》、唐诗、乐府研究
1937（39）	7 月 7 日卢沟桥事变爆发，19 日离平南下。教授于国立长沙临时大学	
1938（40）	2 月 19 日步行入滇。国立长沙临时大学改名西南联合大学	
1940（42）		10 月 16 日 《国文月刊》第一卷第三期 日出入、朱鹭、思悲翁、艾如张、上之回、翁离 10 月 26 日 《国文月刊》第一卷第四期 战城南、巫山高、上陵、将进酒、君马黄、芳树、有所思、上邪、雉子班、圣人出、临高台、远如期

---

① 《乐府叙论》，见闻黎明、侯菊坤编《闻一多年谱长编》，湖北人民出版社 1994 年版。

续表

年（年龄）	任教大学	与乐府研究相关事迹
1941（43）		6 月 16 日 《国文月刊》第一卷第八期 薤露、蒿里、梁甫吟、平陵东、猛虎行 12 月 16 日 《国文月刊》第一卷第十一期 鸡鸣、相逢行、长安有狭斜行、陌上桑
1942（44）		5 月 16 日 《国文月刊》第一卷第十三期 陇西行、艳歌行、羽林郎、饮马长城窟行 暑假过后讲授 《诗经》、乐府诗、中国文学史问题研究 10 月 16 日 《国文月刊》第一卷第十六期 始生、枯鱼过河泣、豫章行、艳歌行、咄唶歌、 董逃行、焦仲卿妻
		《闻一多全集·年谱》、《闻一多年谱长编》

闻一多从 1929 年开始研究乐府，1932 年在清华大学开讲先秦汉魏六朝诗，直至 1942 年，他南下入滇几番辗转，乐府始终都在其教学范围之内。① 可以说闻一多在研究《诗经》、《楚辞》、唐诗的同时，一直在不断地关注着乐府。虽然 39 篇乐府注解的公开发表集中在 1940 年到 1942 年的三年之间，但动笔伊始却是 1929 年 10 月，由此可见《乐府诗笺》是伴随着他多年的教学生涯逐渐完成的。

二　文字校勘特点

虽然《乐府诗笺》在注释方法上，每篇作品都存在一些细微差别，

---

① 　1945 年也就是闻一多去世的一年前，暑假过后闻一多尚讲授"乐府诗"，可以说乐府诗一直是他的教学与研究对象。

但从整体来看仍具有统一性和一贯性。闻一多以郭茂倩《乐府诗集》为底本，参考以下各本进行校勘：

　　①（汉）班固《汉书·礼乐志》

　　②（齐）沈约《宋书乐志》

　　③宋刻本（陈）徐陵《玉台新咏》

　　④玉云溪馆本《玉台新咏》①

　　⑤明茅氏刊本《玉台新咏》

　　⑥（北齐）颜之推《颜氏家训》

　　⑦（唐）欧阳询《艺文类聚》

　　⑧（唐）吴兢《乐府古题要解》

　　⑨（元）左克明《古乐府》

　　⑩（明）陶宗仪《说郛》

　　⑪（清）丁福保《先秦汉魏晋南北朝诗》

　　闻一多斟酌文字时，不仅使用成书较早的典籍，而且对典籍的版本也有所选择。从上面列举的校本种类可以看出，他使用了三种《玉台新咏》版本，同时也参照了前人以及同时代人的乐府注释。例如：沈德潜（《古诗源》）、庄述祖（《汉铙歌句解》）、陈沆（《诗比兴笺》）、李子德和陈祚明（《采菽堂古诗选》）、朱乾（《乐府正义》）、陈本礼（《汉乐府三歌笺注》）、吴闿生和吴汝纶（《古诗抄》）、闻人倓（《古诗笺》）以及黄节（《汉魏乐府风笺》）等各家点评的乐府著书。

　　在点校文字、借鉴前人的研究成果的同时，闻一多潜心去研究每篇作品的每一个字、每一个词。例如在《鸡鸣》中，"刘玉碧青甓"的注释就很能体现闻一多在对乐府进行注释时的特点：

　　　　玉本作王，从宋书乐志改。刘读为琊字一作瑠。琊玉即璧琊，说文曰："琊，石之有光者，璧琊也，出西胡中。"一曰璧流离，汉

------

　　①　案底本（第123页，《羽林郎》篇"昔有霍家姝"句的注释）为"玉云溪馆本《玉台新咏》"，应为"云溪馆本《玉台新咏》"。

书西域传上"罽宾国……出……璧流离",孟康注曰:"璧流离,青色如玉。"梵书曰吠璃璃,璧吠声之转,流离与璃璃音同。今世但曰璃璃,省称也。其物有自然人为二种。自然者今名青金石。人为者又分三种,质纯而洁白明莹者曰玻璃,杂彩釉为之者曰珐琅,俗亦称玻璃,制法略异而质尤温润者曰瓷。玻璃珐琅皆璧珋声之转。古之珐琅,色青者多,以其始本欲象自然璃璃,(青金石)故色独尚青也。(说详章鸿钊石雅)此曰"珋玉碧青甓",当谓珐琅,珋玉言其质碧青言其色,今之琉璃砖瓦是也。

他首先点校文字,并在注释中表明改从《宋书》。其次是关于"刘"字的解读。通过"刘"字的音,闻一多大胆推测其意跟"珋"字有关,并通过引用《说文解字》《汉书》《梵书》以及同时代考古学家的考古成果,来说明所提及的物体究竟是一个怎样的东西。通过闻一多的注释我们可以了解青金石、玻璃、珐琅、瓷之间的关系,以青为尚的审美倾向。一番对"珋玉"的阐释,后文"碧青甓"三个字也就自然而然地解释清楚了。底本为"刘王碧青甓"的五个似通非通的文字组合,在闻一多的细心而又大胆的校勘、阐释、考证过程中就变成了描绘一种珐琅及其质地、颜色的"珋玉碧青甓"了。

今人陈垣在《校勘学释例》一书中总结出四种校勘方法。即:一为对校法;二为本校法;三为他校法;四为理校法。[1] 而这四种方法也恰好概括了闻一多《乐府诗笺》中的校对基本原则。闻一多在校勘、阐释文字时,不仅利用同一篇作品的其他版本(对校法),还利用一篇诗歌的前后文互相引证(本校法),也借鉴参考前人的校正成果(他校法[2])。这三种校勘方法虽然能起到一定的作用,可是对含有众多不确定因素的古乐府来说效果是有限的。纵观《乐府诗笺》全书,我们可以发现闻一多大量引用训诂专著作为旁证,细心而又大胆地去独自考证相隔两千年前的文字和其本义,这正是陈垣所说的第四种校勘方法——理校法。而用

---

[1] 陈垣:《校勘学释例》,中华书局1959年版,第四十三章《校法四例》,第144—150页。
[2] 《乐府诗笺》注释中所出现的他校法,例如《朱鹭》篇"朱鹭鱼以乌"一句,闻一多引了庄述祖的注解云:"庄述祖读乌为歍",乃为此校法。

这种方法校勘乐府则成了闻一多《乐府诗笺》的最大特点。陈垣在书中评价理校法说："遇无古本可据，或数本互异，而无所适从之时，则须用此法。此法须通识为之，否则鲁莽灭裂，以不误为误，而纠纷愈甚矣。故最高妙者此法，最危险者亦此法。"闻一多能将这种"最高妙、最危险"的校勘方法运用自如，离不开他渊博的国学知识及对乐府的执着探求与刻苦钻研的学人精神。

他在《匡斋尺牍·芣苢》当中，曾提到如何去解读一篇诗："一首诗全篇都明白，只賸一个字，仅仅一个字没有看懂，也许那一个字就是篇中最要紧的字，诗的好坏，关键全在它。所以，每读一首诗，必须把那里每个字的意义都追问透彻，不许存下丝毫的疑惑——这态度在原则上总是不错的。"① 这一理念在乐府研究中被发挥得淋漓尽致。从上面举的例子可以看出，闻一多极度关注一个文字的字义，有不穷其义誓不罢休的气概，让人油然而生出敬佩之心。

在《乐府诗笺》中，闻一多不但大量引用了各类文献、古典著作，而且还引用了 20 世纪初的一些考古研究成果来进行论证。如上述《鸡鸣》中引用了章鸿钊（1877—1951）《石雅》的研究成果说明了"刘玉碧青甓"提及的珐琅以及为何是"碧青"。此外，《饮马长城窟行》中引用了傅振伦《简策说》、王国维《简牍检署考》来具体考证"客从远方来，遗我双鲤鱼"中，双鲤鱼的形状、材质等，为乐府诗描绘出了一个具体的史实背景。

三　以"史"为先的注释特点

一般来说，"注释"侧重用典或文字校勘，而从《乐府诗笺》中我们可以发现，闻一多不仅拘泥于一个个的文字，还从文学史的角度注释了乐府诗篇及其语言特征，阐明了其在中国文学中的重要地位。

闻一多在研究古典文学的岁月当中，逐渐萌生了书写中国文学史的想法，并为此做了一系列的整理研究工作。比如，1939 年（41 岁）6 月 1 日《歌与诗》一文成稿。据《闻一多全集·年谱》，这篇则是计划为中国上古

---

① 《闻一多全集》甲集，开明书店 1949 年版，第 343 页。

文学史讲稿的第一章。同年 12 月《易林琼枝》一卷辑成，这部著作也是闻一多所筹划的文学史讲稿的一个组成部分。次年（42 岁）5 月 26 日，他在给冯夷的信中也明确地提到了关于古代文学史的准备整理工作：

> 到此（笔者注：晋宁县）闲居将近一年，除略事整理诗经，楚辞，乐府，神话诸旧稿外，又从易经中寻出不少的古代社会材料，下年将加开《上古文学史》一课，故对於诗歌，舞蹈，戏剧诸部门之起源及发展亦正在整理研究中①。

从前面所附的闻一多与乐府研究的表中可以看出，在给冯夷信的五个月后，闻一多开始在《国文月刊》里陆续发表乐府诗的注解。早在 1925 年 4 月给梁实秋的信中他就说："我决意归国后研究中国画并提倡恢复国画以推尊我国文化"②，从此言中我们可以了解到闻一多研读中国文学之鸿志的根源。而这一远大理想在之后他的研究与教学中不断地得到深化与拓展，逐步形成了立足于"史"的中心研究思想。可以说对乐府诗的整理工作，与闻一多要撰写文学史的宏伟目标是相辅相成的。

汉代乐府从意识形态到文化背景等方面都与中国文学的两源头《诗经》《楚辞》一脉相承。闻一多将这种文学史观渗透在《乐府诗笺》的注释当中。比如《乐府诗笺》第一篇《日出入行》的注释：

> 即以乘龙御天为乐矣，及六龙已调，反以为苦，而趣之使下，语近诙谐，而意存讽谏。

或《朱鹭》的注释：

> "将以问谏者"，谓若有谏者来击鼓，当以此荷华遗之其人以旌异之也。

他在注释中点出了乐府诗歌与以下讽上的社会背景的关系。而在《战城南》的注释中则明确指出该篇与《诗经》的雷同："秦风小戎为妇

---

① 《闻一多全集》年谱，开明书店 1949 年版，第 67 页。

② 同上书，第 46 页。

人思念役夫而作，其诗曰'厌厌良人'此诗义与彼同"。

> 然《翁离》则与中国古代文学的另一个源头《楚辞》相关联起来：
> 九歌湘夫人"筑室兮水中，葺之兮荷盖"，此诗二句与彼酷似，
> 疑亦祀神乐章。

指出《翁离》所描绘的场景、情节与《九歌·湘夫人》极其相似。从上面所举的例子不难看出闻一多有意识地将乐府置于以《诗经》《楚辞》为首的中国古代文学体系当中，更加明确了乐府在文学发展史上的地位①。乐府有它独特的孕育背景，但它不会脱离中国古典文学的历史发展。

闻一多在《乐府诗笺》中不仅指出了乐府承前的文学背景，对后世文学的影响也在注释中加以阐述。例如《始生》中"乌生八九子，端坐秦氏桂树间"的注释中，闻一多引了杜甫《遣闷戏呈路十九曹长》"黄鹂并坐交愁湿"、姚合《游终南山》"白鹤坐松稍"、薛逢《春晚东园晓思》"燕窥巢稳坐雕梁"等后人的作品，并指出这些诗当中所见"坐"字的用法本于《始生》。

综上所述，我们可以看出闻一多是站在一个承前启后的、基于文学史的宏观角度来作注释的，而正是这样的一个注释方法使《乐府诗笺》在乐府研究史上有了其独树一帜的特点。而后世的研究者们也可以通过

---

① 闻一多在《乐府叙论》中进一步明确了其文学观。录全文为参考："如果文学中有所谓的正统的话，无疑诗是中国文学的正统，即在两汉也非例外。以产量论，赋在当时诚然居第一位，若论以质，则远不如诗，因之两汉文学的真实价值在诗而不在赋。继承楚辞传统的汉赋，除汉初少数作品外，只是无意义的挥霍文字而已。换言之汉赋只是堕落了的楚辞。反之，汉诗却仅进了一步的三百篇，只要排除了儒生们势利眼的尊经心理，我们当承认三百篇的文艺价值早已被超过了。建安以后不必论，因为那属于另一个文学的纪元，拿它与三百篇并论，根本是不公平的。建安以后，诗中有主名的作家，渐多起来，那表示作诗渐渐成了一部分人的专业。从建安直到现在，我们可以用一种广义的说法，称之为近代。建安以前，概括地说，是一个无主名的诗人时期，诗在当时也可说是社会的而非个人的产品。这样一个时期，与建安以后相对照，我们称之为古代。就作品说，'古代'的诗大体是歌曲，'近代'的诗才是诗。就产生的方式说，诗是创造的，歌曲可说是长成的。就应用说，诗是供人朗读的，歌曲则是供人唱的和演的（要记得古代的歌和舞不分，有舞便近乎戏剧——即所谓歌舞剧）。"概而言之有三个论述点：以诗为正统文学观；汉赋、汉诗承《楚辞》三百篇的文学发展观以及"古代"与"近代"的诗的变革。

闻一多所采用的论证方法，来一探其文学史观。在闻一多看来乐府是吸收了《诗经》《楚辞》的精华而形成的一代辉煌之作，并为登峰造极的唐诗的出现提供了丰饶的土壤。

四　小结

通过上述分析，我们可以看出闻一多对于乐府诗的研究是从字入手，以严谨细致的态度，一字一字地琢磨来源，并大胆地假设文字的原义，而又不失于宏观的历史视角，为后代的乐府研究开辟了一条新的途径。

闻一多不仅是一位伟大的诗人，也是一位活跃在教育第一线的教师和研究者。这几重身份使闻一多既有诗人对语言文字的灵性又有教师的条理性和研究者的缜密性。这几种特性呈现在注释之中，构成了乐府研究领域中的一部杰出的著作《乐府诗笺》。

乐府研究者萧涤非，就深受其导师闻一多的影响。在他的著作《汉魏六朝乐府文学史》一书中，第一编绪论的第一章"乐之起源与先秦乐教"就是在闻一多的指导下特别加入的[①]。这一章节在论证乐府产生之前，向我们详细阐明了乐府的起源以及与先秦乐教的关系。而这些论证也从另外一个角度向我们展示了闻一多是扎根于历史，从社会的角度来分析考察乐府诗的。

而另一位乐府诗研究大家余冠英，在他的著作《乐府诗选》的前言之中，阐述了他对乐府诗歌的一些概念性的认识。其中他特别提到了乐府诗中的一部分属于民歌范畴，反映了当时的人民生活。"《诗经》本是汉以前的《乐府》，《乐府》就是周以后的《诗经》。"[②] 他直白地指出了《诗经》与《乐府》的关系。

而以上提到的两位学者是乐府诗研究中的权威，一位是闻一多的学

---

① 萧涤非：《汉魏六朝乐府文学史》，人民文学出版社 1984 年版，在该书的黄节序言（《黄序》的第四页）后付一条作者的自注："本书第一编第一章乃一年后补作（据闻一多先生论文答辩时所提及建议），故此处'第一章'，实为本书第一编之第二章"，可知"乐之起源与先秦乐教"则是得到闻一多的建议之后而增补的。

② 《乐府诗选》，人民文学出版社 1957 年版，第 12 页。

生，一位曾经与他共事。从他们对乐府的认识当中可以或多或少地看到闻一多的身影。我们也可以说闻一多对乐府的认知为乐府研究领域提供了一个新的解读空间与平台。

闻一多的译诗文体观念

熊　辉[①]

（西南大学）

　　闻一多在中国现代新诗史上留下了很多不朽的诗篇，同时他又是提倡新诗创格的先行者，人们往往对他的诗作和诗论投注了相当的研究激情。而对于闻一多在翻译方面取得的成就却少有人提及，迄今为止只有两篇文章专门对其译诗成就和理论进行了梳理，[②] 虽然涉及了闻一多诗歌翻译活动的部分中心问题，但很多内容比如他的译诗文体观念尚待进一步挖掘。正是基于这样的研究现状，本文决定从语言和形式两个维度来详细探讨闻一多的译诗文体观念，同时指出诗歌翻译对其新诗形式观念的践行及重要意义。

一

　　闻一多的诗歌翻译是在新文化运动的背景中展开的，在文言文和白话文处于势均力敌的时候他毅然选择了采用白话文去翻译外国诗歌。与此同时，闻一多认为诗歌翻译是一件很难的事情，因为译诗的语言必须保持诗性特征而且依然很难传达出原诗的精神意蕴。闻一多

① 项目来源：国家社科基金后期资助项目"外国诗歌的翻译与中国现代新诗的文体建构"。

② 参见南治国《闻一多的译诗及译论》，《中国翻译》2002 年第 2 期；寇轶中《闻一多论译诗》，《太原师范学院学报》1995 年第 2 期。

反对译诗语言的欧化趋向，认为译诗语言应该符合中国诗歌语言的审美要求。

　　闻一多主张译诗的语言应该采用白话文。闻一多之所以主张采用白话文翻译外国诗歌，一是基于白话文能更好地传达原诗的情感，二是基于声援白话新诗的目的，因为其时白话新诗刚刚诞生，还没有取得文坛的正宗地位，需要大量的白话新诗来证明其合理性和与古诗相比的优势。闻一多早年在清华大学读书期间翻译了一首《点兵之歌》，认为这首诗与我国唐代杜甫的《兵车行》一样淋漓尽致地展现了"战事惨况"，具有异曲同工之妙，可以弥补自己读了《兵车行》后"拟书所感，久而不成"的缺憾。闻一多采用文言文翻译了这首诗歌，这也是他 30 多首译诗中唯一在语体上采用文言文的译作，因此并不能说明他在译诗语言上对文言存有偏好。相反的是，闻一多一贯坚持译诗的语言应该采用白话，在谈到用什么语言翻译这首"西人的点兵之歌"时，他说："译事之难，尽人而知，而译韵文尤难。译以白话，或可得髣髴其，文言直不足以言译事矣。而今之译此，尤以文言者，将使读原诗者，持余作以证之，乃至文言译诗，果能存原意之髣髴者几何，亦所以彰文言之罪也。"[①] 看来闻一多采用文言翻译《点兵之歌》的真实意图是要让读者明白文言译诗的弊端，而后证明译诗语言只有采用白话文才能更好地传达原诗的意趣。对于文言译诗的困难闻一多深有体会，他本人曾于 1919 年 5 月在《清华学报》第 4 卷第 6 期上发表了用文言翻译的英国诗人阿诺德（Matthew Arnold）的《渡飞矶》（*Dover Beach*）一诗，整首诗采用五言体古诗形式，译文是否充分再现了原诗的情感内容姑且不论，仅就语言句法和形式而言就缺少了翻译诗歌的面貌，全然是中国人自己创作的古体诗。1921 年，闻一多便在《清华周刊》上发表文章规劝那些还执意作旧诗的人应该摒弃古诗严谨的格律，在语体上应该采用白话文："我诚诚恳恳地奉劝那些落伍的诗家，你们要闹玩儿，便罢，若要真作诗，只有新诗这条道走，赶快醒来，急起直追，还不算

---

　　① 闻一多：《〈点兵之歌〉译者前言》，《闻一多全集》第 1 卷，湖北人民出版社 1993 年版，第 293 页。

晚呢。"① 因此，闻一多后来的译诗在语言上都是采用白话文，而且在形式上尽量保留原诗的风貌。

闻一多认为译诗的语言必须是诗性的语言。闻一多在评价郭沫若从英国诗人菲茨杰拉德（Fitzgerald）译文转译波斯诗人莪默伽亚谟的《鲁拜集》时说："译者于此首先要对莪默负责；其次要对斐芝吉乐（即菲茨杰拉德——引者）负责，因为是斐氏底神笔使这些 Rubaiyat 变为不朽的英文文学；再次译者当然要对自己负责——那便是他要有枝诗笔再使这篇诗籍转为中文文学了。"② 在这段话中，闻一多首先肯定了菲茨杰拉德的译诗语言因为具有诗性色彩而使他的译诗在英国文学史上享有盛誉，同理，他希望中国的译者在译诗语言上同样应该具有符合中国诗歌审美特质的诗性色彩以保证译文的文学性。因此，在对郭沫若的译文语言的正确性进行核实之后，闻一多继续说道："翻译底程序中有两个确划的步骤。第一是了解原文底意义，第二便是将这意义形之于第二种（即将要译到的）文字。在译诗时，这译成的还要是'诗'的文字，不是仅仅用平平淡淡的字句一五一十地将原意数清了就算够了。"③ 闻一多之所以花费大量篇幅来讨论郭沫若的译诗，目的不仅在于指出郭氏译诗的错漏，而在于指出译诗的再创造性和译诗语言的诗化本质。在《莪默伽亚谟之绝句》这篇文章的注释中，闻一多引用了 Richard Le Gallienne 的译本序中文字来说明菲茨杰拉德的译文"真不啻一篇创作了"："也许莪默底原来的蔷薇，可说并不是一朵蔷薇，但是将要凑成一朵花底碎瓣而已；也许斐芝吉乐并不是使莪默底蔷薇重新开放，但是使它初次开放呢。瓣是从波斯来的，却是一个英国的术士把它们咒成一朵鲜花了。"④ 在闻一多看来，译者就像是一个术士一样把原本开放在异质文化土壤中的花朵移植到了译语文化中，优秀的译者更是把原作者创造的花瓣在新的文化语境中拼凑成了美丽动人的花朵，而"术士"使用的魔法就是译语的诗化。由此我们也可以推定出闻一多主张译诗语言必须是诗化的语言，而不是

---

① 闻一多：《敬告落伍的诗家》，《清华周刊》1921 年第 211 期。
② 闻一多：《莪默伽亚谟之绝句》，《创造季刊》（第 2 卷第 1 号），1923 年 5 月。
③ 同上。
④ 同上。

一般的叙事性语言。

闻一多反对译诗语言的欧化。新文学运动之初，闻一多就认为翻译外国文学作品的时候不一定要采用西文句法。1919 年闻一多在看了严复翻译的《天演论》后对之大加夸赞，而对于新潮社的青年人认为此翻译不具备原作"词气""笔法"的批判，闻一多则表现出了自己"保守"的立场："读《天演论》，辞雅意达，兴味盎然，真逐译之能事也。《新潮》中有非讥严氏者，谓译书不仅当译意，必肖其词气、笔法而后精，中文造句破碎，不能达蝉联妙邃之思，欲革是病，必摹西文云云。要之严氏之文，虽难以上追诸子，方之苏氏，不多让矣。必谓西文胜于中文，此又蛣蜣丸转，癖之所锺，性使然也。吾何辩哉！"① 新文学运动正蓬勃开展的 1919 年前后，新潮社的傅斯年主张中国现代白话文的发展方向"就是直用西洋文的款式，方法，词法，句法，章法，词枝，（Figure of Speech）……一切修辞学上的方法，造成一种超于现在的国语，欧化的国语，因而成就一种欧化国语的文学"②。在新文化运动早期的文言白话之争中，我们很难断定闻一多没有站在文言的立场上力挺严复的翻译，但可以肯定的是闻一多对傅斯年等人极端的欧化主张持保留态度，认为西方语言不一定强于中国语言，而且翻译文学如果在语言上一味地采用西方语言的词法和句法，定会对中国文学语言造成负面影响，时间久了就会产生欧化之弊。因此，闻一多后来在评论郭沫若的《女神》时专门义正词严地批评了其欧化特征的浓厚和地方色彩的稀薄："若我在郭君底地位，我定要用一种非常的态度去应付，节制这种非常的情况。那便是我要时时刻刻想着我是个中国人，我要做新诗，但是中国的新诗，我并不要做个西洋人说中国话，也不要人们误会我的作品是翻译的西文诗。"③

的确，在 20 世纪 20 年代的文化和诗歌背景下，赞成新诗革命的译者理所当然地会选择白话文去翻译外国诗歌，而且由于翻译的是诗歌文体，在语体上必须采用诗性的而不是叙述性的语言。闻一多对译诗语言

① 闻一多：《仪老日记》（1919 年 2 月 20 日），《闻一多全集》第 12 卷，湖北人民出版社 1993 年版，第 423 页。

② 傅斯年：《怎样做白话文》，载《中国新文学大系·建设理论集》，胡适选编，上海良友图书公司 1935 年版，第 223 页。

③ 闻一多：《〈女神〉之地方色彩》，《创造周刊》（第 5 号），1923 年 6 月 10 日。

欧化问题的认识后来成了困扰现代汉语发展的重要障碍，进一步说明了他的译诗语言观念具有前瞻性和预见性，如果在当时能够引起译界的重视并得到更多人的支持，我们今天现代汉语的民族性色彩也许就会更加浓厚。

二

虽然闻一多在情感和形式的两极上更偏重前者，但他具有较强的诗歌形式建构意识，借鉴外国诗歌形式创立了"音步"概念。

为了更深入地探讨闻一多的译诗形式观念，我们有必要先论述他的诗歌形式主张。闻一多对诗歌形式的要求比较宽松，并不是要把诗歌写成"豆腐干"式的形式。他曾经在给陈梦家的信中告诫应该注意诗歌的诗行，"句子似应稍整齐点，不必呆板的限定字数，但各行相差也不应太远"①。闻一多认为诗歌创作有无限的弹性，历史上常常是那些敢于冲破固有形式观念束缚的诗人取得了非凡的成就。"有人把诗写得不像诗，如阮籍，陈子昂，孟郊，如华茨渥斯（Wordsworth），惠特曼（Whitmen），而转瞬间便是最真实的诗了。诗这东西的长处就在它有无限度的弹性，变得出无穷的花样，装得进无限的内容。只有固执与狭隘才是诗的致命伤，纵没有时间的威胁，它也难立足。"②闻一多和徐志摩的诗歌形式实践和理论倡导虽然都来自外国，但是他们通过自己的诗歌创作在中国诗坛上展示了一种新体，为中国新诗创作开辟了新的形式道路，积累了新的诗歌创作经验和技法。后来朱自清评价闻一多等人的诗歌形式主张时认为，现代格律诗派在形式上留给我们的创作经验是其所主张的"格律不像旧诗词的格律这样呆板；他们主张'量体裁衣'，多创格式"③。同时，闻一多认为诗歌的情感内容远比形式重要，他写诗的原动力并不源于技巧而是源于情感抒发的需要，1943 年 11 月在给臧克家的信中他极力反对评论界认为"《死水》的作者只长于技巧"的

---

① 闻一多：《论〈悔与回〉》，《新月》（第 3 卷第 5—6 合期），1931 年 4 月。
② 闻一多：《文学的历史动向》，《当代评论》（第 4 卷第 1 期），1943 年 12 月。
③ 朱自清：《新诗杂话》，三联书店 1984 年版，第 74 页。

论断，不知道"这冤从何处诉起"。闻一多否认他是个凭借技巧写诗的人，他说"我真看不出我的技巧在那里。假如我真有，我一定和你们一样，今天还在写诗。我只觉得自己是座没有爆发的火山，火烧得我痛，却始终没有能力（就是技巧）炸开那禁锢我的地壳，放射出光和热来"①。因此，在闻一多看来，正是没有作诗的技巧，他才在20世纪30年代以后逐渐停止了诗歌创作，而且他心头的情感怒火也无从爆发出来。我们惯常的看法是闻一多和徐志摩主持《晨报》副刊后开始主张现代格律诗，他从诗歌的"建筑美"出发写出了很多以《死水》为表征的讲求形式技巧的不朽诗篇。加上闻一多自己曾说出了被现当代主张格律诗（或追求诗歌形式艺术）的诗人及诗评家引为经典的话："恐怕越有魄力的作家，越是要戴着脚镣跳舞才跳得痛快，跳得好。只有不会跳舞的才怪脚镣碍事。只有不会作诗的才感觉得到格律的束缚。对于不会作诗的，格律是表现的障碍；对于一个作家，格律便成了表现的利器。"②

　　20世纪30年代，也许是受到了闻一多的影响，梁宗岱阐发了类似的诗歌形式观点，③到了50年代何其芳又提出了以有规律的押韵或顿

---

　　① 闻一多：《致臧克家》（1943年11月25日），《闻一多全集》第12卷，湖北人民出版社1993年版，第381页。

　　② 闻一多：《诗的格律》，《晨报·诗镌》（第7号），1926年5月13日。

　　③ 梁宗岱曾在多篇文章中阐发了形式之于诗歌的重要性：1931年在给徐志摩的信中，梁宗岱就诗歌的形式做过这样的论述："我从前是极端反对打破了旧镣铐又自制新镣铐的，现在却两样了。我想，镣铐也是一桩好事（其实行文底规律与语法又何尝不是镣铐），尤其是你自己情愿带上，只要你能在镣铐内自由活动。"（梁宗岱：《论诗》，《诗与真·诗与真二集》，外国文学出版社1984年版，第35—36页。）同一时期，梁宗岱写下了关乎中国新诗命运的文章《新诗底分歧路口》，在这篇文章中，他进一步强调了形式之于诗歌的重要性，认为诗歌如果不受诗歌韵律和形式因素的束缚，"我们也失掉一切可以帮助我们把捉和传造我们底情调和意境的凭藉；虽然新诗底工具，和旧诗底正相反，极富于新鲜和活力，它的贫乏和粗糙之不宜于表达精微委婉的诗思却不亚于后者底腐滥和空洞"。（梁宗岱：《新诗底分歧路口》，《诗与真·诗与真二集》，外国文学出版社1984年版，第169页。）接着他进一步强调说："形式是一切文艺品永生的原理，只有形式能够保存精神底经营，因为只有形式能够抵抗时间的侵蚀。……正如无声的呼息必定要流过狭隘的箫管才能够奏出和谐的音乐，空灵的诗思亦只有凭附在最完美的最坚固的形体才能达到最大的丰满和最高的强烈。没有一首自由诗，无论本身怎样完美，如能和一首同样完美的有规律的诗在我们心灵里唤起同样宏伟的观感，同样强烈的反应的。"（梁宗岱：《新诗底分歧路口》，《诗与真·诗与真二集》，外国文学出版社1984年版，第170—171页。）

来建设现代格律诗的构想，① 中国现代格律诗逐渐架构起了自己一脉相承的历史传统。由是闻一多在现代新诗史上被定格为追求形式技巧的先行者。但根据闻一多这位"戴着脚镣跳舞"的诗人的现身说法，情感表达仍然是诗歌的第一要素，他之所以写诗或停止写诗的原因不是因为技巧而是因为情感。也就是在那篇被人们解读成现代格律诗论经典的《诗的格律》一文中，闻一多专门区别了现代格律诗中的格式与古代律诗中的格律的差异，归纳起来主要有如下三点：第一，从形式的丰富性来看，"律诗也是具有建筑美的一种格式；但是同新诗里的建筑美的可能性比起来，可差得多了。律诗永远只有一个格式，但是新诗的格式是层出不穷的"；第二，从形式与内容的关系来看，"律诗的格律与内容不发生关系，新诗的格式是根据内容的精神制造成的"；第三，从创造形式的主体来看，"律诗的格式是别人替我们定的，新诗的格式可以由我们自己的意匠来随时构造"。② 从第二点和第三点差别中我们很容易看出闻一多所谓的形式其实很大程度上是以情感为主导的，尤其是现代新诗的形式更是充满了弹性和各种变化的可能，诗人可以根据内容的精神去制造形式或根据自己的匠心（诗歌形式审美观念）去创造新的形式。所以，闻一多并非对诗歌形式的要求极端到了只能写"豆腐干"形式的诗篇，他的诗歌形式观念受到了情感内容的制约，其"脚镣"也仅仅是情感的装饰物。

　　闻一多虽然不是极端的形式主义者，但他对诗歌形式的重视在新诗史上妇孺皆知，因此在他看来不讲求形式艺术的诗歌哪怕是译诗都称不上是真正的诗。闻一多曾批评泰戈尔的诗"是没有形式的"，但是"我不能相信没有形式的东西能存在，我更不能明了若没有形式艺术怎能存在！固定的形式不当存在；但是那和形式的本身有什么关心呢？我们要打破一种固定的形式，目的是要得到许多变异的形式罢了。泰果尔底诗不但没有形式，而且可说是没有廓线。因为这样，所以单调成了他的特性"③。

---

　　① 何其芳说："我们说的现代格律诗在格律上就只有这样一点要求：按照现代的口语写得每行的顿数有规律，每顿所占时间大致相等，而且有规律的押韵。"（何其芳：《关于现代格律诗》，《中国青年》1954 年第 10 期，1954 年 5 月 16 日。）

　　② 闻一多：《诗的格律》，《晨报·诗镌》（第 7 号），1926 年 5 月 13 日。

　　③ 闻一多：《泰果尔批评》，《时事新报·文学》（第 99 期），1923 年 12 月 3 日。

泰戈尔的诗歌采用孟加拉文写成，原诗具有节奏、韵律和排列等形式要素，但翻译成英文后原诗的形式艺术便遭受了部分折损，而五四前后人们又根据英译本翻译泰诗，受翻译自身的局限使英译本泰诗的形式艺术再次遭受了折损，于是泰戈尔的诗歌在新文化语境中被迫遭遇了"豪杰译"，[①] 其形式要素便所剩无几乃至荡然无存了。泰戈尔虽然主张创作自由诗和散文诗，但他本人却十分重视诗歌的形式建构，认为"正是格律才能以它均衡、流畅的节奏表达找到通向人类心灵之路的感情"，[②] 而且"缺乏精雕细琢的自由体诗应该受到鄙视和嘲笑"。[③] 在此，我们姑且"悬置"闻一多对泰戈尔诗歌形式艺术的评价，其实他所阅读到的仅仅是泰戈尔诗的翻译体，要么是英文译本，要么是中文译本，他对泰诗的批判本质上是对其译本形式的批判，间接说明了闻一多要求诗歌翻译必须重视译本的形式。

闻一多借鉴外国诗歌的形式因素提出了在中国新诗形式建构的历程举足轻重的"音步"概念。卞之琳先生曾梳理过中国新诗的诗律探索历程，认为几乎所有的新诗创格都是围绕着闻一多先生借鉴外国诗歌的"音组"概念而展开的，从他的文字中我们可以看出中国新诗每一次重要的格律建设都与借鉴外国诗歌的格律密切相关，其中翻译诗歌更是实验外国诗歌格律的排头兵。"闻先生所说的'音尺'（从英文 metric foot 译来的，别人较多译为'音步'），即后来常说的'音组'或沿用我国旧说的'顿'。在闻先生以外，举例说孙大雨先生写诗和译诗体作品，是有意思以'音组'作为诗行内的基本单位；（……最近接读美国威斯康星大学周策纵教授 1962 年发表在纽约《海外论坛》月刊 3 卷 9 期上的《定形新诗体的提议》这篇渊博的长文，知道他也肯定'音组'是新诗律方面的

---

① "豪杰译"指清末时期为了思想启蒙和政治改良的需要，译者将作品的主题、结构、人物性格等都进行了改造，使其成为宣传思想的有利"工具"。该称谓来自翻译法国科学小说家凡尔纳斯的《十五小豪杰》，英国人从法文翻译成英文时"译意不译词"，日本人从英文翻译成日文时"易以日本格调"，梁启超从日文翻译成中文时"又纯以中国说部体段代之"，"小豪杰"经过多次改译已是具有不同性格的小英雄了。这种因为翻译"豪杰"而引起的巨大变化，后来被用来指称改动较大的翻译类型。

② 泰戈尔：《诗与韵律》，《诗人的追述》（大师文集·泰戈尔卷），倪培耕等译，漓江出版社 1995 年版，第 133 页。

③ 同上书，第 135 页。

'最主要因素'。）故陆志韦先生，借鉴西方大多数语种的诗律，主要用重音为单位来建行，试验写出了《杂样的五拍诗》……似也和闻先生的主张和实践有相辅相成的地方。梁宗岱先生译莎士比亚十四行体诗，则试按法国格律诗建行算'音缀'即我国语言学改称的'音节'（syllabe），也就是汉语的单音字，探求诗行的整齐，这又合闻先生主张的整齐、匀称的一个方面。而比我还年轻一代的屠岸同志译莎士比亚十四行体诗则在'顿'或'音组'以外还讲求轻重音配置，这又是进一步的试验。"① 这段话说明译诗在试验外国诗体形式方面具有明显的优势，因为译者为了充分再现原作的形式而不得不在翻译的时候尽可能地使用外国的诗律。

　　闻一多等新月派诗人的译诗比较重视保留原诗的格律和韵脚。闻一多对译者提出的要求之一就是在翻译外国诗歌的时候要尽量保持原作的形式，"在求文字的达意之外，译者还有余力可以进一步去求音节的仿佛。……译者应当格外小心，不要损伤了原作的意味"②。朱自清在《译诗》一文中曾这样评价闻一多等人的译诗形式特征："北平《晨报》副刊《诗镌》出现以后，一般创作转向格律诗。所谓格律，指的是新的格律，而创造这种新的格律，得从参考并试验外国诗的格律下手。译诗正是试验外国格律的一条大路，于是就努力的尽量的保存原诗的格律甚至韵脚。"③ 新月派诗人们最初翻译外国诗歌的目的虽然不是为了保存其固有的形式要素，而是为着试验自己从外国借鉴过来的格律形式，但最终却造成了他们的译诗文体形式基本上保存了"原诗的格律甚至韵脚"。比如闻一多和饶孟侃都钟情于豪斯曼的诗歌，闻一多公开发表了近 40 首译诗，④ 除了勃朗宁夫人的情诗 21 首之外，豪斯曼的就有 5 首，包括《樱

① 卞之琳：《完成与开端：纪念诗人闻一多八十生辰》，《卞之琳文集》（中卷），安徽教育出版社 2002 年版，第 157 页。

② 闻一多：《英译李太白诗》，《晨报·副镌》1926 年 6 月 3 日。

③ 朱自清：《译诗》，《新诗杂话》，三联书店 1984 年版，第 72 页。

④ 关于闻一多先生译诗数量的说法主要有以下三种：《闻一多全集》第 1 卷，湖北人民出版社 1993 年版，收入"译诗"部分的有 32 首译诗，"古体诗"部分有《渡飞矶》1 首译诗，《真我集》中"《雪片》、《志愿》两首似为译诗"。王锦厚先生认为"闻一多一生公开发表译诗三十三首"（王锦厚：《闻一多与饶孟侃》，电子科技大学出版社 1999 年版，第 225 页）。南治国先生认为"闻一多的翻译作品并不多，主要是诗歌的翻译。他总共译诗 40 首"（南治国：《闻一多的译诗及译论》，《中国翻译》2002 年第 2 期）。

花》《春斋兰》《情愿》《"从十二方的风穴里"》和《山花》，其中后两首是与饶孟侃合译的。以《山花》一诗为例，译者在前面加了一小段话，表明豪斯曼"对于自己的作品的估价。他这谦虚的态度适足以显着他的伟大"①，这话其实也表明了闻一多等提倡格律诗体的人所具有的谦逊态度。这首译诗共分4节，每节4行，每行8个字，每节换韵但韵式均为ab－ab，足以见出闻一多译诗的形式特色。

闻一多对诗歌形式的重视不仅导致其翻译诗歌在形式上尽可能地保留了原作的艺术风格，而且他根据外国格律诗创立的"音步"概念成为后来中国新诗创格的主要内容。

三

对于诗歌翻译而言，闻一多主张译诗尽可能多地保留原诗的形式风貌；与此同时，将翻译外国诗歌还可以试验他的诗歌形式主张。亦即闻一多的诗歌翻译实践了他的诗歌形式观念。

闻一多意识到译诗的形式是对其诗歌形式观念的验证。闻一多和徐志摩从1925年开始以《晨报》副刊为基地开始进行新格律诗的实验，同时翻译了伊丽莎白·勃朗宁（Elisabeth Browning）、A. E. 豪斯曼（Alfred Edward Housman）等人的诗歌，以此实践并证明了新格律诗的主张。在此，翻译外国诗歌既是新月派诗人创作的来源，又是其格律诗主张的试验。有学者在谈到闻一多翻译豪斯曼的诗歌作品时认为："因为是诗人译诗，这几首译诗的质量很高。闻一多基本上保留了原诗的节奏和韵律，在形式上非常整齐，因此，这几首译诗可以被视为他的新格律诗的试验。"② 这种认识也许源于卞之琳类似的看法，他1987年在《翻译对于中国现代诗的功过》译文中曾说："闻一多当时就发表过参考英语诗律以音步建行的办法、凭'音尺'衡量每行长短的主张，据此写了一些诗，收入后来出版的《死水》一集，又据此翻译了伊丽莎白·白朗宁十四行体

① 闻一多、饶孟侃：《〈山花〉译者前言》，《新月》（第2卷第9号），1929年11月10日。
② 南治国：《A. E. 赫斯曼德诗及其在中国的译介》，载《翻译的理论建构与文化透视》，谢天振编，上海外语教育出版社2000年版，第185页。

情诗一部分，后来发表在刊物上，基本上确立了这种主张。这一路主张，经过几十年的争论和一部分人翻译和创作实践的修订，扩大了影响。"① 可见卞之琳的观点同样是译诗不仅实践了闻一多格律诗主张，而且和创作一道确立起了这种格律诗体的历史地位。

闻一多等人的诗歌建构理念总是与外国诗歌紧密地联系在一起，早在 1923 年他批评郭沫若的诗集《女神》时就认为，新诗"不但新于中国固有的诗，而且新于西方固有的诗；换言之，他不要做纯粹的本地诗，但还要保持本地的色彩，他不要做纯粹的外洋诗，但又要尽量地吸收外洋诗底长处；他要做中西艺术结婚后产生的宁馨儿"。② 不管是要求新诗成为"宁馨儿"也好，还是认为郭沫若的诗歌"过于欧化"也罢，闻一多的话至少让我们捕捉到了他这样的诗歌观念：中国新诗要彻底地摆脱传统诗歌的束缚，要真正的"新"，就不可避免地会和外国诗歌发生联系，要么模仿，要么在吸纳西方诗艺的基础上创新。由此我们可以推断，闻一多在翻译外国诗歌尤其是豪斯曼的诗歌时主张使用格律体。比如他翻译的《樱花》③ 一诗的第一节：

> 最可爱的如今是樱花，
> 鲜花沿着枝桠上悬挂，
> 它站在林野的大路上，
> 给复活节穿上白衣裳。

该译诗在诗行和诗节上均做到了闻一多本人倡导的新诗"三美"之一的"建筑美"，而且从他提倡的格律体新诗的基本单位"音步"的角度来讲，每行诗由 4 个音步构成，大体上包含了 1 个单音节音步、1 个双音节音步和 2 个三音节音步，很好地践行了闻一多的格律诗主张。

通过翻译外国诗歌来试验自己的诗歌形式主张还体现在闻一多对十

① 卞之琳：《翻译对于中国现代诗的功过》，《卞之琳文集》（中卷），安徽教育出版社 2002 年版，第 540 页。
② 闻一多：《〈女神〉之地方色彩》，《创造周刊》（第 5 号），1923 年 6 月 10 日。
③ ［英］豪思曼：《樱花》，闻一多译，《时事新报·文艺周刊》（第 5 期），1927 年 10 月 8 日。

四行诗的翻译上。闻一多认为在中国介绍十四行诗体"恐怕一般新诗家纵不反对，也要怀疑。我个人的意见是在赞成一边。这个问题太重大复杂，不能在这里讨论。我作《爱底风波》，在想也用这个体式，但我的试验是个失败。恐怕一半因为我的力量不够，一半因为我诗里的意思较为复杂"①。不管闻一多《爱底风波》是否是一首成功的十四行体诗，但从这段引文中我们可以肯定的是他对十四行诗体形式的青睐并对之加以试验，这种诗歌形式观念和实践行为必然会影响到闻一多对新诗形式观念的建构，甚或影响到他的译诗文体形式。1928 年，闻一多在给饶孟侃的信中也谈到了自己试验十四行体的经历："昨天又试了两首商籁体，是一个题目，两种写法。我也不知道哪一种妥当，故此请你代为批评。这东西确乎不容易，正因为不容易，我才高兴做它。"② 这表明闻一多曾多次试验十四行诗体，并对该形式有了比较深刻的认识，他 1931 年曾专门写了一篇《谈商籁体》的文章，认为"最严格的商籁体，应以前八行为一段，后六行为一段；八行中又以每四行为一小段，六行中或以每三行为一小段；或以前四行为一小段，末二行为一小段。总计全篇的四小段，（我讲的依然是商籁体，而不是八股！）第一段起，第二承，第三转，第四合⋯⋯总之，一首理想的商籁体，应该是个三百六十度的圆形；最忌的是一条直线"③。闻一多对十四行诗的认识基于他对十四行体的试验，也正是基于试验十四行体的意图，闻一多翻译了大量的十四行体诗。1928 年 3 月至 4 月，闻一多在《新月》上发表了他翻译的 21 首勃朗宁夫人的情诗，④ 该组译诗完全采用十四行体形式，是闻一多诗歌创作和翻译中采用同种诗体形式最集中的一次，显然他对该诗体的理解已经融入他的诗歌形式建构观念之中，是其现代格律诗形式主张的有机组成部分。

此外，闻一多认为诗歌的文体艺术是不可译的。他曾用了一个很好的比喻来说明诗歌形式艺术和精神意蕴难以通过翻译传达出来，一些浑

① 闻一多：《评本学年〈周刊〉里的新诗》，《清华周刊》（第 7 次增刊），1921 年 6 月。

② 闻一多：《致饶孟侃》（1928 年 4 月），《闻一多全集》第 12 卷，湖北人民出版社 1993 年版，第 247 页。

③ 闻一多：《谈商籁体》，《新月》（第 3 卷第 5—6 合期），1931 年 4 月。

④ 该组译诗载《新月》第 1 卷第 1 号和第 2 号，分别出版于 1928 年 3 月 10 日和 4 月 10 日。

然天成的诗句"是禁不起翻译的。你定要翻译它，只有把它毁了完事！譬如一朵五色的灵芝，长在龙爪似的老松根上，你一眼瞥见了，很小心的把它采了下来，供在你的瓶子里，这一下可糟了！从前的瑞彩，从前的仙气，于今都变成了又干又瘪的黑菌。你搔着头，只着急你供养的方法不对。其实不然，压根儿你就不该采它下来，采它就是毁它"①。

　　闻一多的译诗文体观念是其新诗文体观念的构成部分，必然受到早期中国新诗形式观念的影响和制约，其丰富性和系统性在闻一多本人的诗歌翻译活动中得到了验证。除了以上所论述的文体方面的内容之外，闻一多在翻译方面的理论贡献还包括译诗的选材标准、译者的文化素养以及译诗在译入语国语境中的合法性等问题，对这些问题的进一步探讨不仅有助于完善闻一多的译诗文体观念，而且有助于推动闻一多翻译研究的深入。

---

①　闻一多：《英译李太白诗》，《晨报·副镌》1926 年 6 月 3 日。

从"纯诗"突围而来的现实主义

——闻一多后期诗学观

李海燕　　陈国恩

（武汉大学）

闻一多早年痛惜中国新诗民众艺术的畸形，在西方唯美主义、象征主义和中国传统律诗的影响下提倡艺术至上，追求纯形，倡导新格律诗。随着时代变化和思考深入，他对纯诗的追求逐渐让位于思考诗歌的现实功能。1933 年《〈烙印〉序》的发表，标志着他从"为诗而诗"而向为社会和人民进行诗歌创作转变。在《诗与批评》中，他系统提出要重视诗歌的社会价值，要求诗人从个人走向社会，从小我转向大我。到《五四与中国新文艺》，他进一步强调诗歌只有为群众服务才能保持健康，富有生命力。不仅如此，后期闻一多还提出弹性说和"非诗化"观点，认为诗歌可以有无限包容的内容和形式，新诗的发展要少像诗或者不像诗。闻一多的这些主张打破了"纯诗"的观念，体现了闻一多诗学探索中的时代性和创新意识，是其诗学思想在新时代不断拓展变化的表现。但必须注意，闻一多后期这种带有现实主义色彩的诗学并不是对其前期"纯形"诗学的完全否定，而是由前期诗学发展而来。经过自我调整与拓展，闻一多前期诗学中或隐或显的功利观念、现实关怀、多元意识得以延续，并被赋予新的内容，与他新的诗学观点结合在一起，彰显了闻一多后期诗学的独特魅力。

一 从"效率论"到"价值论"

—— 兼顾诗性美的功利性

1944 年 9 月 1 日,闻一多在《火之源文艺丛刊》上发表《诗与批评》,提出了诗歌批评的两种态度:价值论和效率论。他认为,价值论者看重诗的社会效果,反对"为诗而诗",效率论者则沉迷于诗歌的文字与技巧。闻一多主张将价值论与效率论结合起来,在效率论盛行的时代要重视诗歌的价值论。这个价值论已不再是"为诗而诗"这一"不负责的宣传",而是为社会服务的"负责的宣传",他说:"诗是社会的产物","社会价值是重要的,我们要诗成为'负责的宣传'"。①

闻一多看重诗歌的社会价值,以诗歌为服务社会的工具这一观点并非在 40 年代才有,在其早期诗学中,便已有所表现。闻一多早期的文艺思想整体呈现出"为艺术而艺术"的倾向,但其具体表现却复杂而多元,清华文学社成立前的闻一多更为注重艺术的社会性与功利性。在《出版物的封面》一文中,他提出封面要讲究艺术但不能违背实利。在《征求艺术专门的同业者底呼声》中,他又说:"艺术确是改造社会底急务/艺术能替个人底生计保险。"② 清华文学社成立后的闻一多非常关注艺术纯美的追求,主张纯艺术的艺术,但他仍不时提及艺术的社会功利性。如在《文艺与爱国》中,他将文艺与爱国主义联系起来,提出伟大的同情心是艺术的真源,并认为同情心仅借用文字并不能完满表现出来,身体力行才是最美最好的艺术,故闻一多认为"拜伦最完美,最伟大的一首诗也便是这一死"③。表面看来,闻一多早期诗学的社会功利性与其纯诗观念颇为矛盾,但闻一多曾说:"文学是生命底体现"④,闻一多的"诗

---

① 闻一多:《诗与批评》,《闻一多全集》第 2 卷,湖北人民出版社 1993 年版,第 222 页。

② 闻一多:《征求艺术专门的同业者底呼声》,《闻一多全集》第 2 卷,湖北人民出版社 1993 年版,第 14 页。

③ 闻一多:《文艺与爱国》,《闻一多全集》第 2 卷,湖北人民出版社 1993 年版,第 133—134 页。

④ 闻一多:《泰果尔批评》,《闻一多全集》第 2 卷,湖北人民出版社 1993 年版,第 126 页。

学思想，是基于他个人生命体验的生命诗学"。而生命于闻一多而言，
"是自由的，又是自觉承担了使命的"。① 生命诗学是闻一多统一地追求纯
形和服务于社会这两种矛盾观点的思想基础。纯粹个体的生命体验引导
闻一多陶醉于艺术的纯美世界，充满使命感的生命经验则使闻一多不时
将目光投放到社会与现实。

随着抗日战争的全面爆发，一度向内而专注纯诗艺术追求、埋头古
典学术研究的闻一多走出书斋，走上街头，以"民主斗士"的身份反独
裁反内战，为争取民主自由的崇高事业呼吁奔走。此时的他沿着此前诗
对社会有所用的潜在思路强化了诗歌为社会、阶级和人民而歌唱的属性，
高度评价田间的鼓点式诗歌《多一些》《人民底舞》等诗作，认为即使他
的诗歌算不上诗，形式单调、缺乏更多的美感，但却"响亮而沉重，打
入你耳中，打在你心上"②。《诗与批评》中，闻一多呼吁诗人和批评家
们留心社会价值，认为"为诗而诗"这"不负责的宣传是诗歌的顶大的
罪名"。他批评陶渊明、谢灵运的诗歌虽美丽而无用，杜甫的伟大之处便
在他的为社会和人民而作："他笔触到广大的社会与人群，他为了这个社
会与人群而同其欢乐，同其悲苦，他为社会与人群而振呼"，所以杜甫是
一等诗人。③《〈三盘鼓〉序》中，闻一多盛赞薛诚之的《三盘鼓》，称其
有"药石"和"鞭策"的作用。《论文艺的民主问题》中，闻一多认为
身处民主运动高涨时代的文艺家首先要以民主运动为写作的主题和题材。
在《人民的世纪》中，他以"人民至上"代替以往的"艺术至上"。《人
民诗人——屈原》一文里，他特别推崇屈原，号召文人们像屈原那样用
人民的形式（歌舞剧和民歌），喊出人民的愤怒（批判统治阶级），做一
名"人民的诗人"。至此，闻一多的诗学主张已由最初的纯艺术追求完全
转变成艺术为社会、艺术为人民的价值论。

"为诗而诗"是西方纯诗诗学的理论核心。闻一多的转变，从某种
意义上说，不过是把中西诗学里诗美与诗之功利性的不同组合形态朝向

---

① 陈国恩：《论闻一多的生命诗学观》，《文学评论》2006 年第 6 期，第 176 页。

② 闻一多：《时代的鼓手》，《闻一多全集》第 2 卷，湖北人民出版社 1993 年版，第 199 页。

③ 闻一多：《诗与批评》，《闻一多全集》第 2 卷，湖北人民出版社 1993 年版，第 218—
221 页。

诗的社会价值调整罢了，而在其中起了关键作用的，就是他的知识分子的使命意识。作为一个深受中国传统文化浸染的知识分子，闻一多身上有着强烈的爱国意识和使命意识，这注定了闻一多纯艺术的追求之路并不纯粹和坚定。最初的他倡导纯形，便是出于改变中国新诗坛迷混状态的目的；而新诗格律主张的提出很大程度上缘于闻一多留美后所遭遇的民族屈辱感与文化焦虑感。受传统文化真善美合一的审美理想的影响，闻一多向来重视诗歌的感染力和教育功能。因而随着时局的紧张、战火的蔓延，他更为自觉地强调诗歌的社会服务，从而实现了 40 年代诗学思想的转型，重视人民性和社会功利性的观点占据了他诗学思想的主导地位。但他后期的诗学思想与左翼诗歌片面注重诗歌的功利色彩明显不同，他是兼顾了诗歌艺术规律的。如在《宣传与艺术》中，闻一多批评抗战以来的宣传只是简单的标语口号，有宣而无传，宣传的效果差强人意甚至出现副作用和反作用。而好的宣传他认为不仅要有技巧，而且必须是艺术："我所谓宣传，在文字方面，是态度光明而诚恳的文艺作品，在形式上它甚至可以与抗战无多大关系，但实际能激发我们同仇敌忾的情绪，它的手段不是说服而是感动，是燃烧！它必须是一件艺术作品。"① 在《说舞》一文中，闻一多提出舞蹈这门艺术有实用意义和社会功能，但"律动"无疑是它的本质。《时代的鼓手》中，闻一多在强调诗歌时代功利性的同时，延续了前期诗学注重情感和形式的观点。他认为节奏不仅是诗歌（音乐）的先决条件，还源于生命："鼓是最原始的生命情调的喘息"，"鼓的声律是音乐的生命，鼓的情绪便是生命的音乐"，而闻一多对田间诗作的欣赏便在于"这里便不只鼓的声律，还有鼓的情绪"，它充满着"疯狂，野蛮，爆炸着生命的热与力"。② 鼓兼有诗的激情和鼓舞人心的节奏，成了闻一多后期诗学思想的一个象征。而在《诗与批评》中，闻一多亦没有唯社会价值论；相反，他认为正确的批评是价值与效率兼顾，既不能忽视价值，也不能抹杀效率："诗是社会的产物"，但"原料是不怕多的，我们什么诗人都要，什么样诗

---

① 闻一多：《宣传与艺术》，《闻一多全集》第 2 卷，湖北人民出版社 1993 年版，第 190 页。
② 闻一多：《时代的鼓手》，《闻一多全集》第 2 卷，湖北人民出版社 1993 年版，第 197—201 页。

都要，只要制造工具的人技术高，技术精"。① 很明显，闻一多后期诗学仍坚守着生命体验说，只不过由前期的重个体体验转变为重社会普遍性经验；而在保证诗歌艺术本质的前提条件下，社会价值和人文关怀成为闻一多后期诗学的重心。

二 "从诗境到尘境"

——融合生命力的现实性

马拉美在谈到纯诗时，曾提出诗歌是清除了世俗意义的一种超然的、自足的观念世界，瓦雷里继承了马拉美的纯诗观念，将纯诗看成一个不同于实际世界的关系世界，布拉德雷则认为"诗的本质并非真实世界（像我们通常理解的真实世界）的一个部分，或一个摹本，而是独立存在的一个世界，独立的、完整的、自己管自己的"②。在西方纯诗论者的诗学观念中，纯诗似乎成为一个剔除了任何现实性、社会性的自足世界。但事实上，西方象征主义诗歌与现实有着千丝万缕的联系。现实可以分为社会现实与精神现实，西方象征主义倾向于表现和追求内心世界的真实，即精神现实。他们认为存在于心灵世界的真实才是"最高的真实"，"诗表现的是更为真实的东西，即只在另一个世界是真实的东西"。③ 精神现实往往是对社会现实深入而痛苦的思考，它凝聚着诗人对现实、历史和人类命运的深切人文关怀。"从波德莱尔开始，现代诗逐步完善了多角度、多层次、全方位地把握现实，创造高于现实世界的精神世界的艺术表现方法。"④ 现实始终是象征主义诗歌创作的基础。波德莱尔的诗歌呈现了一个丑陋的现实世界，艾略特的《荒原》充斥着一幅幅现代都市的日常生活画面，瓦雷里的诗歌同样表达了对人生和现实的关注与思考，"瓦雷里……写的诗无疑要算做纯诗了。但我

---

① 闻一多：《诗与批评》，《闻一多全集》第 2 卷，湖北人民出版社 1993 年版，第 222 页。

② ［英］布拉德雷：《为诗而诗》，杨匡汉、刘福春编：《西方现代诗论》，花城出版社 1998 年版，第 28 页。

③ ［法］波德莱尔：《波德莱尔美学论文选》，郭宏安译，人民文学出版社 1987 年版，第 103 页。

④ 彭燕郊：《彭燕郊诗文集》（评论卷），湖南文艺出版社 2006 年版，第 66 页。

们注意到他的诗中与现实的联系比他的老师马拉美或其他象征派诗人更为紧密了"①。

与瓦雷里相比，闻一多更为重视诗歌的现实性。由自由与使命两者组成的生命观决定了艺术纯形与社会现实始终纠缠在闻一多的诗学中。现实一直为闻一多所关注，其早期诗学也不乏对现实生活的强调和重视。早在 1922 年 9 月，刚刚赴美的闻一多便在致好友的信中提及自己对诗歌现实性的看法，他认为自己在诗歌欣赏与创作中力图追求艺术的神圣美，但现实生活的严酷和残忍却迫使他不断由"诗境"堕入"尘境"。在《泰果尔批评》一文中，闻一多在强调诗歌形式重要性的同时又提出"泰果尔底文艺底最大的缺憾是没有把捉到现实。"② 在《戏剧的歧途》中，追求艺术纯形的闻一多亦同时强调"真正有价值的文艺，都是'生活的批评'"③。他的《红烛》满载着浓郁的爱国热诚，他的《死水》充斥着丑陋现实的表现和批判。闻一多后期诗学正是沿着这一关注现实的美学方向，强化了对现实性的追求，现实的意义被他视为诗歌价值的重要所在。于是，早期的"三美"诗学逐渐为现实主义所替代，诗歌的形式美也不再成为闻一多关注的焦点。在《〈烙印〉序》里，他称赞臧克家的诗歌注重生活和经验，认为臧克家保留生活而忽略诗歌的外形美是非常合算的；他肯定孟郊对生活的倚重，并宣称只要生活及生活磨出来的力。在《时代的鼓手》中，闻一多高度评价田间的诗歌，指出其诗歌成就的先决条件是"生活欲，积极的，绝对的生活欲"④。在《论文艺的民主问题》中，闻一多借朋友之口批评胡适之、林语堂、赛珍珠的作品未能反映中国的真实。在《五四与中国新文艺》中，他要求"中国新文艺应该是彻底尽到它反映现实的任务"⑤。

需要注意的是，闻一多前后期的现实观并不完全一致。在他的早期

---

① 张曙光：《写作：意识与方法——关于九十年代诗歌的对话》，孙文波编：《语言：形式的命名》，人民文学出版社 1999 年版，第 380 页。

② 闻一多：《泰果尔批评》，《闻一多全集》第 2 卷，湖北人民出版社 1993 年版，第 126 页。

③ 闻一多：《戏剧的歧途》，《闻一多全集》第 2 卷，湖北人民出版社 1993 年版，第 149 页。

④ 闻一多：《时代的鼓手》，《闻一多全集》第 2 卷，湖北人民出版社 1993 年版，第 201 页。

⑤ 闻一多：《五四与中国新文艺》，《闻一多全集》第 2 卷，湖北人民出版社 1993 年版，第 231 页。

诗学思想里，现实往往与情感和幻象相关联，带有强烈的个体感情色彩。《红烛》是闻一多满腔"痴"与"爱"的情感的交织，《死水》虽着重于客观世界的表现与描摹，但诗的情感性十分突出，如《死水》《一句话》《发现》等篇，诗人伤时愤世的爱国主义情思不时流露于笔端。《春光》《荒村》等接近小说化叙事手法的诗歌中，主体形象"我"仍然存在，诗人或愤激或嘲讽或感伤或同情，真切而强烈。如何将情感与现实巧妙地融合起来？闻一多提出了幻象的方法，他认为幻象能很好地表达一切："幻象真挚，则无景不肖，无情不达。"他批评《月食》《游圆明园》《冬夜》等诗歌幻象单薄，弱于或竟完全缺乏幻想力，呼吁新诗作者们摆脱词曲的记忆，大胆地运用幻象，从而使诗歌"远于真实之中，自有不可捉摸之神韵"①。不仅如此，闻一多还认为现实应适当的理想化，"艺术家过求写实，就显不到自己的理想，没有理想就失了个性，而个性是艺术的精髓，没有个性就没有艺术"②。很明显，闻一多前期的现实是上了色调、渗透着诗人个体生命体验的现实，它和西方象征主义的现实一样带有个人化和主观化色彩，也与巴尔扎克"染上了梦幻色彩"的现实一致。闻一多后来的改变，显然是顺着这一联系现实的诗学思想的变化。他改变了自己评价诗歌的标准，现实不再是带有强烈的个体感性色彩，也不再是幻象，而是纯粹的社会现实，是风起云涌的反抗侵略、争取民主的运动。在《时代的鼓手》这篇评论中，闻一多肯定田间"摆脱了一切诗艺的传统手法，不排解，也不粉饰，不抚慰，也不麻醉，它不是那捧着你在幻象中上升的迷魂音乐"③。在《艾青与田间》一文中，闻一多批评艾青诗歌中虽有现实，却是理想化的现实，是不真切的，而诗歌要表现的是赤裸裸毫无修饰的现实。《"新中国"给昆明一个耳光罢!》里，闻一多批评话剧这一知识分子的艺术形式完全脱离了人民现实生活的题材和观点，而大后方的"新中国剧社"因其有力地把握了人民现实从而成为中国戏剧的新方向。别林斯基曾说，现实主义"忠实于生活的现实性的

---

① 刘烜：《闻一多评传》，北京大学出版社 1983 年版，第 91—92 页。

② 闻一多：《电影是不是艺术》，《闻一多全集》第 2 卷，湖北人民出版社 1993 年版，第30 页。

③ 闻一多：《时代的鼓手》，《闻一多全集》第 2 卷，湖北人民出版社 1993 年版，第 201 页。

一切细节、颜色和浓淡色度，在全部赤裸和真实中来再现生活。……我们要求的不是生活的理想，而是生活本身，像它原来的那样。不管好还是坏，我们不想装饰它"①。闻一多后期的现实观与别林斯基的看法非常一致，他认为诗人不应过多地介入诗歌，要以冷静客观的笔触对现实作赤裸逼真的再现，这种注重客观品位的现实主义即客观现实主义。在战火纷飞、阶级斗争严酷的年代，闻一多出于诗歌的社会功利性目的，从初期的唯美主义、浪漫主义走向了冷静的现实主义。

闻一多诗学由前期的纯诗主导发展到后期的现实主义倾向，其变化是明显而巨大的，但后期诗学并非对前期诗学彻底否定和摒弃，而是闻一多生命诗学观内在构成的调整和发展。早期的闻一多受五四影响更注重生命的自由本性，诗学思想的天平倾向了艺术的纯形与纯美。后期因战争和社会矛盾日益尖锐，闻一多的使命意识和责任意识被激发出来，社会现实成为他关注的焦点。闻一多的这种选择与时代相关，又有其内在的基于生命感受的思想逻辑，闻一多后期诗学思想的变化，就是让他的生命感向生活贴近，在接触现实的时候让生命之火燃烧得更为炽热。从某种意义上说，他的《最后的演讲》就是用鲜血写成的一首散文形式而包含着追求民主自由理想和激情的不朽诗篇。

三　从"纯诗"到"非诗"
——拓展审美的多元化

"什么是诗呢？我们谁能大胆地说出什么是诗呢？我们谁敢大胆地决定什么是诗呢？不能！"② 在《诗与批评》中闻一多大声地质疑以往诗坛的一元化诗歌思维模式，提出诗歌应自由发展，什么样的内容和形式都可纳入。在《文学的历史动向》里，闻一多更是提出诗歌弹性说，"诗这东西的长处就在于它有无限度的弹性，变得出无穷的花样，装得进无限的内容"。闻一多的这些言论鲜明地表达了其对诗歌本质的多元看法。他

---

① ［俄］别林斯基：《论俄国中篇小说和果戈理的中篇小说》，《别林斯基选集》第 1 卷，上海文艺出版社 1963 年版，第 143—149 页。

② 闻一多：《诗与批评》，《闻一多全集》第 2 卷，湖北人民出版社 1993 年版，第 217 页。

认为诗歌内涵丰富、包容性极强，固执于单一狭隘的诗歌观念将使诗歌难以立足。从诗歌的多元认识出发，闻一多对"纯诗"倡导者以自我诗歌之主张压制、排斥其他风格的现象提出了批评，"太多'诗'的诗，和所谓'纯诗'者，将来恐怕只能以一种类似解嘲与抱歉的姿态，为极少数人存在着"①。闻一多的这一"非诗化"观点显然迥异于早期诗学中"为诗而诗"的艺术主张，而早期的诗歌"三美"说也为此时的弹性说所取代，闻一多后期诗学无疑拓展了诗歌的内涵和形式，丰富了新诗理论，使诗歌拥有更大的表现和生存空间。

闻一多的诗歌多元观并不仅存于后期诗学中，其早期诗学亦有明显体现，它反映在诗歌的内涵论、功能论、形态论等多个方面。从诗歌内涵来看，闻一多认为诗歌是生命经验的传达，"文学的宫殿必须建立在生命底基石上"②。但生命经验对闻一多而言不仅是个体生命的体验，还是人类的普遍性经验。对生命体验的多元认识使闻一多既重视诗歌的抒情性，又兼及诗歌的言志内涵。从诗歌的功能性来看，早期闻一多一方面强调"艺术至上"，另一方面对艺术的社会功利性也多有提及。从诗歌形态上来看，闻一多并没有像大多五四文人般拒斥传统、一味西化，他从多元角度将传统与现代、中国与西方的多种有益元素融合起来，从而提出了一种新的诗歌体式："我总以为新诗迳直是'新'的，不但新于中国固有的诗，而且新于西方固有的诗……它要做中西艺术结婚后产生的宁馨儿。"③

但闻一多前后期的多元认识并不完全一致。诚如前文所说，闻一多诗学的前后转变其实是其生命诗学的动态调整和发展，其多元意识在不同时期的艺术倾向性也有明显变化。前期的闻一多虽有多元的认识和看法，但艺术纯形与纯美的追求却是其诗学的主导。彼时的他倡导新诗格律化，要求"为诗而诗"，认为诗歌的内在质素首推情感。由此看来，早期闻一多将"情"视为诗歌的基本内涵，"事"和"理"虽亦为闻一多

① 闻一多：《文学的历史动向》，《闻一多全集》第 10 卷，湖北人民出版社 1993 年版，第 20 页。

② 闻一多：《泰果尔批评》，《闻一多全集》第 2 卷，湖北人民出版社 1993 年版，第 126 页。

③ 闻一多：《〈女神〉之地方色彩》，《闻一多全集》第 2 卷，湖北人民出版社 1993 年版，第 118 页。

所涉及，但重要性远不如"情"，而且闻一多的"事"与"理"也渗透了强烈的个人情感色彩。如《泰果尔批评》中闻一多提出哲理不宜入诗，泰戈尔的哲理诗因为缺乏个体情感，使人感觉不到审美的愉悦。《〈冬夜〉评论》中闻一多批评《冬夜》的哲学味损害了诗歌的情感，而讽刺、教训、哲理、玄想等诗歌即使蕴含了情感，但也是用理智的方法强造的，是二等情感。另外，闻一多虽然批评泰戈尔诗歌的最大缺陷是没有把捉到现实，但闻一多所谓的现实并不是赤裸的自然现实，而是"生活中的经验"，是融入了诗人情感和心灵的体验。

后期闻一多延续了其前期生命诗学的诗歌观念，个体生命和情感的体验依然是诗歌应着力表现的内容。如《〈烙印〉序》中闻一多盛赞臧克家的诗是"嚼着苦汁营生"的自我生活经验的传达。但闻一多后期并不单纯地偏重情感，而是将"情""事""理"三者兼重。如《歌与诗》中，闻一多以训诂法提出"歌的本质是抒情的"，而"诗的本质是记事的"，《三百篇》即为"歌"与"诗"的合流，既有抒情亦有记事。闻一多对"情""事"并重的《三百篇》颇为推崇，他批评其后的诗歌多"情"少"事"，"事"仅能以"境"的面貌出现，"诗后来专在《十九首》式的'羌无故实'空空洞洞的抒情诗道上发展，而叙事诗几乎完全绝迹了"。[①] 而闻一多后期对人类普遍性体验和客观现实的注重更是他将"记事"视为诗歌主要内涵的反映。闻一多后期的多元意识还表现在他对"理"这一诗歌内涵的重视上。他一改前期对诗歌中理智和哲理成分的批判，对庄子、阮籍、陈子昂等人的玄理诗评价甚高："中国的伟大诗人可举三位作代表，一是庄子，一是阮籍，一是陈子昂，因为他们的诗都含有深邃的哲理的缘故。"而陈子昂诗歌的哲理尤胜，他的《感遇》诗正是以宇宙浩渺、人生无常的玄理感受获得了闻一多的极度推崇："太白是高而不宽，杜甫是宽而不高，唯有子昂兼有两家之长，因此能成功一个既有寥廓宇宙意识又有人生情调的大诗人。因为站得高，所以悲天，因为看得远，所以悯人。"[②]

闻一多后期诗学对"事""理"的看重无疑是诗歌审美形态的多元拓

---

① 闻一多：《歌与诗》，《闻一多全集》第 10 卷，湖北人民出版社 1993 年版，第 10—14 页。
② 郑临川：《闻一多论古典文学》，重庆出版社 1984 年版，第 103—111 页。

展。他将史传、小说等文体中的叙事因素、哲学中的思想和哲理因素引入到诗歌创作中，使诗歌在基本的抒情功能外，又增添了叙事和说理的特征。不仅如此，闻一多在考察诗歌发展史后甚至提出抒情诗的发展到北宋即已终结，南宋以后的诗歌只不过是重复着以往的调子而已："中国文学史的路线南宋起便转向了，从此以后是小说戏剧的时代。"而新时代的诗歌该怎样发展？闻一多认为新诗要完全重新做起，但这样的诗歌则不再像诗，"说得更确点，不像诗，而像小说戏剧，至少让它多像点小说戏剧，少像点诗"。这与闻一多早期的纯诗追求有很大冲突。但闻一多早期在论及新旧格律诗的区别时便已提出新诗是置体裁衣，新诗的格式由内容和诗人意匠来决定。在国家和民族面临生死存亡的危急关头，诗人若一味沉迷于神秘唯美的艺术世界而逃避严酷人生是不合时宜的，小说戏剧显然比诗歌更适合复杂纷乱的现代社会。闻一多还认为小说戏剧的本质是平民的，诗歌的本质却是贵族的，"在一个小说戏剧的时代，诗得尽量采取小说戏剧的态度，利用小说戏剧的技巧，才能获得广大的读众"①。

但这样一来，诗是否不再是诗，而成为小说化、戏剧化的"非诗"？

英美新批评派代表沃伦曾说，诗歌包含了各种复杂的因素："不和谐的音调、拙劣的韵律、丑恶的言辞和丑恶的思想、口头俗语、陈词滥调、乏味的科技术语……所有这些把我们带回到散文的和非完美的世界中。"而新的纯诗理论将一切错综复杂的因素完全清除是毫无意义也是罪恶的。② 闻一多关于诗歌无限弹性的观点与沃伦不谋而合，对诗歌小说戏剧化的提倡则深受艾略特、丁尼生、勃朗宁等英国诗人的影响，他的《死水》有大量诗作采用了小说戏剧化的方法。不仅如此，闻一多还认为文学的各种文体实际是相通互融的，南宋诗歌就开始借用小说戏剧的方法。至于诗歌加入了散文、小说、戏剧等文体因素后是否还能称为诗歌，闻一多给出了这样的答案："请放心，历史上常常有人把诗写得不像诗，如

---

① 闻一多：《文学的历史动向》，《闻一多全集》第 10 卷，湖北人民出版社 1993 年版，第 18—20 页。

② ［美］罗伯特·潘·沃伦：《纯诗与非纯诗》，赵毅衡编：《"新批评"文集》，中国社会科学出版社 1988 年版，第 159 页。

阮籍，陈子昂，孟郊，如华兹沃斯（words-worth），惠特曼（whitmen），而转瞬间就是最真实的诗了。"① 这也诚如王夫之在评价陈子昂诗歌时所说："历下谓子昂以其古诗为古诗，非古也。若非古而犹然为诗，亦何妨。风以世移，正字《感遇诗》，似诵，似说，似狱词，似讲义，仍不复似诗，何有古？故曰，五言古自是而亡。"② 陈子昂玄理诗是"非诗"之古诗，而闻一多所倡"非诗"亦不是对诗歌文体的否定和混淆，而是诗歌审美形态在新时代的多元发展。闻一多认为传统诗歌（纯诗）理论在诗歌内容、形式上限制太多，而诗歌亦不仅限于抒情达意，所以他倡导诗歌内涵的"情""事""理"三者兼重。但"情"始终是诗歌的特质，故闻一多在盛赞《三百篇》对"古诗"之记事功能完美承传的同时，又辨析了《氓》《斯干》等诗与其他文体的区别，"然而很明显的上述各诗并非史传或史志，因为其中的'事'是经过'情'的炮制然后再写下来的"③。由此可知，闻一多"非诗"的实质是倡导新诗在新的时代文化语境下在保有诗意的同时多方借鉴小说戏剧等文体形式和技巧，从而使新诗既能获得时代的话语权，又能有新诗意的发展。

闻一多诗学有一个较为明显的发展过程。早期的他提倡艺术至上，追求艺术的纯美与纯形；后期的他主张"艺术为人生"，强调诗歌的功利性与现实性。但两者并没有形成严格的对立和突然的转变，只不过是其生命诗学两极或潜隐或凸显的表现而已。闻一多早期诗学偏重个体生命的感性体现，其后期诗学则向群体普遍性经验靠拢，这种转变与时代、社会及诗人的生命感受有着密切的关联。闻一多的诗学思想和诗歌的创作风格，就是追随时代脚步而向现实主义方向变化却又没有抛弃生命诗学观点的一个范例。

---

① 闻一多：《文学的历史动向》，《闻一多全集》第 10 卷，湖北人民出版社 1993 年版，第 20 页。

② 闻一多：《唐诗编上·陈子昂》，《闻一多全集》第 6 卷，湖北人民出版社 1993 年版，第 44 页。

③ 闻一多：《歌与诗》，《闻一多全集》第 10 卷，湖北人民出版社 1993 年版，第 13 页。

《死水》与"好懂"的象征主义

周仁政

（湖南师范大学）

一 "象征"与象征主义

谈论中国新诗中的象征主义，一般都以李金发为起点，这固然是恰当和合理的，因为李金发作为中国象征诗派的鼻祖，在中国新史创作史上具有诸多开创性。第一，他是第一个将西方象征派及其创作方法引进中国的新诗人。据其所称，1923 年，他从德国将《食客与凶年》《微雨》两部诗稿寄给北京的周作人，不久得到周作人复信，称其"国内所无，别开生面"，随即编入新潮社丛书，交北新书局出版。[①] 尽管当时国内尚无"象征派"之称谓，但李金发的新诗在五四以后因"难懂"而为人津津乐道，则是其"别开生面"的原因所在。第二，《微雨》作为李金发的第一部象征主义诗集，正如其评论者所说：李金发的诗"笔态奇恣"，文白夹杂，一反常态，打破了五四以来新诗纯用白话，犹胡适所谓"明白清楚"的"美"感，"一股新异的感觉，潮上了心头"。[②]

---

① 李金发：《从周作人谈到"文人无行"》，《异国情调》，商务印书馆 1946 年版，第 34 页。

② 参见博董《李金发的〈微雨〉》，《北新》1927 年第 22 期；钟敬文《李金发底诗》，《一般》1926 年第 1 卷第 4 期。胡适认为，文学之"美""第一是明白清楚，第二是明白清楚之至"。（参见胡适《什么是文学——答钱玄同》，《胡适学术文集·新文学运动》，中华书局 1993 年版，第 89 页。）

"难懂""新异"是中国新诗坛对象征诗的最初印象。但就"象征"而言，周作人说："新诗的手法，我不很佩服白描，也不喜欢唠叨的叙事，不必说唠叨的说理，我只认抒情是诗的本分，而写法则觉得所谓'兴'最有意思，用新名词来讲或可以说是象征。让我说一句陈腐话，象征是诗的最新的写法，但也是最旧，在中国也'古已有之'。"① 1926 年时周作人如是说，或许他意象中所谓"象征"也不过一种惯用的诗歌抒情手法，即"兴"——比拟也。有关"象征派"的见解则可征引他此前关于波特莱尔的评论。他说：波特莱尔的诗中"充满了病态的美，正如贝类中的珍珠。他是后来颓废派文人的祖师，神经病学者隆波罗梭所谓风狂的天才，托尔斯泰用了社会主义的眼光批评他说一点都不能了解的作家"。通过征引有关波特莱尔的评论，他对其评价是："波特来耳爱重人生，慕美与幸福，不异传奇派诗人，唯际幻灭时代，绝望之哀，愈益深切，而执着现世又特坚固，理想之幸福既不可致，复不欲遗世以求安息，故唯努力求生，欲于苦中得乐，于恶与丑中而得善美，求得新异之享乐，以刺激官能，聊保生存之意识。"在此，周作人以"颓废派"指称波特莱尔，以区别于"传奇派"（浪漫主义）诗人，虽未用到"象征派"称谓，却特别指出："他的貌似的颓废，实在只是猛烈的求生意志的表现，与东方式的泥醉的消遣生活，绝不相同。所谓现代人的悲哀，便是这猛烈的求生意志与现在的不如意的生活的挣扎。"② 已有为其正名的意思。

上述周作人的观点，一说"象征"，一说"象征主义"——前者循其名，后者责其实，不是同一种语境，也非同一个意思，只能说中国象征主义诗歌乃先得其实，后有其名，这正是李金发之诗所造就。周作人所谓钟情于诗的抒情性，而李金发或波特莱尔式的抒情显然并非古已有之的"兴"——比拟。如其所述，一种"于苦中得乐，于恶与丑中而得善美，求得新异之享乐，以刺激官能，聊保生存之意识"的抒情诗，诚然

---

① 周作人：《〈扬鞭集〉序》，《周作人自编文集·谈龙集》，河北教育出版社 2002 年版，第 41 页。

② 周作人：《三个文学家的纪念》，《周作人自编文集·谈龙集》，河北教育出版社 2002 年版，第 16 页。

道出了周作人其时所能理解的象征主义诗歌的精髓，以此求证李金发诗歌的"难懂"性、"新异"性等，亦可迎刃而解。

就诗或诗人而言，"于苦中得乐"犹可理解，何如"于恶与丑中而得善美"呢？上文中，周作人比较了"弗罗倍尔的艺术主义，陀思妥也夫斯奇的人道主义"，认为波特莱尔是所谓"颓废的'恶魔主义'"。他认为，这似乎正可救治"新名目的旧传奇（浪漫）主义"和"浅薄的慈善主义"。因为真正"颓废"的不是诗人，而是时代，诗人发出的仅为"绝望之哀"——越是"爱重人生，慕美与幸福"者"幻灭"之感，绝望之哀"愈益深切"，这才是真正的"现代人的悲哀"。如果说在"古已有之"的诗中，美从来都是鲜花香草，善从来都是忠孝节义，而置之现代社会，一来历史的真相已被启蒙主义者果断地揭出——善恶逆转，二来都市化的现代社会人生日见其背离自然、背弃真善美——美丑倒置；五四以来新诗所附载的理想主义和乐观主义情绪呈现出了"不真实"的面目，"明白清楚"的表达更增添了几分造作和肤浅。就周作人而言，一贯关注文学与人生，更将"时代与人"和"文学与人"结合起来，用"人的文学"观点去审视和辨析。关注人，核心是关注人的情感与心灵，即自我化的内心世界。"跟着感觉走"的诗人所抒之情乃为自我之情，不能仅仅在虚幻的理想和高昂的赞歌声中生存。"痛并快乐着"或"痛且忧伤着"成为一种时代症候，作为一个诗人，犹如鲁迅所说："绝望之为虚妄，正与希望相同。"[1]

二　"好懂"的象征主义

实际上，在中国早期新诗中，"难懂"并不是象征主义诗歌的首要特征。所谓"难懂"的诗，朱光潜认为，"诗人用有音乐性的语言来传达他的情趣和意象"有两重目的："诗人应该着重自己的表现呢？还是应该着重旁人的了解呢？"就前者而言，"他自己表现得心满意足而旁人不尽能了解"；就后者而言，"旁人对他的话都能了解而他自己却觉得那话还没有恰恰表现他心里所想的"。真正的诗人往往是前者，这就产生了"难

---

[1]　鲁迅：《野草·希望》，《鲁迅全集》第 2 卷，人民文学出版社 1981 年版，第 178 页。

懂"的诗。诗的要素为"情趣""意象"和"语言"。诗人是由情趣见到可表现的意象,再凝聚为恰如其分的语言;读者是"由语言而见意象,由意象而见情趣"。二者的路径相反。"所谓'难易'是读者在设法了解时所感觉到的难易,诗本身实在没有难易的分别。"① "看似寻常最奇崛,成如容易却艰辛。"(王安石《题张司业诗》)这正是诗人与平常人的区别,也是诗与话的不同。所以,朱光潜认为,了解诗与诗人不能以难易为辨,提高欣赏者的学问修养才是正道。

当然,并非据此即可认定李金发的象征诗便是曲高和寡的现代诗,其因为"难懂"而被诟病还在于就当时而言它乃十足的舶来品。李金发毕竟不是一个按照"胡适之体"的规范造就自己诗作的新诗人,在语言上他把传统的文言与西化的白话辞藻掺和起来,情趣是波特莱尔式的颓废,意象是恶与丑、病与怜杂糅的晦涩。按照周作人的说法,这大致属于"思想的晦涩"一类,或也有"文章的晦涩"(表现能力的问题)掺杂其间。这所形成的"不懂"首先便是一种接受的距离,其次便是理解的问题。周作人曾借蔼理斯评霍普特曼和勃朗宁的话说:"却普曼(按:霍普特曼)的晦涩是烟似的,勃朗宁的是电光似的。……二人的晦涩都似乎无可取。他们都太多玄学,太少雅致。这是天才之职去表现那未表现过的,以至表现那些人所不能表现的。若从天才之职来说,那么表现失败的人便一无足取。"即为"天才"之表现又何论成败呢?周作人认为面对这样的苛责尽可以"主观的标准"去判断,不必强求一律。②

实则在五四以降中国的新诗语境中,胡适《尝试集》式的"明白清楚"的白话诗及其所引领的新诗散文化风潮,尽管在 20 世纪 20 年代中期,受到新月派"新诗格律化"的阻遏和由于周作人等对象征派诗歌的倡导而受到挤压,但五四时代即已树立的文学平民化、通俗化目标,"雅致"或"难懂"的新诗必定属于"小众"趣味,难合时宜,这或许正是中国新诗不断走向衰竭的原因。就象征诗而言,新诗史上真正引领潮流者并非李金发,而是穆木天、冯乃超,以及后来的戴望舒等。这中间,

---

① 朱光潜:《诗的难与易》,《朱光潜全集》第 9 卷,安徽教育出版社 1993 年版,第 244—245 页。

② 周作人:《关于看不懂(一)(通信)》,《独立评论》1937 年第 241 期。

作为新月派诗人的闻一多，也因此崭露头角。

这一序列所代表的新诗象征派，便是所谓"好懂"的象征主义。

三 《死水》与象征主义

若说在"好懂"的意义上孕育了中国式象征主义，闻一多的《死水》一诗足称代表。

在法国，象征主义在他的起点——波特莱尔那里，也是一种"好懂"的象征主义。闻一多笔下的"死水"，犹如波特莱尔歌咏的"腐尸"：

> 还记得我们看见过的东西吗？我的爱人，
> 就在今日这个美好的夏天早晨
> 在一条小路的拐角上，一具腐乱的女尸
> 躺在碎石子铺垫的床上。
>
> 两条腿跷起着，像一个淫荡的女人，
> 蒸发着潮湿的毒素，
> 以一种放浪和猥亵的姿态，
> 袒露出她的腐臭的胸肚。①

在世界文学史上，象征主义的美学特征是"审丑"，但这并不意味着它天生就是"难懂"的。作为诗人，内心总是向往着美。波特莱尔借"腐尸"歌咏爱情，虽然一反浪漫主义窈窕淑女、春花秋月式的典雅和优美，但仍把"海枯石烂"式至死不渝的爱情当作"神圣的精神"。这虽非"不知生，焉知死"的乐观主义，却仍是"向死而生"的本质主义——少了轻浮浪漫的许诺，而有"毒誓"般的坚贞和透彻。

波特莱尔说："浪漫主义是美的最新近，最现实的表现。""浪漫主义并不存在于完美的技巧中，而存在于和时代道德相似的观念中。""正因

---

① ［法］波特莱尔：《腐尸》，《域外诗抄》，施蛰存译，湖南人民出版社1987年版，第178—180页。

为有人把它归入技艺的完善之中,我们才有了浪漫主义的洛可可(按:一种纤细、轻巧、华丽、烦琐的艺术风格),这确实是世上最难忍受的东西。"然而,"有多少种追求幸福的习惯方式,就有多少种美"①。当人们不再是"习惯地"面对大自然,而是"习惯地"面对着灰暗楼宇下的阴森一角和腥秽的臭水沟时,爱与美就只能和死亡与秽臭共生。这正是波特莱尔式的象征主义美学。

象征主义者把"象征"看成一种新的审美方式,这其实只是意象审美,而本质则是"审丑"。所谓"审丑"是从丑中见美,或以丑来想象(象征)美。比起浪漫主义,其抒写是直接的,而表现(想象或意象)则是间接的。在传统审美主义的意义上,这必然使比拟——"兴"变得不可思议。可见,周作人将象征和"比拟"相等同的论断就显得至为简单化而不得要领。

在象征主义诗史上,波特莱尔式的"好懂"的象征诗实则只是完成了审美意识的这种外在的转换——彻底摒弃华兹华斯等湖畔派诗人们的抒情风格,使现代社会的都市形象作为中古社会自然美的替代物成为新的文学和艺术的表现主体,而"都市丑"也被当作自然美的替代品应运而生。但艺术家的心中总是向往美,因而丑的都市形象不是被美化,而是被象征化。这是我们今天理解象征主义艺术及其产生根源的关键。

象征化的审美主义是都市审美主义。在都市审美主义的意义上,象征主义者面对的"都市丑"不仅是外在的景致,更有内在的人心和人情。都市社会生活中无处不在的矫情、功利、虚伪和冷漠侵蚀着象征主义诗人们的情感世界及其审美主义生活方式,代之而起的是非本质化的都市自然主义。相对于浪漫主义者笔下田园牧歌式的优美和朴实无华的自然与人情世界,都市自然主义者乃是在丑陋和污秽的都市景观中透视虚饰龌龊的人心和人情,这正是造就魏尔伦、兰波,以及李金发笔下"难懂"的象征主义的新的文学和历史因缘。

但就波特莱尔而言,"好懂"的象征主义在圣伯夫看来"在形式上完

---

① 〔法〕波特莱尔:《1846 年的沙龙》,《1846 年的沙龙——波特莱尔美学论文选》,郭宏安译,广西师范大学出版社 2002 年版,第 192 页。

全是古典式的"。① 那么除了"审丑",波特莱尔诗中还有的便是"表现痛苦"。普鲁斯特认为,波特莱尔带着一种"有无限感受力的冷酷,他嘲弄痛苦,以不动情的态度表现痛苦"。如写哭泣的老妇:

> 这眼睛是无数泪滴汇成的深井……
> 一滴泪水泣下足以流成长河,
> (波特莱尔《老妇》)②

在《盲人》一诗中,波特莱尔开首则道:

> 我的灵魂,你看:
> 他们真丑,多么可怕!③

冷酷中则有直率的流露——犹如闻一多《死水》诗集中第一首《口供》的末两句:

> 可是还有一个我,你怕不怕?——
> 苍蝇似的思想,垃圾桶里爬。

这一则是象征主义者直面痛苦的表白,一则亦表现了某种不避其陋,自揭疮疤的直率。但这并非说明闻一多的《死水》与波特莱尔的《恶之花》有一种作为象征派诗歌的彻头彻尾的契合性及对应关系,因为无论在中国新诗史上还是历来对于闻一多《死水》的研究和评介中,尚少有人真正从象征主义角度解析过闻一多的《死水》及相关作品。这虽非全然无视或"误读",也别有因缘。

对比闻一多的《死水》(单篇)和波特莱尔的《腐尸》,可以断定它

---

① 圣伯夫对《恶之花》的评论,参见 [法] 普鲁斯特《驳圣伯夫》,王道乾译,百花洲文艺出版社 1992 年版,第 99 页。

② [法] 普鲁斯特:《驳圣伯夫》,王道乾译,百花洲文艺出版社 1992 年版,第 104 页。

③ [法] 波特莱尔:《盲人》,引见普鲁斯特《驳圣伯夫》,王道乾译,百花洲文艺出版社 1992 年版,第 105 页注①。

们具有相同的审美精神——"化丑为美"或"审丑"。在美的观念上，象征主义对于浪漫主义的反动或超越一则是对美的形象的颠覆——从宁静、优雅的自然牧歌走向喧嚣、怪诞的都市咏叹，一则是以自然主义的态度摹写"都市丑"，而给予适当的"美化"。波特莱尔在评论戈蒂耶时说道：作为诗人，戈蒂耶"爱的只是美，他追求的只是美。当一个怪诞的或丑陋的东西呈现在他的眼前的时候，他仍然知道如何从中发掘出一种神秘的、象征的美！"亦如波特莱尔笔下——"腐尸"是丑的，但至死不渝的爱情却很美。

闻一多曾借济慈的名言指出："美即是真，真即美。"（《红烛·艺术底忠臣》）从《红烛》到《死水》在某种意义上亦可看成其从济慈到波特莱尔的转换。尽管从总体上看，闻一多算不得一个真正的象征主义者，但从他接受西方诗歌影响的情况看——从拜伦、济慈、勃朗宁夫人到郝士曼等，那无处不在的哀怨与忧伤，加上浅浅的颓废，以及唯美主义的艺术追求，使他的创作在新月诗史上迥异于徐志摩和朱湘。沈从文曾对比徐志摩和朱湘，认为"徐志摩作品给我们感觉是'动'，文字的动，情感的动，活泼而轻盈。如一盘圆圆珠子，在阳光下转个不停，色彩交错，变幻眩目。……写景，写人，写事，写心，无一不见出作者对于现实光色的敏感，与对于文字性能的敏感"①。而朱湘则"使诗的风度，显着平湖的微波那种小小的皱纹，然而却因这微波，更见出寂静。""……爱，流血，皆无冲突，皆在那名词下看到和谐同美。"② 与二者迥然不同的是，闻一多的诗则贵在求真。求真，使闻一多在诗中不回避丑，更不拒斥痛苦。——其共同点，则都是表现了"人类困境中的审美精神"。

正是执着于美，"审丑"抑或审美，他们的追求却都一样。波特莱尔认为戈蒂耶"具有一种独一无二的才能，像命运一样坚强有力，他不知疲倦地、轻松自如地表现了各种姿态、各种目光、自然所接受的各种色

---

① 沈从文：《从徐志摩作品学习"抒情"》，《沈从文文集》第 11 卷，花城出版社、三联书店（香港）1984 年版，第 218 页。

② 沈从文：《论朱湘的诗》，《沈从文文集》第 11 卷，花城出版社、三联书店（香港）1984 年版，第 114 页。

彩，以及包容在人类目光所见的各种东西之中的隐秘的含义"①。这也正是《死水》——起码《死水》一诗所具有的意义。

从表现上看，《死水》的"审丑"是一个题材问题。犹如在《再别康桥》中，徐志摩讴歌了自然的美，也表达了那份情感世界的洒脱和轻盈；在《采莲曲》中，朱湘沉浸于一种优雅的古典式的美，以及于美的幻想中脱颖而出的那种宁静和庄严；在《死水》中，闻一多是于丑中睁开了双眼，谛视、聆听，"螟蛉之子，祝其类我"般地诅咒、呼唤，令其焕发出了美的色泽。无疑，作为诗，这都昭示了同一种热爱美、忠于美的意志。

但是，毕竟与美的幻想性、主观性相异，丑是具有现实性、客观性的东西。这正是闻一多所面对的独特的真实。正是这种真实改变了《死水》的审美属性，也改变了作为诗人的闻一多对于美的意志——一种在拟想的"美"中油然而生的"绝望"的痛苦。

所以，痛苦的抒写才是闻一多表现于《死水》一诗中的"审丑"或者审美的真谛。痛苦不仅是一种现实感，也是一种思想化的经验，表现在诗中，就是那种与丑相伴生的绝望。因此，在闻一多笔下，情感的表现跃升为一种情绪的表达。正是这种情绪的表达使其《死水》一诗脱离了轻盈、优雅的笔致，获得了铿锵的质感。同时，在审美主义意义上，牧歌情调的浪漫主义也离我们远去了，都市生活和文化涵育下的庸俗、琐碎、斑斓和腥秽，簇拥成一个死而鲜活的意象。

在现代诗中，犹如波特莱尔所说："没有不能表现的思想。"② 通过闻一多的《死水》我们看到，在中国新诗中，没有不可表现的意象。这正如庄子笔下的"道"——道在泥涂，道在沟洫，道在便溺。迷失于情而求索于道，似乎正是作为诗人的闻一多热衷于庄子的原因所在。在《庄子》一文中，闻一多发抒过对于庄子的感悟，辨析的正是情与道的关系：

---

① ［法］波特莱尔：《对几位同代人的思考》，《1846 年的沙龙——波特莱尔美学论文选》，郭宏安译，广西师范大学出版社 2002 年版，第 104 页。

② 同上。

> 是诗便少不了那一个哀艳的"情"字。《三百篇》是劳人思妇的情；屈、宋是仁人志士的情；庄子的情可就难说了，只超人才载得住他那神圣的客愁。

闻一多认为，作为诗人的庄子是超越了情的。他的著述"与其说是哲学，毋宁说是客中思家的哀呼；他运用思想，与其说是寻求真理，毋宁说是眺望故乡，咀嚼旧梦"。"他这思念故乡的病意，根本是一种浪漫的态度，诗的情趣。"其中，闻一多通过把庄子之哲学与诗联系起来，不仅认为是对情的超越，也是对"思"——哲学的超越，从而获得了一种"精深的思想"之美，这既是"思想的美"，也是"情绪的美"——"思想与情绪的分界究竟在哪里"？所谓"神圣的客愁"，置之庄子当为肉体的漂泊感与精神的无寄，置之《死水》时代的闻一多便会深有同感。

因此，闻一多认为庄子所谓"道"便是一种情绪的哲学或哲学的情绪，他用寓言（或诗）来表达的仅仅是"乡愁"。这样，"他的思想的本身便是一首绝妙的诗"——这是思想（理智）之诗也是生命（情绪）之诗。在此，闻一多所谓庄子的"乡愁"和《死水》中闻一多的"乡愁"对应起来，形成一种独特的漂泊意境和精神流浪的遐思，使其作为诗人的"浪漫的态度中又充满了不可逼视的庄严"。

一则是病态庄子之"神圣的客愁"，一则是"异乡异客"审视现实时无处不在的真实的丑——丑成为一种感知，一种思想的养料，在闻一多看来这是成就庄子的关键。庄子"文中之支离疏"，如"画中之达摩，是中国艺术里最特色的两个产品，正如达摩是画中有诗，文中也常有一种'清丑入图画，视之如古铜古玉'的人物，都代表中国艺术中极高古、极纯粹的境界；而文学中这种境界的开创者，则推庄子。诚然《易经》的'载鬼一车'，《诗经》的'牂羊坟首'早已开创了一种荒怪丑恶的趣味，但没有庄子用得多而且精。这种以丑为美的兴趣，多到庄子那程度，或许近于病态，可是谁知道，文学不根本便犯着那嫌疑呢！"①

就文学而言，在西方，若说 19 世纪的现实主义者开创了批判的文学传统，这和启蒙时代文学的理性至上和浪漫主义者的情感至上都不相同，

---

① 闻一多：《庄子》，《闻一多全集》第 9 卷，湖北人民出版社 1993 年版，第 8—9、16 页。

象征主义者开创的新的文学传统便只能是将这一切置之度外的虚无主义。而在中国历史上，庄子式的虚无主义哲学，一旦化为某种现代诗的感性源泉和精神指南，它所能凸显的审美特征便是"审丑"。而较之审美是一种快感的表达，"审丑"便是一种痛苦的表达。

就情绪上看，正在于表达的是痛苦而非愤怒，"审丑"的诗人是象征主义者而不是激进主义者。像波特莱尔一样，闻一多认为真正的诗人，贵在于能够以丑来创造美，不失其"精致"。如其溯源于先秦和庄子，"'丑'在艺术中固有相当的地位，但艺术底神技应能使'恐怖'穿上'美'底一切的精致，同时又不失其要质。"① 因此，"审丑"的诗人本质上依然是审美主义者。作为先驱者，闻一多尝谆谆告诫于新的诗人："明澈则可，赤裸却要不得。……赤裸了便无暗示之可言。"② ——诗无暗示即无美感。若暗示即是象征，这必然是一种"好懂"的象征主义——"好懂"的不仅是诗，也是诗人的思想。

---

① 闻一多：《〈冬夜〉评论》，《闻一多全集》第2卷，湖北人民出版社1993年版，第86页。

② 闻一多：《论〈悔与回〉》，《闻一多全集》第2卷，湖北人民出版社1993年版，第165页。

1912—1926：交往视域中的
闻一多新诗理论建构[①]

罗义华

（中南民族大学）

　　1926 年问世的《诗的格律》一文正式宣告了新格律诗的理论完成，体现了现代中国新诗本体建设的理论高度，并与《翡冷翠的一夜》《草莽集》《死水》等共同构成了新月诗派成熟的标志。从 1912 年进入清华学校，到 1926 年发表《诗的格律》，闻一多到底有着怎样的人生的、艺术的阅历？这些阅历又如何影响到他的新诗理论建设活动？本文拟以清华十年、留美三年、归国一年为区间，分别梳理闻一多在上述三种时空区间里的文学交往活动，探讨交往对于闻一多新诗理论建设活动的意义。

1912—1922 年：清华十年

　　闻一多于 1912 年底进入清华学校学习。在清华，自幼喜爱传统戏剧的闻一多，在课余参加编剧，演出了《革命家》《打城隍》《两仆计》《兰言》等剧，又曾参与清华学生组织演出的《卖梨人》（洪深编剧）等剧。1916 年 9 月，闻一多担任了年级演剧部编辑部主任，清华学校成立游艺社后，闻一多又担任副社长。1919 年游艺社改为新剧社，专事排演

---

　　① 项目编号：国家社科基金项目"清末民初知识分子的代际交往与新文学的发生"（12BZW077）。

新剧①，游艺社（新剧社）先后编剧、演出了《蓬莱会》、《紫荆魂》、《都在我》、《鸳鸯仇》（后改编为《是可忍》）、《黑狗洞》、《可以风》（后改编为《巾帼剑》）、《我先死》等，闻一多用力尤专，因忙于剧务，"日不暇给"②，甚至"数月来奔走剧务，昼夜不分，餐寝无暇"③。1916年11月，王际真等人发起唱歌团，闻一多也曾加入其中。1917年6月，《辛酉镜》印行，林纾为之作序，闻一多撰写《发刊词》，介绍了美术、乐剧等栏目的宗旨。

在清华，闻一多先后参加了图画校外写生团和特别图画班，以擅长水彩画而闻名于清华，曾任《清华年报》的图画副编辑。特别图画班曾邀请讲授图画课程的司达尔女士演讲"建筑上之美术"④。1919年9月，闻一多与清华同学杨廷宝、方来、吴泽霖等发起组织美术社，并请司达尔女士任美术社教师。美术社社员除去每周二的绘画实习活动之外，还要开展"研究"："社员各择一题研究其源流、变迁及现状，作为报告，于每月常会时宣读。"每月常会除读书报告外，"间有用幻灯演讲泰西绘画及雕刻等题"。⑤ 这种兴趣的发展成为他后来"留美学习绘画之根源"⑥。美术社先后曾邀请本校教师司达尔女士、北京美术学校吴新吾、俄国画家黎克雷（Lee Kney）等人演讲。

1920年3月，闻一多与吴泽霖、潘光旦、闻亦传等人组织了"上社"，每周集会，讨论文学、美学、哲学等方面问题。1920年12月，闻一多还与浦薛凤、梁思成等发起成立了一个研究文学、音乐及各种具形艺术的团体"美司斯"（The Muses），这个团体先后邀请梁启超、陈思曾、吴新吾、钱稻孙等讲授艺术理论，并决定分音乐、绘画（包括雕塑、

---

① 相关内容见《新剧社》，《清华周刊本校十周年纪念号》，1921年4月28日，又见《闻一多年谱长编》，湖北人民出版社1994年版，第36页。

② 见《闻一多年谱长编》，湖北人民出版社1994年版，第67页。

③ 同上书，第68页。

④ 《清华周刊》第129期，1918年2月21日，又见《闻一多年谱长编》，湖北人民出版社1994年版，第59页。

⑤ 见《闻一多年谱长编》，湖北人民出版社1994年版，第88页。

⑥ 浦薛凤：《忆清华级友闻一多》，（台湾）《传记文学》1981年第39卷第1期。又见《闻一多年谱长编》，湖北人民出版社1994年版，第21页。

建筑）、文学、美学四门，每星期开研究会一次，为同人学习与交流之平台。① 闻一多的新诗作《美与爱》即是此一活动期的产物。1921 年 11 月，清华文学社成立，诗组领袖即为闻一多，他的《诗的音节问题》（诗底音节的研究）等成果就出于本时期为文学社所作的研究报告。《律诗底研究》也是这个时期的重要理论成果。

　　为什么闻一多会对新诗形式质素情有独钟？笔者以为，闻一多作为新诗人，他身兼绘画、雕刻、戏剧、音乐与诗的艺术素养，这是我们理解这个问题的出发点。1919 年闻氏有《建设的美术》一文，内中有将文字、音乐、戏剧、雕刻、建筑、工艺等统摄于美术的观点，这篇文字就集中体现了他多元的艺术的视域与经验。从闻一多在清华学校的日常生活看，与师友们的艺术交往活动占据了他的很大一部分时间与精力，这些交往活动融合了文学、绘画、雕刻、建筑、音乐等艺术门类，养成了闻一多兼收并蓄的艺术视域和审美情怀。在清华学习的后期，文学活动有所加强。从 1919 年他对新诗产生兴趣，到 1926 年《诗的格律》一文的出现并延及以后，闻一多一直保持了对新诗形式质素的高度敏感与理论自觉，这与他在清华学校的文艺交往活动有着密不可分的联系。

1922—1925 年：留美三年

　　1922 年 7 月，他赴美国留学，先后在芝加哥美术学院、珂泉科罗拉多大学和纽约艺术学院进行学习，在专攻美术之外，他更表现出对文学的极大兴趣，特别是对诗歌的酷爱。留美三年，闻一多的文学交往活动体现在两个方面：其一是他与梁实秋、吴景超、闻家驷、熊佛西等人的交往；其二是他与美国现代诗人的交往。

　　闻一多赴美后，一直与清华那帮志同道合的朋友保持着紧密的联系，闻一多曾与梁实秋等人结伴游学，更多的则是在往来书信中一同探讨诗的艺术问题。如 1922 年 8 月闻一多抵达芝加哥，已注意到胡适的"八不

---

　　①　相关内容详见《美司斯成立会》，《清华周刊》第 203 期，1920 年 12 月 17 日。

主义"可能沿袭了意象派的主张①。在致清华友人的信中，闻一多宣布自己将为大家推介意象派，他认为中国的诗"too shadowy, too thin, too bony"，有必要学习意象主义诗歌"deeper and warmer colour"的特质②。1922年9月24日致信吴景超，有云："现在我极喜用韵。本来中国韵极宽；用韵不是难事，并不足以妨害词意。既是这样，能多用韵的时候，我们何必不用呢？用韵能帮助音节，完成艺术；不用，正同藏金于室而自甘冻饿，不亦愚乎？"③ 1922年12月6日致信梁实秋："《忆菊》、《秋色》、《剑匣》具有最浓缛的作风。义山、济慈的影响都在这里；但替我闯祸的，恐怕也便是他们。"④

1923年3月，《园内》一诗完成后，他写信告诉梁实秋等说："这首诗的局势你们可以看出是一首律诗的放大……每景有一主要的颜色，晨曦是黄，夕阳是赤，凉夜是蓝，深更是黑。我觉得布局 design 是文艺之要素，而在长诗中尤为必需……宇宙底一切的美，——事理的美，情绪的美，艺术的美，都在其各部分间和睦之关系，而不单在其每一部分底充实。诗中之布局正为求此和睦之关系而设也。"⑤ 这一段文字从律诗的结构和审美形态来审视《园内》，这种"复古倾向"就拉开了他与胡适、俞平伯等新诗人的距离⑥。同月，他在致友人信中谈到了诗的"四大元素"：幻象、感情、音节、绘藻，并借用随园老人的话说，"其言动心"是情感，"其色夺目"是绘藻，"其味适口"是幻象，"其音悦耳"是音节。⑦

从这些信件中可知闻一多与朋友们醉心于交流中外新诗艺术，开展诗歌批评，筹办《大江》刊物的情形。在《红烛》从写作到出版的过程中，梁实秋等人从旁着力，多有助益。1922年5月16日，送别闻一多留美之际，梁实秋创作《送一多游美》一首，诗题曰："一多是文学社的社

---

① 《闻一多全集》第12卷，湖北人民出版社1993年版，第55页。
② 同上书，第56页。
③ 同上书，第78页。
④ 同上书，第124页。
⑤ 同上书，第154页。
⑥ 同上。
⑦ 同上书，第156页。

友，清华现在唯一之诗人，有集曰《红烛》，今且游美，全社有失倚之感。"① 这一段文字蕴含了如下信息：其一，闻一多是清华"唯一之诗人"，是主脑；其二，《红烛》在闻一多出国前已编订初稿，据闻一多留美初期与梁实秋的通信看，出国后又与梁实秋等人反复切磋，才有《红烛》的最后修订与出版。1923 年 3 月 25 日闻一多致信闻家骊，有云："我近来的作风有些变更，从前受实秋的影响，专求秀丽，如《春之首章》《春之末章》等诗便是。现在则渐趋雄浑，沈劲，有些像沫若。你将来读《园内》时，便可看出。其时我的性格是界乎此二人之间。"② 正是在与梁实秋等人的往来活动中，闻一多逐步形成了自己的诗歌路线与立场，他与中国诗歌传统的联系也因此得到了加深加固。

对于闻一多来说，机缘巧合的是，他所求学的地方芝加哥正是美国新诗运动的大本营，这使得他有可能与方兴未艾的意象派发生某种关联。来到芝加哥之后，闻一多因为浦西（Bush）女士的举荐而得以结识桑德堡和门罗，这对他的新诗活动有直接的影响③。这年 12 月，闻一多又结识了诗人、《诗》刊编辑海德夫人（Eunice Tietjens），他的诗得到了海德夫人的赞许。在致吴景超的信中他还谈到了海德夫人对于其诗作的修改意见。④ 1922 年 12 月 1 日致信梁实秋，赞美弗莱契说："他是设色的神手。他的诗充满浓丽的东方色彩。他的第二本诗集名曰 Goblins and Pago-das，我崇拜他极了。……佛来琪唤醒了我的色彩的感觉。"⑤ 对此，梁实秋在《谈闻一多》中指出："他对于当时美国所谓'意象派'的新诗运动发生兴趣，特别喜爱的是擅细腻描写的 Fletcher。"⑥ 在弗莱契的影响

---

① 原载 1922 年 6 月《清华周刊》第 8 次增刊。又见《梁实秋文集》第 6 卷，鹭江出版社 2002 年版，第 16 页。

② 《闻一多全集》第 12 卷，湖北人民出版社 1993 年版，第 162 页。

③ 闻一多与 Carl Sandburg、Harriet Monroe 的交往情形，见 1922 年 10 月上旬致父母亲信，《闻一多全集》第 12 卷，湖北人民出版社 1993 年版，第 93 页。《闻一多年谱长编》述此事说，《诗歌》问世于 1912 年，时值被美国文学史称为"芝加哥文艺复兴"时期，"它代表了诗歌写作中的新形式主义倾向，也论述过印象主义、意象主义和自由诗问题……先生这一时期的创作，受过他们的影响。"见闻黎明等编《闻一多年谱长编》，湖北人民出版社 1994 年版，第 193 页。

④ 《闻一多全集》第 12 卷，湖北人民出版社 1993 年版，第 122—123 页。

⑤ 同上书，第 118 页。

⑥ 梁实秋：《谈闻一多》，传记文学出版社 1987 年版，第 26 页。

下，闻一多越来越重视诗的色彩，他说，"佛来琪唤醒了我的色彩的感觉。我现在正作一首长诗，名《秋林》——一篇色彩的研究。"① 《闻一多年谱长编》的作者注意到，《秋林》收入《红烛》时，干脆改名为《色彩》，色彩触动了闻一多的灵感，所以稍后写作的《园内》就很注重色彩的经营。②

1923年初，他又因为浦西女士的邀请，参加了诗人罗厄尔等人的诗歌聚会③。梁实秋在《谈闻一多》中指出："闻一多在芝加哥接触了女诗人 Amy Lowell，后来又会晤见了 Carl Sandburg，此外，他对于当时美国的新诗运动发生兴趣，特别喜爱 Fletcher。来到珂泉后，闻一多选修了 Daeler 教授的'丁尼生与伯朗宁'及'现代英美诗'两门课程，对于英美诗尤其是近代诗有了较为系统的了解。"④ 又说："在英诗班上，一多得到很多启示。例如丁尼孙的细腻写法 the prnate method 和伯朗宁之偏重丑陋 the grotesque 的手法，以及现代诗人霍斯曼之简练整洁的形式，吉伯林之雄壮铿锵的节奏，都对他的诗作发生很大的影响。"⑤ 1922年11月，闻一多拜访了芝加哥大学法文副教授温特，此后两人"过从甚密"⑥。温特后来回忆当年两人在美国交往的情形："闻一多给我讲中国诗，我给他介绍英国诗的格律"，据温特说他们曾经讨论过中国诗的特点⑦。闻一多则指出，因为结识温特而阅读到他的关于波德莱尔的译作⑧。

闻一多与意象派诗人的交往对其新诗创作与新诗理论建构产生了深远的影响。从创作上看，闻一多的《忘掉她》就取法于狄丝黛尔《Let It

---

① 《闻一多全集》第12卷，湖北人民出版社1993年版，第118页。

② 《闻一多年谱长编》，湖北人民出版社1994年版，第211页。

③ 《闻一多全集》第12卷，湖北人民出版社1993年版，第147—148页。

④ 梁实秋：《谈闻一多》：方仁念选编：《新月派评论资料选》，华东师范大学出版社1993年版，第98—99页。

⑤ 同上书，第101页。

⑥ 《闻一多全集》第12卷，湖北人民出版社1993年版，第126页。

⑦ 刘烜：《访问温特教授记录》，1979年4月14日，见刘烜《闻一多评传》，北京大学出版社1983年版，第63—64页。

⑧ 《闻一多全集》第12卷，湖北人民出版社1993年版，第126页。

Be Forgotten》一诗①，该诗与门罗的 *Love Song* 也存在形式上的联系②，意象派在其观念层面的影响更加深远：它与中外诗歌传统一道共同触发和生成了他的格律诗的创作意识与诗美观念。闻一多从意象派的"信条"中找到了三种元素：意象、韵律、色彩。意象派把"意象"视为核心观念，闻一多也极为重视意象的选择与刻画；意象派提出要"创造新的旋律"，闻一多较之胡适更能接受这一点；意象派如弗莱契等特别注重色彩，闻一多也深受影响；意象派诗人门罗、狄丝黛尔等人的诗的形式艺术又直接启迪了闻一多的《忘掉她》等诗作。正如笔者在另一篇文章中所指出的，"意象派激发了他的诗兴，也唤醒了他对诗的色彩的感觉，他则透过意象派这一媒介沟通了英国浪漫主义、唯美主义与中国古代诗歌传统"③。

1925—1926 年：归国一年

1925 年 6 月回国后，闻一多担任了北京艺术专科学校教务长，并从事《晨报·诗镌》的编辑工作。就在闻一多留美和归国前后，以闻一多为核心，包括梁实秋、朱湘、孙大雨、杨世恩、饶孟侃等人在内的清华学子逐步形成了一个诗人团体。其后清华诗人团体与徐志摩、刘梦苇、陈梦家、方玮德等人逐步融合，新月诗派遂成气候。1926 年 4 月，新月诗人创办《晨报·诗镌》周刊。上述新月的发展线索，为我们考察新月派格律诗论的发生、发展提供了一个团体的背景与框架。闻一多、刘梦苇、徐志摩、林徽因等人的住处就是新诗交流中心，闻一多、朱湘、饶孟侃等诗人常常"互相传阅和朗读他们的诗作，间或也讨论一些新诗上的问题，他们正在探寻新诗的形式与格律的道路"④。

朱湘在新诗格律理论上的建树虽然不足，但他的新诗批评却很有力度。早在 1924 年，朱湘在《桌话》中批评说，《红烛》"自身缺乏音

---

① 薛诚之：《闻一多与外国文学》，《外国文学研究》1979 年第 3 期。
② 王小林：《闻一多与美国文学》，《湖南师范大学社会科学学报》2003 年第 5 期。
③ 罗义华：《胡适、闻一多与意象派关系比较论》，《外国文学研究》2013 年第 2 期。
④ 蹇先艾：《〈晨报诗刊〉的始终》，《新文学史料》1979 年第 3 辑。又见《蹇先艾廖公弦研究合集》，贵州人民出版社 1985 年版，第 101 页。

韵"，认为闻一多太忽略这一方面。① 朱湘的《闻君一多的诗》一文指出，闻一多诗的短处在于"用韵不讲究"，韵"用错了"，"用得寒伧"，"用得牵强"。② 朱湘指出，闻一多诗的一个弊端就是"音乐性的缺乏"，"只是一种字音的有趣的试验，谈不上音节"，这是他的"致命伤"。③ 朱湘为人处世或有些偏激，但其诗论也易达到一针见血的效果，他对闻一多新诗用韵问题的思考就触动了闻一多本人。④ 更为重要的是，朱湘在新格律诗的创作实践上走出了一条自己的路，他的诗作往往能博采众长，风韵别致，他的十四行诗也很能体现自己"化古""化西"的能力。在新月诸子中，朱湘才气纵横，而性格孤僻，自尊与自卑交织，为人落落寡合。他与闻一多有合有分，而相互助益也巨。

新月诸将中，饶孟侃与闻一多相交甚契。饶孟侃关于新诗格律的观点主要体现于《新诗的音节》《再论新诗的音节》《新诗话：情绪与格律》《新诗话：译诗》等篇中。饶孟侃认为，"音节在诗里面是最要紧的一个成分"，这里的"音节"包含有格调、韵脚、节奏、平仄等元素及其相互关系，这里的"格调"，是指一首诗里面每段的格式，"没有格调不但音节不能调和，不能保持均匀，就是全诗也免不了要破碎"。"韵脚"的工作是"把每行诗里抑扬的节奏锁住，而同时又把一首诗的格调缝紧"⑤。饶孟侃于此讨论了新诗押韵的标准问题，他主张新诗押韵不必完全依照旧韵，凡是同音的字无论平仄都可以通用；而发音的根据则为普通的北京官话为标准。他认为，无论如何，无韵诗是没有出路的。饶孟侃极为看重"节奏"对于"音节"的意义。"节奏"包括由全诗的音节当中流露出的一种自然的节奏以及作者依照"格调"用相当的拍子组合成的一种混成的节奏两个方面，他并以闻一多的《死水》为例着重分析了拍子对于音节的意义。饶孟侃认为，平仄在旧诗的音节里最为重要，

---

① 朱湘：《桌话》，《文学》1924 年第 144 期。见方仁念选编《新月派评论资料选》，华东师范大学出版社 1993 年版，第 57 页。

② 朱湘：《中书集》，生活书店 1934 年版，第 329 页。

③ 同上书，第 352 页。

④ ［苏］B. T. 苏霍鲁科夫：《闻一多的诗风特色》一文指出："朱湘的批评起了作用，闻一多后来诗风的变化便是最好的明证。"见《闻一多研究资料》（下），北岳文艺出版社 1986 年版，第 665 页。

⑤ 孟侃：《新诗的音节》，《晨报·诗镌》第 4 号，1926 年 4 月 22 日。

格调、节奏、韵脚等不过是它的附属品，但新诗固然不必像旧诗那样严守平仄，但平仄总是诗的音节一个重要因素，不能抛弃。[①] 饶孟侃稍后在《再论新诗的音节》一文中将新诗的发展划分为三个时期："混乱的时期""入轨的时期""成熟的时期"，他认为新诗正处于"入轨的时期"，能不能度过这个时期"全要看新诗在音节上能不能脱离模仿的藩篱才能断定"，他于此再次强调指出，"音节在诗的——尤其是新诗的技术上是最重要的一种成分"[②]。

　　徐志摩在理论上的贡献也不可轻忽。1923 年，徐志摩为南开大学暑期学校讲授《近代英文文学》，他指出，"文学和艺术很有密切的关系。倘若我们不明白英国的艺术——如雕刻、绘画、建筑、音乐等——我们对于他们的文学也必感到了解的困难尤其是象征派的作品"[③]。后来，他还曾劝诫青年人，"要真心鉴赏文学，你就得对于绘画音乐，有相当心灵上的训练"[④]。1924 年 12 月 1 日，徐志摩在《语丝》第三期发表了波特莱尔《死尸》译诗，他在译诗前的序中说，"诗的奥妙处不在于它的字义里，却在于它的不可捉摸的音节里"，"宇宙的底质，人生的底质，一切有形的事物与无形的思想的底质——只是音乐，绝妙的音乐"。[⑤] 1926 年4 月 1 日，他在《诗刊弁言》中指出，"我们信诗是表现人类创造力的一个工具，与音乐与美术是同等同性质的；我们信我们这民族这时期的精神解放或精神革命没有一部像样的诗式的表现是不完全的；我们信我们自身灵性里以及周遭空气里多的是要求投胎的思想的灵魂，我们的责任是替它们搏造适当的躯壳，这就是诗文与各种美术的新格式与新音节的发见；我们信美的形体是完美的精神唯一的表现"。[⑥] 1926 年 6 月 10 日的《诗刊放假》则指出："行数的长短，字句的整齐或不整齐的决定，全得凭你体会到的音节的波动性"，徐志摩以人身作比，认为，一首诗的字句

①　孟侃：《新诗的音节》，《晨报·诗镌》第 4 号，1926 年 4 月 22 日。

②　孟侃：《再论新诗的音节》，《晨报·诗镌》第 6 号，1926 年 5 月 6 日。

③　赵景深：《近代文学丛谈》，（台北）中华艺林文物出版有限公司 1976 年版，第 125 页。

④　赵家璧：《给飞去的志摩》，《书比人长寿》（编辑忆旧集外集），中华书局 2008 年版，第 8 页。

⑤　《徐志摩全集》第 7 卷，天津人民出版社 2005 年版，第 229 页。

⑥　徐志摩：《诗刊弁言》，《晨报·诗镌》第 1 号，1926 年 4 月 1 日。

是身体的外形，音节是血脉。① 徐志摩对于各种新诗体裁都有相当程度的敏感，正是在这些"体制的输入与试验"中徐志摩找到了新诗格律化的可能途径，并逐步形成了自己的诗体特征。

新月诸将对新诗格律的敏感和兴趣，是一种普遍的情形。除上述诸家之外，孙大雨、梁实秋等都在创作或理论上有所助益。如梁实秋关于新诗形式的思想，最集中地体现于他的《文学的纪律》一文中②。1931年8月，徐志摩在《猛虎集》"序文"中对新格律诗运动有了一个基本的认识。他说，"一多不仅是诗人，他也是最有兴味探讨诗的理论和艺术的一个人。我想这五六年来我们几个写诗的朋友多少都受到'死水'的作者的影响"③。这段话后来被反复征引，特别是被朱自清引入了《中国新文学大系·诗集·导言》，而成为描述新月派诸将在新诗格律理论探索上成绩与影响的律言。不过，这句话只突出了闻一多的影响，对于朱湘、刘梦苇、饶孟侃、徐志摩等人在新诗格律探索领域的贡献及其对闻一多的影响则有所偏忽。

归国后的闻一多与邓以蛰的交往活动也值得注意。邓以蛰《艺术家的难关》一文谈到了文学与音乐、绘画、建筑的关系，他认为，"艺术为的是组织的完好处，形式的独到处"，在艺术的"纯形世界"里，雕刻、绘画是先锋，音乐有时也靠近；文学则只能做殿军。④ 邓以蛰《诗与历史》指出："诗之所以异于其他的文学的类型，只在它的形式罢了。形式的特点就在于它的音节的和谐。谐和的音节，成于字的平仄，句的韵脚，因韵而定句之长短，使读者感情的呼吸能够同时与音节相抑扬。"⑤ 邓以

---

① 徐志摩：《诗刊放假》，《晨报·诗镌》第 11 号，1926 年 6 月 10 日。

② 梁实秋认为，"文学的态度之严重，情感想象的理性的制裁，这全是文学最根本的纪律，而这种纪律又全是精神一方面的。但是形式与内质是不能分开的……进一步说，有纪律的形式，正是守纪律的精神之最具体的表现"。梁实秋：《浪漫的与古典的 文学的纪律》，人民文学出版社 1988 年版，第 125 页。

③ 《徐志摩全集》第 3 卷，天津人民出版社 2005 年版，第 393—394 页。

④ 《邓以蛰全集》，安徽教育出版社 1998 年版，第 43 页。《艺术家的难关》发表于 1926 年 1 月 7 日的《晨报》副刊，到了 1959 年邓以蛰又撰写了《〈艺术家的难关〉的回顾》一文，在对前文的回顾中再次申明了他关于诗与绘画、雕刻、音乐的关系。见《邓以蛰全集》，安徽教育出版社 1998 年版，第 395 页。

⑤ 《邓以蛰全集》，安徽教育出版社 1998 年版，第 51 页。

蛰在《诗与历史》中探讨了诗与音乐、绘画的关系，与《诗与历史》一同刊发的还有闻一多的《〈诗与历史〉附识》，闻一多在"附识"中着重谈到了邓文中的诗与历史的观点，虽然没有进一步辩解诗与绘画、音乐的关系，但是邓文也可能进一步触发闻一多在诗与绘画、音乐等关系层面的理论思考。刘纲纪指出，正是在闻一多的推动与催促下，邓以蛰1926 年为《晨报》副刊撰写了许多重要文章①，邓以蛰写这些篇章时正是他与闻一多亲密合作的时期，他们两人都有深厚的艺术经验，在这个阶段两个人在艺术观念上是相互促进、相互影响的关系当是无疑的。

1926 年问世的《诗的格律》一文是现代中国新诗体理论建设的重要环节。闻一多以下棋来比作诗，"棋不能废除规矩，诗也就不能废除格律"，"游戏的趣味是要在一种规定的格律之内出奇制胜"，他借用 Bliss Perry"戴着脚镣跳舞"，来说明诗人与格律的关系。"诗的所以能激发情感，完全在它的节奏；节奏便是格律"。他指出，格律包含"视觉方面的"，"听觉方面的"，"诗的实力不独包括音乐的美（音节），绘画的美（辞藻），并且还有建筑的美（节的匀称和句的均齐）"，由此，"增加了一种建筑美的可能性是新诗的特点之一"。虽然新诗借鉴了旧诗的格律质素，但两者之间的差异在于，"律诗永远只有一个格式，但是新诗的格式是层出不穷的"；"律诗的格律与内容之间不发生关系，新诗的格式是根据内容的精神制造成的"；"律诗的格式是别人替我们定的，新诗的格式可以由我们自己的意匠来随时构造"。他进一步说明，"句法整齐不但于音节没有妨碍，而且可以促成音节的调和"，为此，他以自己的《死水》为例，认为这是自己在音节上最满意的试验。②《诗的格律》一文正式宣告了新格律诗的理论完成，体现了现代中国新诗格律理论发展的一个高度，它与《草莽集》《死水》《翡冷翠的一夜》等共同构成了新月诗派成熟的标志。

比较闻一多与上述朱湘、饶孟侃、徐志摩、刘梦苇等人的诗歌理论主张，我们可以发现二者之间的紧密联系。事实上，闻一多很善于吸取

---

① 《邓以蛰全集》，安徽教育出版社 1998 年版，第 475 页。
② 闻一多：《诗的格律》，《晨报》副刊，1926 年 5 月 13 日。又见《闻一多全集》第 2 卷，湖北人民出版社 1993 年版，第 137—144 页。

前人或同道的经验，而成就自己的新诗艺术与理论架构。早在 1923 年，他就坦承自己诗风受到梁实秋、郭沫若等人的影响。1925 年，闻一多归国后即与徐志摩、朱湘、刘梦苇、饶孟侃、孙大雨、杨世恩、蹇先艾等打成一片。因此，新格律诗理论和实践上的突进，是新月同人在交往中相互砥砺、相互影响的结果。我们也注意到，新月派之所以有这样的聚合，是因为同人们都能够"注意形式，渐纳诗于艺术之轨"①。陈梦家也指出，"我们在相似或相近的气息之下禀着同样以严正态度认真写诗的精神"②。这种"相似或相近的气息"和"精神"就是新月所标举的"醇正"与"纯粹"，就是要做到"本质的醇正、技巧的周密和格律的谨严"和"态度的严正"③。这个说法，既浓缩了新月派的艺术法则，也隐秘宣示了新月派作为一个团体合作参与新格律诗理论大厦建设的情形。

---

① 《闻一多全集》第 12 卷，湖北人民出版社 1993 年版，第 233 页。
② 陈梦家：《新月诗选·序言》，新月书店 1931 年版，第 8 页。
③ 同上书，第 17 页。

"回返影响"下的闻一多
意象诗学研究

杨四平　魏文文

（安徽师范大学）

　　跨文化、跨语际的中外交流中最常见的影响与回馈影响便是"回返影响"，它不仅大量存在于中外各国的物质文化交流中，还常存于精神文化交流中。20 世纪初，以庞德为代表的英美诗人由于对维多利亚时期伤感情调和无病呻吟的浪漫主义诗风不满，掀起了一场轰轰烈烈的诗歌运动。于是，以庞德为代表的意象派诗人在中国古典诗歌的影响下，提出了一系列的诗歌创作原则，这些原则又反弹回来直接影响了胡适等人的白话诗创作以及后来的现代诗歌写作。这种从东方到西方，又从西方到东方的跨文化的文学交流既给不同文化圈的文学提供了对话交流的契机，也有利于在多元的世界语境下发扬本民族的文学特色。闻一多曾于 20 世纪 20 年代留学美国，他是"中国现代诗歌史上曾经与美国意象派有过直接交往并深受影响的为数不多的诗人之一"[①]，同时，受美国意象派启发的闻一多回国后将之影响扩大及中国新诗坛，对中国现代诗歌的发展起到非常重要的作用。由于，此前有关英美意象主义受中国古典文学影响的论证已经非常充分，故本文意在从"回返影响"的角度探究跨语境的文学交往下闻一多的意象诗学的美国因子及东方影响。

[①]　卢惠余：《闻一多诗歌艺术研究》，南京大学出版社 2009 年版，第 124 页。

一

留学美国是闻一多进一步接受西方文化的关键时期，他同 20 世纪前后留学生一样如饥似渴地吸收西方文化，但闻一多对西方文化的接受并非一帆风顺，去美国之前及刚到美国的那段时间他曾经历痛苦的挣扎，甚至呼喊："美国化呀，够了够了！物质文明！我怕你了，厌你了，请你离开我罢！东方文明啊！支那底国魂啊！'盍归乎来！'让我还做我东方的'老憨'吧！理想的生活啊！"①，"我到芝加哥才一个星期，我已厌恶这种生活了"②。闻一多初到美国所选的专业是美术，诗歌却逐渐占据他主要的精神空间，读诗、写诗、评诗成为他生活的重要部分，"诗兴"逐渐超过"画兴"，在家书中他提到："美术一途当然没有穷境，不要说三年学不完，便是三十年也是不够的。但我现在对于文学的趣味还是深入美术。我巴不得立刻回到中国来进行我的中国文学底研究。"③

闻一多有深厚的古典文学底蕴，清华附中时期即开始诗歌创作，在诗学方面有着独特的见解，为什么初到美国会选择并接受美国意象主义呢？首先，在外部环境上，闻一多置身于"美国新诗运动"的中心芝加哥，众多意象派诗人聚集于此，诗歌文化气息浓重。初到芝加哥的闻一多"一直坚持查阅杂志，搜寻最新出版的书籍，并抓住一切可能的机会，通过与人交谈进行学习，以了解这个国家文学领域的最新状态和流行趋势"④。清华时期闻一多就有西方诗学和美学理论的基础，并已经开始写作和评论诗歌，他曾经批评俞平伯等人的诗作"都有一种极沈痼的通病"，即"弱于或竟完全缺乏幻想力，因此他们诗中很少浓丽繁密而且具

---

① 闻一多：《美国化的清华》，《闻一多全集》第 2 卷，湖北人民出版社 1993 年版，第 340—341 页。

② 闻一多：《致吴景超等》，《闻一多全集》第 12 卷，湖北人民出版社 1993 年版，第 51 页。

③ 闻一多：《致父母亲》，《闻一多全集》第 12 卷，湖北人民出版社 1993 年版，第 100 页。

④ 闻一多：《致亲爱的朋友们》，《闻一多全集》第 12 卷，湖北人民出版社 1993 年版，第 54 页。

体的意象"①，因而勤奋进取的闻一多亟须接受美国最新的诗歌动态，以尽快使中国初创时期的新诗跳出单薄与肤浅的牢笼。而意象派诗人对中国古典诗的仰慕，也使闻一多在情感上觉得更加亲近，于是闻一多怀揣着的一颗诗心逐渐被芝加哥浓重的诗歌氛围感染，开始了解和接受意象派诗歌。其次，由于意象派在诗歌创作里追求绘画的效果，绘画与诗歌的巧妙融合进一步激发了闻一多向意象派学习诗歌的兴趣。艾米·罗威尔等人宣言的写意象、确切地表现细节，在某种程度上与闻一多要求"呈于我们心眼之前的图画"明确相吻合。此外，新婚后即赴美留学，身处孤寂中的闻一多亟须从诗歌创作中寻找感情的补偿，诗歌成为闻一多精神的寄托，感情的替代，而意象派的艺术技巧在诗歌创作上较国内白话诗成熟，有利于情感的隐晦表达。有了上述的接受动因，闻一多开始频繁与意象派诗人交往，意象派诗歌也在一定程度上极大地激活了闻一多诗歌创作的热情，正如许芥昱所说："闻一多的学习和环境促使他以一种狂热的姿态去写作，几乎每周他都写一封长信给朋友，谈论一首新诗，或一篇在最新刊物上发表的批评文章，或一首白话诗的诗节，他的创作冲动达到了顶峰。"② 那么，闻一多通过哪些途径接受美国意象主义诗歌的呢？这一接受动态的探究对进一步发掘闻一多对意象主义的接受和创化具有重要意义。这里不得不重新理顺思路。

首先，与意象派诗人的频繁交往使得闻一多对意象派诗歌产生极大的热情，他曾在给父母的信中提道："我本不善交际，但是我想今年新来芝城的人中没有比我的交际更广的。当然我所谓的交际不是那种虚伪的无事忙，我所结交的都是有学问有道德的人。"③ 从闻一多的书信中可以看出，1922 年 8 月下旬他出席卡尔·桑德堡在芝加哥大学举行的演讲会；1922 年 10 月上旬结识浦西夫人并通过引见认识哈丽特·蒙罗；1922 年 12 月 1 日会见意象派诗人尤尼斯·娣简丝，之后又会见了哈丽特·蒙罗；1923 年 2 月 15 日应邀与著名意象派代表人物罗厄尔一起参加晚餐会，并听她朗读闻一多的诗歌等，与美国著名诗人的直接交往激发了闻一多对

---

① 闻一多：《〈冬夜〉评论》，《闻一多全集》第 2 卷，湖北人民出版社 1993 年版，第 69 页。
② 许芥昱：《闻一多》，方仁念编：《闻一多在美国》，华东师范大学出版社 1985 年版，第 24 页。
③ 闻一多：《致父母亲》，《闻一多全集》第 12 卷，湖北人民出版社 1993 年版，第 115 页。

意象派的好感，他以极大的热情搜集、阅读、欣赏和研究意象派诗歌，还曾在书信中抄录和评价罗厄尔的《风与银》、蒙罗的《爱之歌》《山之歌》等诗歌。置身于美国意象主义的场域中，闻一多努力坚守的诗学理论逐渐成熟，诗歌创作也迎来了新的高峰。

二

1922 年 8 月 27 日，闻一多最早在致清华同学的信中提到意象派诗，并特别提到爱米·罗厄尔的六点诗学主张，即：第一，运用大众语言；第二，创造新的诗歌格律；第三，题材选择的绝对自由；第四，组织意象；第五，明确而坚定地表现意象，反对含糊其词；第六，凝练、集中是诗的最根本特征。① 闻一多在美国大量搜集、阅读意象派诗歌，并与意象派诗人直接往来，无论在诗学理论还是在诗歌创作上都受到了很大的影响。

上述六条对闻一多影响最大的便是意象的创造。他曾经毫不忌讳地称意象派健将弗莱契为"设色的神手"，并直言"佛来琪唤醒了我的色彩的感觉"。② 读了弗莱契的《在蛮夷的中国诗人》后，闻一多欣喜之极，终于找到了情感喷发的窗口，他甚至情不自禁地向国内好友传递激动的情绪："快乐烧焦了我的心脏，我的血烧沸了，要涨破了我周身的血管！我跳着，我叫着。跳不完，叫不尽的快乐还要写给你。啊！快乐！快乐！"③ 弗莱契独具特色和个性鲜明的意象世界同时达到音乐美和绘画美的高度融合直接影响了闻一多的诗歌创作。在弗莱契的影响下，闻一多创作了长诗《秋林》，并注明是"一篇色彩底研究"，而且"包括在《红烛》中的六十二首诗大多数篇且也都用了相当多的色彩强烈的词汇，在很多场合给予读者以异常深刻的印象"④。其次，后期意象派领袖罗厄尔

---

① ［英］彼德·琼斯编：《意象派诗选》，裴小龙译，漓江出版社 1986 年版，第 76 页。

② 闻一多：《致梁实秋》，《闻一多全集》第 12 卷，湖北人民出版社 1993 年版，第 117—118 页。

③ 同上书，第 117 页。

④ 许芥昱：《闻一多》，方仁念编：《闻一多在美国》，华东师范大学出版社 1985 年版，第 35 页。

也对闻一多产生了重要的影响，被闻一多称为"在此邦是首屈一指的女诗人"，罗厄尔喜爱中国古典诗歌，善于在诗歌创作中运用中国的习语和中国式比喻，并十分重视含蓄，她认为："含蓄是我们从东方学来的重要东西之一"，"如果非要我用一个词给这个习语的主要特征下定义，我就会说这是'含蓄'，使人们在心中想到某个地方或某个人，而不是直接去描写这个地方或这个人"①。浓郁的东方气息深深地感染了闻一多的诗歌创作，同时闻一多的幻象理论与罗厄尔善于用"暗喻性"的意象化方法呈现诗人的感受也存在某些契合之处。

中国早期白话诗人急于打破诗歌的镣铐而看重白话，忽略了其中诗的成分，因而诗歌创作理念不成熟且不讲究诗歌创作的技法。意象派诗人对格律的追求使闻一多意识到格律是诗的普遍追求，不仅存在于古典诗歌中，现代诗歌中也可以使用。其次，早期的白话诗，结构松散，语言烦冗，情感不够节制等都严重阻碍了新诗的进一步发展，意象派追求诗歌的集中、凝练无疑对闻一多寻找新诗的出路起到很好的指引作用。最后，在大众语言的运用方面，胡适等初期白话诗人还未完全脱离文言的习惯，而郭沫若等人虽有意引入西方诗的语言，却未将其熔铸成中国新诗的语言，意象派诗歌对大众语言的追求使闻一多进一步思考如何改造、革新新诗语言，使其更符合中国新诗的要求。

三

闻一多虽然深受美国意象派的影响，但并未直接挪用意象诗派的创作技巧，而是巧妙地结合了中国新诗的特点，进行熔铸和创新，使其更贴合中国新诗的发展要求。李广田 50 年代给《闻一多选集》作序时曾说："诗集《死水》的出版，在当时的文艺界发生了很大的影响。一方面是由于作者对现实的态度，这种抗议的态度使他的诗有了新的内容。另一方面则由于他的诗的形式。自五四以来中国的新诗已经有了将近十年的历史，十年之内，新诗由萌芽而壮大，脱离了旧形式的束缚，自然要

---

① ［英］彼德·琼斯编：《意象派诗选》，裴小龙译，漓江出版社 1986 年版，第 20 页。

求新形式的建立，而闻先生可以说已经是一个相当成熟的时期。"① 闻一多的《死水》集 1928 年出版，较第一部诗集《红烛》更加成熟、更为现代，在中西文化的共同熔铸下形成了著名的"闻体"，因而需要进一步探究闻一多如何借鉴并超越美国意象派诗歌。

意象主义注重诗歌的语言、形式以及意象的使用，但是很少关注诗歌的情感内容，闻一多却看到了这其中的不足，他强调用理性节制情感，呼吁诗人们不要只注重对诗歌形式的刻意追求，相反要使情感内容的表达与形式完美结合，寻求精妙的艺术构思将内心的情感体验传递出来。闻一多在中国新诗面临创造性转化时提出了一系列的诗歌形式问题，并自觉倡导现代诗歌格律，因而，人们常常习惯用闻一多诗歌创作的格律形式等方面的新诗理论主张衡量其诗歌创作，而在一定程度上忽视了闻一多诗歌创作的情感内容，故在此需要进一步探究闻一多诗歌情感的表达方式，通过对闻一多诗歌文本的分析，发现闻一多诗歌中存在以下几种情感表达模式：第一种"情感＋形式"模式，这里特指情感内容的表达与形式的完美融合，如 1926 年闻一多为了缅怀他不幸夭折的女儿闻立瑛而创作的《忘掉她》，全诗共 7 节，每节 4 行，且每节的首尾都冠以"忘掉她，像一朵忘掉的花"（《忘掉她》），这种看似轻盈实则沉痛的反复吟咏给读者留下了深刻的印象，闻一多这首缅怀失去骨肉的诗歌所带来的情感体验远远大于对诗歌形式的追求，读者也顺势被带入了情感内容的旋涡。第二种"情感＋节奏"模式，节奏变化能够使读者敏锐地捕捉到诗人的情感变化，或舒缓或紧促，节奏的适时变化与诗人的情感情感表达相吻合，如闻一多的《一个观念》，诗歌的开头"你隽永的神秘，你美丽的慌，你倔强的质问，你一道金光"（《一个观念》），连用四个"你"，运用了拟人的手法，将"祖国"亲切地称呼为"你"，仿佛诗歌节奏的酝酿期，再往后推进就有一种呼之欲出的紧迫感，诗人运用了"火""浪花""长虹"等意象，增强读者的情感体验，"呵，横暴的威灵，你降伏了我，你降服了我！你绚缦的长虹——五千年的记忆，你不要动，如今我只问怎样抱得紧你……你是那样蛮横，那样美丽！"（《一个观念》）这种紧张的节奏与闻一多内心的情绪是吻合的，爆发力强，情感

---

① 闻一多：《闻一多选集·序》，开明书店 1951 年版，第 14 页。

张弛有度，表达自然，并未陷入一味追求形式的尴尬境地。第三种"情感＋想象（客观化）"模式，情感的客观化处理，使之前宣泄、爆发的情感呈现出人生哲理化的高度，出现了如《你莫怨我》等另类"浪漫"爱情诗。闻一多曾经在致梁实秋、熊佛西的信中批评熊佛西："佛西如不罪我卤直，则请为进一言曰：'佛西之病在轻浮，轻浮故有情操而无真情 Sentiment 与 emotion 之分也。'情操而流为伤感或假情，Sentimentality 则不可救药矣。"① 与《红烛》集中的爱情诗相比，《死水》集中的仍然存有爱情诗的影子，只是这类爱情诗已经突破个人情感的局限，上升到人生哲理的高度，关注的是人类普遍的感受，情感表达隐晦，具有更广阔的包容性。

在新诗语言的革新方面，闻一多也进行了独具特色的思考。"我要做新诗，但是中国的新诗，我并不要做个西洋人说中国话，也不要人们误会我的作品是翻译的西文诗"②，闻一多主张在诗歌创作中使用具有生活气息的日常口语，强调新诗对中华民族语言的吸收与运用，如此既摆脱了五四初期的半文半白的诗歌语言，又对郭沫若式的西化诗歌语言进行引导。以口语入诗，并非像初期白话诗般散漫无节制，而是经过诗人精心提炼的具有诗意的口语，这一点闻一多的探索无疑是成功的，难怪卞之琳曾经感慨："以说话的调子，用口语来写干净利落，圆顺洗练的有规律诗行，则我们至今谁也还没有赶上闻（一多）、徐（志摩）旧作，以至超出一步，这也不是事实吗？"③ 如《飞毛腿》的开头"我说飞毛腿那小子也真够别扭，管包是拉了半天车得半天歇着，一天少了说也得二三两白干儿，醉醺醺的一死儿拉着人谈天儿"（《飞毛腿》）以简单、俗白的口语刻画了一个人力车夫的形象，表现了对底层劳苦大众的同情，更具有浓重的生活气息。其次，闻一多善于运用戏剧化的表现手法，如在诗歌中使用戏剧性独白、对话，使语言表达更加圆熟，他曾表明："在一个小说戏剧的时代，诗得尽量采取小说戏剧的态度，利用小说戏剧的技巧，

① 闻一多：《致梁实秋、熊佛西》，《闻一多全集》第 12 卷，湖北人民出版社 1993 年版，第 233 页。

② 闻一多：《〈女神〉之地方色彩》，《闻一多全集》第 2 卷，湖北人民出版社 1993 年版，第 120 页。

③ 闻一多：《闻一多研究资料》上册，北岳文艺出版社 1986 年版，第 373 页。

才得获得广大的读众。……新诗所用的语言更是向小说戏剧跨近了一大步，这是新诗之所以为'新'的第一个也是最主要的理由。"① 除了上述论述的"强调诗歌的情感内容"和"新诗语言的革新"两方面之外，闻一多在"现代格律诗写作"和"中西诗意的融合"两方面都进行了深入的诗学探究和实践，由于此前学者论述得比较充分，在此就不一一赘述。

本文以"回返影响"为切入点探究闻一多的意象诗学，在探索了闻一多对意象主义的"接受动因和途径""接受"和"创化"后不得不反思，这一探究具有什么样的意义，或者说这种"回返影响"对其他研究案例存在何种启示。首先，这种诗学及文化的交流与影响有助于中国诗人反思处在两种"传统"（文化）之间，过去的或者现有的诗学观念的优劣之势，进一步充分体会到"旧与新""传统与现代"之间交融、分裂、异化的状态，并致力于创作独具民族特色的诗歌（文学作品），以达到"现代性"与"民族性"融合统一的境界。其次，在东西方文学的交往中，意象主义诗人为了解决自身的困境，学习、研究中国传统文学，而中国现代诗人在向西方意象派学习的过程中，也重新发现了本民族传统诗歌的丰富内涵，并从中得到有益于现代诗歌，乃至现代文学、文化的启示。

---

① 闻一多：《文学的历史动向》，《闻一多全集》第 10 卷，湖北人民出版社 1993 年版，第 20 页。

格律体新诗之父

——纪念闻一多《诗的格律》发表90周年

万龙生
(《重庆日报》编辑部)

闻一多研究已经取得巨大成就，但是对作为诗人的闻一多，重视程度尚嫌不足，对其诗歌理论与作品的重大价值、所起的作用以及历史意义的认识还不到位。通过对闻一多诗歌格律观念的酝酿、形成到实践的梳理，以及他的新诗理论与创作产生的影响的描述，依据闻一多先生对中国新诗的杰出贡献，理应尊奉他为"中国格律体新诗之父"。

今年是革命志士闻一多先生殉难70周年，也是诗人、新诗格律建设奠基者闻一多先生的经典诗学论著《诗的格律》发表90周年。当此之际，对于诗人闻一多、诗歌理论家闻一多，加强对他新诗格律理论与实践的研究，进一步认识其伟大价值，就是最好的纪念。目前，新诗界正在开展一系列活动，通过回顾与总结，纪念新诗百年。当此之际，充分认识闻一多关于新诗格律的诗学理念及其实践的伟大意义与价值，并将其纳入新诗百年的纪念活动，对于中国新诗在新世纪的健康发展无疑具有十分重大的意义。

早在1926年，新诗还处在幼年时期，先生就洞见了新诗的根本性缺陷，提出创建格律的重要意义以及具体途径，至今闪耀着真理的光芒，实在是具有常人难及的远见卓识，建立了永久的功勋。当时闻先生没有来得及给他倡导的崭新诗体命名，直至20世纪50年代，他的后继者何其芳先生才将其称为"现代格律诗"。这一称谓得到公认，使用达半个世纪之久。到了 20 世纪之初，中国诗坛出现了诗词复兴的潮流，为了不与也是现代（的）格律诗的当代诗词混淆，遂由"东方诗风"论坛正式提出了"格律体新诗"的概念①，以取代"现代格律诗"；近年来这一新的称谓逐渐在诗界得到认同，使用面日益广泛。有关理论与创作也得到了长足的发展，这就开辟了新诗格律建设的新纪元，展现、预示了格律体新诗的广阔前程。那么，如今我们就有充分的理由给闻一多先生加冕，把他尊为"格律体新诗之父"了。

本文拟就闻一多先生新诗格律理论的形成、理念及其影响做一番论述，论证他"格律体新诗之父"这一新的身份的确切性，坐实他在中国格律体新诗历史（当然也是中国新诗史）上的独特的不可替代的崇高地位。

一　闻一多新诗格律观念的发展脉络

闻一多 1899 年生于湖北浠水一个乡绅之家，幼时受旧式教育，打下了国文基础。1912 年考入清华学校，一共待了 10 年。五四运动之前，他在《清华周刊》《清华学报》发表不少旧体诗，甚至长篇的排律。他服膺韩愈的"硬语排空"，作品中"有一股沉郁顿挫的气势"。然而五四以后，他的兴趣很快转向新诗，"对于新诗的爱好几近于狂热的地步"。他参加了清华文学社，结交了一帮志同道合的诗友，对于当时流行的作品如《女神》《冬夜》写下了一系列批评文章。② 闻一多反对旧诗，甚至到了态度激烈的程度。1921 年，针对清华校园里一股复古的浪潮，闻一多大声疾呼，维护诗体解放的方向，"奉劝那些落伍的诗家"："若要真作诗，只有新诗这条道走"，"要做诗，定得做新诗！"③ 刘烜说："在辛酉级毕业纪念册上，同学介绍闻一多时写道：他是诗人兼革新家，他的革新偏

---

① 此前也曾有人，例如孙大雨，又如陈良运，有过"格律体新诗"提法，但是并没有推行这一概念，不曾产生影响。

② 梁实秋：《谈闻一多》，《梁实秋怀人丛录》，当代世界出版社 2007 年版，第 56 页。

③ 闻一多：《敬告落伍的诗家》，《闻一多全集》第 2 卷，湖北人民出版社 1993 年版，第 37 页。

重于诗的方面。"①

　　然而，与此同时，饱受中国诗歌传统浸淫的闻一多，对于新诗一开始就持保留态度，对其弊端有着清醒认识，"越求创作发达，越要扼重批评"，他是第一位自觉的批评家。他选中俞平伯的诗集《冬夜》予以详评，是因为它"代表现时的作风"，可以举一反三。他以一种近乎苛严的态度从音节（实指节奏）与词曲雷同，"意思散漫，造句破碎"，啰唆拉杂，想象薄弱等诸多方面提出了切中肯綮的批评。② 对于早期新诗具有普遍意义。实际上，这对于以胡适为代表的"诗体解放"的主张："有什么话，说什么话；话怎么说，就怎么说"所造成的负面影响所做的反拨。

　　闻一多对于早期新诗，最为赏识的当是郭沫若的《女神》，也不是一味褒赞。他为其写了两篇评论，盛赞其时代精神，却对其"地方色彩"的缺失提出了尖锐的批评。其实，这也是针对当时新诗的通病的："现在一般的新诗人——新是作时髦解的新——似乎有一种欧化的狂癖"，"我所批评《女神》之处，非特《女神》为然，当今诗坛之名将莫不皆然，只是程度各有深浅罢了"。最为可贵的是，闻一多在此基础上指出：新诗的"新"，"不但新于中国固有的诗，而且新于西方固有的诗；换言之，他不但要做纯粹的本地诗，但还要保持本地的色彩；也不要做纯粹的外洋诗，但又要尽量地吸收外洋诗的长处。他要做中西艺术结婚后产生的宁馨儿"。他认为，诗与一切艺术一样，都"应是时代的经线与地方的纬线编织成的一段锦"。这样的观点就是在今天也没有过时，他的远见卓识，用以针砭今日犹存的背离传统，全盘西化的倾向仍然鞭辟入里。"我要时时刻刻想着我是个中国人，我要做新诗，但要做中国的新诗。"铮铮誓言，掷地有声。对于中国传统文化（尤其是古典诗词）的热爱溢于言表，渗透了强烈的认同感和归属感。其实，字里行间已经透露出闻一多对于新诗格律的期盼："中国固有的诗"不就离不开格律所蕴含的诸多因素吗？

　　事实上闻一多确实在新诗诞生之初便开始了对于格律的关注。早在

---

　　① 刘烜：《闻一多评传》，北京大学出版社 1983 出版，第 46 页。
　　② 闻一多：《〈冬夜〉评论》，《闻一多全集》第 2 卷，湖北人民出版社 1993 年版，第 62 页。

1921 年，他就在清华文学社作过一次报告，用英文写的详细提纲保留了下来，题目是"诗的音节的研究"，还列出了 23 种外国参考书目。这份提纲于 1984 年译出，编入湖北版《闻一多全集》第二卷。"音节"系英语"Rhythm"的汉译，实则是指"声音节奏"，如今学界一般就译为"节奏"。这份提纲涉及诗歌节奏的作用、意义、特性，对韵律与诗节做了详尽的解说，还指出了自由诗"抛弃节奏"遭致"失败"的"平庸""粗糙""柔弱无力"这样一些"令人遗憾的后果"。实际上，这份提纲所透露的丰富信息，使我们有充分理由将其视为日后那篇诗学经典《诗的格律》的滥觞。

1922 年 7 月闻一多赴美留学。虽然他主攻的专业是美术，但是留美期间他对诗的兴趣始终不减，不但创作了《红烛》中的大部分篇章，而且关注国内诗坛，没有停止过对于新诗前途的思考。前述几篇重要的载诸史册的评论就是那时写的。

3 年以后的 1925 年，闻一多先生从美国登舟返华，结束了为期三载的留学生活。行前他致信友人梁实秋，在附寄的 4 首旧体诗前面写道："来示谓我诗风近有剧变，然而变之剧者，孰过于此——"① 其后的 4 首诗中，除那首戏赠梁实秋的七绝，其余 3 首含有丰富的信息，从中可以解析闻一多关于新诗形式的思考的动因。笔者曾作《新诗格律建设的理性思考》② 一文予以解读。其一是《天涯》：

> 天涯闭户赌清贫，斗室孤灯万里身。
> 堪笑连年成底事？穷途舍命作诗人。

笔者把《天涯》视为闻一多留美生活的自况，以调侃的语气充分表达了他对于诗歌艺术一往情深的热爱，从而构筑了解读下面两首诗的基础。他在致友人信中的描述正可作为《天涯》的活注脚："现已做就陆

① 闻一多返国前，诗的创作发生了由浪漫主义到现实主义的变化，形式上也开始注意句式的整齐、韵脚的安排。此即所谓"剧变"也。信见《闻一多全集》第 12 卷，湖北人民出版社 1993 年版，第 222 页。

② 万龙生：《新诗格律建设的理性思考》，《常熟理工学院院报》2001 年第 1 期。

游、韩愈两家之研究，蝇头细字叠纸盈寸矣。""近来诗兴尤其浓厚，大概平均起来，一个礼拜也有一首。"其二是《废旧诗六年矣，复理铅椠，纪以绝句》：

> 六载观摩傍九夷，吟成鸠舌总堪疑。
> 唐贤读破三千纸，勒马回缰写旧诗。

前两句说废除旧诗六年来，观摩学习外国（九夷）吟成的诗歌，像鴃鸟的叫声一样，不伦不类，语言难懂，自己对此总持怀疑态度。三四句说：在猜疑试验的过程中，读破唐贤作品之后终于明确方向，选定道路：义无反顾地"勒马回缰作旧诗"。

其实早在赴美前的半年时间，闻一多对白话诗已经有所怀疑，并且开始准备研究旧体诗了。1922 年 3 月，闻一多蜜月期间完成了长篇论文《律诗底研究》①。闻氏为此还写下了一首旧体诗《蜜月著〈律诗底研究〉稿脱赋感》，其中颈联云："手假研诗方剖旧，眼光烛道故疑西。"大意是他已怀疑西方诗而开始研究中国古诗，借此寻求中国新诗的正道。闻一多之"疑西"早在出国之前就埋下了根苗，并非无缘无故，心血来潮，而是通过"剖旧"即研究中国古典诗歌得到的结果。

第三首是《释疑》：

> 艺国前途正杳茫，新陈代谢费扶将。
> 城中戴髻高一尺，殿上垂裳有二王。
> 求福岂堪争弃马，补牢端可救亡羊。
> 神州不乏他山石，李杜光芒万丈长。

已有的资料显示，除此之外闻一多并没有"勒马回缰"的后续行动，这几首诗成为他旧诗创作的绝响。这又是为什么呢？要是不"勒马回缰"，中国诗歌又该走一条怎样的道路呢？

---

① 闻一多：《律诗底研究》，《闻一多全集》第 10 卷，湖北人民出版社 1993 年版，第 131 页。

《释疑》对此做出了回答。我从中读出了以下要点：

其一，虽然新诗的现状不容乐观，前途渺茫，但是也不是毫无希望，正处于新陈代谢之际，需要大力扶持。

其二，新诗问题的根源是盲目模仿西方诗歌，抛弃民族传统。他引用了"城中好高髻，四方高一尺"的古谚，带有明显的讽刺意味。

其三，使用塞翁失马、亡羊补牢这两个典故，不可因求福而争相弃马，而迷途知返犹未晚也，新诗的出路就是回归中华民族传统。譬如书法，有"二王"（即王羲之、王献之父子合称）典范在焉。

其四，固然他山之石可以攻玉，但是中国新诗的问题不能靠仿效西方去解决，必须继承伟大悠久的民族传统。苟如此则前程远大：李杜光芒万丈长！

其五，要解决新诗的问题，具体的改革之路到底何在？一首七律显然不可能指明，然而很快，在他归国之次年，便以《诗的格律》一文给出了明确的答案，就是从事新诗的格律建设，走出一条承前启后、继往开来的康庄大道。

二 《诗的格律》：新诗格律建设的不二法门

《诗的格律》集中阐述了闻一多的诗学理念，最早发表于 1926 年 6 月 12 日《晨报·诗镌》第 11 号，后来收入开明版、湖北版《闻一多全集》，作为新诗格律建设的纲领性文献，载入史册，入选各种选本，广为传布，影响巨大。当然，还有一些其他论文可以作为此文的补充，相互印证。

在《诗的格律》发表之前，也有一些有识之士对于新诗形式问题做过思考，甚至试验，值得注意。作为对当时新诗一味追求自由而罔顾诗的文体特点的趋势的反拨，形成了一股追求新韵律的潮流。陆志韦是其中最突出的代表。他在 1923 年出版的诗集《渡河》的序言旗帜鲜明地提出了自己的两点主张："节奏千万不可少"，"押韵不是可怕的罪恶"。[1]其中作品也在这两个方面做了有意识的尝试。

---

① 参见许霆、鲁德俊《新格律诗研究》，宁夏人民出版社 1991 年版，第 35 页。

虽然这些努力是分散的，没有形成较大的声势，造成广泛的影响，但是酝酿着、预示了一场规模宏大的新韵律运动的产生。这就是新月派的出现。而新月派创作尊奉的理论圭臬正是闻一多的《诗的格律》。这一诗学文献不但在当时对朱自清在《新文学大系·诗集》中肯定的格律诗派具有指导意义，而且在其后的 90 年中，泽被后世，一直是从事新诗格律建设的重要理论武器。

如前所述，《诗的格律》的产生绝不是偶然的，既是为当时情势所孕育，所催生，也是闻一多历时多年苦苦求索的结果，其中包含了许多真知灼见，闪耀着真理的光辉。据笔者探寻，至少有如下几点至今仍然不曾为岁月的尘埃遮蔽：

一曰"格律必要"论。以艺术起源的"游戏"说来肯定格律之于诗的必要性。譬诸下棋、打球、打麻将，不能不遵照一定的规则，否则这游戏就无法进行。"游戏是在一种规定的格律之内出奇制胜"，"假如诗可以不要格律"，岂不比那些游戏"还容易些吗"？接着他引用了 BLiss Perry 教授的话来证明这一道理："差不多没有诗人承认他们真正给格律缚束住了。他们乐意戴着脚镣跳舞，并且乐意戴别个诗人的脚镣。"他还引用杜甫的经验之谈来证明这个"脚镣"说："老来渐于诗律细。"本来这是很简单的道理，后来此说却饱受酷爱"自由"的诗人们诟病：他们缺乏常识，显得无知，把"脚镣"这个喻体当作"格律"本体了。料事如神的闻一多"断定许多人（听了这段话）会跳起来"反对，他有些轻蔑地说："这种人就不做诗也可以"，"反正他不打算来戴脚镣"，他的诗一就好不到哪里去。后来笔者在一篇文章里把此说推到极致，说在电影《塔曼果》中，那些被贩卖的黑奴戴着沉重的脚镣在甲板上跳舞，是多么惊心动魄啊！而这个必要性又是与诗之为诗的文体特质分不开的："本来诗一向就没有脱离过格律或节奏。"如今这个不需要证明的"天经地义"也遭到反对，"闹到这个地步"，简直匪夷所思！

二曰"格律利器"论。不以规矩不能成方圆，这个用以作诗的"规矩"亦即工具就是格律。闻一多引用韩愈好用窄韵，而因难见巧，愈险愈奇的例子，进一步发挥说："恐怕越有魄力的作家，越是要戴着脚镣跳舞才跳得痛快，跳得好。只有不会跳舞的才怪脚镣碍事。只有不会作诗的才感觉得格律的缚束。对于不会作诗的，格律是表现的障碍物；对于一个作家，格律便成了表现的利器。"好一个"利器"！运斤成风，百步穿杨，掌握好工具可以达到出神入化的地步；再好的身手，也离不开工具的使用吧？对于从那时到现在仍然阴魂不散的"格律束缚"论，这可是无可辩驳的堂堂正正的理由。我们还可以循着这一思路指出，古今中外那么多传之久远的诗篇，有多少不是在格律利器的帮助下产生的呢？一切艺术都要受到规律、规则的限制，没有绝对的自由。克服限制、束缚的快感是一种享受，带来创造的欢乐。个中体验，与那些只顾涂鸦的混混儿无缘。

三曰"相体裁衣"说。闻一多曾经对律诗做过深入的研究，如今他要从事新诗格律建设，却认识到因为语言载体的变化，绝不能重走律诗的老路。他把律诗的格律与他要创建的新诗格律做了令人信服的比较："律诗永远只有一个格式，但是新诗的格式是层出不穷的。"此其一也。"律诗的内容与格律不发生关系，新诗的格式的根据内容的精神制造成的。"此其二也。"律诗的格式是别人替我们定的，新诗的格式可以由我们自己的意匠来随时构造。"此其三也。闻一多指出，由此就可以论定，新诗的这种格式是创新，是进化，而不是相反。总之，律诗是无论什么人都穿同一样式的衣服，而新诗的格式却可以依据内容的需要千变万化。

四曰"音节调和"论。如前所述，这里所谓"音节"不是现代汉语所指的字音，而是指诗的节奏。闻一多主张一句诗中，"整齐的字句是调和的音节必然产生出来的现象。绝对的调和音节，字句必然整齐"。如果以今天的术语来表达，也就是说，按照一定的规则调和的节奏必然造成字数一致的诗行。闻一多举了两个诗节为例来对照说明："整齐的字句是调和的音节必然产生出来的现象。绝对的调和音节，字句必定整齐。"他把最小的节奏单位称为"音尺"（又称音组、音步、音顿），指出每行十个字的诗行若都由两个三字尺、两个二字尺组成，就做到了每个诗行的字数与音尺数都能够一致；但是如果只注意字数的整齐划一而忽视了音尺的整齐，便是"死气板脸的硬嵌上去的一个整齐的框子"，显然不可取。闻一多又以自己的《死水》为例，来说明这个道理：这是每行九字、四音尺（含一个三字尺、三个二字尺），是他有意识进行的最满意的试验。

五曰中国诗歌"建筑美"的发现。中国古典诗词不兴分行排列，建筑美是潜在的，但是新诗一经分行，汉语的单音象形文字这一独特之处便带来了排列组合的美感，为也是画家的闻一多所发现：一种是如古代齐言诗那样句式一致，排列得整整齐齐，方方正正。闻一多列举两个四行诗节予以对照，一个是句法整齐的，一个是句法不整齐显得凌乱的，然后明知故问："到底哪一个的音节好些？"除了这种"句的均齐"形成的建筑美外，还有一种"节的匀称"。后者是诗的"格式"带来的，虽然单独一节看起来参差不齐，但是如同许多宋词的上下阕，节与节对称也具有美感。这样两种基本格式，后来就成为格律体新诗的两大类别。

以上五点是闻一多新诗格律理论的精华，也是此后格律体新诗理论发展的基础。影响深远，功莫大焉。人们往往称道的闻一多诗之"三美"说为什么我却尚未提及呢？这是因为上述第一点至第四点其实就是对于"音乐美"的阐述，而第五点就是对"建筑美"的肯定，并且指出这是中国诗所独有的美感，为闻一多慧眼所发现。只是"绘画美"虽为诗所具有，且前人就有"诗中有画"之说，但是绘画美并非为诗所独具，所以不宜列为一种诗美也。特此辨析，以免被误为无视闻氏的著名观点。

还有一点需要指出，即《诗的格律》不曾论述韵律问题，这并不意味着闻一多对此未予重视。事实上，早在前述《诗的音节的研究》提纲中，就在《诗歌的节奏》部分列入了"韵律"与"韵脚"。在他的诗集《死水》中，我们就只看到诗人采用了多种押韵方式，却找不到一首无韵的作品。也许在诗人看来，诗要押韵乃是天经地义，无须特别论述吧？

三 闻一多理论的创作、翻译实践

闻一多出版的诗集只有两本：《红烛》与《死水》。《红烛》是早期作品，诗风是浪漫主义，形式是自由诗；《死水》则以现实主义为主，形式上是自己格律理念的实践。《死水》收诗不多，仅仅 28 首，但是意义重大，不同凡响。因为这是新诗史上第一本格律体新诗集，是闻一多实践自己诗歌理念的产品。此外，湖北版《闻一多全集》还收入集外诗 27 首，考其写作时间，大多是在 1925 年回国之后。而《红烛》出版于 1928 年，这些作品作者没有收入，有可能是诗人对自己要求严格，从艺术质量着眼，遂成集外。但是这些作品无疑都是在践行他自己的理论主张。

不过，一般的论者固然也看重《死水》的价值，却大多是从内容着眼，偏重思想性，尤其是对一些作品中表现的爱国精神予以充分肯定，然而这是远远不够的。《死水》探索新诗格律的成就本来就值得大书特书，也是新诗史上非常独特的佳构，笔者以为更有艺术价值、历史意义。本文特地就此展开论述。

就贯彻自己新诗格律理念的成果予以考察，在《死水》中我们可以看到三类作品。

一是以《死水》为代表的每行诗音尺与字数都做到了一致的成功试验品，包括每行九字四音尺的《死水》《也许》《夜歌》，还有每行诗十字四音尺的《黄昏》、每行诗十一字五音尺的《口供》。这些作品直到今天仍然是整齐体格律体新诗的典范。

二是由节的匀称（即对称）形成的每节格式完全一致的作品，如《你莫怨我》《忘掉她》《我要回来》《一句话》《洗衣歌》。这些作品开如今格律体新诗"参差对称体"之先河，亦堪称典范。朱湘的《采莲曲》也是这种成功的先例。

以上两种作品，充分地体现了音乐美、建筑美，都是新诗格律建设的宝贵收获，无疑已经进入艺术的宝库，成为历史的见证。毫无例外，这些成功之作，都是"相体裁衣"的结果，使闻一多新诗格律理念在创作中得以证实，意义重大。

三是没有完全实现自己追求的目标的一些作品，或是各行诗字数一致而音尺不能一致，或是音尺一致而字数略有出入。这在实验阶段未可厚非，完全不必苛求。我们要看重的是他有了正确的方向，也有成功的范例。

行文至此，完全有必要就所谓"豆腐干"的讥诮做一番辩解。"豆腐干"，仿佛是历来新诗格律反对者手中的"撒手锏"，似乎可以将"敌"置之于死地。是的，不仅是闻一多，新月派其他成员，其作品的确没有完全达到"句的均齐，节的匀称"的目标，有的属于硬凑字数来实现外表的整齐。在新诗格律建设初期，这是不可避免的缺失。但是此"豆腐干"（各行字数与音尺都一致）非彼"豆腐干"（各行字数一致而音尺不等），怎么能把两者一锅煮，混为一谈呢？再说，若将古诗中的绝句和律诗分行排列，不都是"豆腐干"吗？你能说那样不好、不行吗？

闻一多的新诗格律试验，还有一个重要而过去为人们所忽视的方面，那就是西方十四行诗的引进。这引进又包含三个层面：一是介绍，一是翻译，一是移植（创作）。

十四行诗是一种国际性的诗体，源于意大利，继而风行全球。在中国，十四行诗的引进与新诗的产生可谓同龄。而闻一多正是引进十四行诗的先行者之一，有着多方面的贡献，功不可没。早在 1921 年写的《评本学年〈周刊〉里的新诗》中就对浦薛凤的十四行诗《给玳姨娜》给予赞扬，并且表示他赞成介绍这种诗体，浦君"初次试验这种体式"纵然不能圆满，能有这样的结果亦属"难能可贵"。[1]

十四行诗传到中国，有一个命名问题。1928 年 3 月，他在《新月》创刊号和第 2 期发表英国十四行诗名作《白朗宁夫人的情诗》达 21 首之多，并且首次将 Sonnet 音译为"商籁"，影响深远。而在 1928 年 1 月出版的《死水》诗集仅收诗 28 首，其中《收回》《"你指着太阳起誓"》为十四行诗，集外有《回来》。他也以十四行诗创作实践自己拟定的新诗格律规则，不难从这些作品中得到证实。

1931 年 4 月，闻一多还在《新月》第 3 卷第 5、6 期合刊发表《谈商籁体》一文，在评论陈梦家商籁体作品《太湖之夜》时分析了这一诗体的内部结构，以及其内容必须遵循起、承、转、合的规律，指出"一首理想的商籁体应该是个三百六十度的圆形；最忌的是一条直线"。

闻一多翻译的十四行诗尽量保持原诗的格律。当时他的译作产生了很大的影响，吸引了大批新诗人的注意，引发了创作十四行诗的高潮，促进了十四行诗在中国的发展。

除十四行诗外，闻一多还翻译过拜伦、霍斯曼等诗人的作品，均见湖北《闻一多全集》第一卷译诗部分。值得注意的是他选择的作品都是格律诗，这些译作与他所译十四行诗一样，也都贯彻了自己的新诗格律主张。在他《谈商籁体》发表 50 年后的 1981 年，卞之琳在《译诗艺术的成年》一文中追述道："像朱湘一样，有意识在中文里用相应的格律译

---

[1]　闻一多：《评本学年〈周刊〉里的新诗》，《闻一多全集》第 2 卷，湖北人民出版社 1993 年版，第 42 页。

诗，以既有实践也有理论，较为人注意的，早期有闻一多。"① 这说明他的努力影响及于后世，是这一正确的译诗道路的开辟者。而这样译诗对于新诗创作相辅相成，对于格律建设起到了重大作用。

正因为闻一多在新诗格律建设领域理论、创作双管齐下，而且通过译诗贯彻自己的理论主张，取得了世所瞩目的成就，使他当时成为朱自清所称中国新诗"格律诗派"②（亦即兴盛一时的新月派）当之无愧的领袖。利用《晨报》创办《诗镌》是闻一多及其集结在他周围几个年轻诗人的主意，而由时任《晨报·副镌》主编的徐志摩全力促成的。《诗镌》从1926年4月1日创刊，到6月10日停刊，每周一期，共出11期，时间虽短，但是影响巨大。诗刊的出版，成为新月诗派诞生的标志；她的存在，成为格律体新诗一度繁荣的历史见证。诗刊体现了重在建设的眼光，理论与创作并重，发表了一系列对于新诗格律建设有着积极意义的佳构。至于作品，更是琳琅满目，大凡新月诗派的重要诗人尽都闪亮登场，许多堪称诗派代表作，得以传世的诗篇，也是在这里刊发的。《诗镌》的停刊并不意味着格律诗派的终结。1927年春，胡适、徐志摩在上海创办新月书店，次年3月18日，在闻一多《死水》出版两个月之后，综合性文艺杂志《新月》创刊，直至1933年终刊，她和1931—1932年出版的7期《诗刊》，都是继《诗镌》之后的格律体新诗重要园地，培育了陈梦家、方玮德等优秀的新人，使流派得以壮大，影响得以扩大，功不可没。一个文学流派的认定，需要下列重要条件：共同的理论主张；稳固的作家队伍；自己的发表阵地；丰硕的创作成果。以此衡量，新月诗派，亦即朱自清所称的格律诗派，这几点无不具备，她在文学史上的地位是不能抹杀的，其在格律体新诗的发展历史上，更具有开创性的意义。

陈梦家主编，1931年新月书店印行的《新月诗选》出版，给新月派画上了一个相当优雅的句号；而陈梦家的序言则是她的一曲凄美的挽歌。

由于复杂的外因与内因，盛极一时的新月派于20世纪30年代之初解

① 卞之琳：《译诗艺术的成年》，《卞之琳文集》中卷，安徽教育出版社2002年版，第505页。

② 朱自清：《中国新文学大系·诗集·导言》，《中国现代诗论》上编，花城出版社1985年版，第240页。

体了，在相当长时间内因为极"左"思潮的主导而遭到无视甚至贬损，但是 20 世纪 70 年代末期以来，终于恢复了应有的地位。而在新月派解体之后，但凡不忘中国新诗格律建设的诗人、理论家仍然将新月派领袖闻一多尊为开山鼻祖，他在文学史上享有不可动摇的导师地位。

四　闻一多新诗格律理论与实践的
继承与发展

新月诗派结束之后，其影响至今仍然不曾随之消失，仍有后继者对它的理论与实践进行反思，并有所推进。开创者筚路蓝缕，继承者矢志不移。艰苦卓绝，不绝如缕。几疑山穷水尽，又见柳暗花明。其间有许多值得回顾、总结的内容，因为篇幅关系，不能详述。考其历史，约略可以分为三期。

（一）新月派解体至 1949 年：其间，关于新诗格律的理论探索与创作实践并未停止，有所收获，只不过呈分散状态。

（二）1950—1966 年：何其芳首创"现代格律诗"命名，全国展开了关于新诗形式的大讨论，虽因冒犯了"新民歌"尊严而遭厄运，但是其影响显著，仍有成果存留。

（三）改革开放至今：格律体新诗在新时期理论、创作的显著成就值得充分肯定。其发展态势良好，为以往所不可比拟。对此不妨略谈数端。

于 1986 年成立的西南师范大学中国新诗研究所所刊《中外诗歌研究》第一任主编由邹绛担任，给格律体新诗的研究提供条件，发表了不少研究成果，善莫大焉。该所所长吕进在 2004 年 10 月召开的首届"华文诗学名家国际论坛"上响亮地提出："科学地总结中国新诗诞生以来的经验和考察新诗的现状就会发现，新诗面临着二次革命。""二次革命"包括"三大重建"，而其中的诗体重建的一个重要任务就是建立现代格律诗（即格律体新诗）。这就把实现闻一多的遗愿，创建新诗格律提到了战略高度。随后，截至 2015 年一共举办了五届"华文诗学名家国际论坛"，每次都把新诗格律建设作为研讨重要内容。该所于 2009 年创刊的《诗学》年刊迄今已出 8 期，每期都辟有《格律体新诗研究》栏目，发表了大量有分量的论文，有力地推进了新诗格律研究。这样，中国新诗研究所遂成新诗格律研究的重要阵地。

21 世纪以来，有两个史无前例的活动不能忽视：一是 2007 年，在常熟理工学院举办了全国性的新诗格律与格律体新诗研讨会，会议纪要由该院学报发表，提交的全部论文由民间的诗歌理论刊物《诗评人》出版专号刊布。二是 2012 年，由重庆市中外文化交流中心、酉阳县人民政府和"东方诗风"论坛联合举办了"中国新诗格律与格律体新诗酉阳论坛"，发表了《关于新诗格律与格律体新诗东方宣言》。研讨与采风成果结集为《桃源在我心》一书，2013 年由中国文联出版公司出版。

再有就是网络阵地的开辟，打破了自由诗的一统天下，为格律体新诗的进一步发展开辟了新路。在先后成立的"东方诗风"论坛和"中国格律体新诗网"及其各自的纸刊《东方诗风》和《格律体新诗》均以建设新诗格律、创立格律体新诗为己任，理论实践并重。在这两站、两刊的带动下，一些青年诗人纷纷自创新的园地，利用博客、微信等现代手段推进格律体新诗发展，显示了格律体新诗事业的强大后劲。2012 年和2016 年，这两家论坛分别举行了相当规模的成立 10 周年庆祝活动。

屠岸先生在丁鲁新近出版的诗集《风之歌》序言中说的这段话算是作了准确的概括："新格律诗的创作与发展，已经不可阻挡。如今，在新诗的领域中，自由诗仍占着大半壁河山，可是，新格律诗的小半壁河山也是不可动摇的。何况，它还在不断发展。"[1] 这样的表述既立足于今天，更着眼于未来，是令人信服的科学论断。

五 "格律体新诗之父"：闻一多的新冠

五四新文化运动以来，闻一多这样的伟人巨擘，去世多年一直享有殊荣者极少。然而对闻一多的研究长盛不衰。毫无疑问，在人文学科领域，闻一多研究已成显学。而且闻一多研究已经成为跨国界的课题。7 月30 日，日本闻一多学会第 20 次学术大会在二松学舍大学召开，日本多所高校和科研单位的 20 多位学者出席了大会。会议讨论充满了学术气氛。与会者们说：闻一多的学术成果是中国和世界文化的组成部分，其生命

---

① 屠岸：《风之歌·序》，中国友谊出版公司 2016 年版，第 1 页。

力是超越国界的、永久的。深入研究闻一多的学术创新，触摸闻一多的文化探索，总结闻一多对文化遗产的贡献，是对闻一多的最好纪念。

虽然闻一多研究已经取得前所未有的成就，但是窃以为对作为诗人的闻一多，重视程度尚嫌不足，对其诗歌理论与作品的重大价值、所起的作用以及历史意义的认识还不到位。那么，结合前文对闻一多诗歌格律观念的酝酿、形成到实践的梳理，以及他的新诗理论与创作产生的影响的描述，为了彰显闻一多先生对中国新诗的杰出的无与伦比的贡献，尊奉他为"中国格律体新诗之父"便已水到渠成，毋庸置疑。

在 21 世纪之初的今天，格律体新诗所面临的形势、所拥有的条件，所具备的基础，毫无疑问，好过历史上任何时期。假以时日，她的前途一定是无比辉煌的！一个无愧于我们前人，与中国悠久的诗歌传统相适应的，符合诗歌艺术歌行的格律体新诗在诗坛占据其应有地位的崭新时代一定会到来。那时我们的诗人就不再是不肖之子，不会愧对我们无数的前贤，不会愧对我们的格律体新诗之父闻一多先生，我们会看到他在天国微笑。

何谓"全新的诗"？

——论闻一多的朗诵诗理论

李光荣

（西南民族大学）

由于闻一多被反动派枪杀，其学术思想也被终止了，朗诵诗即是其中的一项。我们知道，闻一多诗歌人生的最后一段是朗诵诗，由于这期间他被推为民主运动的首领之一，工作十分繁忙，不仅没有发表一篇关于新诗的专门文章，更没有时间系统总结朗诵诗的理论，他对朗诵诗的思想认识有哪些，后人无法得知。时至今日，闻一多对我国朗诵诗理论做出了什么贡献，仍然未引起学界的关注。总结闻一多的朗诵诗思想，对于认识西南联大的朗诵诗运动，对于了解 20 世纪 40 年代的朗诵诗面貌，对于理解朗诵诗的成就，都是一项基础性的工作。虽然闻一多没有完成朗诵诗的理论构架，但其思想已为他人接受并继承而融入中国朗诵诗的理论系统，并且流传了下来。今天把闻一多的朗诵诗思想梳理清楚，不只是为了深入地认识闻一多的历史贡献，还在于正确地理解我国朗诵诗学的创立过程。

1943 年暑假，在闻一多的诗歌道路上，是一个大转折。这之前，他是纯诗主张者（查解嘲语），这之后，他转向了大众诗学。尽管此转折之前他有一个较长时间的酝酿过程，但转折的实际发生在这时候。其原因，是他读到了田间的诗。田间诗中那真挚的感情，强有力的节奏，火辣辣的感情震撼了这位老诗人的心灵。秋季开学，他抑制不住内心的激动，在课堂上朗诵并评论了田间的诗，从而宣告了一种新的诗学观的诞生。这是这位近十年以来沉醉于古诗美学的老诗人、旧学者第一次公开激赏新诗，讲述自己的美学观。稍后，他把自己的思想整理成《时代的鼓手——读田间的诗》一文发表了。

但闻一多的文章是一篇诗歌评论，并不是美学论文。文中没有完整的诗学观的表达。我们只能读出闻一多所赞赏的诗歌应该是什么样的，而不能得出闻一多对大众诗学观的思考。事实上，闻一多这时并没有建立起自己的新型诗学思想。这篇文章只标志着闻一多的思想转变与诗学思考。半年后，一群诗歌爱好者为组织诗社向他请教，他提出了"新"的美学原则。这"新"，不仅是相对于旧诗的新，而且是不同于已有新诗的新，意即既不是自由体诗、新格律诗、纯诗，也不是抗战以来的朗诵诗，他要创造的是"全新的诗"。他后来所说的"我的性格，喜欢走极端，我对一切旧的东西都反对，希望最好一点也不要留"，①　就是这个意思。但什么样的诗是"全新的诗"，"新"的特征有哪些？闻一多还是没有说。此时闻一多心目中的"新"诗，大概只有田间的一种，不过，他并不以它为标准。他之所以赞赏田间，是因为"他把旧腔调摆脱得最干净"，②　而于新的诗歌艺术的建设，恐怕还有一些距离，所以他这次没有提到关于"新"的问题，或许他的新诗目标还有超越田间诗歌的意味。闻一多这次谈话的核心被新诗社概括为："我们的诗社，应该是'新'的诗社，全新的诗社，不仅要写新诗，更要做新的诗人。"③　新诗社还根据闻一多的谈话总结出四条纲领：

　　一、我们把诗当作生命，不是玩物；当作工作，不是享受；当作献礼，不是商品。

　　二、我们反对一切颓废的晦涩的自私的诗，追求健康的爽朗的集体的诗。

---

①　闻一多：《论文艺的民主问题》，《闻一多全集》第 2 卷，湖北人民出版社 1993 年版，第 227 页。

②　同上。

③　闻一多语，转引自史集《闻一多先生和新诗社》，《云南师范大学学报》1987 年第 2 期。

三、我们认为生活的道路，就是创作的道路；民主的前途，就是诗歌的前途。

四、我们之间是坦白的直率的团结的友爱的。①

无论当时的记录还是后来的回忆，都不能看出闻一多关于"全新的诗"的具体内涵。但闻一多竖起了"全新的诗"的美学标准，指明了新诗社的前进方向。

新诗社不仅个人写诗，社员间还进行相互间的欣赏借鉴与批评，以达到共同提高之效。这大约是"集体的诗"一方面的含义。社员经常聚集在小雅巷 5 号的小楼上，朗诵并讨论诗歌。闻一多时常参加诗社的集会，他"总是叼着烟斗和大家坐在一起倾听着"，②有时则朗诵社员的作品，最后才发表他的批评。秦泥记述道："谈兴正浓时，他往往会随手拿起一首诗高声地朗诵起来，作出示范。"③闻山说：闻一多的朗诵"像要把诗的全部思想、音韵、作者的感情，都融化在他的声音里似的；他在体味着，欣赏着，同时也在重新表现着"④。诗社聚会的名声传开，自动来参加者增多，小楼容纳不下，诗社便把聚会地点移到教室。渐渐地，教室也容纳不下，只好找一块草地，大家坐下，交流、朗诵、批评，显示出浪漫气息。这时的参加者不但有校内外的学生，还有老师。冯至就是经常参加的老师之一。他后来回忆说："每逢春秋佳日，在近郊的小树林，在某家花园，在课堂里，或在月光下，大家热烈讨论，纵情朗诵，细心聆听闻一多的名言谠论，我从中也得到不少启发。"⑤在这样的创作与朗诵活动中，闻一多逐渐认识到诗歌朗诵的意义，建立了对于新诗社社员朗诵才能的信任，同时也对"全新的诗"有了明确的目标。

于是，闻一多试着用朗诵诗去影响社会。此时，抗日战争已经"相持"到最艰难的时刻，国库空虚，资源匮乏，物价暴涨，再加吏治腐败，导致民不聊生。从事精神生产的作家们普遍挣扎在死亡线上，有的作家

---

① 《新诗社》，西南联大除夕副刊编《联大八年》，西南联大学生出版社 1946 年版。

② 史集：《闻一多先生和新诗社》，《云南师范大学学报》1987 年第 2 期。

③ 秦泥：《如坐春风，如沐朝阳》，赵慧编《回忆纪念闻一多》，武汉出版社 1999 年版。

④ 闻山：《教我学步的人》，赵慧编《回忆纪念闻一多》，武汉出版社 1999 年版。

⑤ 冯至：《〈闻山散文集〉序》，《冯至全集》第 5 卷，河北教育出版社 1999 年版。

贫病而死。中华全国文艺界抗敌协会发起"援助贫病作家"运动,昆明文协积极响应。作为昆明文协理事的闻一多,为此动员新诗社召开一次诗歌朗诵会,募集资金援助贫病作家。1944 年 10 月 9 日,在新诗社成立半周年的日子,新诗社社员和校内外人士 100 多人欢聚于基督教青年会学生服务处小礼堂,闻一多邀请时在昆明的文化名人冯至、光未然、李广田、吕剑、楚图南、李何林、闻家驷、沈有鼎、尚钺等先生,举行烛光晚会,朗诵诗歌。这在闻一多来说,既是一次切实的社会活动,又是一次极佳的朗诵诗试验。纪念会首先由社员叶传华朗诵《心脏的粮食》,其次为楚图南朗诵《大路之歌》和《在俄罗斯谁能欢乐与自由》,接着有闻家驷朗诵法文诗,冯至朗诵德文诗,再下来是社员孙晓桐朗诵《阿拉伯人和他的战马》,光未然朗诵《我们是老百姓的女儿》,最后是闻一多朗诵《第二次世界大战的讣闻》和《被开垦的处女地》,每次朗诵都赢得了热烈的掌声。会上,多位先生谈了对于新诗的看法,闻一多最后作了总结。这次诗歌朗诵会在闻一多对于朗诵诗学的建立上具有重要的意义。朗诵对于诗美的传达,听众的热烈掌声和专家的新诗观点更加坚定了他的朗诵诗观。

之所以不能肯定地说闻一多这时已确定朗诵诗为"全新的诗",一方面没有确切的证据表明,另一方面这时朗诵诗并未成为新诗社的主要诗歌形式。"证据"指闻一多的讲话没有流传下来,新诗社成员也没有说闻一多这时已独尊朗诵诗了。关于"诗歌形式"问题,指《诗叶之七》。在新诗社举行朗诵诗会的前一日,《扫荡报》刊出了一期"七月诗叶",名为《诗叶之七》,刊载了《我们的心》《我们开会》《祝》《最初的黎明》《拍卖行》《原始》《夜歌》七首诗。在这七首诗中,何达的《我们的心》《我们开会》是典型的朗诵诗,萧荻的《祝》《最初的黎明》也是朗诵诗,白鸽的《夜歌》仍可归为朗诵诗行列,俞铭传的《拍卖行》和因陈的《原始》就不是朗诵诗了。笔者曾论这七首诗道:"以内容而论,它们反映的是知识分子的生活,不具备新诗社后期的激烈情感和战斗锋芒,也很难说具有大众性。以艺术而论,它们体现的是知识分子的审美心理,从风格到语言都带有许多个性的特点,缺少后期朗诵诗的通俗性。这些诗带有新诗社探索时期的痕迹,体现出现代诗向朗诵诗的转变,其思想和艺术都是建立在诗作者的'个体诗'和读书人层面的'大众性'之上的。"① 这些诗是闻一多推荐给该报的，因为编辑吕剑与闻一多同是文协昆明分会的理事和民盟盟员。由此可知，这时闻一多所说的"全新的诗"并不专指朗诵诗。

此后，闻一多指导新诗社继续进行朗诵诗创作与诗朗诵实验。诗作有《我们开会》《我们的心》《老鞋匠》《雾》《舞》《图书馆》《山，滚动了》《树与池水》《云的问讯》《死在战场以外的中国兵》等。朗诵实验如 1945 年 4 月 21 日举办的"马亚可夫斯基逝世 15 周年纪念会"，5 月2 日举办的"诗歌朗诵晚会"，6 月 14 日举办的"诗人节纪念晚会"，9月 3 日举办的"为胜利、民主、和平、团结而歌"朗诵会，10 月 29 日举办的"西南联大成立八周年庆祝"朗诵会。这些朗诵会，听众都在千人以上，田汉、常任侠、韩北屏、李实中、李公朴、黄药眠、孟超等著名文学家多次参加大会，他们朗诵和谈感想，肯定朗诵诗以及朗诵活动。闻一多也多次做朗诵示范。

通过这些实验，闻一多终于确定了自己提倡的"全新的诗"，是表达人民感情，能够激发听众热情，传送集体行动的力量且适合朗诵的诗。在 1945 年 5 月，闻一多第一次明确表态："在我看来，目前最恰当的文艺形式是朗诵诗和歌剧。"② "最恰当"一语表明闻一多对于朗诵诗和歌剧的确信。可是，闻一多忙于本职工作和民主运动，没有来得及阐释这种朗诵诗的内涵，更遗恨千古的是，反动派杀害了他。因此，我们无法知道新诗社的朗诵诗是否是闻一多最为满意的诗，也不知道闻一多对朗诵诗的推进计划是什么。我们只能从与闻一多长期共事，最理解闻一多的朱自清那里知道，闻一多所提倡的朗诵诗是"新诗中的新诗"。③ 这种朗诵诗不同于传统的旧诗和已有的新诗，甚至不同于曾经风靡国统区的朗诵诗，是一种新型的诗。无独有偶，1945 年和闻一多一起提倡朗诵诗

---

① 李光荣、宣淑君：《季节燃起的花朵——西南联大文学社团研究》，中华书局 2011 年版，第 329 页。

② 闻一多：《五四与中国新文艺——现在是群众的时代，让文艺回到群众中去》，《闻一多全集》第 2 卷，湖北人民出版社 1993 年版，第 231 页。

③ 朱自清：《朗读与诗》，《朱自清全集》第 3 卷，江苏教育出版社 1996 年版，第 255 页。

的李广田也将其称为"新诗中的新诗"。① 闻一多的这两位同事兼诗论家的判断，是对"全新的诗"的最好注脚。

那么，"全新的诗"新在哪里？这是我们理解闻一多诗歌理论的内核。根据闻一多及他身边的诗歌工作者，特别是诗论家朱自清和李广田的言论，可以认识到这种诗在态度上是人民立场，在功能上是团结战斗，在艺术上是综合运用，在风格上是雅俗共赏。下面将对这四个方面略作论说：

一　态度上的人民立场

闻一多的后期由书斋走向社会，成为人民大众的一员，一直强调人民立场，要求文艺工作者"认识了人民，热爱着人民"，② 他称 20 世纪40 年代为"人民的世纪"，说"今天只有'人民至上'，才是正确的口号"。③ "人民"是他后期文章的一个中心词，出现的频率很高。这说明他心中装着人民，要为人民谋利益。他舍生忘死地争民主、争自由，就是为人民，为国家的实际行动。思想立场的转变，决定了闻一多诗学观的转变。他努力寻找一种能够贴近人民，代替人民发声的文艺。朗诵诗就是他培育起来的"人民发声器"，因此他特别重视朗诵诗，多次发起组织朗诵诗活动，他尽管很忙，还是挤时间在集会上朗诵诗歌，并发表关于朗诵诗的讲话。

闻一多与新诗社"肉血不可分"，④ 新诗社社员对闻一多亦很遵从，闻一多的思想立场影响了新诗社社员，新诗社也获得了人民大众的思想立场。

作者的思想立场决定着作品的内容。新诗社的诗歌取材由写自我、

---

① 李广田：《诗与朗诵诗》，《李广田文学评论选》，云南人民出版社 1983 年版，第 311 页。

② 闻一多：《"新中国"给昆明一个耳光罢！》，《闻一多全集》第 2 卷，湖北人民出版社1993 年版，第 235 页。

③ 闻一多：《人民的世纪——今天只有"人民至上"，才是正确的口号》，《闻一多全集》第 2 卷，湖北人民出版社 1993 年版，第 407 页。

④ 闻一多语，转引自何达《闻一多·新诗社·西南联大》，赵慧编：《回忆纪念闻一多》，武汉出版社 1999 年版。

学校扩大到写市民、战士等人民。《一个少女的经历》《老鞋匠》《黄包车夫》《萧大妈》《死在战场以外的中国兵》等便是这样的作品。诗人关心的是少女、补鞋匠、老大妈、士兵的生活与命运，已超越了自我的范围，也不是作者最熟悉的知识分子。这与武汉时期著名的《我的家在黑龙江》、重庆时期盛传的《哭亡女苏菲亚》等诗歌的思想角度是不一样的。

人民立场的一个典型的诗歌表现是诗歌的叙述者"我"被"我们"替代，个人的诗变成了集体的诗。新诗社的第一首诗就是以"我们"写成的《我们的心》：

> 我们太潮湿了！
> 我们太寒冷了！
> 把我们的肋骨
> 像两扇大门似地
> 打开！
> 让阳光
> 直晒到我们的心。

诗中的"我们"不只是新诗社社员，而是全体西南联大的学生。该诗表现的是"皖南事变"后西南联大学生的生活。其后，何达写出了著名的《我们开会》以及《我们》《雾》《士兵们的家信》《罗斯福》《选举》《玛耶可夫斯基》《我们是民主火》《写标语》《五四颂》《五四晚会》《图书馆》《我们不是"诗人"》《人民的巨手》《舞》《我们的话》《不怕死，怕讨论》《献给师长们》《火葬》《新诗社》等。诗人站在集体的立场，用群众的心理观察人和事，表达集体的思想和感情。这种诗要求诗人首先融入群体，与群众同声共气，而后作为其中的代言人发出声音。

"我们"诗是新诗社诗歌的第一种类，还是新诗社诗歌的重要特色。社员自觉地充当了集体的代言人，为人民大众擂鼓呐喊。西南联大的朗诵诗集会，能够吸引上千人参加，与参会者听到的是他"自己内心的声音"关系甚大。

闻一多的得意门生，新诗社社长何达总结了这一特点："今天青年代的诗都在发展这个'我们'而扬弃那个'我'，不管朗诵不朗诵。"[①] 朱自清则把它上升为朗诵诗学，说："朗诵诗是群众的诗，是集体的诗"，[②]认为"传统诗的中心是'我'，朗诵诗没有'我'，有'我们'，没有中心，有集团"，[③] 并且认为这是朗诵诗与传统诗的根本区别。可知，西南联大朗诵诗创作的首要任务是获得人民立场。

但人民一词，在不同的时代外延并不一样，即使在同一时代，"人民"所包含的人群之中，也有层次和范围之分。闻一多是否真正走入了民间即占人口最多的农民、工人、市民之中，还值得讨论；即使闻一多走入了民间，新诗社的诗歌是否也随之走入了民间，也需要考察。

二　功能上的团结战斗

闻一多从古代典籍中抬起头，把目光投向政治之时，西南联大新诗的力量正在积蓄之中。上文说过，西南联大朗诵诗的兴起是闻一多提倡并推动的结果。但为什么闻一多这时候会提倡朗诵诗呢？这不能不使我们去认识朗诵诗与政治的关系。政治主张及其推行需要大众的支持，而要获得大众，需要一定的方式方法。朗诵诗即是闻一多推行政治主张，走向大众，赢取大众的方式方法。当然，这不是闻一多在提倡朗诵诗之前就明确的，而是在提倡与推行的过程中才逐步认识到的。

两千多年前，孔子就有"兴、观、群、怨"说，就知道诗歌的功能之一是"群"即团结群众。文学革命的先驱推行白话文，就是要使文学走入大众的生活。鲁迅那一代启蒙主义者致力于文学工作，是要使人民大众团结战斗，开创出清明的政治新天地。作为政治参与者的闻一多，当然认识到了这一点，他对新诗社的指导中明确地说："朗诵诗的对象，

---

① 何达：转引自朱自清《今天的诗——介绍何达的诗集〈我们开会〉》，何达：《我们开会》，中兴出版社 1949 年版，第 3 页。

② 朱自清：《论朗诵诗》，《朱自清全集》第 3 卷，江苏教育出版社 1996 年版，第 256 页。

③ 朱自清：《介绍何达的诗集〈我们开会〉》，何达：《我们开会》，中兴出版社 1949 年版，第 3 页。

是大家，是许多人在一起，这样就能互相认识和团结。"① 并且闻一多明确地表示，提倡朗诵诗的理由之一，就是朗诵诗具有"认识和团结"的功能。

新诗社发起组织一次又一次朗诵会，便有通过朗诵诗鼓舞听众，凝聚人心，使大家团结起来的目的。正如何达在一首诗中所写的那样："我们开会/我们的灵魂/紧紧地/拧成一根巨绳。"②

闻一多推行民主运动，需要把全校、全昆明的进步人士聚集在一起，灌输思想，统一认识，达到团结战斗的目的，诗朗诵即是一种较好的媒介。闻一多通过新诗社时常组织朗诵会，这种朗诵会深受群众欢迎，动辄上千人到会，大家在一起交流认识，听诗人朗诵诗歌，接受同一种思想，使大家心往一处想，实现了团结的愿望。闻一多后期的社会威望当然源于他的民主思想适应了大众的心理要求，同时也与他用诗朗诵推行了民主思想，让大众认识了自己不无关系。

朗诵诗在抗战时期能够成为新诗中最活跃的品种，与其政治的"参与性"相联系。闻一多曾将其解释为武汉与昆明的政治地位决定的："在抗战初期，武汉是民族战争的前卫，在抗战末期，昆明是民主运动的先锋"，③ 所以，朗诵诗产生于这两座城市。当时，退居武汉的诗人发展新诗的朗诵功能，以朗诵诗宣传抗战，鼓舞人心，为抗战尽力；迁移昆明的诗人发挥新诗的朗诵功能，以朗诵诗争取民主和自由，为建立新的国家政权奋斗。但是，两市诗人的处境并不相同：武汉的诗人身处后方，未能身经抗日战场；昆明的诗人身居民主阵地，在被打压的危境呼喊民主。西南联大不仅召开千人诗歌朗诵会，还在时事报告会、演讲会、纪念会等大会上朗诵诗歌。"一二·一"惨案发生后，诗人冲锋上阵，创作朗诵诗，到街头、工厂、农村朗诵诗歌，进行实际斗争，诗人自己充当了战斗者。在这种情形下，朗诵诗直接是一种工具，一种战斗的武器。朗诵诗的内容和艺术，也许谈不上斟酌提炼，但思想的锋芒直刺敌人。

---

① 闻一多语，转引自王志华《一个诗歌朗诵会》，《扫荡报·副刊》第 143 号，1944 年 7 月 19 日。

② 何达：《我们开会》，中兴出版社 1949 年版，第 30 页。

③ 闻一多：《昆明的文艺青年与民主运动》，《闻一多全集》第 2 卷，湖北人民出版社 1993 年版，第 244 页。

诗人对死难同学说："我们将踏上你们的血迹／从你们的手里接过反内战的义旗／发誓将这旗帜／插在那些屠夫民贼的坟上／插在自由民主的国度里"；①　而对杀人凶手说：　"你逃到重庆，／我们追到重庆；／你逃到东北，／我们追到东北！／你飞上天，／你钻下地，／我们也要追到天边地底"；②　"这些诗是匕首，是号角，是警钟，是誓言。从这些诗行里，可以看见血，看见愤怒；听见滇池的风声、群众的呐喊。它们是斗争的武器，不是客厅里的盆景"③。三十余年后，"一二·一"诗歌研究者做出了这样的评价。而在当时，何达说："我们要说一种话／干脆得／像机关枪在打靶／一个字一个字／就是那一颗颗／火红的曳光弹／瞄得好准。"④　朱自清在概括朗诵诗理论的时候，得出了这样的结论："朗诵诗直接与实生活接触，它是宣传的工具，战斗的武器。"⑤　一向"最讨厌柔得没劲的诗"⑥的闻一多，曾认为"今天需要热情呼喊需要简单有力的诗句"⑦　的闻一多，在这场为死者伸张正义，为社会呼吁民主，为人身争取自由的殊死搏斗中，看到了朗诵诗的力量，也显示出朗诵诗的团结战斗功能。

三　艺术上的综合运用

新诗经过二十余年的发展，已经取得了长足的进步和丰富的经验，形成了自己的艺术，出现了关于诗歌创作法的论著，可见具有相当的成熟度。但新诗艺术还得发展。如何发展？有两条道路：一条是纯诗化，一条是大众化。闻一多在 20 年代也提倡纯诗。可现实社会的变化不允许

①　联大甘肃同学：《把旗帜插在屠夫民贼坟上》，龚纪一编《一二·一诗选》，人民文学出版社 1983 年版，第 181 页。

②　章民：《凶手，你逃不了!》，龚纪一编：《一二·一诗选》，人民文学出版社 1983 年版，第 229 页。

③　王笠耘：《诗的花环（代跋）》，龚纪一编：《一二·一诗选》，人民文学出版社 1983 年版，第 268 页。

④　何达：《我们的话》，中兴出版社 1949 年版，第 167—168 页。

⑤　朱自清：《论朗诵诗》，《朱自清全集》第 3 卷，江苏教育出版社 1996 年版，第 256 页。

⑥　朱自清：《闻一多先生与新诗》，《朱自清全集》第 4 卷，江苏教育出版社 1996 年版，第 467 页。

⑦　上引闻一多语，见王志华《一个诗歌朗诵会》，《扫荡报·副刊》第 143 号，1944 年 7月 19 日。

诗人坐在书斋里品味纯诗。他的思想发生了重大的转化，认为纯诗在将来恐怕只是人们嘲笑的对象。他走向了纯诗的对立面——大众诗。但大众诗也有不同的主张。闻一多从世界文化的交融促进中国文学发展变化的现象判断中国文学未来的发展，得出这样的结论："未来的中国文学还要继续那些伟大的元、明、清人的方向，在小说戏剧的园地上发展"，那么，诗呢？他说："在一个小说戏剧的时代，诗得尽量采取小说戏剧的态度，利用小说戏剧的技巧，才能获得广大的读众。"① 闻一多的诗歌主张，得到了西南联大的另一个诗论家朱自清的支持。小说化戏剧化甚至散文化的诗在西南联大的创作中较为成功。

朱自清在说到闻一多要让诗"多像点小说戏剧"时，以何达的《士兵们的家信》《黄包车夫》《一个少女的经历》等诗为据，说闻一多的"预言是不错的"。② 其实，在何达的诗中，《萧大妈》更具有鲜明的人物形象和典型化的细节："穿着破棉袄的萧大妈/缠着两只小脚的萧大妈/梳着花白头发的萧大妈/瘪着老嘴的眯着老眼的萧大妈"来吊唁"四烈士"，有人问她"怎么晓得的"，她"举起绽开了棉絮的袖口/指指耳朵/又指指眼睛/扯起喉咙大声喊着/说：/'我不聋/也不瞎'"，③ 小说意味充沛。而《死在战场以外的中国兵》则是一首具备小说要素的诗歌。诗写一个身强体壮的青年农民大义凛然勇赴战场，却在部队被活活折磨而死的故事，人物、情结、细节、语言都十分感人，再加上诗歌的感情与直陈方式，表达较为到位，充满了强烈的艺术力量，读后或听后让人意绪久久难平。

"像戏剧"的诗在西南联大就更多了。穆旦、杜运燮的诗是大家所熟悉的。如果说他俩的诗属于现代派，不适合朗诵的话，难以计数的"一二·一"诗歌则多以"你""我"的叙述方式构成，采用了戏剧的基本因素："对话"。例如："民主是哪样？/民主是一杆枪……民主是哪样？/民主是一个宝"。这就是问答式，是戏剧的对话。而戏剧意味最浓的是冯

---

① 闻一多：《文学的历史动向》，《闻一多全集》第 10 卷，湖北人民出版社 1993 年版，第 20、19 页。

② 朱自清：《介绍何达的诗集〈我们开会〉》，《我们开会》，中兴出版社 1949 年版，第 12—13 页。

③ 何达：《萧大妈》，《我们开会》，中兴出版社 1949 年版，第 194—196 页。

至的《招魂》：

> "死者，你们什么时候回来？"
> "我们从来没有离开这里。"
>
> "死者，你们怎么走不出来？"
> "我们在这里，你们不要悲哀，
> 我们在这里，你们抬起头来。"
>
> "哪一个爱正义者的心上没有我们？
> 哪一个爱自由者的脑里忘却我们？
> 哪一个爱光明者的眼前看不见我们？"
>
> "你们不要呼唤我们回来，
> 我们从来没有离开你们，
> 我们合在一起呼唤吧！"
>
> "正义，快快地回来！
> 自由，快快回来！
> 光明，快快回来！"①

　　诗歌设置了生者和死者两个角色，运用问答与和声两种表达方法，形成了生者、死者与齐声三种发声方式，把悲哀、愤怒、决心等多种感情充分表达了出来，口语化的风格，简练流畅的表达，使这首诗成为 20世纪 40 年代的一首名诗。

　　可以说，闻一多关于新诗的综合理论是对世界文学大势的把握，是对中国新诗发展的准确预见，在当时已经结出了硕果。而更令人感佩的是，他的这一思想到 20 世纪 40 年代后期成为一种影响巨大的新诗理论，在中国诗坛上大放异彩，今天仍得到一些诗论家的推行。

---

① 冯至：《招魂——瑾呈于死难同学》，《读书与生活》第 1 卷第 1 期，1946 年 12 月 9 日。

四 风格上的雅俗共赏

新诗社主要成员总结其风格说："雅俗共赏是我们共同的追求。"[①] 这一风格的形成当然与闻一多的思想有关，可以说是闻一多思想的发扬光大。上文曾说，闻一多提倡的"全新的诗"，是表达人民感情，能够激发听众热情，传送集体行动的力量且适合朗诵的诗。闻一多的后期获得了人民思想，将感情转移到大众一边，因此，对远离人民大众的纯诗很不满意，他提倡朗诵诗，就是要以诗歌拥抱人民大众，使诗人和群众打成一片。因此，他在新诗社多次强调朗诵诗的人民性。走向人民大众必然要切合人民大众的思想感情、表达方式、语言词汇，必须"俗"。但闻一多的大众化诗歌理论未能贯穿到底，最终实现的是雅俗兼具。

考察新诗社的历史，可知朗诵诗走向俗的道路。新诗社一开始的诗并不是通俗的，直到其成立半年后所写的诗，仍然有浓厚的书卷气。随着朗诵诗活动的开展，其诗歌通俗化、口语化的程度逐渐显出。"一二·一"惨案爆发，诗歌一下被推为联通人民群众心灵的渠道，大众化的程度突飞猛进。试想，在市民、农民群众中去朗诵诗歌，以一种高深玄妙的思想，用一些书面语汇和成语典故，不是"鸡同鸭讲"吗？因此，朗诵诗必然表现为口语的、直白的、通俗的，大众化或民间化在这时非常明显了。运动结束后，其诗歌又恢复到之前的通俗。可见，"一二·一"诗歌不能代表新诗社的诗歌风格。正如抗日战争如砍进中国现代史之树的一把长刀，部分阻断了中国历史的进程，"一二·一"运动之于西南联大，有如抗日战争之于中国现代史，而"一二·一"诗歌之于新诗社，也应作如是观。可是，流水经过地面会留下痕迹，"一二·一"诗歌的民间化也在新诗社的创作中沉淀下一些通俗的因素，所以，运动后新诗社诗歌的恢复比运动前多了一些民间色彩，上举何达的《萧大妈》一诗可作例证。

新诗社的诗走向"俗"，还与朗诵有关。毕竟朗诵诗作用于人的听

---

① 史集：《闻一多先生和新诗社》，《云南师范大学学报》1987 年第 2 期。

觉，属于听的艺术，正如朱自清所说：它的"味儿""是在朗诵和大家听里"。[①] 作用于听，就必须浅显、单纯，明白如话，拒绝复杂、深奥、典故。李广田谈朗诵诗的写作道："用中国典故已是不对了……用洋典就更荒唐了。"[②] 朗诵诗的听还是"一次性"的。要做到入耳即懂，才能把诗的内容打入听者的感觉。这就要求朗诵诗杜绝艰涩，摈弃玄思，少留弦外之音，以通俗为上。闻一多与新诗社社员共同切磋，实验朗诵效果，产生了一批适合听的诗歌。

但通俗有层次之分。由于接受教育的层次不同，形成了不同的文化层次。不同文化层次的人对通俗的感受并不一样。新诗社朗诵诗的听众主要是大学生，还有一些公务员、职员、中学生等接受过高等教育的人，文盲或者普通市民即农民极少参加朗诵会。这些听众决定了新诗社的朗诵诗的通俗不是适合于普通市民和农民喜闻乐见的通俗，而是一般知识分子的通俗。这就形成了西南联大诗歌雅俗共赏的风格。抗战初期的诗歌面向普通群众，诗人到工厂、农村、部队去朗诵诗歌，实现了真正的大众化，西南联大的诗人则在城市、在知识分子间举行朗诵会，诗歌不及"街头诗"通俗。所以，雅俗共赏是西南联大朗诵诗的特点。

学界研究闻一多诗歌即诗学思想，主要集中于他的前期，而对于他的后期的关注较少。这是由于闻一多前期形成了较为完整的格律诗思想体系，后期则因闻一多倒在反动派的枪口下，未能总结自己的诗歌理论，难以归纳揭示。本文认为，闻一多的朗诵诗理论是在他的勤勉探索中形成的，体现出鲜明的实践性，并未从武汉、重庆或者别的地方的理论者那里搬来，而是他的独创。他的主要思想包括态度上是人民立场，在功能上是团结战斗，在艺术上是综合运用，在风格上是雅俗共赏等几个方面。在他的理论指导下，产生了一大批优秀的朗诵诗。他的理论思想被西南联大师生带到北京，发扬光大。尤其被朱自清和李广田继承，由他们推进为中国朗诵诗理论的高峰。

---

① 朱自清：《论朗诵诗》，《朱自清全集》第 3 卷，江苏教育出版社 1996 年版。
② 李广田：《关于诗的朗诵问题小记》，《扫荡报·副刊》第 318 号，1945 年 3 月 19 日。

日本的闻一多研究

[日] 小林基起

（鹿儿岛大学）

在日本，对闻一多先生的研究，是从目加田诚先生的《闻一多评传》（1955 年 6 月《文学研究》第 52 辑，九州大学文学部内九州文学会）开始的。《闻一多评传》不论是质、量、论点，还是内容的水平方面，汇编程度均很高，从多个方面成功地描绘出多才多艺的闻一多的整体形象。其对闻一多作为一位"诗人"、一位"学者"所取得的成果的考究，至今也足以适用，并富有卓见。

《闻一多评传》，主要是参照朱自清版《闻一多全集》全 4 卷、茅盾版（李广田序）《闻一多选集》编写的。在当时，获取中国书籍是有一定困难的，上述两本书在尽早的时期里获得并熟读，书写并发表了《闻一多评传》。这个事实，可以体会到作者目加田诚先生对闻一多那种不同凡响的思念程度。

目加田诚，1904 年出生于山口县，1926 年东京帝国大学文学系毕业。在九州大学任教授到退休。退休后，以早稻田大学教授身份设立文学系中国文学科（1966 年）。主要著作《新釈詩经》《屈原》《世说新语》《诗经·楚辞》《唐诗三百首》《目加田誠著作集》等。

目加田先生的有关中国近代文学的论文，在《闻一多评传》之前，还有《民国以来中国新文学》（1939 年 12 月《文学研究》第 14 辑），除此之外的文章，尚未查询到。他主要活动于东京，以竹内好等人为中心的"中国文学研究会"（机关杂志《中国文学月报》1935 年 3 月第 1

号至1948年5月第105号）的《中国文学月报》第3号（1935年5月）里，刊载有目加田先生的《俞平伯氏会见记》（目加田先生1933年10月至1935年3月在中国留学），在其他刊号中也可以看到目加田先生的文章。他对《诗经》《红楼梦》《文心雕龙》等作品的研究，使他被看成是一位古典学者，而作为一名中国近代文学研究者的成果并不多。其原因可以认为是他作为一个单纯的文学爱好者持有谦虚的态度，温文尔雅地度过一生。

实际上，在《闻一多评传》出版两年后，目加田诚发表了一篇关于鲁迅《狂人日记》的优秀论文《礼教吃人》（1957年7月《文学研究》第56辑），以其不同凡响的见识而为世人所知。至此之后直到晚年，他一直关注近代文学。

《闻一多评传》之后，目加田诚发表了《洛神の赋》（1966年武藏野书院）、《洛神の赋》（1989年讲谈社学术文库），都作为重要著作被收藏（两书内容稍有差异，说明著者进行过修改）。

目加田诚先生对闻一多研究的热情，被"日本闻一多学会"所继承。"日本闻一多学会"决心推进闻一多先生的研究，报答目加田诚的业绩和期待。这里刊出的目加田诚《闻一多评传》的中文译本，由邓捷、盛思超翻译。

《闻一多评传》

目加田诚著，邓捷译（其中盛思超译第六节）

（一）

一九四六年七月十五日，在昆明，中国的著名诗人兼古典文学学者闻一多被国民党特务暗杀。之后他的遗稿立刻被收集起来，经他十多年来的同事朱自清等一年多的努力，全集四卷由开明书店出版。郭沫若作序写道："'千古文章未尽才'，在今天我读着一多的全部遗著，在惊叹他的成绩的卓越之余，乃不能不为中国的人民，不能不为人民本位的中国文化的批判工作，怀着无穷的隐痛。'一个人倒下去，千百万个人起来'，在革命工作上我虔诚地希望能够这样，在为人民服务的学术工作上我也虔诚地希望能够这样。"

李广田在《闻一多选集》（开明版）的序里写道："闻先生的才能是多方面的。仅就艺术方面而言，他是诗人、画家、雕刻家、戏剧家。如果他在这些方面的工作上倾以全力的话，他在所有这些方面都会取得伟大的成就。但是他没有这样，却用他的生命和鲜血，写下了最壮丽的诗篇，刻绘了最伟大的英雄形象。"又这样写道："闻先生的道路是曲折的，是充满了矛盾，又终于克服了种种矛盾而向前迈进的：正如长江大河，不奔流于平原阔野，而是在千山万壑中横冲直撞，到了最后，才形成了壮阔的波澜，一泻千里，扑向真理的大海。也正因为如此，才见得伟大而有力。"

诚然，闻一多所走的路充满了迂回曲折，但常常又是那么专注得近乎过分正直。他的一生可以说代表了五四以来中国知识分子的一个典型。对他一生的足迹的回顾，于我仍有一种迫切的意味。

（二）

清末光绪二十五年（1899），闻一多出生于湖北浠水巴河镇，辛亥革命那年十三岁，民国八年（1919）的五四运动时二十一岁。

闻一多，姓闻，名家骅，又名亦多。字友三，号友山。后考入清华学校后改名为多，笔名一多。闻家为地方名望，六岁从师读《三字经》《幼学琼林》《尔雅》和四书类，第二年七岁时请来出身师范学堂的老师，学习当时新编教材国文、历史、博物、修身等课本。那时的新思潮、新教育的浪潮也波及湖北的地方乡下。十一岁到武昌的两湖师范附属小学上学，同时在叔父主持的改良私塾里学习国文、英文、算学。宣统三年辛亥（1911）他十三岁，武昌爆发革命起义，他回家避难。这次革命的喧骚，只从幼小的闻一多身边擦肩而过。

民国二年（1913）闻一多十五岁，北京清华学校招生，他成为湖北两名名额中的一名。那时他就被称为"书痴"，其长兄回忆说他读书时蜈蚣缘足而上也不察觉，可见他这种迂阔的性格是从一开始就有的。那时他爱读梁启超的文章，还读《史记》和《汉书》，也喜好中国诗词。这些虽和以经学第一的父亲的传统教育方针对立，但已是这一时期一般青年的风潮。还有一点，他从小就喜爱剪纸和绘画，爱好美术成为他终生的喜好。

民国五、六、七、八年（1916—1919）在清华学校时期，闻一多参加《清华周刊》的编辑，陆续发表了不少笔记诗话等。写古诗绝句，且作赋。民国八年二月，在学报编辑会议上，有人提倡白话文学，对此闻一多说诸编辑"率附和之，无可如何也"。这很耐人寻味，民国六年以来的白话运动，以北京大学为中心展开，清华也开始逐渐采用白话文了，但闻一多是一种并不以为然的口气。

同年五月四日，爆发了所谓的五四运动，北京城内的学生展开了"外抗强权，内除国贼"的爱国示威运动。消息一传到清华园，清华学生立刻呼应。五日清晨，饭厅的大门上贴着一张红纸，上面写了昔日的爱国志士岳飞的《满江红》词。后知道此为闻一多所为。七日清华学生成立代表团，联络城内的学生一致行动。闻一多担任了文书工作。以事后者的眼光的来看，在具有如此重大意义的五四运动中，学生闻一多的反应仅此而已。

（三）

但闻一多到底是闻一多，从这一时期起他开始写白话体文章，诗也改变了以往的旧体，民国九年七月发表了新诗《西岸》。十月，发表《时间底教训》《黄昏》《印象》，翌年又陆续发表了《美和爱》《爱底风波》等诗。以后就再无作五七言的旧体诗了。同时从这一时期起他已经开始注意新诗的音节问题，这最终成为他的诗的特征、他的文学主张。

民国十一年（1922，24岁）他发表了不少新诗，比如：

死

啊，我的灵魂底灵魂！

我的生命底生命，

我一生底失败，一生底亏欠，

如今都要在你身上补足追偿，

但是我有什么

可以求于你呢？

让我淹死在你眼睛底汪波里！
让我烧死在你心房底熔炉里！
让我醉死在你音乐底琼醪里！

不然，就让你的尊严羞死我！
让你的冷酷冻死我！
让你那无情的牙齿咬死我！
让那寡恩的毒剑螫死我！

你若赏给我快乐，
我就快乐死了；
你若赐给我痛苦，
我也痛苦死了；
死是我对你唯一的要求，
死是我对你无上的贡献。

（十一年四月）

五月，结束了长达九年的清华学生生活，为准备海外留学，一旦返归故里，在老家创作了《红荷之魂》，同时作《义山诗目题要》，通读陆放翁。

七月十六日出航赴美。船上的生活并没有他想象的乐趣，好像更是一种痛苦。途中经由了日本。

有趣的是他这次停泊日本的经历。船先到神户，后经清水，来到横滨后，他登岸去了东京。时值大正十一年。在他眼里，日本的自然非常美丽，但无论什么都显得很小。当时东京正召开和平博览会，有他喜欢的美术展览，第一天看了不够第二天又来到东京。可惜日本人向导偏要带他去有名的三越吴服店，看完三越后就没有时间了。真是愚蠢得可惜。此外，前一天在一家菜馆里结识了一位东大英文系的青年学生，第二天那位学生赶到横滨的船上一直等到闻一多回来。他要看闻一多的诗，却又不懂中文。他说喜欢 Yeats，背起 Yeats 的诗来，背完了，又背 Christina Rossetti 的作品，闭着眼摇头晃脑，无精打采却滔滔不息地背，背到船快开了才握手告别。闻一多在给梁实秋的信中说，并没请他背，而且他背得也不够达意，但"他似乎着了魔，非背不可的。我想他定有点神经病"。这真是非常滑稽的事，但又多少可以理解。

闻一多八月抵达芝加哥，参观了美术馆和电影院，才一星期，他就厌恶了这个城市的生活。但是长达三年（民国十一年七月至十四年七月）的美国留学生活就此开始。他在美国的工作，一是学习绘画，二是诗歌创作，三是戏剧演出。

闻一多最开始就读于芝加哥美术学院，第二年秋转到科罗拉多大学美术系学习油画。当时他留着长发，打着黑领结，穿一件画室披衣，身上染满颜料，一副似模似样的年轻画家的形象。他参加纽约的画展，为此一个多月废寝忘食，着了魔一样地创作。打翻煮咖啡的火酒炉，烧焦了头发和眉毛的事就发生在这一时期。但他在学习绘画的同时，也没有忘记写诗。应该说来美国之后，他的诗歌创作热情越发强烈，最终结集为《红烛》（民国十二年九月刊行）。这一时期他喜爱的诗人除了李白、杜甫、陆放翁等中国诗人外，还有拜伦、济慈、丁尼生、雪莱。在科罗拉多，他和晚来一年留学的梁实秋一起选修现代英美诗的课，还有"丁尼生和勃朗宁"的课。他说吉柏林的节奏，哈代、惠特曼的情趣都给他不少影响。读《红烛》的诗篇，可以明确地感受到他当时的文学思想。关于这一点李广田说道：

> 闻先生的道路是从诗开始的，而且又是一个极端的唯美主义者。他出生在半封建半殖民的社会里的世家望族、书香门第，又接受了十年美国化的清华学校的教育，到美国后又学美术绘画。这就是让他成为一个唯美主义者的社会根底。在家里，虽然科举废除了，但诗词歌赋仍然是必修的学问。在清华学习西方文学艺术，又让他染上了浪漫主义的色彩。在美国，就有更多的条件让他成了一个浪漫主义的诗人。

他歌唱济慈为艺术的忠臣，赞美艺术的殉死者。爱读《鲁拜集》也是这一时期很自然的事。他宣扬为艺术而艺术，创作了很多唯美的、浪漫的、色彩绚烂的诗篇。

然而在《红烛》里，我们同时也不难发现那更激烈的东西，也即他对故国的思慕的感情。

> 太阳啊，这不像我的山川，太阳！
> 这里的风云另带一般颜色，
> 这里鸟儿唱的调子格外凄凉。（《太阳吟》的一节）

他写下这首诗和另一篇题为《晴朝》的诗，给吴景超写信说：

"让你先看完最近的两首拙作，好知道我最近的心境。'不出国不知道想家的滋味'——这是我前日写给某君的；你明年此日便知道这句话的真理。我想你读完这两首诗，当不致误会以为我想的是狭义的'家'。不是！我所想的是中国的山川，中国的草木，中国的鸟兽，中国的屋宇——中国的人。"

又在给家乡父母的信中说：

"且美利加非我能久留之地也。一个有思想之中国青年留居美国之滋味，非笔墨所能形容。俟后年底我归家度岁时当与家人围炉叙谈，痛哭流涕，以泄余之积愤。我乃有国之民，我有五千年之历史与文化，我有何不若美人者？将谓吾国人不能制杀人之枪炮遂不若彼之光明磊落乎？总之，彼之贱视吾国人者一言难尽……"

《洗衣歌》不知创作于何时（收入《死水》），但倾诉的一定是这一时期的情感。序言里说："洗衣是美国华侨最普遍的职业，因此留学生常常被人问道'你的爸爸是洗衣裳的吗？'"此诗的原形是首章和尾章各为四行的反复，中间各章一章四行，一行十字。后来中间各章末尾加上了一行四·四句。可见如此讲究形式是闻诗的一大特色。

（四）

民国十一年（1922）十一月，闻一多和梁实秋合著的《冬夜草儿评论》刊行（《冬夜》为俞平伯、《草儿》为康白情的诗集）。闻一多负责评论《冬夜》，他特别注重《冬夜》作者在音节上下的功夫，肯定其对新诗的贡献。闻一多认为，新诗必须下新诗音节的功夫，胡适自鸣得意以自己的《尝试集》为纯粹的自由诗是可笑的。旧诗旧词曲的音节并不全是诗、词曲自身的音节。音节的可能性在各自的语言之中，各自的语言自有各自的天赋的音节。声与音的本体是文字里内含的要素，这个要素发于诗歌的艺术，就成为节奏、平仄、韵、双声、叠韵等表象。普通的语言差不多没有表现这种潜伏的可能性的力量，厚载情感的语言才有这种力量。诗是被热烈的情感蒸发了的水气之凝结，所以才能将这种潜伏的美十足充分地表现出来，等等。闻一多从以上这些思考中肯定了俞平伯对音节的锤炼，但同时也不忘指出俞诗意境的浅薄、幻想的空疏。读了此长篇评论的郭沫若表示了自己的共鸣。闻一多知道后极为欣喜，在给家人的信中说道：

> 今早得梁实秋信称郭沫若君曾自日本来函与我们的《冬夜草儿评论》表同情。来函有云："……如在沉黑的夜里得见两颗明星，如在蒸热的炎天得饮两杯清水……在海外得读两君评论，如逃荒者得闻人足音之跫然"。……胡适之主持的《努力周报》同上海《时事新报》附张《文学旬刊》上都有反对的言论。……总之假如全国人都反对我，只要郭沫若赞成我，我就心满意足了。

在给梁实秋的信中也说道："郭沫若来函之消息使我喜若发狂。我们素日赞扬此人不遗余力，于今竟然证实了他确是与我们同调者。"

对郭沫若如此的敬仰，也许可以理解为是因为郭也同样是身在异国日本的浪漫主义、爱国主义诗人。对郭沫若的诗集《女神》，闻一多在《〈女神〉之时代精神》中指出其诗里表现的全是 20 世纪的时代精神。他说 20 世纪是动的世纪、反抗的世纪、科学的世纪、世界主义的世纪、悲哀与兴奋的世纪、黑暗的世纪。但这黑暗是先导黎明的黑暗。20 世纪是死的世界，但这死是预言更生的死。这就是 20 世纪的形象，是 20 世纪的中国的形象。《女神》完美地表现了这一世纪的精神。

但他对《女神》也持有批评的意见，这一点总结在《〈女神〉之地方色彩》里。他指出现在的新诗人都有一种欧化的狂癖，《女神》不仅在形式上欧化，在精神上也是欧化的。一般人也许认为这样的正是所谓的新诗，但我的想法不同。我以为诗同一切的艺术应是世界的时代的经线和作家的地方色彩的（这里指的是民族性吧）的纬线所编织成的一匹锦。

那样才会产生独创性。中国的旧诗大体看来没有时代精神的变化，中国文化全体也如此。新思潮的波动便是我们需求时代精神的觉悟，但是一变而矫枉过正，似乎又把本地的民族文学性忘到踪影不见了。现在的新诗里有德谟克拉西，有泰戈尔，或者有心弦，有洗礼，一味地喜好西洋的名词，但我们中国四千年的华胄在哪里？《女神》中的西洋的事物名词处处都是：Apollo，Venus，Cupid，Bacchus，Prometheus。凤凰也非中华的凤凰，是菲尼克司。作者所羡慕的工人是炭坑里的工人，不是中国的人力车夫。

当然《女神》产生的时候，作者住在一个盲从欧化的日本，他读的书是西洋的书，他所见闻所想念的都是西洋的东西。所以这是一个畸形的情况。但我疑心的是作者对于中国文化的隔膜，他虽然在情绪上爱祖国，但并没有理智地去理解祖国的文化。

有人提倡世界文学。真要建设一个好的世界文学，只有各国文学充分发展其地方色彩，同时又贯以一种共同的时代精神，然后并而观之，各种色料虽互相差异，却又互相调和。这便正符合艺术的所谓"变异中之一律"了。

闻一多就是这样，一方面宣扬为艺术而艺术，被视为极端的唯美主义者，但同时不知何时在他心中燃烧着祖国爱，对祖国文化的乡愁越来越强烈。在绘画方面也一样，开始怀疑西洋绘画，认为中国传统绘画也许有更高的价值，在给弟弟的信中倾诉道："我整天思维不能解决。哪一天解决了我定马上回家。"

1924 年（二十六岁）闻一多从科罗拉多迁往纽约，转学进入 Art Students' League of New York。但这时他的兴趣已经转移到演剧上，看奥尼尔（O'Neill）的戏剧而感动。第二年春天顾一樵在波士顿上演《琵琶行》时，梁实秋、谢文秋、谢冰心、王国秀、沈宗濂、徐宗涑等参加演出，闻一多和赵太侔一起从纽约赶来，赵担任舞台设计和照明，闻一多担任布景和服装，用油彩画龙袍，又画碧海红日白鹤的大屏风。

但他最终还是诗人。和他一起在纽约参加演剧活动的剧作家熊佛西回忆说：

记得一九二四年我们在美国求学的时候，你对于国事是那样的关切，你对于当时的军阀当道是那样的痛恨，你当时所学的是绘画，你觉得专凭颜色和线条是不足表现你的思想和感情，——不能传达你对于祖国与人民火一般的热爱！于是你改学了文学。特别致力于诗的研究和诗的创作。对于欧美各国的爱国诗人的作品犹有酷爱……常对我说："诗人主要的天赋是爱，爱他的祖国，爱他的人民。"……为了努力于诗的创作你时常废寝忘食。我因为当时和你同住在一起，有首先读你的诗篇的光荣。

（五）

民国十四年（1925）四月，孙中山在北京逝世的消息传到美国后，中国留学生召开追悼会，会上悬挂的孙中山遗像是闻一多试画的。他还赋写了歌颂孙中山的诗篇《南海之神》（之后似乎未刊）。

已无异于蛰居异国的谪戍（给梁实秋的信）的闻一多，终于在这年五月结束了三年的留学生活，和余上沅（剧作家）、赵太侔同船踏上了归国之途。李广田说："他从美国带来了文学艺术各方面的成就，也带来了爱国主义，他要为'国家主义'而努力，这是他留美的结果。"

但是，抱着如此憧憬而归来的祖国处于什么状态呢？

回国当月（1925 年 5 月）三十号，上海发生了五卅惨案，各地开始罢工，世界性的阶级斗争运动波及中国，支持劳动运动、打倒军阀的呼声越来越高，形成了一场由劳动阶级主导的反帝国主义民族解放运动。作为对革命未竟途中死去的孙中山遗志的继承，七月，国民政府在广东成立。但是力图镇压这一全国性革命气势的北方军阀势力也越发横暴，中国充满了混沌和矛盾。闻一多喊道："这不是我的中华，不对，不对！"（《死水·发现》）

他回国以后一度返回故里，九月到北京，担任余、赵二人主持的艺术专科学校的教务主任。自命为国家主义者的闻一多，在他所属国家主义集团的机关杂志《大江季刊》（民国十四年七月创刊）上发表了《长城下的哀歌》《我是中国人》《洗衣曲》等作品。杂志的发行量不错，这些诗也比《红烛》的评价高，闻一多为此高兴了一阵。不过，翌年 1926年 1 月，他写信给梁实秋道：

"国内赤祸猖獗，我辈国家主义者际此责任尤其重大，进行益加困难。国家主义与共产主义者势将在最近时期内有剧烈的战斗。……我辈已与'醒狮'诸团体携手组织了一个'北京国家主义团体联合会'，声势一天浩大一天。"

正值此时，发生了"三·一八"惨案。一九二六年三月十八日，为镇压学生的爱国游行运动，段祺瑞军阀政府突然向学生开枪，造成了无辜学生死亡的惨案。众所周知，鲁迅直面此事件，声称这一天为民国以来最黑暗的日子，写下了那篇痛切的《无花的玫瑰》。那么闻一多是如何反应的呢？

为纪念此惨案他写下了《天安门》一诗。又在徐志摩主编的《晨报》副刊《诗镌》第一号上发表了题为《文艺与爱国》的"三·一八"纪念文章，主张其文艺的爱国主义。

"陆游一个七十衰翁要'泪洒龙床请北征'，拜伦要战死在疆场上了。所以拜伦最完美，最伟大的一首诗也便是这一死。所以我们觉得诸志士们三月十八日的死难不仅是爱国，而且是最伟大的诗。我们若得着死难者的热情的一部分，便可以在文艺上大成功；若得着死难者的热情的全部，便可以追他们的踪迹，杀身成仁了。"

这与满身愤怒而喊出笔下所写毕竟是空言的鲁迅是多么不同。

但回国后的国内政治的黑暗，闻一多也不得不完全绝望了。加之艺专的内纷，更增加了他的忧郁。他北京寓所里常有国家主义的同志者集会，同时他也参加新月社每周一次的晚餐，在那儿结识了诗人徐志摩。徐主编的《晨报》副刊《诗镌》是诗人团体的刊物，闻一多的寓所就成了他们的聚会处。《诗镌》是他发表《死水》《黄昏》等著名诗篇的杂志，也是他论诗的格律的杂志。《死水》即为没有出口、停滞不流动的水。也是腐烂的污沟水。这里表达的是他的绝望和痛恨。这绝不是恶之花的赞美，有的只是没有出路的绝望。

（六）

关于诗的格律的主张，在《冬夜评论》里曾有一定的叙述，十五年（1926）五月闻一多在《诗镌》第七期上发表了《诗的格律》一文。一起参加他们的诗歌运动的诗人当中，徐志摩最为有名，但在诗歌理论方面无人能及闻一多。闻一多非常重视诗的格律 Form，他说如果诗可以不要格律，那就比下棋还容易，难怪这些年新诗比雨后的春笋还多。诗国的革命家喊道"皈返自然"，但自然界里也有格律，只是这些格律不圆满的时候多，所以必须用艺术来补充它。"自然的终点便是艺术的起点。"自然并不尽是美的，自然中有美的时候，是自然类似艺术的时候。自然界里面也可以发现出美来，不过那是偶然的事。偶然在言语里发现了一点儿类似诗的节奏，便说语言就是诗，便要打破诗的音节，这难道不是诗的自杀吗？笔者并不反对用土白作诗，并且相信土白是新诗里非常肥沃的领域，但是用土白作诗，就需要经过一番锻炼选择的工作。越是有魅力的作家，越是要戴着格律的脚镣跳舞才跳得好。格律可以说是诗人表达的利器。他将诗的格律具体分为节的匀称、句的均齐以及音尺、平仄和韵脚来论述。他说音节就是音乐美，辞藻就是绘画美，章句就是建筑美，主张必须利用中国文学特有的——方形文字——所具有的视觉上的要素。

本来在中国讲究格律的是所谓的五七言的律诗，这也是具有建筑美的，但现在所说的新诗的格律与之稍异。律诗永远只有一个不变的格式，但新诗的格式是层出不穷的。作律诗，无论咏叹什么，都得把它挤进一种规定的格式里去，但新诗的格式是根据内容和精神制造的。律诗的格式是别人定的，新诗的格式随时由自己构造。因此这里所说的格律，绝不是诗的复古，而是诗的创新。

关于这一点可以以前面所引的《死水》为例来看。此诗由五章构成，各章四行，各行整齐地排列为九字，且每一行都是用三个"二字尺"和一个"三字尺"构成的。

> 这是／一沟／绝望的／死水，
> 清风／吹不起／半点／漪沦。
> 不如／多扔些／破铜／烂铁，
> 爽性／泼你的／剩菜／残羹。

《死水》是格律诗最具代表性的例子。关于这些，闻一多对胡适的《尝试集》的做法颇为不满，批判胡适为始作俑者。

《诗镌》共发行到第十一期停刊。用朱自清的话说，格律诗一派，特

别是闻一多对当时诗坛的影响是非常大的，以往不注重形式的新诗逐渐
开始规矩起来，格律诗风行一时。

（七）

这年夏天，闻一多携家人返回故乡后就没有再回艺专了。秋冬之间，
应聘于吴淞国立政治大学，但不久因长女的病又回到了老家。

民国十六年（1927）的北伐，即所谓大革命的高潮时期。前一年即
1926 年 7 月蒋介石与中共合作，作为革命军总司令，开始了对北方军阀
的北伐。同年二月，武汉政府终于成立。这在文学史上也是非常重要的
时期，当时众多文学者如茅盾、郭沫若，还有蒋光慈、钱杏邨等都聚集
在武汉从事革命工作。

闻一多也通过朋友的介绍来到武汉参加政治部的工作，担任艺术科
科长。可以想象，一个唯美主义的艺术家，美国留学的经历使之成了激
烈的爱国主义者，可回到日思夜想的祖国后，政治的混乱和腐败却令之
绝望、苦闷，发出了没有出路的"死水"的悲叹。在武汉闻一多一定是
抱着新的希望参加革命工作的。

北伐成功同时导致了国共合作的破裂，武汉政府也从此解散。这一
革命的挫折让众多文学者离开武汉，有的幻灭于革命，有的亡命于国外，
有的潜伏于地下的左翼工作，有的妥协于国民政府，大家开始各走各的
路。闻一多虽一度加入武汉政府，但短短一个月后便因不习惯军中的政
治生活辞职而去。在武汉他最终也许有一种不合时宜的感觉，因为他毕
竟不是一个行动的人。

他回到了吴淞的政治大学。学校被国民党接管后，闻一多闲来无事，
或游杭州，又到上海，作为唯美主义的文学团体的一员，参与筹划《新
月杂志》的创刊，不久又就职于南京土地局，接着辞职任中山大学外国
文学科主任，教授英美诗歌戏剧和散文。民国十七年（1928）一月，出
版诗集《死水》（新月书店）、三月《新月杂志》创刊，和徐志摩、饶孟
侃共同担任编辑工作，并在每期上发表自己的诗作和诗论。八月第六期
上刊载了评论杜甫的文章，这是他开始中国旧文学研究的先声。

秋天离开南京，出任武汉大学文学院院长兼中文系主任一事，便是
闻一多转向研究中国文学的一个契机。他自幼习读旧诗，五四以后作为

新诗人出世，留美期间熟读杜甫、李白、陆放翁，特别是留学反而触发了他对祖国文化、中国文学的兴趣。如今退出革命工作，开始潜心专研祖国的古典文学，这对他来说是极其自然的事，同时也正是在这种心境下他才接受了武汉大学中文系主任一职。民国十八年（1929）四月，他辞去《新月》编辑工作，完全从诗的世界退出，一心伏在古典研究上。庄子论（民国十八年）、《杜少陵年谱》的力作就刊载于武汉大学《文史季刊》（民国十九年，1930。翌年结稿）上。

但武大也并非永久之地。不久发生学潮，闻一多作为文学院院长成为攻击的目标，他立刻辞职，秋天便到青岛大学担任文学院院长兼国文系主任，讲授文学史、唐诗及英诗。这一时期他最专注的是唐诗。一旦和学生谈起唐诗，便完全恢复了诗人本色，投入得以致忘记师生之别。翌年《诗刊》创刊时，他发表了《奇迹》一诗，这是他时隔三年的作品。徐志摩看到后惊叹为"三年不鸣，一鸣惊人"的奇迹。但是此后就再不见他作为诗人的活动了。武汉大学时的同事游国恩此时也来到青岛，二人住楼上楼下。闻一多和游国恩几乎天天讨论《楚辞》和《诗经》，游国恩的《楚辞概论》就是在第二年（民国二十二年，1933）完成的。

但青岛大学也发生了学潮。文学院院长闻一多认为学生修改学则的要求并不合理，所以不予理睬。此时校长为杨振声，院长为梁实秋，剧作家洪深也在一起，大家都是老朋友。这些人成了学潮中被攻击的目标，但实际上是省政府、市政府、铁道局、教育部的错综复杂的政治势力相互争斗的牺牲品。那时学生的标语里有一句"驱逐不学无术的闻一多！"而支持他的唯一的一个学生是臧克家。

"不学无术的闻一多"这句话令人深思。此时的他虽然开始重新发掘中国旧诗，从唐诗特别是其最顶尖的诗人杜甫着手，又溯及《诗经》《楚辞》，但他仍然还不能充分展望和把握中国旧文学，仍然在暗中摸索。这一时期，不仅被学生，甚至被那些傲慢的同事称为无能、无学，可见很少有人理解他学术上的苦恼。也许就因此而失望了吧，暑期休假结束后，他离开了山东，终于回到了相别十年的母校清华大学，被聘为中国文学系教授（民国二十一年，1932）。当时的主任为朱自清。朱自清是诗人、散文家，此后两人的友情持续到闻一多死后遗稿的编纂。

闻一多终于得到了潜心研究中国古典文学的最佳环境。

清华的生活持续了五年，一直到民国二十六年（1937）的卢沟桥事件的爆发。此期间他的中国文学研究的成果包括唐诗、《诗经》、《楚辞》、乐府以及古代神话传说。授课的内容也全部是有关这些的。

在唐诗研究方面，闻一多从武汉大学时期开始编录杜甫年谱，一直持续到青岛，到清华以后发表了岑参的系年考证、交游事迹等，为学界做出了贡献。但中国诗歌研究如彻底探究下去必溯及汉魏，最后到达《诗经》《楚辞》。《诗经》《楚辞》才是中国诗歌的母体，从这里出发才能究明中国诗歌的源流。闻一多在青岛就和游国恩朝夕探讨过《诗经》《楚辞》，来清华后更加专注于《楚辞》，写下了《天问释天》《离骚解诂》《敦煌旧抄本楚辞音残卷跋》等。这些成果最终发展到晚年的屈原研究。当时笔者最敬佩也最受益的是他的诗经研究。这一时期有关《诗经》的研究为民国二十三年（1934，三十六岁）的《匡斋尺牍》、二十四年（1935）的《新台鸿字说》和高唐神女传说的分析、二十六年（1937）的《诗经（二南）新义》等。《匡斋尺牍》里关于"芣苢"诗的论述、"狼跋"诗的解释都很精彩，特别是关于"狼跋"，其与旧说里所谓的周公无关，而是对贵族的夸张讽刺，这一假说非常令人愉快。他说得很痛快：所谓学诗，汉人堕落于功利观念，把《诗经》当作政治读本；宋人稍好一点，但还是不能完全从道学里解放出来；清人的研究虽然客观，但局限于训诂，没有诗。现代人拥有科学的方法，但遗憾的是，无论唯物史观或非唯物史观等，这些论述都已离诗太远。明明一部歌谣集的《诗经》，为何偏不把它当作文学来解释？

在《新台鸿字说》里，闻一多把《诗经》里的"鱼网之设，鸿则离之"的鸿字解释为"蝦蟆"，古人将蝦蟆称为"苦蠪"，"苦蠪"是"鸿"的切音。和"窟窿"为"孔"、"喉咙"为"亢"一样。他旁征博引证明了"鸿"字应该解释为丑恶的蛤蟆，如此诗义才可通达。这些方法承继发展了清朝学者的考证法，在《诗经》《楚辞》里他有不少这样的发现。

最有意思的是高唐神女传说的分析。关于《诗经》里《候人》诗"荟兮蔚兮，南山朝隮。婉兮娈兮，季女斯饥"，闻一多认为"朝隮"即彩虹，自古虹被想象为美人，于是这首诗和《楚辞》里宋玉的《高唐赋》里的"朝为行云，暮为行雨"里所说的高唐神女传说的关系，就可以通过楚民族的原住地即为流传《候人》诗的曹卫之地的解释来说明。不仅如此，他还把高唐神女联想为所谓的高禖的性祭礼，其构想的宏大令人惊叹。此外《二南新义》里也有很多前人未到的好的解释。难解的《行露》诗里的"谁谓雀无角"的"角"为雀的"觜"（嘴），"摽有梅"的"摽"为"抛""击"，此诗为古代男女的抛果风俗，等等解释真是无可动摇。

闻一多终于打破了将《诗经》奉为经学的传统训诂解释，引进民俗学的考证，将诗的"国风"完全当作了民间歌谣。他从这些诗中听到了古代人民的声音。他将这一方法更加上溯到古代神话传说，在学校课堂上也屡屡讲授中国古代神话研究。（这些研究之后著述为民国三十一年的《伏羲考》以及退移昆明后的《龙凤》等文章，还有民俗学研究的《说鱼》一篇。作为《楚辞》系统的东西，从《司命考》等民间信仰出发，著述了《神仙考》《道教的精神》《端午考》等论文。）

同时，从《诗经》《楚辞》的民歌系统往后，当然就是汉的乐府。他一定意识到这一点，当时（民国二十五年，1936）还讲授了乐府研究，这些后来著述为《乐府诗笺》（民国二十九年十月，1940），都是他杰出的成果。

如此以后，他的中国古代文学研究更加深入。清华五年是闻一多从现实世界中引退出来，一心沉潜于古典的时期。他在《诗经》里看到了古代民歌，顺其源流看到了乐府，发现在这里才不是文人贵族玩赏的诗，而是人民的歌的传统。他在古典学习和研究中，一定无意间触摸到了从古到今源源流传在中国人民心中的东西。

（八）

但当闻一多在清华沉潜于古典的时候，中国的危机也日益紧迫。

1937 年 7 月 7 日卢沟桥事变爆发，同月 28 日北平沦陷，8 月 5 日，日军占领清华园。闻一多立刻携家人，带上仅需的一点物品离开北平南下。在车站遇到臧克家，被问及藏书的去向时回答道：国土日渐丧失的今天，几本破书算得了什么呢。他乘津浦线南下，返回湖北故里，再移至武昌。清华大学此时迁移湖南，和北京大学、南开大学合并为国立临时大学，法理工三院设在长沙，文学院设在南岳圣经学校。朱自清任中国文学系主任，闻一多也来此继续授课。

关于在临大的生活，正如闻一多日后所回忆（全集年谱第六十一页），当时教授和学生都一样地处于紧张和兴奋之中，在国民总动员的热情下，有人不待政府的指示主动参加前方工作，也有人在后方致力于教育。但是最初的兴奋并没能长久持续，大家渐渐又回到了自己本来的岗位，教授们依然备课，开始讲授过去曾教过的书籍。那时物价还没有暴涨，只不过香烟贵了一些，在南岳报纸两三天后才能看到，"世界不大注意我们，我们也就渐渐不大注意世界了"。日常的教课和散步、半辈子来的生活方式难以改变，暂时的喧嚣也只在生活的表层起了一些波纹，结果还是回到常态。当时也许什么事都还比较悠闲。冯友兰回忆到：当时的空气虽然严肃但很愉快（《朱自清选集》年谱第五十七页）。

但是到12月南京沦陷了。日本一刻也没有停止对华的攻势，战局日益深化，有人主张临大再度南迁，翌年的民国二十七年（1938）一月大学终于对学生下达了迁移云南的通知。进入2月以后，临大学生两百人组织了湘黔滇（湖南、贵州、云南）旅行团，闻一多也加入了这个步行入滇的团体。当时闻一多四十岁。

3月6日旅行团到达沅陵，天气寒冷，风雨变成雹雪，仿佛严冬。北平艺专当时也迁移到沅陵对岸，闻一多得以和过去的同事重逢。时居沅陵城内的沈从文为闻一多等设宴洗尘。12日到达湖南贵州交界的晃县，旅行团在抚水河岸举行了营火晚会，月光底下，闻一多讲解了桃花源（在沅水岸边）地名的原始意义。

4月11日渡过盘江到达安南。安南是一个小镇，两百多人旅行团的食宿没法解决，学生们闹起来，闻一多等当晚也不吃不睡，陪学生在县府门口冷坐。4月28日终于到达了昆明。这是从长沙出发以来的徒步三千五百里的长途旅行。同年2月从长沙出发的朱自清和冯友兰等一起乘车到桂林，经镇南关到达河内，在3月14日先抵达昆明。但闻一多当时选择了和两百多名学生一起的这场艰辛困苦的长途跋涉，这一经历一定给他不少影响。他在旅途中写生、收集偏僻地方的民谣，对苗族的服饰、语言也非常感兴趣。许多人都胡须满面，直到到达昆明，闻一多都没有剃须。他说，不到抗战胜利的那一天不剃胡须。

（九）

当然不止这些。和学生们一起的长途跋涉，对闻一多一定产生了更大的影响。经历此次徒步旅行后的闻一多定发生了某种变化。长沙临时大学搬到昆明后改称国立西南联合大学，理工学院设于昆明，法·文学院设于蒙自。闻一多住进教员宿舍，在二楼终日从事他的研究。同事们戏称二楼为"何妨一下楼"，闻一多也便风趣地自命为"何妨一下楼主人"。这期间日军的飞机也不断在头顶飞过，一天在去学校接孩子回家路上遭遇敌机轰炸，头部受了轻伤，还有一次闻一多一家避难的防空洞里被扔下了炸弹。

在炸弹的威胁下，闻一多的研究更加深入。他在联大讲授《尔雅》《楚辞》，第四度改稿《楚辞天问疏注》，又写下了《中国上古文学史讲稿》的一章"歌与诗"，论述了歌本是抒情、诗本是记事的文学本质。民国二十八年（1939）夏，曹禺自导公演《原野》，闻一多担任舞台和服装设计。他在给冯夷的信中说：

"十余年来，专攻考据于故纸堆中寻生活，自料灵性已濒枯绝矣；抗战后，尤其在步行途中二月，日夕与同学少年相处，遂致童心复萌，沿途曾作风景百余帧，到昆明又两度参与戏剧工作，不知者以为与曩日之教书匠判若两人，实则乃系恢复故我耳。"

这时期闻一多整理《诗经》、《楚辞》、乐府、神话的旧稿，在《易经》里寻找研究古代社会的资料，探求诗歌舞蹈、戏剧等各种文艺的起源，发表了《乐府诗笺》《怎样读九歌》《周易义证类纂》。清华大学文学研究所成立后，闻一多主持中国文学部，在昆明郊外开始了工作。

民国三十一年（1942）《楚辞校补》印行，汇集了他十年来《楚辞》研究的成果。民国三十二年（1943）也写下了多篇学术论文。《庄子内篇校译》也发表了。这是一篇劳作，如今他对庄子的看法，和民国十八年（1929）刊载于《新月》的论文《庄子》里所表现的对庄子的陶醉、憧憬庄子之道的态度已截然不同。应该说这是一篇扬弃庄子思想的文章。这一点在翌年民国三十三年（1944）的《儒·道·土匪》里也是很明显的。

在给臧克家的信中闻一多非常尽情地表达了自己此时所达到的心境。

你不知道我在故纸堆中所做的工作是什么，它的目的何在，因为你跟我的时候，我的工作才刚开始（这可以说是你的不幸吧！）。从青岛时代（当时臧为闻的学生），经过了十几年……因为经过十余年故纸堆中的生活，我有了把握，看清了我们这民族，这文化的病症，我敢于开方了。单方的形式是什么——一部文学史，或一首诗，我不知道，也许什么也不是。最后的单方能否成形，还要靠环境允许否？（想象四千元一石的米价和八口之家！）但我相信我的步骤没有错。你想不到我比任何人都还恨那故纸堆，但正因为恨它，更不能不弄个明白。你冤枉了我，当我是一个蠹鱼，不晓得我是杀蠹的香（杀书虫的香草）。虽然二者都藏在书里，它们作用并不一样。

你还口口声声随着别人人云亦云的说《死水》的作者只长于技巧，天呀，这冤从何处诉起！我真看不出我的技巧在哪里。我只觉的自己是座没有爆发的火山，火烧得我痛，却始终没有能力炸开那禁锢我的地壳，放射出光和热来。只有少数跟我很久的朋友才知道我有火，并且就在《死水》里感觉出我的火来。我是技巧专家，让人说去吧。克家！不要浮嚣，细细的想去吧！

现在回想起来曾经的自己，那还不成熟的时代的自己的学生，不能理解如今自己的心境——这是闻一多的焦急。臧克家在青岛时代非常信赖他，可对那以后他所到达的心境，却不予理解。自己绝非沉溺于古典考证，绝非满足于此。自己并非只重视艺术的形式美、修辞技巧。自己的心中有火一样燃烧的东西，有一天它会突破禁锢的外壳，把自己的身心燃尽的。

民国三十三年（1944）五月八日，在联大图书馆前召开的晚会上，闻一多作了题为《新文艺和文学遗产》的演讲。在演讲中他将当时也发言的冯至、朱自清、沈从文、李广田、卞之琳、孙毓棠、闻家驷、杨振声八教授称为新文艺建设者，而称自己和罗常培的工作是破坏旧东西的。

五四的任务没有完成，我们还要科学，要民主，要打倒孔家店和封建势力。文学遗产在五四以前叫国粹，五四时代叫作死文学，现在是借了文学遗产的幌子来复古。中国的封建社会里面有四种家臣：第一种是绝对效忠主子的，是儒家，第二种次之，是法家，第三种更次之，是墨家。此三种以外，还有躲避现实逃到象牙塔的庄子一派。在五四，第四种人出塔了，但在塔外住不惯，又回到塔里面去了！那么前三种人又活跃了！①

（十）

在昆明的生活越来越艰难。闻一多以他的一技之长，开始给人篆刻，以换取微薄收入支撑生活，并在昆华中学兼任国文教员。那时，参加某教导团从军的闻一多一侄子来到昆明，向他讲述了军队的各种黑暗腐败。闻一多深受刺激，闭门不出，苦思自己今后的路。是如同过去一样埋头书斋不问世事，还是走出书斋据理仗义地发出声音？他沉思七日，终于决心自己作为一国民应该关心现实的政治。"别人叫我们不闹，我们就要闹，我们不怕幼稚，国家到了这步田地，我们不管，还有谁管。"此后他在联大学生组织的各种会议上屡屡发言论及时事和政局。

8月初，第五军军长来到昆明，召开军部举行的时事座谈会，闻一多、冯友兰等十一名教授也参加了。当时他发言道："以前我们看到各方面没办法，还以为军事上有办法。刚才听了各位长官的话，方才知道军事上也毫无办法。"最后，出人意料之外地说："现在只有一条路——革命！"会场立刻像哑了一样。

不久，谣言纷纷，传说联大要解聘闻一多，特种人物已准备行刺。有个学生跑来告知危险并劝他爱护自己时，他泪水扑扑地掉下来说："我觉得许多青年人太冷了，人总有心有血，我不懂政治，可是到今天我们还要考虑到自己的安全吗？我很感激，可是我还要做人，还有良心……"在这一年双十节纪念大会演讲上他也说道：

> 几个月的功夫，郑州失了，洛阳失了，长沙失了，衡阳失了，现在桂林又危在旦夕，柳州也将不保。整个抗战最后的根据地——

---

① 闻一多：《组织民众与保卫大西南》，《闻一多全集》第 2 卷，湖北人民出版社 1993 年版，第 387 页。

大西南受着威胁，如今谁又能保证敌人早晚不进攻贵阳，昆明，甚至重庆？到那时，我们的军队怎样？还是监视的监视，被监视的被监视吗？国家是人人自己的国家，用人民血汗养的军队，为什么不拿出来为人民抵抗敌人？……保卫国土最后的力量恐怕还在我们人民自己身上。一切有靠不住的时候，最可靠的还是我们人民自己。今天政府不给人民自由，是他不要人民，等到那一天，我们人民能以自力更生的方式强起来了，他自然会要我们的。那时我们可以骄傲的对他说：我们可以不靠你，你是要靠我们的呀！那便是真正的民主！我们今天要争民主，我们便当赶紧组织起来。

闻一多确信，腐败政府已不可相信，只有寄希望于靠人民自己力量重新站起来的中国。他还打听去共产党解放区的方法，可见他的想法越来越坚定。国民政府看到国内共产党的势力日益扩大，其言论控制越来越激烈，极力镇压人民势力的抬头。特务机关的阴暗活动越来越怪异。但是无论是谁，都一目了然地看到，中国生存的道路，已经除了集结人民的力量以外别无出路了。

10月19日闻一多在鲁迅逝世八周年纪念会上演讲。"从前我们住在北平，我们有一些自称'京派'的学者先生，看不起鲁迅，说他是海派，现在……我向鲁迅忏悔：鲁迅对，我们错了。"①

冯夷在回忆中引用昭琛的信说：闻一多先生近来甚为热情，对国事颇多进步主张，因之甚为当局和联大同仁所忌，但闻先生老当益壮，视教授如敝屣。昆明宪政促成会闻先生推动甚力，双十节召开纪念会时，闻先生朗读宣言，态度激昂，群众甚为感动。现闻先生为援助贫病作家，纪念鲁迅，文协，及青年人主办之刊物等，皆帮忙不少，态度之诚挚，为弟十年来所仅见。

曾经的《死水》诗人，如今站在民主运动的最前头。我们可以从他的态度中感觉到那时他已有的悲壮。但这期间他一样没有废弃学问研究。翌年发表的《诗经通义》是他《国风》研究的总结，而这一两年他特别

---

① 闻一多：《在鲁迅逝世八周年纪念会上的讲话》，《闻一多全集》第2卷，湖北人民出版社1993年版，第392页。

专注的是屈原文学。《楚辞》是他以前就感兴趣的，现在他把屈原当作人民诗人、爱国诗人来称颂。据他的研究，屈原虽身为楚国贵族，但在宫廷上只是一个弄臣、卑贱的伶官。因为第一，古代的文学者毕竟只是宫廷弄臣、侏儒俳优之徒。屈原也是被王公们踩在脚下的人，是人民大众的一个。第二，屈原的作品《离骚》是人民的艺术形式，《九歌》为民歌，这是谁都承认的。第三，《离骚》暴露了统治阶层的罪恶，无情批判了他们的罪状。这给当时无法言说自己愤怒的人民一个安慰，高歌了人民的正义感。第四，屈原被人民所爱戴的是他的行为而不是他的诗。屈原的《离骚》唤起了楚国人民的反抗情绪。

屈原的言行无一不是与人民相配合的。陶渊明咏唱农村，但农民不需要他。李白咏唱酒肆，但小市民不需要他。因为他们不属于人民，不是为人民而咏唱。杜甫是真心为人民的，但他没理解人民的语言。只有屈原才唱出了人民的痛苦，他的死为人民永远悲痛，端午节的习俗也就和屈原的故事一起流传至今。

当然这些意见也有不能当即赞同的地方，首先如何看待屈原的文学就是一个问题。但是我们可以理解闻一多之所以如此分析屈原《离骚》这一古典文学的思想变迁。

另外，这一屈原论是有一些波折的。稍前，孙次舟在成都以"答屈原崇拜者"为题，宣称屈原只不过是古代宫廷的文学弄臣，遭到猛烈的攻击。那时孙的发言说，过去闻一多先生也有类似的说法，把屈原比了梅兰芳等。闻一多从朱自清那里听说此事，不能沉默不语，写下了弄臣云云并非贬低屈原，而是一种光荣等意思的文章。郭沫若对此也说道："我们并不是为屈原争身份。如果正如闻先生所说，屈原是奴隶谋求解放，那应该更尊贵。但是我们追求的是事实。要证明屈原是弄臣或出身奴隶，我们的证据依然不够充分。"（《今昔蒲剑集》序）

（十一）

闻一多加入民主同盟是民国三十三年（1944）的夏天吧。中国民主同盟形成了代表国共两党以外第三势力的统一战线。抗战末年，随着国共两党关系的险恶，国民党的政策越来越反共独裁。内战的不安日益浓厚，国民党以外的政党都几乎成了非法。一九四一年中国民主政团联盟就在这种情势下成立于香港，一九四四年改称为中国民主同盟，在抗战越发激烈的阶段，作为立于国共间唯一的民主党派，进行了中国民主化的斗争。在内战危机下的国共两党之间吸收进步知识分子，逐渐扩大其政治势力。民盟要求终结一党专制、成立举国一致政府、准备召开正式国民大会、保护言论出版集会的自由。

1945 年 8 月，日本终于无条件投降。与人们一起欢呼雀跃的闻一多马上就到镇上的小理发店剃掉了蓄积了八年的胡子。孩子们都拍手叫好。

9 月出任民主同盟中央执行委员及民主同盟云南省支部宣传委员，兼《民主周刊》社社长。抗战结束了，但是中国黯淡的黑夜还没有天明。国共内战的空气日益浓厚，焦躁的国民党反动派的行动也日益横暴。

11 月 25 日，联大等学生举行晚会，开会不久，校外四周即被驻军包围，并以机关枪向会场放射威胁，枪声中数名的演讲结束散会。昆明学生联合会向省政府当局要求保障言论集会的自由。不久 12 月 1 日，上午九点到下午四点，数百名暴徒袭击了云大、中法、联大工学院、师范学院、联大附中等，击毙教师一名、学生三名，炸伤二十名。闻一多在这次昆明学生惨案的座谈会上，认为这是"中华民国最黑暗的日子"。他说，过去鲁迅曾经把民国十五年的"三·一八"惨案的那一天称为中华民国最黑暗的日子，但他没料到还有 1945 年 12 月 1 日这一天。他写下了《人·兽·鬼》一篇，声明不能让四烈士的血白流。

围绕此事件也谣言四起。闻一多为学生辩护却遭到无情的漠视和袭击。不久有人扬言要以四十万收买闻一多的头。但是他对此毫不关心。

"三·一八"惨案时，被段祺瑞政府暴虐杀害的学生，闻一多说他们的死难是一篇美丽的诗。但现在闻一多已不是过去的闻一多了，他已经用生命在战斗。如果把现在的闻一多的态度视为所谓进步的文化人等，那是错误的，他的内心里燃烧的东西终于要破壳而出了。

民国三十五年（1946）五月，昆明的联大解散，清华大学决定迁回北平。美国加利福尼亚大学邀请闻一多去讲学，清华文学院院长冯友兰也敦劝，但闻一多拒绝了。因为他觉得学生们在北平等着他。

那时昆明的大街小巷出现各种壁报说闻一多、楚图南是共产党员，说闻一多组织暗杀团，说李公朴携款几万万元到滇密谋暴动。

6 月，闻一多和朋友在楚图南家集会，一朋友拿出一柄泥金的折扇请他题字，他略想了一会儿，即在扇子上用他最擅长的小篆，写了《楚辞》上的两句话："常太息以掩涕兮，哀民生之多艰！"他预定7月7日前后携家人飞重庆再回北平。

6月26日到29日间，民盟云南支部的闻一多等主要成员，招待党政军各机关首长，说明民盟的立场主张和态度。闻一多发表谈话：

> 民主同盟的分子大部分是知识分子，是文弱书生，我们所能做的只是用我们的手写出我们良心里所要写的，用我们的嘴说出我们良心里所要说的。今天，我们认为民主和平是中国唯一的出路。我们要向各界人士呼吁共同支持这个要求。我们的手是干净的，没有血迹的，也永远不会有血迹的。我们就要用这双干净的手拭去遍地的血迹。我们反对和平以外的方式去解决国事，所以我们反对内战，反对暴力。①

当日会议结束后发现来宾签名簿被人拿走，提供会场的商务酒店也受到恐吓。

同月他写下的《楚辞九歌古剧悬解》，是把九歌当作戏剧形式的文章，这恐怕是他这些工作的最后了。

7月11日，联大复员学生最后一批离开昆明。晚上十点左右李公朴在青云街遇刺，翌日逝世于云大医院。李公朴为1936年抗日七君子之一，曾被国民党逮捕入狱。在民盟成员中一直是被监视的。

惊闻李先生的被刺后赶到医院的闻一多流着泪，凝望远方，一字一句自言自语地说："公朴没有死，公朴没有死。"同日青云街一带出现漫画和壁报，说李公朴为"桃色事件"而死。而且云南反工大同盟的标语上写有李先生为共产党所杀。

15日清早友人来访劝诫闻一多小心，说据确切消息要逮捕民盟负责人及民主刊物负责人等十几人。但闻一多微笑着说："事已至此，我不

---

① 该段引文是作者目加田诚在1955年前后写评传时据朱自清编《闻一多全集》所撰，由译者参照湖北人民出版社1993年版《闻一多全集》及闻黎明编《闻一多年谱长编》由日文译出。

出，则诸事停顿。"他坚持处理李先生的善后，继续民盟支部的工作。不巧夫人的心脏病发作，一家人都很紧张。

同日上午十点左右李公朴先生治丧委员会借云南大学开会，李夫人泣不成声被扶下台后，闻一多登台演讲：

> 这几天，大家晓得，在昆明出现了历史上最卑劣，最无耻的事情！李先生究竟犯了什么罪，竟遭此毒手？他只不过用笔，用口说出了千万人民压在心中的话。为什么要杀他，而且用如此阴险的手段！
>
> 今天，这里有没有特务？你站出来，你出来讲！凭什么要杀死李先生？杀死了人，还要诬蔑人，说什么"桃色案件"，说什么共产党杀共产党，无耻啊！
>
> 去年一二·一昆明青年为了反对内战，遭受屠杀。现在李先生为了争取民主和平，而遭受了反动派的暗杀。特务们，你们想想，你们还有几天？真理一定胜利。反动派的无耻是李先生的光荣，反动派的末日既是我们的光明。我们昆明青年决不会让你们这样蛮干下去的。历史赋予昆明的任务是争取民主和平，我们昆明的青年必须完成这任务。

大会约经二小时散会，先生由同学护送回西仓坡联大职员宿舍，时已正午十二点。午后一点半，先生午睡刚醒，楚图南先生来，喝了一点茶，便同往府甬道十四号民主周刊社出席记者招待会。时文林街一带已有歪戴呢帽的人三三两两散在街上。在招待会上，先生详述反动派破坏政协决议发动内战经过，最后，先生忆起一件往事，感慨地说：

> "我们对国民党决不是毫无原则的一贯反对的，当孙中山先生在世时，我们都对国民党怀抱着极大的希望，孙中山先生逝世的遗像，就是我学习试画的……"

五时散会，休息片刻，先生和楚图南先生先后从周刊社出来，长公子立鹤已站在门口等着接先生回去。楚图南先生匆匆先走了，先生由立鹤伴随回寓。时府甬道空无一人，先生父子均边走边看报，不料走到距联大教职员宿舍仅十步左右，忽然枪声大作，先生首先中弹倒地，立鹤急忙扑下去，伏在先生身上，枪弹连珠似的打来，立鹤大呼："凶手杀人了，救命！"旋急从先生身上滚到五六尺以外的地方。先生满身是枪眼，血像泉水一样喷出来，面色苍白，嘴唇微动一下，立刻毙命。立鹤右腿已断，伏在地上装死，偷看几个彪形大汉一排的站在离他们二三十尺远的地方，继续向他们射击。立鹤又挣扎着坐起来，胸口上三个枪口涌出大股的血来，努力想爬上坡去救护先生，可是毫无办法。立鹤送进医院后，神志渐清，听说先生已死，只说："唉！我对不起父亲，我没有保护他！"

同月十六日正午，李公朴先生遗体于云大医院门前空场举行火葬。十八日上午九时，先生遗体于同一地点举行火葬。①

闻一多四十八岁，他死后留下了妻子和五个儿女。身后萧条无一长物，遗属的生活费、子女的教育费都成问题。

（昭和三十年六月《文学研究》第五十二辑）
附记：闻一多的经历年次均据朱自清编《闻一多全集》的年谱。

---

① 上述引文是作者目加田诚在 1955 年前后写评传时据朱自清编《闻一多全集》所撰，由译者参照湖北人民出版社 1993 年版《闻一多全集》及闻黎明编《闻一多年谱长编》由日文译出。

从中国学术史到闻一多的学术研究

——闻一多的国学研究特征

刘殿祥

（山西大同大学）

一

任何学者的学术世界都不是孤立的存在，总是在各种形式的学术联系中建构起来的。所谓学术史就是由不同时代的学者和他的学术世界通过各种学术的联系构成的，后代学者对前代学者在继承中不断创新而推进学术的发展，每个独立的学者都一方面吸收学术史成果，另一方面融入时代的学术语境中而成为所在时代学术的一部分，构成新的学术史内容。在这个意义上，闻一多的学术世界生成于学术史，贡献于现代学术，最终亦构成了中国学术史的一环。

无论中国学术史，还是闻一多的学术世界，都是异常复杂和丰富的，闻一多的学术世界和学术史的关系更呈现出相当的复杂性和丰富性。闻一多学术世界的复杂和丰富使得他与中国学术史建立了比较广泛而全面的联系，几乎可以说，不仅闻一多的学术研究历程和中国学术史有着历时性的对应关系，而且他的全部学术世界与中国学术史上所出现的学术类型几乎都有着共时性的对应关系。闻一多进入学术研究后，最早从《诗经》研究开始，在漫长的学术研究历程中，研究范围不断扩展，研究对象不断增加，研究内容不断深入，在扩展、增加和深入的过程中，最后形成的学术世界在学术上贯通了中国古今文化和古今学术。就闻一多所涉及的学术研究领域，包括了史前原始社会研究、上古神话和史诗研究、殷商甲骨文研究、周代金文研究、《周易》研究、《庄子》研究、《管子》研究、《诗经》研究、《楚辞》研究、《易林》研究、汉《乐府》研究、唐诗和唐文化研究、中国现代诗歌研究、中国文学史研究、中国文化史研究，连贯起来就是一部中国文学史、中国文化史和中国学术史。这些仅仅是闻一多专门研究的对象，尚有为了研究而涉及的中国文化史和学术史的大量典籍文献，几乎含纳了传统经、史、子、集各部类的主要文献，汇聚成一个中国学术和文化的博大精深的国学研究世界。典籍文献之外，闻一多的学术世界尚含纳了地下出土文物和考古学的历史实物资料。从中可以见出，历史上每个时代的学术潮流都在闻一多的学术中有所体现，先秦诸子百家、文学总集如《诗经》《楚辞》、历史文献典籍等既是他研究的对象，又是他研究的资料来源；从西汉到东汉的经学研究为闻一多的经学研究提供了必要的注疏基础，司马迁的《史记》和班固的《汉书》不仅是他早年重点学习的对象，而且是他学术研究必备的参考典籍，同时他在汉赋之外独具慧眼，发现了《焦氏易林》的文学美，又展开过汉乐府的研究；魏晋玄学虽然没有进入闻一多专门的研究范围，但魏晋玄学之外的文献和思潮却为闻一多所关注，如道教和佛教；而隋唐时期以佛学为主潮，形成了儒道佛并存的文化思想格局，这成为闻一多研究唐诗和诗唐文化的思想资源，同时从学术史角度，唐代经学研究文献如孔颖达《五经正义》和陆德明《经典释文》是闻一多研究《诗经》等典籍的学术渊源；宋明理学以及学术方法论的"宋学"传统在学术思想上对闻一多影响有限，但朱熹的经学研究、宋代对中国文献典籍的整理成果中的一系列大型丛书、史书如司马光的《资治通鉴》都极大地影响了他的研究；继宋明理学而兴的清代朴学，是最直接影响了闻一多的学术史思潮，从清初的经世致用之学到乾嘉时期的考据学，从正统派的古文经学到晚清危难时局中的今文经学，在闻一多的学术思想和学术方法论上都有深刻的烙印，尤其乾嘉学派的朴学研究更成为他主要的学术选择；而闻一多与乾嘉学派的密切联系实际主要通过近代学术建立的，激于时变的近代学术继承清代汉学传统的同时，面临了中国学术文化与西方学术文化的冲突，针对"西学"而突出"中学"的本体地位，在"西学"影响下的"新学"更是大势所趋,从"中学"到"西学"、从"旧学"到"新学"、从"古文经学"到"今文经学"、从"汉学"到"国学"的转型以及转型中的互相包容,构成了近代学术格局,直接影响到现代学术和闻一多的学术研究;从近代到现代发展出的"国学"话语和国学意识更成为闻一多学术研究的主要价值趋向,特别是新文化运动后的现代学术语境下的国学研究流派即体现在闻一多的国学研究中,而他的国学研究和整个学术研究更成为现代学术的构成部分。由此我们可以看出闻一多学术世界和中国学术史的对应关系,打开闻一多的学术论著就相当于打开了一部中国学术史。

闻一多和中国学术史的对应关系和其中的复杂性、丰富性至少体现为几个特点。第一,贯穿中国主流学术史的无疑是以先秦儒家经典为研究对象的"经学"。西汉"罢黜百家,独尊儒术"之后,儒家经典被奉为封建王朝的统治大典,经学成为最主流的学术类型。从两汉经学之后,尽管不同时代在学术思想上有所变迁,但经学地位一以贯之,始终没有动摇。尤其是隋唐科举制度确立后,儒家经典成为科举内容,到宋明达到了极致。从学术上,儒家经籍的注疏成为主要的学术形态,乾嘉学派最突出的成就也集中在经学领域。即使在辛亥革命后废除读经,也仅仅是撤销了经学的国家意识形态地位,在学术上,儒家经典仍然是主要的研究对象。近代后所谓"国学"内涵,在狭义方面几乎即等同于经学。经学的学术正统地位影响到闻一多的学术选择,他与中国学术史的关系尤其体现在和经学的密切联系上。且不说他最早的启蒙教育就是念"四书五经",当他开始学术研究时,所选择的对象首先是《诗经》,基本遵循了传统经学的研究路径,首先通过文字训诂从经学角度释读《诗经》,甚至把经学方法运用到非"经"的《楚辞》研究上。《诗经》之外,闻一多专门研究过的儒家典籍还有《周易》。但更重要的是闻一多在学术思想上一度皈依正统的儒家文化,在学术方法上更以正统的注疏解经和汉学考据学方法进行经典释读。经学研究对他学术研究的影响之深与经学在中国学术史上的正统主流地位密切相关。第二,中国学术史不仅仅有主流的经学研究,闻一多的学术世界也不仅仅有经学研究,闻一多的学术世界更多非经学的学术内容。事实上,每一个历史阶段的学术主潮之外,还存在着非主流的学术类型。经学之外,源远流长的有"子学""史学"和"集学"（文学）的学术部类，虽然其中仍然包括了"经学"内容且多体现正统儒家思想和主流的经学意识，但更多突破了儒家思想和经学意识的学术因素。"子学"不限于儒家的孔子、孟子、荀子，还有如道家的老子和庄子、法家的韩非子、墨家的墨子以及列子、晏子、管子等可达几十"子"。①儒家正统思想外，更有道家、墨家和道教、佛教的发展。闻一多的国学研究并没有限于儒家经典和经学范围，而是横向扩展到整个中国文化思想的各个领域，如对道家、墨家、阴阳家等以及道教都有专门的考证和研究，特别对道家和墨家思想本质的揭露如《关于儒·道·土匪》、对道教起源如《神仙考》和道教精神的揭示如《道教的精神》等，都进行了精深的研究并做出了创造性的思想发现。而闻一多最属意的是文学研究，从《诗经》研究到《楚辞》研究，从汉《乐府》研究到唐诗研究，乃至整个中国文学史的研究，更是从多层面多角度进行文学文本的"真"和文学意韵的"美"的探索和发现。他如神话研究和对原始社会的文化人类学研究，都不是经学所能够概括的。所有研究都体现出闻一多作为"文学史家""文化史家"的意识，虽然他没有专门的史学研究论著，但实际上所有的研究都贯穿着历史意识，都涉及中国传统"史学"，不仅正统史学，而且如唐文化研究中多涉猎到民间笔记和野史。第三，本文仅仅从中国学术从古代到现代发展的主流、主要截取闻一多的总体国学研究部分进行了梳理，具体到闻一多的学术世界，每一种研究对象实际都联系着具体对象的学术研究史。就闻一多最主要的研究对象而言，可以分为两大部分，一是开创性的新领域的研究，如神话研究、《全唐诗》研究。作为中国神话学的开创者之一，在如《伏羲考》《神仙考》等神话学论著中，更多的是从古籍文献中证成中国上古神话体系，可资借鉴的古代学术史上神话研究的成果不是很多，因为中国神话学作为独立学科主要从 20 世纪以后才开始。据神话学界考证，世界上第一部研究中国神话的专著是俄国圣彼得堡大学 C. M. 格奥尔吉耶夫斯

---

① 先秦时百家争鸣、诸子峰起，此后各家在中国文化史上都分流发展，在儒家经学之外造成了中国文化思想的繁荣。诸子概况如在 20 世纪初 "国学整理社" 所整理、世界书局排印的《诸子集成》即有较全面反映，该丛书辑录了从先秦到汉魏六朝的诸子学著作二十六家。《诸子集成》，中华书局 1954 年版。

基的《中国人的神话观与神话》（1892 年圣彼得堡版），书中最早提出了"中国神话"的概念。第一篇神话学研究论文是 1903 年蒋观云在《新民丛报》上发表的《神话历史养成之人物》，此后，现代学人开始引进西方神话学理论，发掘和整理中国神话资料，20 世纪 20 年代沈雁冰出版《中国神话研究 ABC》，奠定了中国神话学的理论基础并成为独立学科。[①] 随着一批学者对中国神话的史料发掘，闻一多在 40 年代初期以《伏羲考》而成为中国神话学的皇皇巨著。当然，闻一多的神话学研究既充分利用了中国古代典籍资料和考古发掘的文物资料，又吸收了现代中国神话学界的研究成果，在神话学的新学术领域里做出了杰出的贡献。如果说闻一多的神话研究尚为现代神话学"合唱"中的一种音调，那么《全唐诗》的研究则无疑是现代学术史上的初始音和最高音，其开创性的作用更显而易见。二是在传统研究领域如《诗经》、《楚辞》、《庄子》、《周易》、唐诗研究以及文字学研究，其研究历程源远流长，研究成果浩如烟海，那么，闻一多进入这些领域的研究，就必然涉及各自的研究史。即使文本文字的校勘，须了解和对照历代的文本版本；即使一字一词之注疏，也要了然历代注疏的成果。这样，闻一多事实上在具体研究过程中同时进入了中国《诗经》研究史，进入了中国《楚辞》研究史，进入了中国《庄子》研究史，进入了中国《周易》研究史，进入了中国唐诗研究史，进入了小学、甲骨学和金石学研究史。我们进入闻一多的每一种专门学术领域，也随之进入了各自的学术研究史。如闻一多对《楚辞》的文字校勘，在《楚辞校补》中，据闻一多所作"凡例"说明，引用古今诸家旧校材料者有王逸《楚辞章句》、洪兴祖《楚辞辑校》、刘师培《楚辞考异》、许维遹《楚辞考异补》、刘永济《楚辞通笺》，采用古今诸家成说之涉及校正文字者从古代洪兴祖、朱熹到现代游国恩、陆侃如、郭沫若等二十八家，基本囊括了古今《楚辞》研究的主要学者，而校引版本的书目涉及古带典籍 65 种。[②] 这样，我们不仅可以看见闻一多自己的研究

① 参见马昌仪《中国神话学发展的一个轮廓》，《中国神话学文论选萃》上册，中国广播电视出版社 1994 年版，第 7、10、12 页。

② 参见闻一多《楚辞校补·凡例》，《闻一多全集》第 5 卷，湖北人民出版社 1993 年版，第 115—120 页。

成果，而且通过闻一多看见了《楚辞》学术史的演变。任何学术研究，不单纯在于表达研究者的学术观点，尤其要容纳进学术史成果，这样才是真正的学术研究，也才有相对深厚的学术含量。闻一多与中国学术史关系的复杂性恰好表现出他学术世界之于中国学术史的丰富性和深厚度，闻一多的学术世界和中国学术史可谓相得益彰、确有相映生辉的效果。

尽管闻一多的学术世界表现了中国学术史的复杂性和丰富性，但他毕竟没有也不可能更不会在学术研究中表现出中国学术史的全部内涵，而且闻一多的学术世界也不限于中国学术史。无论从学术研究实践，还是从自我学术思想和文化价值取向上，闻一多的学术史借鉴从总体上表现出一定的主体选择性。在吸收中选择和选择中加以继承，从中体现出闻一多作为中国现代学者的主体意识，是闻一多之于学术史关系的重要特征。闻一多的这种现代意识下的主体学术史选择主要体现在对古今中外学术史的选择上。当闻一多进入学术研究领域，从总体上看，他至少面临三种学术史，即中国古代学术史、中国近现代学术史和外国特别是西方学术史。如果仅仅限于论述闻一多与中国学术史的关系，无疑是极为片面的。实际上，作为深受西方文化影响和曾经出国留学的现代学者，闻一多从学术视野、学术思想和学术方法上已经不限于中国学术而扩展到了西方学术文化背景的认知和选择方面。在具体研究对象上因为主要研究中国古代文学和文化，闻一多自然更多选择中国古代学术史作为研究背景，从先秦学术到清代乾嘉学派构成了闻一多主要借鉴的学术史内容，但他并没有囿于中国古代学术史范围，而是在更广阔的学术背景中展开研究。这种更广阔的学术史背景，首先表现在对中国从近代到现代学术发展的关注，体现出他学术视野的现代性追求；其次表现在对西方学术思想和文化理论的借鉴，体现出学术视野的世界化追求。尽管闻一多研究中国传统文学和文化，运用了中国传统的考据学方法，但他的学术世界体现出来的基本形态和传统学者有了鲜明的区别，主要的原因在于在传统学术研究中融入了现代意识和西方文化思想及现代科学方法论。中国学术从近代到现代的演变本质上是在西方学术文化刺激下完成的，现代学术从总体上已经包含了西方学术文化的因素。闻一多置身于中国现代学术格局，自是能够感知到现代学术中不同于古代学术的西方学术文化新质。而他对西方学术文化并非完全被动地或间接地选择和吸收，一定程度上有他主动和直接的吸收，自然在他的学术世界中也有鲜明的体现。当然，闻一多与西方学术史的关系远比不上与中国学术史关系那么广泛和深入、复杂和丰富，但并不是无迹可寻。首先，闻一多从清华学校读书到留学美国时期集中接触了西方诗歌理论、美学理论，接受了西方文艺思潮的影响，这影响持续到他以后的学术研究中。闻一多曾经一度以西方诗歌为学术研究对象，如作于1921年的《诗歌节奏的研究》，原本为英文稿，即是以西方诗歌为对象研究诗歌节奏的。从《诗歌节奏的研究》所引用的23种参考书可见，闻一多比较广泛地接触了西方美学论著，除了三种西方工具书和胡适的《尝试集》《谈新诗》外，其余18种均为西方诗歌、诗歌理论和美学理论的经典著作①，包括了关于亚里士多德诗歌理论的评介、锡德尼的《为诗辩护》、华兹华斯的《抒情歌谣集》和可尔律治的《文学生涯》、桑塔雅纳的《美感》等，涉及西方浪漫主义理论、艺术起源理论、艺术美感理论、诗歌格律理论、文学鉴赏理论等西方文艺思潮中的多种理论形态。这些理论不仅用以研究西方诗歌，而且闻一多还借鉴来研究中国古代诗歌如作于同期的《律诗底研究》中多引用西方诗歌美学理论。及至他出国留学后，更直接受到美国意象派诗歌影响，继续吸收西方美学理论，其中有些理论观念成为他新格律诗创建的基础，《诗的格律》一文即引《诗歌节奏的研究》中所提到的参考书《诗歌研究》的作者布里斯·佩里的话："差不多没有诗人承认他们真正给格律缚束住了。他们乐意戴着脚镣跳舞，并且要带别个诗人的脚镣。"这几乎成为闻一多新格律诗理论的立论基础；另外的基础是关于艺术起源论和唯美主义的，他所说"游戏本能说"显然带有席勒艺术起源理论的影子，其艺术与自然的关系论明确表示为王尔德的思想。② 及至正式进入古代学术研究领域，在《诗经》研究方面首先写作的文章是《诗经的性欲观》，是运用弗洛伊德性心理学和精神分析学说发现了《诗经》的五种表现性欲的方式即明言性交、隐喻性交、暗示性交、联想性交、

① 闻一多：《诗歌节奏的研究·参考书目》，《闻一多全集》第2卷，湖北人民出版社1993年版，第60页。

② 参见闻一多《诗的格律》，这篇新格律诗的理论宣言就是闻一多吸收了中国古典格律诗美质和西方诗歌美学理论而提出的，可以说是他此前研究西方诗歌的《诗歌节奏的研究》和研究中国律诗的《律诗底研究》的综合。

象征性交，特别说到如象征性交时，闻一多认为这种表现方式"是出于诗人的潜意识"①。到学术研究后期，他更用文化人类学研究《诗经》所表现的时代，研究原始社会的图腾，由先秦文化上溯到了神话研究，寻求"本土文化中心"和探索民族文化源头了。所以，从闻一多全部的学术世界里，我们总能够看见西方思想理论的影子，可以看见西方学术文化的影响。其次，从学术研究方法上，闻一多不仅仅运用传统考据学方法，而是借鉴了大量西方学术史上的研究方法。如果说中国传统学术在方法论上相对单一、比较落后的话，那么西方学术史背景的引入除了提供学术思想上的另一种参照外，也提供了既多元化又现代化的学术方法。西方学术文化史上，经过亚里士多德的学科分类和文艺复兴后的科学发展，逐渐形成了先进的、有效的、多元的学术研究方法。大概而言，可以有科学主义方法、人文主义方法和各种学科方法论，学科方法论包括了自然科学、社会科学和人文学科。西方文化史上的学术即依靠这些多元化的方法而得以高度繁荣。相对于亚里士多德的学科分类，中国古代文化部类是混沌一体，不仅文史哲不分，而且科学和人文社会科学也没有完全分开，更缺乏西方近代发展起来的新兴学科；相对于西方科学的发展，中国古代缺乏科学意识、科学实践，也缺乏科学分析的方法论。直到近代以后，随着西方文化的全面引进，同时也引进了西方的学术方法论。现代学术更在继承传统学术方法的同时，有意识地运用多样化的西方学术方法，因而现代学术呈现出全新的学术形态。闻一多会逢其时，长期浸染于西方文化和学术中，尤其赋予了现代化的开放意识，所以进入国学研究领域后，就不限于传统"汉学"方法而实际运用了西方学术方法，多以西方学术方法研究国学经典。即使在考据学研究中，已经不完全如传统考据学形态，而是化合了西方科学实证主义精神，体现出一种科学方法。尽管作为艺术家和诗人的闻一多并不擅长科学思维，而一旦进入学术研究，学术的求真务实、实事求是自然要求一种科学思维和科学精神，科学的实证精神给乾嘉学派的朴学方法注入了新鲜的血液，闻一多国学经典的考据学研究受其嘉惠，不仅得以推进研究论题，而且

---

① 闻一多：《诗经的性欲观》，《闻一多全集》第 3 卷，湖北人民出版社 1993 年版，第 188 页。

在学术思维上具有了现代性特征。现代学术不同于古代学术的一个鲜明区别在于具有了明确的学科分类意识，将混沌一体的中国文化典籍进行了现代学科意义的分析研究，而且以多种学科意识研究特定典籍。闻一多即特别运用了现代学科方法多角度地研究古代文化典籍，尤其关注到从西方引进的最新学科，如考古学、民族学、文化人类学等，他的甲骨学研究不仅借助已有文献，而且借助了最新的安阳殷墟考古学成果；他的神话研究如《伏羲考》亦多引用出土文物为证，并从民族学和文化人类学角度看取中国上古社会的文明形态。典型如对《诗经》的研究，突破了单纯的经学、朴学研究方法，从现代多种学科方法角度进行分析，在《匡斋尺牍》中对《芣苢》一诗的解读可谓闻一多运用现代学科分析古代经典的标本。在此，闻一多首先从文字训诂学角度释读"芣苢"，再从生物学角度说明其象征意义，然后从社会学、心理学、民族学、民俗学、历史学、诗学等不同学科全方位地解读了这首诗，最典型地体现了闻一多对现代学科方法论的纯熟运用。西方学术史上学术方法的引入大大地拓展了学术视野，打破了传统考据学研究的故步自封和浅陋烦琐。闻一多在国学古籍研究中没有被烦琐的考据学淹没而能够从考据学中超越出来，与西方学术方法的影响不无关系。当然，与中国古代学术史相比较，闻一多对西方学术史的选择在比例上要小得多。可以说，闻一多对西方学术文化不是接受太少，是在实际的学术研究中体现得太少了。倘若闻一多更多地趋向西方学术研究范型，以他的学术积累、学术追求和专心致志的功夫，应该会有更开阔的学术境界。毕竟，他留下来的学术成果太多考据学的半成品内容，而作为诗人的诗意化研究和作为思想家的深刻思考的成果不免略嫌薄弱。这也体现了闻一多学术选择的特征，更偏向于中国传统学术但也融进了西方学术文化，不仅在学术方法上借鉴西方学术，而且在学术思想上以其现代化的追求体现出世界性的学术视野。

中国学术史在从古代到现代的发展历程中形成了不同的学术形态，在古代形成了"汉学"和"宋学"两种主要学术形态，其中"汉学"包括了"古文经学"和"今文经学"，"宋学"经过了"程朱理学"到"陆王心学"的发展；近代后在"西学"影响下相对于"旧学"出现了"新学"学术形态，"西学"中有科学型学术和人文型学术，影响到近代后的

"新学"亦有科学型和人文型两个方向的发展；到新文化运动后生成了现代学术形态，具体到传统典籍研究方面产生了"国学"学术形态。在这些学术形态中，闻一多的学术研究中都有所体现，在纵向的继承和吸收中形成了他学术世界中多样化学术形态的共生，共生的学术形态都集中体现在他的国学研究中。这是闻一多与学术史关系的又一个鲜明特征。

经过纵向的学术史考察后，我们可以横向地看取闻一多学术世界与学术史的联系。中国几千年历时性的学术演变在闻一多有限的学术生涯中呈现出共时性的存在形态，实际上闻一多在学术研究中"同时"吸收学术史的各种学术形态，多样化的学术形态也就同时体现在他的学术世界中。学术史上各种学术思潮、学术对象、学术方法、学术价值取向往往在历史发展中交替出现，此起彼伏，在起伏中消长。中国学术从先秦开端，到汉代形成了以经学为主流的学术取向，在具体研究形态上从汉代经学注疏开始，经过隋唐经学复兴后继续进行经典的疏证，到清代乾嘉学派从文字学、音韵学、训诂学、版本学、目录学、辑佚学、校勘学等考据学方法的整理，达到了经学"汉学"研究的高峰。围绕儒家经典文本的流传和不同文字系统的流传出现了"古文经学"和"今文经学"的论争，到清末几乎针锋相对，其中隐含着不同的学术理念和学术价值取向。而针对"汉学"的烦琐考证，从魏晋玄学就从义理方面解释经典，到宋代二程和朱熹创造了理学思想体系，形成了不同于"汉学"的"宋学"形态。闻一多在学术积累期和准备期主要接触了儒家经典，如启蒙教育时和当时读书人一样首先学习"四书五经"，一般所用教本为朱熹《四书集注》，对"宋学"形态的义理阐释会有所感知。好学敏思的闻一多在读书过程中自然有所心得，在他的读书札记《二月庐漫记》中已经开始运用考证的方法解疑思辨，虽然不是明确的"汉学"意识，却是无意识中进入了"汉学"门径。当他正式开始古代学术研究时，研究对象首先选择中国古代诗歌，而《诗经》的选择决定了他必然进入经学研究领域，必然面临"汉学"和"宋学"的选择。时当 1928 年前后，中国学术已经演变为现代学术形态，对于学者来说事实上已经非只传统"汉学"或"宋学"的选择空间，经过近代后在"西学"影响下的学术演变和新文化运动的思想革新，传统"汉学"或"宋学"已经不再单纯，而作为"汉学"或"宋学"研究对象的经学地位大为下降，"汉学"和"宋学"更多体现为学术方法论，所谓"经学"逐渐被"国学"话语取代。对于闻一多而言，一方面，他在古籍研究中主要采用了乾嘉学派的"汉学"研究形态；另一方面，他不限于"汉学"一端，不仅同样重视"宋学"式的典籍义理阐释，而且更多从现代学术视角看取古代典籍，在古今中外学术形态的综合中形成了自己学术研究中的"国学"研究形态。闻一多的"国学"研究本质上是现代学术形态，无论从学术理念还是从学术方法上，既融进了中国学术史上的"汉学"和"宋学"形态，又融进了西方学术史上的科学型和人文型学术形态，当然，闻一多没有如创造新格律诗那样创造出新的学术形态，基本上是在已有的学术形态和现代学术语境中进行自己的学术研究。开创性的学术研究既可以表现在新学术范型的创造上，也可以表现在以既有的学术范型进行具体学术内容的创造性研究。任何一种学术范型都不可能由一人一时创造出来，总是经过相当的历史长度和大量学者的学术实践逐渐形成。即如传统"汉学"亦是经过从汉代学术到唐代学术的发展而到乾嘉时期成熟的，但这并不能够掩盖在"汉学"学术体系成熟后运用"汉学"做出成就的学者的学术贡献。虽然闻一多没有开创独立的学术范型，但以他学术研究形态的多样化和现代性实际上为中国现代学术形态的成型做出了贡献。中国现代学术范型同样不是有哪个学者独立建构的，而是大量现代学者共同完成的，其中就包括了闻一多。

闻一多的学术主要是从中国学术史发展出来的现代学术形态，因为他研究的对象主要为国学，所以我们更多从现代国学研究语境里进行考察，而现代国学研究以其研究理念、研究方法、研究风格、内容取向、文化思想、价值追求的不同而形成了不同的研究派别，闻一多主要归属于"清华学派"。这样，我们大致可以自上而下地描述出闻一多学术的渊流轨迹：从中国古代学术史发展出中国现代学术形态，中国现代学术格局中产生出各种国学研究派别，现代国学研究派别包括了"清华学派"，闻一多的国学研究属于"清华学派"。而真正伟大的学者既在学术史基础上有独创性贡献，能够推进学术史的发展，又不会被所在学术语境和特定的学术流派限制，总能够突破学术语境和学术流派的制约而显示自我的学术个性和学术价值。学术史可以生成学者的学术对象，学术语境可以玉成学者的学术成就，学术流派可以使学者在一定程度上有所皈依，但都不能抹杀一个伟大学者的个性成就。论闻一多学术与中国古代学术史的联系、闻一多学术与现代学术流派的联系，并不意味着否认闻一多学术的独创性。学术个体总有学术母体的遗传，但更多学术个体的变异和发展。闻一多的学术虽然生成于中国学术史、现代学术语境、现代国学研究氛围、清华学术环境，虽然参与了"清华学派"的发展，但综观闻一多的学术成就，自有他的学术个性。在领略他学术个性的同时，其实从他与古代学术史、现代学术格局的关系中我们可以把握闻一多学术的另一方面"标本"性意义，即通过闻一多个性的国学研究可以把握"清华学派"的学术特性，进一步通过"清华学派"把握现代学术格局中的整个国学研究状况，更进一步通过各流派国学研究把握整个现代学术格局，最后通过现代学术格局的源流上溯到近代和古代学术史、扩展到西方学术史。出发点是闻一多的学术世界，是因为他的学术世界以其巨大的丰富性本来就包容了古今中外的学术内涵。并不是每个学者的学术世界都有这样的标本意义，当然也不是只有闻一多的学术世界具有这样的标本意义，但在现代学者群落中，闻一多是能够代表这样标本的典型学者。他的个性在于：第一，在知识结构、学术素养和学术研究上，中西兼备，古今贯通，既有对学术对象的细致深入的微观研究，又有对整个文学史、文化史的宏观研究，在具体对象上不黏滞而不断变换着研究对象，在宏观研究上不空疏而又以扎实的具体研究为基础，避免了大部分学者的要么"见林不见树"、要么"见树不见林"的学术困境。第二，作为诗人的诗意化思维和学者的严谨朴实相结合，对中国诗歌美的鉴赏建立在实事求是的文本、文字、词义的求真考据学基础上，在典籍考据学中压抑不住的诗人激情不时地溢之言表。比较之下，现代学者多有和闻一多一样从作家转化为学者的，或更多文学性思维风格但缺乏闻一多的考据学功夫；原本就以学术研究为业的学者在考据学研究上与闻一多平分秋色或过之，但往往缺乏闻一多的诗人特性。第三，经过长期的学术研究，闻一多几乎穿透了中国文学史和中国文化史，不仅在他整个学术研究历程中贯穿着历史意识，而且从根本上表现出他作为一个历史学家的鲜明特征。40 年代的闻一多自谓："不用讲今天的我是以文学史家自居的"，他针对"我们这民族，这文化的病症"，要作"一部文学史（诗的史），或一首诗（史的诗）"。① 历史扩展了他的学术视野和赋予了他学术世界深厚的历史感，史家意识促使他更深入地思考了中国文学和中国文化的本质，所以他能够在中国文学史和文化史上做出多种思想发现。现代多有学者本来就研究历史，但研究历史并不意味着就是历史学家，正如研究哲学者不意味着就是哲学家一样。第四，现代国学研究的目的是什么？闻一多通过研究实践最后在思想上做了个性的回答：国学研究的出发点和最终目的是超越国学而做"杀蠹的芸香"！这是闻一多国学研究的思想归宿。不是为学术而学术，尽管闻一多一度陷身于纯学术的研究，但对"故纸堆"的考据学研究目的是杀掉其中的"蠹鱼"而做"杀蠹的芸香"，对国学中所蕴藏的陈腐、残酷、虚伪的恶劣文化思想进行彻底批判，在批判中建构中国现代化的文化理想。现代学术史上的国学研究不能说不繁荣，但其中多有学者要么在"骸骨的迷恋"中陶醉不已，要么在日落西山时高唱"挽歌"，不是复古，就是趋于保守。闻一多之可贵在于40年代继承了或继续了新文化运动思想革命的伟业，对中国传统文化思想进行了猛烈的批判，在甚嚣尘上的"复古的空气"② 中亦可谓空谷足音。以上四点即可见闻一多超越中国学术史、现代国学研究和"清华学派"的学术个性，中国学术史、现代学术语境中的国学研究和"清华学派"等都不能够完全概括闻一多的学术世界，都不能够掩盖闻一多的学术独创性。共性的认知代替不了个性的把握，学者和学术史及学术流派固然有联系但更有区别，尤其对于闻一多这样的现代学者。

中国古代学术发展到新文化运动时期诞生了现代学术，在中国现代学术格局中国学研究派别林立，属于现代学术系统的学院派国学研究典型地集中在北京大学和清华大学。而闻一多在文化思想上成长于新文化运动中，接受了北京大学国学系统的影响而主要属于"清华学派"，以"清华学派"的国学研究为依托，独创出自我的国学世界。这就是闻一多的现代学术谱系所在，即现代学术格局——→国学研究派别——→"清华学

---

① 闻一多1943年11月25日致臧克家信，《闻一多全集》第12卷，湖北人民出版社1993年版，第382、380页。

② 40年代在国民党统治区出现了一股浓郁的复古主义空气，闻一多特作《复古的空气》予以批判，文见《闻一多全集》第2卷，第351页。

派"——闻一多；反过来，我们以闻一多为现代国学研究的基点，可以扩展出中国现代学术：闻一多——"清华学派"——国学研究派别——现代学术格局。个人的学术研究既属于时代学术语境，又是在特定的时代学术语境中进行自我的研究，双方存在着一种互动关系。考察闻一多与现代学术和现代国学派别的关系，不仅可以了解闻一多国学研究的现代学术背景，而且可以发现闻一多国学研究的个性特征和他以自我个性对现代国学研究所做出的贡献。一种学术的贡献不在于量的增加，而在于质的突破。闻一多对于中国现代国学研究有推进、有突破，在现代学术史上无疑有着巨大的贡献。

闻一多的学术研究特别是国学研究在中国学术史上的地位，应该如同他的新格律诗在中国现代文学史、现代诗歌史上得到浓墨重彩的书写一样，也应该得到重视而大书特书。文学家的地位决定于其创作成就，能否进入文学史取决于他的文学贡献，同样，学者能否进入学术史决定于他的学术成就。闻一多在长期的学术研究历程所做出的学术成就，无可质疑地应该在中国现代学术史乃至整个中国学术史上占据一席之地，因为他的学术成就不仅突出，而且从学术史角度，他的研究既承接了中国古代学术史，又构成了中国现代学术史的重要内容，还以其独创的学术思想影响了后学，其学术影响力至今不绝，从整个中国学术史角度，闻一多的学术研究是承前启后、继往开来的！就国学研究而言，闻一多的国学思想不仅富有历史意义，而且具有鲜明的现实意义。

二

从中国古代文化和学术史发展而来的、在现代学术文化和学术格局中生成的闻一多的国学研究，总体上体现他作为诗人、文学史家和现代思想家的品格，从诗人的诗性思维和古典诗歌研究开始国学研究历程，在整个研究历程中贯穿了历史意识、特别贯穿了明确的学术史意识，在自我独特的从诗歌到思想的国学研究中建构起自我的国学研究结构，从国学的学术研究归结到国学的思想反思、思想批判和现代国学思想的建构上，从而体现为主体性的学术人格、个性化的学术历程和现代化的学术思想。这三个维度所包含的国学研究的诗意化、历史感和思想深度形成他"主体性"和"现代化"的学术研究总特征，而这总特征生成于闻一多作为诗人型学者和思想家型学者的整个学术研究历程中，自我的研究历程和中国文化发展史在结合中生成了闻一多之于国学的主体态度和价值指向，在作为"芸香"的"杀蠹"过程中追求国学的现代化。

第一个维度是主体性的学术人格。作为现代诗人的闻一多转向学术研究后，赋予了一种诗性创造思维，在此基础上形成了他作为学者的主体精神结构。在中国现代学术史上，闻一多最初是作为诗人而名世，以诗人的身份进入学术领域。这一转变不完全在于文化角色、社会身份和个人职业的转变上，而更重要的意义在于闻一多的诗人品格给现代学术研究带来的诗意化风格。我认为闻一多虽然在学术研究生涯中不再创作诗歌，但他其实是以诗意化的思维研究国学，以诗意烛照整个中国古典学术文化，在诗意化的烛照中进行创造性的学术文化事业。在此意义上，闻一多是以学术研究的方式继续着诗的创作，全部的学术研究活动和研究成果，可以看作是闻一多所创作的一首中国文化的"史的诗"。在这首文化的"史的诗"里，可以鲜明地感知到闻一多的诗性创造思维和主体精神。具体体现为：

1. 闻一多把诗人特有的敏锐感受、诗人特有的诗意创造性思维、诗人特有的体验性带进了国学研究中，在学术研究中总能够通过直觉敏感察觉到中国文学和中国文化的真正价值和问题所在，然后进入研究过程发掘其真善美的价值，同时揭露其虚伪性、残酷性和丑陋性。所谓学术研究，最重要的是能够发现问题、分析问题和解决问题，在探索学术问题的过程中探求文化的真理，同时创造性地提出自我的文化思想。并不是每个学者都能够有文化的创造性，而闻一多无疑是最具有学术文化创造性的学者，而他的创造性不完全得自冷静客观的学术研究，可以说，他的创造性的学术文化思想多得益于他的诗意化创造性思维中。其基础当为闻一多的人生体验、社会体验和文化体验，他的人生遭际、社会经验和文化感受无疑激发了他在文化上的感受和反思动向，因而建立在自我人生体验、社会体验和文化体验基础上的国学研究就带有较强的主观性、个人性和独特性，因而赋予了自我国学研究的主体性特征。

2. 文化塑造着闻一多而生成闻一多主体的知识结构和人格结构，闻一多又以自我的主体精神结构认识和改造着文化而创造出自我独特的文化世界。闻一多的存在时空决定了他在求知方面经过了从"旧学"到"新学"、从"中学"到"西学"的生成过程，在此过程中进一步形成了"新旧中西"融会贯通的知识结构，这样的知识结构进一步融进他的社会人生体验和文化思考，加以他的诗歌创作活动和古代文化学术研究实践，最终升华出闻一多的人格精神结构。如果单就知识结构而言，闻一多与同时代的学者不会有太大的差异，他的个性主要表现在知识结构基础上形成的人格精神结构，在知情意三个层面及共同的结构功能上以自我的独特性（独特的情感体验和表现方式、独特的认知能力和思想内涵、独特的实践理性和社会意志）区别于现代其他学者而赋予了主体性。这种人格精神结构的主体性既完善于学术研究过程中，又作用于学术研究实践中，表现在他对古典研究对象的态度方面，不是客观的"六经注我"，而多为主观性的"我注六经"。闻一多的这样体现强烈主体意识的学术发现和学术结论或许在学理上有待商榷，但更重要的是体现了闻一多自己的思想和他的独创思想对于现代社会文化的启发意义。

3. 闻一多人格精神结构鲜明的特征是矛盾性（其知识结构本身就体现为新旧、中西的矛盾冲突，这是现代知识分子的共同境遇），这种矛盾性自然也表现在学术文化研究中，表现为三种类型的矛盾，一是文化学术研究和社会现实人生的矛盾。闻一多在一生中，实际上基本生活在学院、生活在书斋、生活在诗歌中、生活在文化中，但正如在诗歌中曾经咏叹过的："我的世界不在这尺方的墙内"，"个人的休戚"之外"还有更辽阔的边境"（《心跳》）。而他终是主要生活在学院中，于是，学院中书斋生活的静谧和激荡的时代风云形成矛盾，而闻一多个性的诗人激情长期压抑在学院化书斋生活中，双方的矛盾冲突终以诗人般激情的爆发而解决。二是学术研究过程中诗意化思维与科学方法的矛盾。学术研究要求客观性和科学性，闻一多也以客观科学的态度和方法进行学术研究，但科学的客观方法与他个性中的诗意化激情总会有冲突。同样，闻一多以客观的科学方法制约或压抑着诗人的激情，在痛苦的冲突中进行着学术研究。而这样的状态并不能够保证他心态的平和与生活的宁静，当现实生活刺激到他的精神时，情感的内容会突破研究方法的制约而放弃方法本身。方法不过是学术研究的工具，是属于研究过程的，一旦得到思想性的结论，方法也就完成了他的使命，所以闻一多的最后突破方法，自然在精神和学术发展的情理中。三是文化情感和文化理性、古典研究对象和现代文化思想的矛盾。这矛盾从闻一多尚没有开始学术研究时就已经存在并困扰着他，而进入古代学术研究后更加剧了这一矛盾，矛盾的解决是在最后的文化思想批判和现实政治斗争中。所有这些矛盾表现在人格结构的各个层面，在知情意的两两分离中形成极端化人格的对接和碰撞，在对接和碰撞中爆发出巨大的力量，形成闻一多学术人格的力美风格。最后凸显出来的是诗情、学术和现实的结合，因此闻一多与学院派的学术有了较为鲜明的区别。闻一多最后以自我的生命为代价解决了这些矛盾，在自我生命的毁灭中不仅体现出政治方面的价值，而且留下了悠长的文化意味和国学研究意味。固然是残酷的政治毁灭了闻一多，但从他的精神结构导向上，不排除中国文化的推动和自我国学研究结论的动因。

第二个维度是个性化的学术历程。这个历程从总体上说即是闻一多从诗人到学术研究、从学术研究到思想批判的历程，在此期间可以感知到闻一多国学研究中鲜明的史家意识和深厚的历史感，包括学术史意识。每个人的一生就是一部历史。一个学者的学术研究历程构成了他自己的一部学术研究史，而每个学者的学术研究史都会有差异。但差异中有共性，闻一多与其他学者相比较，其学术研究历程的个性差异远大于共性，有自己鲜明的个性。而他的研究史个性又具有思想性的典范意义，我们在梳理他自己的学术研究史及其特征中，可以看到一个中国现代学者的精神思想历程。闻一多在自我研究历程中表现出的特征有：

1. 闻一多学术研究的出发点。这里的"出发点"有两层内容，一是闻一多学术研究对象的出发点，二是闻一多学术研究的精神出发点。第一个出发点是具体的，当然也一目了然，闻一多最早研究对象的选择是古代诗歌，具体是唐诗。如果把他出国前《律诗底研究》看作他最初的学术研究实践，其研究对象即基本选择了唐代的律诗，1928年正式开始学术研究，仍然选择唐诗为研究对象并及于《诗经》。写作《律诗底研究》时，正在新诗创作的高潮期，而到1928年正式开始学术研究时就基本结束了新诗创作。学术研究对象出发点的选择古典诗歌，可以见出闻一多作为现代诗人转向学术研究的自然路径。第二个出发点是抽象的，在精神上，闻一多之所以进行学术研究，基本上是从自我的诗人体验和文化情感出发、从对中国古典诗歌美的感受中出发、从认知中国古典文化的体制和本质出发；具体到国学研究上，其"思想原点"是"振兴国学"理想和"文化上的爱国主义"思想。

2. 闻一多学术研究历程的"逆向性"。这里的"逆向性"是指闻一多自身的学术研究历程和作为他研究对象的中国文化发展历程表现出不一致，也就是说，闻一多的研究历程与中国文化的客观历程呈现出"逆向性"特征。闻一多最初选择唐诗研究，但不久就同时转向《诗经》《楚辞》研究，进而扩展到汉《乐府》和《焦氏易林》研究，进而扩展到先秦诸子研究，再上溯到对商周甲骨文、金文研究和商周文化研究，最后为了探索民族文化的源头而研究上古神话。从唐诗和诗唐文化研究一步步上溯到上古神话研究，表现出和中国文学、文化史发展的"逆向性"。而这种"逆向性"特征对于闻一多来说不是简单的研究对象的变化，在其中隐含着他的文化思想和学术研究目的。学术的目的最终在于探本求源，闻一多在梳理中国文化之"流"的过程中，意识到探索民族文化之"源"的重要性，于是在学术研究中致力于中国文化的追根溯源，在国学中将最现代的文化意识和最古老的文化观念对接起来，求得中国文化的古今贯通，如他的《四千年文学大势鸟瞰》《文学的历史动向》和《战后文艺的道路》所贯通的文学史和文化史。

3. 闻一多学术研究的"中间性"：这里借用鲁迅所说的"中间物"意识，可以见出闻一多的学术研究体现出一种"中间性"特征。中国文学史和文化史凝缩为闻一多的整体学术文化世界，而他的学术研究历程和全部的学术研究成果在整个中国文化史、学术史上占据着 20 世纪的一段历程，既不是中国文化和中国学术的开端，更不是中国文化和中国学术的结束，而是处于中国文化和中国学术的"过程中"。这种"中间性"既体现为他的国学研究在学术史基础上的"承先启后"，也体现为他国学思想的"思接古今"，更体现出闻一多国学精神上的"继往开来"。

4. 闻一多学术研究的"未完成性"：这只就闻一多自身的学术研究计划而言，最是表现出"未完成性"特征。当然，任何一个学者都不会彻底完成自己的学术研究计划，但大部分学者的研究都会基本"告一段落"或具有相对的完整性。而闻一多的"未完成性"不同于其他学者之处在于这种"未完成性"里体现的意义，当然首先是政治性意义，已经为学界多有述说，其次的学术性意义在于闻一多学术研究计划和最后结果的巨大反差，所以郭沫若曾经感慨闻一多"千古文章未尽才"。而这特征是由政治造成的，政治毁灭了闻一多，造成了闻一多学术研究的"半途而废"。闻一多大量的"未定稿""未完稿"分明述说着中国现代政治和中国现代知识分子的复杂关系。从另一方面说，学术的"未完成性"倒使得闻一多的学术世界呈现为开放性，具有广阔的阐释空间。

第三个维度是现代化的文化思想。作为学者，首先能够成为思想家，在学术研究中不仅进行技术性操作和学理性的探讨，而要在"学"和"术"中提升出思想；其次，要有独创的思想，不仅学术思想，更要有超乎具体学术的文化思想。应该说，闻一多在学术研究中达到了这样思想家的高度而成为思想家型的学者。而他的学术思想和文化思想在特定的历史语境里闪现出的光芒，对于中国社会和文化都具有相当的意义。闻一多宝贵的思想资源体现在他学术思想和文化思想鲜明的个性上。

1. 思想的独创性。这是一个思想家最为可贵的品格和特性，以此显示出自我思想的个性而区别于已有的思想。当然，闻一多的独创思想不完全体现在学术研究中，在学术研究之前他已经有了自己独立的思想；在学术研究之外的其他领域里，他同样就有自己独立的思想，如新诗理论方面的创见。闻一多更为丰富的独创思想主要体现在国学研究中，可以分为两个层面，一个层面是在每个学术领域和每种研究对象中的新创见，闻一多的学术世界在这一层面可圈可点处甚多，需要大书特书，本文只是论列出一部分；另一个层面即是超越具体研究对象而在整体文化思想上的独创性，包括他在文化史上的多种思想发现和对文化起源的探索就是最好的证明。从这两个层面可以感知闻一多在诗意化创造思维和以历史洞察力所达到的思想广度和思想深度。国学研究中的学术创新和文化思想的独创性相伴而生，共同形成了闻一多作为学者的思想家品格。

2. 思想的现代性。尽管闻一多的研究对象是中国古代文学和文化，但他的思想在本质上归属于现代文化思想的范畴，在古代文化的研究中生发出的是现代意识和现代文化思想。这种现代性特征体现在闻一多文化思想在空间上和时间上的开放性。在空间上，闻一多立足于民族文化的强健，但不是狭隘的民族主义者，而是以开放的胸怀吸纳世界文化思想；但又不是玄虚的世界主义者，文化思想中保有了鲜明的民族意识。

在时间上，闻一多致力于推进中国文化的现代化，在探索民族文化的源流中赋予民族文化以现代意识。如他自己所说："我始终没有忘记除了我们的今天外，还有那二三千年的昨天，除了我们这角落外还有整个世界。"如此，闻一多最终形成了自我在古今中外文化中的思想选择和现代思想建构，在国学态度和国学价值取向上体现出的是鲜明的现代意识。

3. 思想的社会性。如果一个学者能够具有现实情怀，就不会在社会现实丰富复杂的变动中无动于衷，总要结合社会现实而研究学术，在学术中体现出鲜明的社会性和现实性。闻一多本来就带了自我的社会人生体验进行学术研究，不仅研究文本，而且研究社会，为了社会而研究古籍文本，如此生发出来的文化思想就越出个性范畴而具有了社会性意义。如在抗战时期，闻一多在国学中特别瞩目的对象最突出两个方面，一是中国上古文化，在原始社会发掘民族文化中所蕴含的原始生命力；二是中国民间文化，在民间社会揭引人民大众所蕴藏的抵抗强敌的力量。建立在这样的社会意识基础上，在学术研究中高度赞美现代诗人田间那"整肃，庄严，雄壮，刚毅，和粗暴，急噪，阴郁，深沈……"的鼓点式诗歌，[①] 高度赞美民歌中的"原始"和"野蛮"，因为那是一个需要"药石性的猛"和"鞭策性的力"[②] 的时代。事实上，闻一多的思想越到后来越具有社会性和现实性的力量。思想如艺术一样，可以分出"软""硬"两种类型，闻一多的思想如他的人格一样，是一种"硬气"、带着"火气"、有着"骨气"的思想。

4. 思想的批判性。思想的批判性以思想家的独立性品格为前提，真正的思想必然建立在对以往思想的批判性基础上。中国文化思想在先秦诸子百家的争鸣中奠定基础后，两千多年维持在儒家定于一尊、佛道法等思想为补充的基本格局中，直到新文化运动才有了根本的变动。现代知识分子所开创的现代思想就是建立在对传统文化思想批判的基础上。成长于新文化运动中的闻一多总体上始终高举着反封建的旗帜，在研究

①　参见闻一多《时代的鼓手——读田间的诗》，《闻一多全集》第 2 卷，湖北人民出版社 1993 年版，第 197 页。

②　参见闻一多《〈三盘鼓〉序》，《闻一多全集》第 2 卷，湖北人民出版社 1993 年版，第 228 页。

中深入细致地"看清了我们这民族，这文化的病症"，得出了自己的文化结论，进而进行了对中国文化思想的猛烈批判，在批判中体现出自我主体性和现代化的文化思想。这是闻一多学术研究中作为"杀蠹的芸香"在思想上的最后归宿。

主体性的学术人格、个性化的学术历程和现代化的文化思想共同体现出闻一多"从诗到思"的国学研究历程，国学研究的起点是诗歌，国学研究的终点是思想，国学研究的历程贯穿了包括学术史意识在内的历史意识，具体体现在闻一多国学研究的诗意化风格、文学史家意识和现代思想家品格的特征，从而体现出他国学研究中主体性和现代化的总体特征。

"人生的半面"的贾岛诗评

——闻一多《唐诗杂论》中的洞见之一

潘吉英

（南平市文联）

1941 年 2 月，闻一多发表《贾岛》一文，他在传统诗论之基上独创"人生的半面"的贾岛诗评。这一再发现与再创造，不仅凸显出他眼光的独特、论证的精辟，也在贾岛诗的接受史和学术研究史上，乃至现代唐诗学史上均具有开创性意义。当代唐诗学研究专家陈伯海，就将此文与其后发表的《宫体诗的自赎》《四杰》《孟浩然》《类书与诗》等 5 篇《唐诗杂论》，称为"诗思融会"学术范型，是可与陈寅恪的"诗史互证"学术范型相并称的，是 20 世纪前半叶具有现代意义的两大唐诗研究范型。①

一 "人生的半面"的特殊性

在《贾岛》一文中，一开始就显示出闻一多眼光的独特：他不是孤立地讨论贾岛诗，而是将其置于时代大背景下"知人论世"。此文主要探讨三个问题："贾岛和他的徒众，为什么在别人忙着救世时，自己只顾着做诗？""为什么单做五律呢？""为什么老是那一套阴霾、凛冽、

---

① 陈伯海：《唐诗学史稿》，河北人民出版社 2004 年版，第 790—793 页。

峭硬的情调呢?"其中第三个问题是他论述的重点,也最能体现其贾岛
诗评的独创性。一是他敏锐地发掘出"人生的半面"的特殊性:这
"阴霾、凛冽、峭硬的情调"是"属于人生背面的、消极的、与常情背
道而驰的趣味"①,是一个独特的存在;二是他深刻地提炼出"人生的
半面"的共通性:"真的,这整个人生的半面,犹如一日之中有夜,四
时中有秋冬"②,是一个时代的镜子。闻一多主要从以下三个方面剖析
论证其特殊性。

第一,探寻"人生的半面"的"僧衲"成因。闻一多认为贾岛前半
辈子的"释子"生活经历对其后半辈子的诗风产生很大影响,"形貌上虽
是个儒生,骨子里恐怕还有个释子在"。但这已是传统诗论中的一个共
识。早在晚唐,贾岛的好友姚合在《寄贾岛》一诗中就指出其诗有"僧
衲"生活的禅味:"狂发吟如哭,愁来坐似禅。"③ 北宋欧阳修首次明确
早年为僧对其诗风的影响:"岛尝为衲子,故有此枯寂气味,形之于诗句
也如此。"④ 明代陆时雍:"贾岛衲气终身不除,语虽佳,其气韵自枯寂
耳。"⑤ 清代王夫之:"似衲子者,其源自东晋来。钟嵘谓陶令为隐逸诗人
之宗,亦以其量不弘而气不胜,下此者可知已。自是而贾岛固其本色。"⑥
由此可见,传统诗论家往往就诗论诗,其眼中贾岛的"僧衲气"主要是
针对其诗风的"枯寂气味""量不弘而气不胜"而言。闻一多却将贾岛的
"僧衲气"放置在时代背景中考察、分析其成因之根源,是晚唐荒凉、寂
寞、空虚的时代氛围与社会生活的折射与反映。由此,贾岛对"那荒凉
得几乎狞恶的'时代相'……只感着一种亲切、融洽而已";贾岛诗中
"人生的半面"的种种"奇""僻"具像是一个"新天地"自然而然也就
更合乎人情事理了。这一见解是相当独到而深刻的,同时也注入闻一多
自己"了解之同情"的生命体验,可参本节第二、三部分的相关阐述。

第二,揭示"人生的半面"的"新天地"。我们在阅读贾岛诗时,满

---

① 闻一多:《贾岛》,《闻一多全集》第6卷,湖北人民出版社1993年版,第57页。

② 同上书,第60页。

③ 齐文榜:《贾岛集校注》,人民文学出版社2001年版,第584页。

④ 魏庆之:《诗人玉屑》,上海古籍出版社1978年版,第332页。

⑤ 陆时雍:《诗镜总论》,丁福保编:《历代诗话续编》,中华书局1983年版,第1422页。

⑥ 王夫之:《姜斋诗话》,《清诗话》,上海古籍出版社1978年版,第20—21页。

目枯萎衰残、冷寂阴寒的景象，并不只是秋季的萧瑟与悲凉，而是犹如独处冬季刺骨的霜雪世界中，顿生毫无生机、冷漠无情的"奇""僻"之感，但是，也给人一种独特的审美感受。早在晚唐时，可止《哭贾岛》："诗僻降古今，官僻误子孙"；齐己《还黄平素秀才卷》："冷澹闻姚监，精奇见浪仙"①，在此二诗中二人即点明贾岛诗的总体风格有"奇""僻"之象。对于"奇""僻"之因，五代王定保认为："元和中，元白尚清浅，岛独变格入僻，以娇浮艳；虽行坐寝食，吟味不辍。"② 明代许学夷认为："岛五言律气味清苦，声韵峭急，在唐体尚为小偏，而句多奇僻，在元和则为大变。"③ 此二人均指出贾岛为力矫元稹、白居易的轻俗，刻意追求五律的"奇""僻"以求独创，自成一体。正因其"奇""僻"的独特性，晚唐张为《诗人主客图》将贾岛列为"清奇雅正主"之升堂；清代李怀民《重订中晚唐诗主客图》将贾岛尊为"清真僻苦主"。闻一多也赞同传统诗论家对贾岛诗"奇""僻"具象的评断，然而，他超越传统诗论而突显独创的是：跳脱贾岛诗"奇""僻"的外在具象——由内容题材、表现方式、修辞方法等方面构成，悟入贾岛"奇""僻"的内心世界——由时代氛围、生活境遇、个体趣味等锻造而成，进行"灵魂的探险"和心灵对话。所以，他认为贾岛之所以与孤鸿、怪禽、行蛇、古桐、湿苔、树瘿等"奇""僻"具象"臭味相投"，是因为他们"实在太不奇，太平易近人，才觉得它们'可人'，而喜欢常常注视它们"④。因此，贾岛也才开辟了诗的"新天地"，闻一多也充分揭示出这一"新天地"的复杂性、丰富性、独特性：就审美内涵而言，贾岛诗的"奇""僻"不仅极大地丰富诗歌的表现手法与艺术领域，也真实地传达其自身"释子"的生活境遇与时代氛围；就存在价值而言，其酸涩口味可使人在对初唐的华贵、盛唐的壮丽、才子的秀媚感到腻味后，获得另一种酣畅的满足，其清凉色调可使人在感情疲乏后，获得一个理想的休息场所，让感情、思想都睡去。

---

① 齐文榜：《贾岛集校注》，人民文学出版社 2001 年版，第 586 页。

② 王定保：《唐摭言》，上海古籍出版社 1978 年版，第 121 页。

③ 许学夷：《诗源辩体》，人民文学出版社 1987 年版，第 257 页。

④ 闻一多：《贾岛》，《闻一多全集》第 6 卷，湖北人民出版社 1993 年版，第 59 页。

第三，挖掘"人生的半面"的"休息"态度。在传统诗论中，论及贾岛诗对后世诗的影响主要体现在"苦吟"上，主要指贾岛创作态度的认真刻苦，刻意追求"奇""僻"字、句、意、格的推敲、提炼，把精力全用在五律的中间两联上，特别是颈联，而首联、尾联常为拼凑而成。一方面，在总体诗境上常显现为"有句无篇"。自晚唐司空图就说："贾浪仙诚有警句，视其全篇，意思殊馁，大抵附于蹇涩，方可致才，亦为体之不备也，刿其下者哉！"① 直到清代管世铭仍认为："贾长江号为苦吟，而每篇必有败阙，况其下乎？"② 另一方面，常有警句、风貌独特、自成一体。北宋欧阳修说："诗家虽率意，而造语亦难。若意新语工，得前人所未道者，斯为善也。必能状难写之景，如在目前，含不尽之意，见于言外，然后为至矣。……贾岛'怪禽啼旷野，落日恐行人'，则道路辛苦，羁愁旅思，岂不见于言外乎？"③ 明代杨慎说："其诗不过五言律，更无古体。五言律起结皆平平，前联俗语十字一串带过，后联谓之'颈联'，极其用工。又忌用事，谓之'点鬼簿'，惟搜眼前景而深刻思之，所谓'吟成五个字，捻断数茎须'也。"④ 这"苦吟"的优劣均全然转递给后世师法贾岛的诗人。然而，闻一多认为："休息，这政治思想中的老方案，在文艺态度上可说是第一次被贾岛发现的。这发现的重要性可由它在当时及以后的势力中窥见。"⑤ 如晚唐五代的李洞孙晟、宋末的四灵派、明末的竟陵派、清末的同光派等"末世贾岛们"，在动乱灭毁的前夕均在贾岛诗寻求精神慰藉以逃避现实。如果说是贾岛第一次发现"休息"的文艺态度，那么是闻一多第一次发现贾岛与"末世贾岛们""苦吟"的内在精神连接链——"休息"的文艺态度。而这也是晚唐及其后的"末世"时代的一面镜子：相似时代背景中的诗作，极易触发诗人相似的感慨，认同其诗内隐的相似文艺态度，从而创作相似的诗作，进而形成相

---

① 司空图：《与李生论诗书》，《司空表圣诗文集笺校》，安徽大学出版社 2002 年版，第 193 页。

② 管世铭：《读雪山房唐诗序例》，郭绍虞：《清诗话续编》，上海古籍出版社 1983 年版，第 1552 页。

③ 欧阳修：《六一诗话》，何文焕编：《历代诗话》，中华书局 1981 年版，第 267 页。

④ 杨慎：《升菴诗话》，丁福保编：《历代诗话续编》，中华书局 1983 年版，第 851 页。

⑤ 闻一多：《贾岛》，《闻一多全集》第 6 卷，湖北人民出版社 1993 年版，第 60 页。

似的诗歌流派。这就是"人生的半面"的共通性。闻一多在深入挖掘贾岛"人生的半面"的特殊性中，总结提炼出千年来"末世贾岛们""人生的半面"的共通性，这是何等的洞见。那么，闻一多为何能有这一穿透历史与人心的洞见呢？

二 "人生的半面"的共通性

从《贾岛》来看，想必闻一多与贾岛是默契的精神至交，才能有超越传统诗论的洞见。实际上，对于传统诗论中通常并称的"郊寒岛瘦"，他明显偏爱孟郊、无视贾岛。一是选编《唐诗大系》中有贾岛诗 21 首，其后附录的诗人小传虽然只列至盛唐李白，但是入选的诗人在《全唐诗人小传》《全唐诗人补传乙》等手稿中基本上均有或详或略的小传，唯独没有贾岛的小传，即便是未入选诗的《全唐诗人补传甲》中也没有。二是三次言及孟郊却未涉贾岛。1933 年为臧克家《烙印》集作序时，他仅称颂孟郊；1935 年出席清华文艺社聚会时，他说："孟郊之诗，其思想、方法皆为最'现代的'"①；1940 年的唐诗课，他讲述完孟郊即戛然而止，未论贾岛。

从《唐诗杂论》整体来看，当代学者唐骥注意到《贾岛》一文："似较游离，盛唐、中唐多少诗人都被隔了过去，恐怕是闻一多对盛唐的研究工程最为浩大，这个唐诗研究的点睛之笔必须放在最后的缘故，而且恐怕也与此时闻一多对贾岛的认识已经臻于成熟有关。"② 连续的两个"恐怕"，可见他也只是推测，而且点到即止，并未展开论述。然而，从闻一多唐诗研究的重心来看，唐骥所言的"游离"是在情理之中的。自唐代至民国，初唐、晚唐诗所获得的赞誉在总体上均大大少于中唐、盛唐诗，然而，闻一多唐诗研究的重心是初唐。具体表现为：一是闻一多生前自拟的《唐诗杂论》共有 8 个篇目，6 篇属于初唐诗研究，《孟浩然》属于初唐诗向盛唐诗过渡时的研究，只有《贾岛》属于晚唐诗研究。

---

① 闻黎明、侯菊坤：《闻一多年谱长编》（增订本），上海交通大学出版社 2014 年版，第 415 页。

② 唐骥：《闻一多〈唐诗杂论〉在文学史上的贡献》，《宁夏大学学报》1984 年第 3 期。

二是在手稿《唐诗要略》中，他仅列至盛唐初期；在郑临川的听课稿《闻一多论古典文学》中，他讲授唐诗是详初盛唐，略中晚唐。其因是在20世纪30年代初期，闻一多的唐诗人研究重点是盛唐诗人杜甫、岑参的个案研究；在30年代中后期，从他发表的学术论文、申请清华大学休假计划、"唐诗"课程在1937—1941年中断4年等，可推测他的学术研究重心已渐由唐诗转向《诗经》、《楚辞》、神话等研究；在40年代初期，他已逐渐向斗士角色转换，特殊的时代背景使他无暇静心从事学术研究，只来得及写就以初唐为主的学术论文。

那么，闻一多写作《贾岛》的真正触因是什么呢？正如他从事《楚辞》研究与游国恩的关系很大，闻一多写作《贾岛》一文也颇具偶然性。李嘉言是一个关键人物，他认为闻一多是"批阅拙作贾岛年谱后作于昆明"①。我认为可信。一是二人是师友兼同事。1932年，他开始跟随闻一多学习唐诗；1934年，他在闻一多指导下以《韩愈复古运动的新探索》为题，撰写本科毕业论文；1935年，他任清华大学中文系助教，也是闻一多指导的研究生；1941年，他被时任中国文学部主任的闻一多聘为清华大学文科研究所驻所研究员，开始系统地进行唐诗的文献整理与研究，并有诸多重要学术成果发表。② 李嘉言的这些成绩，都得到了闻一多的指导与鼓励。这在其子李之禹采访余冠英时均得到确证。③ 二是学术研究互启互证。闻一多1933年《岑嘉州系年考证》，以及1937年10月29日因朱自清引介而与闻一多成为"忘年交"的孙望在日记中记道："他很希望有多些朋友一同来做唐人年谱的工作。"④ 可见，撰写诗人年谱一直是闻一多唐诗研究的重点。那么，李嘉言《贾岛年谱》自然也就在1941年应运而生。因为他充分利用贾岛诗文、墓志铭、交游诗作、正史、方志等各种资料，在历史上是第一次较为完整、准确地勾勒出贾岛的生平事迹，并在1943年被当时的国民政府教育部评为学术创作二等奖，现代历史学

---

① 李嘉言：《闻一多先生及其散文》，中国现代文化学会闻一多研究会编：《闻一多研究动态》2011年第94期。

② 齐家莹：《清华人文学科年谱》，清华大学出版社1999年版。

③ 中国现代文化学会闻一多研究会编：《闻一多研究动态》2015年第116期。

④ 中国现代文化学会闻一多研究会编：《闻一多研究动态》2004年第52期。

家岑仲勉也曾称赞其"考证绵密"①。这就在无形中为闻一多写作《贾岛》提供丰富的史料。最为重要的是，李嘉言对传统诗论多把李贺、贾岛划入中唐并归入韩愈诗派提出质疑。1940 年，《李贺与晚唐》一文仅简略论证李贺、贾岛应划入晚唐这一观点。1941 年 9 月，《唐诗分期与李贺》一文，则全面深化这一观点，篇幅也扩充了一倍。此文中，他提出著名的三唐说：初唐、盛唐、晚唐。如此分期之因，他自己解释："除了取胡先生一部分意见外，其余也都是大家习知的，只有晚唐从元和八年计起并把贾岛划入晚唐，这是我自己的一点意见……为的是把李贺也包括进去。"② 正是将李贺、贾岛划入晚唐这一点他自己的意见，也是他的创见。这给当时学术界带来了相当大的震动，也受到闻一多的赞赏："《唐诗分期与李贺》不仅是慎予的光荣，也是整个司家营的光荣！"可见，他认可李嘉言的创见。这一认可是一把"金钥匙"。

由此，我们充分利用这些尚未引起闻一多研究学界重视的新史料，不仅可以明晰闻一多写作《贾岛》的真正触因，进而借此阐释上文所述的悖论性现象存在的深层原因，最终明晰闻一多独创《唐诗杂论》这一"诗思融会"的现代学术范型的本质根源，更在二人学术的梳理考察中，发现历史在必然性与偶然性中蹒跚前行的二律背反现象与趣味性。

闻一多与李嘉言均将贾岛置于晚唐这一时代背景下进行考察，但二人同中又有异。首先，从唐诗分期观来看，二人有相合之处。闻一多在文章开头即点明"元和、长庆间诗坛动态"，这一时段大体上刚好是李嘉言所划定的晚唐。闻一多认为晚唐到五代绝大多数学贾岛的诗人是向词的意境与辞藻移动的，他虽未确指向词移动的代表，但与李嘉言将贾岛、李贺视为晚唐诗坛中对后代诗、词产生重大影响的两大领袖的观点一致。李嘉言认为李贺、贾岛在晚唐独成诗派，其因是晚唐诗人切合时代需要休息，此点在《李贺与晚唐》一文中尚无，可见是化合了闻一多的观点。其次，从唐诗研究视角来看，二人有相异之处。李嘉言着眼于诗的文体流变，所以他重视李贺诗对后世词创作的影响，将其视为晚唐"主潮"，而略涉贾岛这一晚唐"旁支"；闻一多着眼于贾岛诗与晚唐社会的典范

① 岑仲勉：《岑仲勉史学论文集》，中华书局 1990 年版，第 291 页。
② 李嘉言：《李嘉言古典文学论文集》，上海古籍出版社 1987 年版，第 381 页。

性，所以他重视贾岛与"末世贾岛们"的"人生的半面"的共通性。正是这一共通性，不仅确证"末世"时代背景的相似性——贾岛的晚唐、"四灵"的宋末、"钟、谭"的明末、"同光派"的清末，也确证"末世贾岛们"文艺态度的相似性——"休息"的"人生的半面"隐藏着自我的精神创伤。最为重要的是，这更印证贾岛所处的晚唐与闻一多生活的现代之间的内在联系——20世纪40年代也同样是一个特殊历史时期，而关注历史与现实的联系，正是具有强烈现实关怀的学者闻一多的特质所在。这才是他在情感上偏爱孟郊，在理智上却写作颇"游离"的《贾岛》的真正触因与立意，而不是如唐骥所说："论中唐长庆大历间诗坛的一约略的提纲"①，更不是如俞兆平所说：对"人生的半面"的窥探以及"以丑为美"反向思维的运用，"实际上是他对二十年代自身的诗歌创作实践及理论的回顾和总结，是一种理性的升华"②。

闻一多之所以进行贾岛、"末世贾岛们"的"人生的半面"的现代阐释，其意在自我"人生的半面"的反思与借鉴。在20世纪30年代有关陶渊明的著名论争中，朱光潜强调其"浑身是'静穆'"的一面，鲁迅强调其独立与反抗的"金刚怒目式"的一面。虽然南宋朱熹就有类似评论："陶渊明诗人皆说是平淡。据某看，他自豪放，但豪放得来不觉耳。其露出本相者是《咏荆轲》一篇，平淡底人如何说得这样言语出来！"③ 明末清初时顾炎武《菰中随笔》同样谈论陶渊明诗："何等感慨，何等豪宕"，足证其人"非直狷介，实有志天下者"。清代龚自珍《己亥杂诗》中的《舟中读陶诗三首》，将陶渊明与屈原相提并论，强调其豪情与侠骨。④ 虽然鲁迅与朱光潜均意识到"这'猛志固常在'和'悠然见南山'的是一个人，倘有取舍，即非全人，再加抑扬，更离真实"⑤。但是，二人仍各执一端。这"片面的深刻"之论均代表了当时对陶渊明的认识所达到的

---

① 唐骥：《闻一多〈唐诗杂论〉在文学史上的贡献》，《宁夏大学学报》1984年第3期。

② 俞兆平：《闻一多美学思想论稿》，上海文艺出版社1988年版，第287页。

③ 黎靖德：《朱子语类》第八册，中华书局1986年版，第3324页。

④ 转引自陈平原《中国现代学术之建立：以章太炎、胡适之为中心》，北京大学出版社1998年版，第361页。

⑤ 鲁迅：《且介亭杂文二集·"题未定"草（六）》，《鲁迅全集》第6卷，人民文学出版社1981年版，第422页。

一个时代水平。这在陶渊明的接受史、学术研究史上是具有重要意义的。① 其背后所折射的是在特殊历史时期中二人人生选择的分歧：前者是"精神界战士"的左翼文人，后者是"从血泊中寻出闲适"的京派文人。与之相似，在《贾岛》中，闻一多采用生活史的研究方法，不仅是在论贾岛诗中"人生的半面"，更要揭示的是贾岛在特殊历史时期中的人生选择，由此汲取可供历史借鉴与自我反思的资源。其自我的"人生的半面"集中折射在他"片面的深刻"的"郊寒岛瘦"观上。闻一多为何会如此？

三　闻一多自我的"人生的半面"

自北宋苏轼提出"郊寒岛瘦"② 后，二人在传统诗论、诗史乃至文学史中通常是并称的。虽然苏轼如此概括二人的诗风略含贬义，但在中晚唐动荡的时代背景中，就生活穷困的寒士诗人的诗歌范式而言，二人的诗风并无显著差异，而且在二人之前，以"穷苦"自鸣、以"苦吟"作诗的诗人是极少的。难怪北宋欧阳修站在自身生活优越、闲适安逸的士大夫立场上，讥笑"孟郊贾岛皆以诗穷至死，而平生尤自喜为穷苦之句"③。南宋诗论家严羽在论及"李白杜甫数公，如金鸡擘海，香象渡河"时，却"下视郊岛辈，直虫吟草间耳"④，这是因他推尊盛唐诗之故。晚清程学恂对以上贬斥进行辨析，他认为"自苏子瞻有郊寒岛瘦之虐，严沧浪有虫吟草间之诮，世上寡识之流奉为典要，几薄二子不值一钱，宜乎风雅之衰，弥弥日下也。试看韩欧集中推崇二子如何，岂其识见反出苏严下耶？再子瞻诋乐天为俗，而其一生学问专学一乐天。此等处须是善会，黄泥抟成人，多是被古人瞒了"⑤。现代古典文学研究家李嘉言只择取"瘦"论贾岛诗："指其表现日常眼前的寒苦、偏涩、狭窄、琐细的

---

① 钱理群：《二十世纪三十年代有关传统文化的几次思想交锋——以鲁迅为中心（一）》，《鲁迅研究月刊》2006 年第 1 期。
② 苏轼：《祭柳子玉文》，《苏东坡集》第 6 卷，商务印书馆 2013 年版，第 57 页。
③ 欧阳修：《六一诗话》，何文焕编：《历代诗话》，中华书局 1981 年版，第 266 页。
④ 郭绍虞：《沧浪诗话校释》，人民文学出版社 1961 年版，第 177 页。
⑤ 程学恂：《韩诗臆说》，齐文榜：《贾岛集校注》，人民文学出版社 2001 年版，第 601 页。

生活、思想与见闻所形成的风格而言。"① 而现代作家兼学者施蛰存则认为："我们无法在'寒'与'瘦'之间做出更具体的区别。因此，这一段话，事实上是'寒瘦'的诠释。不过李嘉言所编的是贾岛的诗集，他在这里只能引一个'瘦'字。"②

在这虽仅举数例，但因其具有代表性已可"管中窥豹"，略见传统诗论家的"郊寒岛瘦"观。"看者"各殊，"被看者"仍一。各诗论家从各自的角度看"郊寒岛瘦"，自然会发生"横看成岭侧成峰"的相对相异的价值判断，这就是孔子所谓"不知不愠"的道理所在；但是，在总体上均将"郊寒岛瘦"视为一种诗歌范式，进行或褒或贬的评判，因为二人诗风极其相似。这一范式也深刻影响了现代学人的贾岛研究。那么，闻一多的"郊寒岛瘦"观又如何？他重视诗与生活的关系，在"知人论世"的生活史研究中寻绎二人迥异的生活态度。他认为：

> 文学风格的形成，在于反映时代和作家个人的生活态度。大家的风格……是从遗产中选择合于个性的接受过来，再加入个人的生活经验，便形成所谓特殊风格。……这正如中唐以后，士风大变，大部分读书人为了生活出家为僧，便产生了歌颂僧侣生活的诗歌，贾岛应运而生，不是很自然的事吗。③

可见，诗人的生活态度决定诗风，而这又是其所处时代的必然反映；贾岛诗中"人生半面"的特殊诗风已如前文所述，那么，其诗中反映时代和个人的僧侣生活态度是什么样呢？以闻一多《唐诗大系》选入的 21 首贾岛诗为例。就思想内容来看，只有《暮过山村》涉政治事件和社会现实，主要是诉说怀才不遇的怨愤，过半诗作有"佛光禅影"。其中涉及佛道有 6 首："鹤过君须看，上头应有仙"（《送田卓入华山》）、"松径僧寻庙，沙泉鹤见鱼"（《送唐环归敷水庄》）、"高人餐药后"（《张郎中过原东君》）、"树影扫清苔"（《泥阳馆》）、"扣齿坐明月，撦颐望白云"

---

① 李嘉言：《长江集新校·前言》，上海古籍出版社 1983 年版，第 7 页。
② 施蛰存：《唐诗百话》，华东师范大学出版社 2001 年版，第 289 页。
③ 郑临川：《闻一多论古典文学》，重庆出版社 1984 年版，第 87—88 页。

（《过杨道士居》）、"来从城上峰，京寺暮相逢"（《敬业寺与前鄠县李廓少府同宿》）；在尾联中寄归隐之意有 7 首："留得林僧宿，中宵坐默然"（《旅游》）、"静想泉根本，幽崖落几层"（《雨后宿刘司马池上》）、"暂去还来此，幽期不负言"（《题李凝幽居》）、"若任迁人去，西溪与剡通"（《题长江厅》）、"有径连高顶，心期相与还"（《寄山友长孙栖峤》）、"莫话五湖事，令人心欲狂"（《赠僧》）、"一僧年八十，世事未尝闻"（《宿山寺》）。①

从这些诗可见贾岛在生活态度上，因早年的"释子"生活与晚唐的社会动荡，而沉浸于个体自我的世界中，对社会现实世界则采取疏离、冷漠、旁观的态度，一旦遇到波折，总是不自觉地消极回归"释子"以寻求解脱。当然，21 首诗中也有略具"盛唐气格"的。如"秋风吹渭水，落叶满长安"（《忆江上吴处士》）一联，就颇获谢榛、王世贞、许学夷、沈德潜、纪昀等著名诗论家的称颂。但正如曾将贾岛尊为"清真僻苦主"的李怀民所说："二句诚佳，然不是本家笔。"② 在贾岛诗中所占的比重也是极小的。因为"贾岛诗常从体认中来，所写之景并非盛唐诗人那种对自然或沉浸或相融的描绘，意即贾诗在写景中少了情的因素，而采取远观的态度对所描绘的景致进行意念上的再加工"③。正因贾岛诗中少了盛唐诗人积极向上、自我膨胀、投效国家的热情，致其略具"盛唐气格"之诗成为一棵根植于晚唐社会士风大变的土壤中而长成，却已发生基因变异的植株。

此外，贾岛诗中也有自叙豪情抱负的诗篇。如未入选的《剑客》："十年磨一剑，霜刃未曾试。今日把示君，谁为不平事？"可见，闻一多的贾岛诗评是"片面的深刻"：更多地注目于贾岛其人其诗中"人生的半面"这一阴面——孤独寂寞、失意消沉、心慕佛道、渴望退隐，无视其"金刚怒目"式这一阳面——不懈追求科举应试、写下大量献纳之作。因为闻一多已将这一阳面赋予孟郊。面对传统的孟郊诗论："初如食小鱼，

---

① 闻一多：《唐诗大系》，《闻一多全集》第 7 卷，湖北人民出版社 1993 年版，第 247—250 页。

② 齐文榜：《贾岛集校注》，人民文学出版社 2001 年版，第 221 页。

③ 张震英：《寒士的低吟：贾岛诗歌艺术新探》，中国社会科学出版社 2006 年版，第 45—46 页。

所得不偿劳。又似煮蟛越，竟日嚼空螯"①；"孟郊之诗刻苦，读之使人不欢"②；"余尝谓孟郊诗如嚼木瓜，齿缺舌敝，不知味之所在"③ 等。他却认为孟郊的态度， "沈着而有锋棱，却最合于一个伟大的理想的条件。……我们只要生活，生活磨出来的力，像孟郊所给我们的。是'空螯'也好，是'蚝吻涩齿'或'如嚼木瓜，齿缺舌敝，不知味之所在'也好，我们还是要吃，因为那才可以磨炼我们的力。"④ 在 1940 年秋的唐诗课上，他更明确指出："孟郊是以毕生精力和亲身的感受用诗向封建社会提出血泪的控诉，它动人的力量当然要远超过那些代人哭丧式的纯客观描写，它是那么紧紧扣人心弦，即使让人读了感到不快、但谁也不能否认它展开的是一个充满不平而又是活生生地有血有肉的真实世界，使人读了想到自己该怎么办。"⑤ 是啊，此时的他在抗日战争的触发下的确也在借此反思自我。

日本侵华日急，局势阽危，在北平的人士没有不愤然心伤的。然而，身为学者的他"此际则潜心典籍，绝不旁骛，对于当时政局不稍措意，而且对于实际政治深为厌恶"。他在抗战前夕是"自命清流""与世无争"的，还正颜厉色地对他的老同学罗努生说："历来干禄之阶不外二途，一日正取，一日逆取。胁肩谄笑，阿世取容，卖身投靠，扶摇直上者谓之正取；危言耸听，哗众取宠，比周谩侮，希图律进者谓之逆取。足下盖逆取者也。"但是，"卢沟桥的炮声一响，华北整个变色！董仲舒可以'下帷讲授，三年不窥园'，闻一多却无法在敌人炮火声中再'痛饮酒，熟读离骚'，和从前一样的继续做真名士了"⑥。由于客观生活条件的闭塞，此时，他仍是"何妨一下楼主人"。他在谈话记录《八年的回忆与感想》中也自以为："半辈子的生活方式，究竟不容易改掉，暂时的扰乱，只能使它表面上起点变化，机会一到，它还是要恢复常态的。"

---

① 苏轼：《读孟郊诗二首》，《苏轼诗集》，中华书局 1982 年版，第 797 页。

② 郭绍虞：《沧浪诗话校释》，人民文学出版社 1961 年版，第 181 页。

③ 陆时雍：《诗镜总论》，丁福保编《历代诗话续编》，中华书局 1983 年版，第 1422 页。

④ 闻一多：《〈烙印〉序》，《闻一多全集》第 2 卷，湖北人民出版社 1993 年版，第 175—176 页。

⑤ 郑临川：《闻一多论古典文学》，重庆出版社 1984 年版，第 156 页。

⑥ 梁实秋：《谈闻一多》，方仁念编：《闻一多在美国》，华东师范大学出版社 1985 年版，第 158 页。

　　然而，事实如梁实秋所言，卢沟桥的炮声一响，闻一多却无法再"痛饮酒，熟读离骚"，继续做真名士了。抗日战争不仅是闻一多人生角色转换萌芽的土壤，在合适的"天时地利"时，它总是要破土生长的；也是他写作《贾岛》的土壤，是其自我的"人生的半面"的折射。正如中国传统文化中的阴阳鱼所预示的：世间万物皆由无绝然区隔的两极共构互生。"人生的半面"这一阴面与"金刚怒目"式这一阳面，均为贾岛或孟郊在生活态度上共构互生的两极复合体，虽在不同生活境遇中阴阳面的主次不同，但都是其时代这一镜子的两面。如果说孟郊是时代主流生活的积极介入者，那么贾岛则是另类介入者，均有其不可替代的存在价值。由此，闻一多的贾岛诗评虽是"片面的深刻"，但在历史借鉴中，却融入其自我的体悟与反思，即人生角色的抉择。在笔者看来，"我要的是整个的，全面的美"① 这一学者闻一多十年来所探寻的自我人生，如果是月亮的话，它只一面向着孟郊，另一面却照着贾岛。

---

① 闻一多：《奇迹》，《闻一多全集》第 1 卷，湖北人民出版社 1993 年版，第 261 页。

闻一多"诗言志"的历史世界

刘芝庆

（湖北经济学院）

一 关于诗言志

在中国文学史的研究中，关于"诗言志"之研究，或专注于"诗言志"本身，回到文献，论析其中的历史意义、时代背景，在文学史之地位等；另者，则是将焦点放在"诗言志"的诠释史，意指术语成形后，后人如何因时应变地使用它、看待它。

就文献学的角度来说，《尚书·尧典》有所谓："诗言志，歌永言，声依永，律和声"，但《尧典》成于何时，是否伪造，仍有争论。故《左传》记载，襄公二十七年赵文子对叔向所说："诗以言志"，就较为明确可信，之后《庄子·天下篇》说："诗以道志。"《荀子·儒效》云："《诗》言是其志也。"皆可见此类用法。当然"诗言志"本身该如何解、如何定义，非本文主旨。倒是近代以来，闻一多、朱自清皆有相关论述，多为研究者关注。两人的说法，各有异同，也影响了后世，另又与陈世骧开展的"抒情传统"交集，于是出现"诗言志"与"诗缘情"的文学研究观点。[①] 而闻一多在 1939 年 6 月，于中央日报登出《歌与诗》一文，即是谈论这个问题，他是从诗歌分而合的观点切入，对诗言志提出一些

① 颜昆阳：《反思批判与转向：中国古典文学研究之路》，允晨文化出版社 2016 年版，第110 页。

新的解释。朱自清的《诗言志辨》，则是 1947 年 8 月由开明书局出版，收有《诗言志》《比兴》《诗教》《正变》等论文。

其实周作人早在 1932 年的《中国新文学的源流》，已有言之。本书是授课讲稿（受沈兼士之邀，至辅仁大学做数次学术演讲）。不同于胡适始终以白话为中心，并将文言视为白话的敌对面，然后贯通整部中国文学史的做法，周作人提出"言志"与"载道"两种系统，不断在中国文学史交叉循环，"始终是两种互相反对的力量起伏着"。① 载道，即是文以载道，讲道统、明义理、维风俗，主张以文学为工具，再借由这种工具表现"道"，穿透整个国家社会②；言志，即是以表达作者情感为基础，自由讲自己愿讲的话、自由发展思想，表达人生，抒怀己意，例如先秦诸子，又例如晚明的公安竟陵派等。③ 周作人正是在这两种系统的基础上，来探溯新文学运动的源流。他认为明末的文学，诸如公安、竟陵，是新文学运动的来源，彼此主张的方向一致，而清代文学则是新文学运动的原因，不管是八股文，还是桐城派古文，都是由"载道"而"言志"的"反动"，周作人说："大约从 1700 起始，到 1900 为止，在这期间，文学的方向和以前又恰恰相反，但民国以来的文学运动，却又是这反动力量所激起的反动。"④ 周作人又说："假如从现代胡适之先生的主张里面减去他所受到的西洋的影响，科学，哲学，文学以及思想各方面的，那便是公安派的思想和主张了"，"而他们对于中国文学变迁的看法，较诸现代谈文学的人或者还要更清楚一点。理论和文学都很对很好，可惜他们的运气不好，到清朝他们的著作都成为禁书了，他们的运动也给乾嘉学者所打倒了"。

闻一多与朱自清的论证，自然可能受到周作人的影响。而这个议题，持续至今，仍旧不断被中国文学史的研究者关注。特别是在文学史、批

---

① 周作人：《中国新文学的源流》，《周作人全集》第 5 卷，蓝灯文化出版社 1992 年版，第 329 页。

② 周作人便以桐城派的方苞姚鼐为例，说明这种载道的文学观。周作人：《中国新文学的源流》，《周作人全集》第 5 卷，蓝灯文化出版社 1992 年版，第 349、327—328 页。

③ 周作人：《中国新文学的源流》，《周作人全集》第 5 卷，蓝灯文化出版社 1992 年版，第 329、335 页。

④ 同上书，第 337 页。

评史一类的著作中，"诗言志"这个术语，是不能回避的话题。本文的研究，当然不是研究"诗言志"的文献本身，而是希望回到闻一多的历史世界，审视当时的氛围与状况，反思闻一多写作文章的各种可能与抒发，就像他自己所说，"诗言志"之"志"，其中一种意义即是怀抱抒发。那么，在《歌与诗》与相关文章中，闻一多又有何"志"可述呢？他究竟是以何种方法来论证这个题目？有别于周作人将"载道"看得太低，朱自清强调了诗的政教作用，那么，闻一多又是如何呢？他真的如一些研究者所说，"志"只是概括地指"情意"吗？可是这种情意，又该如何展现呢？本文的研究，即是处理这个问题。

二　"诗言志"的学术氛围

还是先从《歌与诗》谈起，这是《上古文学史讲稿》中的一章。闻一多认为，音乐的萌芽，始于人们激荡的情感，当时未有文字，这种孕而未化的语言，就是歌的起源。由冲动的感情到理智的形容、分析、解释情绪，于是歌者由主观转入客观的境界，而感叹字多是情绪的发泄，实字是情绪的形容，故感叹字发生在实字之前，而实字运用得愈多、愈精巧，情绪的传达就愈有效，感叹字便退居幕后的地位了。但感叹字其实才是歌的核心，感叹字如"兮"字的消失，是种遗憾。不过歌既是情绪的发泄，则歌属抒情，就是必然之事了。

至于诗，则与"志"同是一事。志有三个主要阶段：记忆、记载与怀抱。诗之训志，本指记诵，诗又产生于文字之前，则口耳相传，凭恃记忆，故诗之有韵与整齐句法，都是为了便于记诵。文字产生之后，则用文字取代记忆，记忆谓之志，记载亦谓之志，闻一多举《左传》《国语》《周礼》《孟子》《荀子》《吕氏春秋》为例，一切记载皆称为志。如果说歌的本质是抒情的，则诗就是记事的，所以也是史，在散文谓产生之前，诗即史。《诗大序》与《孟子》已明言之，史官往往也是诗人，史既然也是诗，这中国自古是否有"史诗"的问题，就可以得到解决，所以闻一多在《四千年文学大势鸟瞰》的第一大期（黎明），处理的就是中国史诗的社会背景问题。

但是当社会日渐复杂，散文应运而生，志诗分家，史的文字也力求经济，不再讲究繁于文彩。一方面有旧式的韵文史，另一方面有新兴散文史，各随形式而分化，于是称呼日渐固定，韵文史为诗散文史为志。直至今日，散文以记事为大宗、主要文体，韵文已不再重要，在历史舞台中退居一旁。但是韵文并非消失，而是与歌合流了，《三百篇》的出现，就是最好的成果。闻一多说：

> 诗与歌合流真是一件大事，它结果乃是《三百篇》的诞生。一部最脍炙人口的《国风》与《小雅》也是《三百篇》的最精彩部分，便是诗歌合作中最美满的成绩。然而很明显的上述各诗并非史传或史志，因为其中的"事"是经过"情"的泡制然后再写下来的，这情的部分便是"歌"的贡献。……是"事"的色彩由显而隐，"情"的韵味由短而长，那正象征着歌的成分在比例上的递增。再进一步，"情"的成分愈加膨胀，而"事"的暗淡到不合再称为事，只可称为"境"，那便到达《十九首》以后的阶段，而不足以代表队《三百篇》了。同样，在相反的方向《孔雀东南飞》也与《三百篇》不同因为这里只忙着讲故事，是又回到前面诗的第二阶段去了，全不像《三百篇》主要作品之"事""情"配合得恰到好处。总之，歌诗的平等合作，"情""事"的平均发展是诗第二个阶段的进展，也正是三百篇的特质。①

正因如此，诗与歌合流之后，诗的内容又变了一次，于是志的第三个意思："怀抱"便出现了。诗言志，诗者，意也，诗者，缘情，合而论之，说的就是情意。可惜的是诗或志，自此便失去了叙事的力量，与记事脱节了。②

以现今观点来看，闻一多的说法，甚至对于《三百篇》的解读，当然还有很多讨论的空间，此却非本文要处理的。③ 闻一多这篇文章，研究

---

① 闻一多：《诗与歌》，《闻一多全集》第 10 卷，湖北人民出版社 1993 年版，第 13—14 页。

② 同上书，第 5—15 页。

③ 闻一多对于《诗经》的研究，见吕珍玉《闻一多说〈诗〉中的原始社会与生殖文化》，《台北大学中文学报》2013 年第 13 期。

者也多从学术的角度，予以分析、评论，褒贬各有，基本上正如蓝棣之所说："敢于大声地说出还没有想成熟的意见，这乃是创造性思维的一大特征。""从闻一多我们知道，怪论的价值是很高的，怪论与胡说八道、哗众取宠或为怪而怪是完全不同的。"① 而本文则另从他处着手，冀能对这篇文章，增添更多丰富的意涵。

从上述的史诗问题中，我们可以发现，西方称"Epic"为史诗，而近代以来，中西文化交荡，三千年未有之变局，光明"西"来，中国已是半灰半亮，于是"古已有之"的心理状态发酵，一是为了证明西方有的中国也有，二是要说中国虽然有，但并没有继续发展。目的不同，手段则一，有的要中体西用、有的要发扬国故、有的是要全盘西化——这种情形之下，出现了比较、比附、比对，如此比照办理，当然也就"西方有 feudalism，我们也有封建""西方有 Epic，我们也有故事诗"了。将史诗说成是"故事诗"或是"叙事诗"的，人数不少，胡适在《白话文学史》第六讲开宗明义地如此道："故事诗（Epic）在中国起来得很迟"，但又努力在《日出东南隅》、蔡琰、《秦女休行》《孔雀东南飞》找答案，换句话说，"故事诗"在中国即便是难产，但总算是生下来了。

正如吕珍玉所说，20 世纪初至 30 年代，西方各种学说与学流派，蓬勃发展，也传至中国。例如"审美移情说"、费稀纳（Gustav Theodor Fechner）科学实验方法、弗洛伊德"精神分析学说"，杜威（John Dewey）的实验主义，与"社会学研究方法""文化人类学的研究方法"等，种类繁多，不但开启当时学者的视野，也促使他们反省自身的研究方法。② 闻一多虽写新诗，实钟情于古代诗歌的研究，从 1912 年入清华预备学校，其后留美三年，适逢美国意象派诗歌大盛。值此氛围，就一个热爱传统文学与文化之人，不可能无动于衷，于是中国学术该走向何方、中西就该如何调和共融，就成了他思考的主轴，郭沫若曾说过闻一多治

---

① 蓝棣之：《论闻一多的创造性思维》，《闻一多研究四十年》，清华大学出版社 1988 年版，第 408 页。

② 吕珍玉：《闻一多说〈诗〉中的原始社会与生殖文化》，《台北大学中文学报》2013 年第 13 期，第 39 页。

学的特点："闻先生治理古代文献的态度是承继了清代朴学大师们的考据方法""闻一多学兼中西，广泛吸纳，研读过法国学者朗松的《文学史方法论》、弗洛伊德的心理分析、比较文学方法以及兼容文史哲于一体的文化学方法，又承继了清代朴学大师的考据方法。"正如闻一多自己在《征求艺术专门的同业者底呼声》中说：

> 我们谈艺术的时候，应该把脑筋里原有的一个旧艺术底印象扫去，换上一个新的，理想的艺术底想象，这个艺术不是西方现有的艺术，更不是中国的偏枯腐朽的艺术底僵尸，乃是融合两派底精华底结晶体。①

日后闻一多在各种研究中，谈《诗经》、论《楚辞》、解《周易》、写诗论文，多可见此点的实践。《歌与诗》中论及史诗，还有谈到诗与史的关系，也是源于这层道理。

三　"诗言志"的身心状况

可是，《歌与诗》这篇文章的出现，除了学术氛围的影响与底蕴之外，也不能忽略当时闻一多的身心状况。闻一多说诗言志的第三层意义是怀抱，就闻一多看来，当然是别有怀抱、情满意充，也与当时政治情势是分不开的。抗战开始之后，1937 年 7 月底，成立临时长沙大学，由北京、清华、南开大学组成，政府节节败退，国事依然不堪，在警报声中，闻一多在武汉为侄女主持婚礼，婚礼开场，就发生轰炸，全场停电，宾客一度想躲到防空洞里。闻一多不为所动，继续致辞，保持镇定。婚礼办完，在 10 月份取消休假，来到长沙。饭菜只有白菜萝卜撒盐之类，日子清苦，却没有影响他们对学问的热情，汤用彤仍写佛教史，闻一多继续考订《周易》、朱自清仍在苦思他的诗学。

生活不易，过于粗陋，闻一多是深有感触的，到了南岳，生活更差，"还是一天喝不到一次真正开茶。至于饭菜，真是出生以来没有尝过的。

① 《征求艺术专门的同业者底呼声》，原刊于《清华周刊》第 192 期，1921 年 10 月 1 日。

饭里满是沙，肉是臭的，蔬菜大半是奇怪的树根草叶一类的东西。一桌八个人共吃四个荷包蛋，而且不是每天都有的。记得在家时，你常说我到长沙吃好的，你不知道比起我来，你们在家里的人是天天过年！""总之，我们这里并不享福，我吃苦是不怕的。"① 不怕吃苦，甚至愿意吃苦，当然相较于当时热衷谈论政治的知识分子，闻一多算是比较冷静而沉默的（不过，愈到后来，闻一多的政治热情愈高），即便如此，他仍是忧心忡忡，对于战争情况，不太乐观："近来我军战事不利，我们人民真正的难关快要来到，我们都应该准备吃苦才对。"②

1937 年 12 月，南京沦陷，1938 年 5 月，因应去年西南联合大学的改名与迁校，所谓"湘黔旅行团"准备出发，前往昆明。正因"吃苦"是闻一多怀抱所在，所以他决定跟随学生步行长征，不坐车辆或其他交通工具，据陈登亿的记录，闻一多说："前方在浴血抗战，许多人献出宝贵的生命，我们在后方，吃些苦怕什么？我的身体还可以，保证可以走到昆明，你们不必担心。"这种精神力量与自信泉源，正好就来自诗人与诗的感召："我不是给你们讲《楚辞》吗？屈原所以能做出那些爱国爱民的诗篇，和他大半生过流浪的生活，熟悉民间疾苦是分不开的……我们读屈原的书，就要走屈原的路阿！"③

相对于《歌与诗》所言的"情意"，似乎过于广泛，但其实这只是学术文章概括性的说法，闻一多此处所展现的，则是民胞物与、愿意吃苦、感受人民心声的胸怀。这种"诗言志"的精神，就他看来，是与屈原是类同的。而在长途跋涉中，闻一多亲行自证，确实深刻观察了当时社会底层的各种实象，例如见到面黄肌瘦、衣衫褴褛的孩子，荒凉的村落、因缺碘而脖子肿大的人民，再加上外在环境的恶劣，狂风、暴雨、下雪、阴雨、地湿、人挤，不舒适感充斥全身。对于自己可以坚持，也感到不可思议，他在给父母的信中，便说："以男等体力，在平日实不堪想象，然而竟能完成，今而后乃知'事非经过不知易也'矣。至途中饮食起居，尤多此生从未尝过知滋味，每日六时起床（实则无床可起），时天未甚

① 闻一多：《致高孝贞》，《闻一多全集》第 12 卷，湖北人民出版社 1993 年版，第 298 页。
② 闻一多：《致闻立鹤》，《闻一多全集》第 12 卷，湖北人民出版社 1993 年版，第 304 页。
③ 刘烜：《闻一多评传》，北京大学出版社 1983 年版，第 199 页。

亮，草草盥漱……"① 诗人之怀抱，实从诸般艰困与挫折中而来。20 世纪 40 年代初期，闻一多移居陈家营，全家住在农村里，楼上住人，楼下是马棚、牛棚，生活空间狭小，经济状况也不是太好，众人以为苦，生活不佳，但闻一多却吟杜甫的诗："安得广厦千万间，大庇天下寒士俱欢颜，风雨不动安如山！呜呼！何时眼前突兀见此屋，吾庐独破受冻死亦足。"拉泪讴吟，沦肌浃髓，心中怀抱，可见一斑，他还说："教了好几年的杜甫诗，只有亲身了体验后，才能领会到杜甫的心情与胸怀。"② 要知道，闻一多在 1928 年就写过关于杜甫的文章，又长期教授杜诗与唐诗，如今又发此言，"诗言志"的真实情感与感受，纤微委曲，怀抱所在，是很明显的了。

忧国忧民，爱国爱民，这种情意，也表现在他的诗作中：《八教授颂》，此诗作为 1944 年，据范宁所说，这是闻一多最后的诗作，本打算写八首，只完成一首，生前未公开发表。它讽刺了当时的御用学者、文人、思想家和所谓的经师与人师，闻一多称为"固执""愚昧""Snobbery（势利）""替""死的拉住活的"挽救了五千年文化遗产。《政治学家》则是讽刺政客们自命清高与矫情做作，结果都只是贪赃枉法的一群人："你为你自己身上的西装裤子的垂直线而苦恼""你的零用钱愈花愈有，你的通货永远无须兑现。"同年（1944），闻一多也曾发表《儒·道·土匪》，痛心疾首地说："中国是生着病，而且病势的严重，病象的昭着，也许赛过了任何历史记录。"这些怀抱，当然就是闻一多自己"诗言志"的最好代表。

前已言之，诗言志之"志"，还具备史与记载、记忆的功能，在"湘黔旅行团"期间，闻一多指导学生收集歌谣，1939 年 3 月作《西南采风录序》，他说：

> 然而我读过这些歌谣，曾发生一个极大的感想，在当前这时期，却不能不尽先提出请国人注意。
>
> 在都市街道上，一群群乡下人从你眼角滑过，你的印象是愚鲁、

---

① 闻一多：《致父母亲》，《闻一多全集》第 12 卷，湖北人民出版社 1993 年版，第 322 页。
② 刘烜：《闻一多评传》，北京大学出版社 1983 年版，第 214 页。

迟钝、畏缩，你万想不到他们每颗心里都有一段骄傲，他们男人的憧憬是：

"快刀不磨生黄锈，胸膛不挺背腰驼。"（安南）

女子所得意的是：

"斯文滔滔讨人厌，庄稼粗汉爱死人，郎是庄稼老粗汉，不是白脸假斯文。"（贵阳）

他们何尝不要物质的享乐，但鼠窃狗偷的手段，却是他们所不齿的：

"吃菜要吃白菜头，跟哥要跟大贼头，睡到半夜铡刀响，妹穿绫罗哥穿绸。"（盘县）

哪一个都市人，有这样气魄、讲话或设想？

"生要恋来死要恋，不怕亲夫在眼前，见官犹如见父母，坐牢犹如坐花园。"（盘县）

"火烧东山大松林，姑爷告上丈人门，叫你姑娘快长大，我们没有看家人。"（宣威）"马摆高山高又高，打把火钳插在腰，哪家姑娘不嫁我，关起四门放火烧。"

你说这是原始，是野蛮。对了，如今我们需要的正是它。我们文明得太久了，如今人家逼得我们没有路走，我们该拿出人性中最后最神圣的一张牌来，让我们在人性的幽暗角落里蛰伏了几千年的兽性跳出来反啮他一口。打仗本不是一种文明姿态，当不起什么"正义感"、"自尊心"、"为国家争人格"一类的奉承。干脆的是人家要我们的命，我们是豁出去了，是困兽犹斗。如今是千载一时的机会，给我们试验自己血中是否还有着那只狰狞的动物，如果没有，只好自认是个精神上"天阉"的民族，休想在这块地面上混下去了。感谢上苍，在前方，姚子青、八百壮士、每个在大地上或天空中粉身碎骨的男儿，在后方几万万以"睡到半夜铡刀响"为乐的"庄稼老粗汉"，已经保证了我们不是"天阉"！如果我们是一个乐观主义者，我的根据就只这一点，我们能战，我们渴望一战为至上的愉快。至于胜利，那是多么泄气的事，胜利到了手，不是搏斗的愉快也得终止，"快刀"又得"生黄锈"了吗？还好，四千年的文化，没有把我们都变成"白脸斯文人"！①

闻一多从民间的歌谣中看到的，是原始的、质朴的、纯粹的。这些没有名气的作者，就外人看来，是愚鲁、迟钝、畏缩，但其实他们心里都有一段骄傲：他们何尝不要物质的享乐，但鼠窃狗偷的手段，却是他们所不齿的。如果说这是原始与野蛮，那什么才是文明呢？闻一多称赞这样的诗作歌谣，正好就是他在《歌与诗》中所说，"知道诗当初即是史"，史与诗难分难舍的代表，也是志的含义之一：记载。故诗中的精神，就他看来，正是抗敌的利器，是充满血性的情感呐喊。

另据陈登亿的回忆，在贵州的时候，三年前红军也走过类似的路，所以老百姓经常与师生交流当年的红军故事与传奇，其间不免有夸大的部分，闻一多就开玩笑地指着旁边的碑文，认为碑多为阿谀歌颂，人所不信，刚刚大家听到的，却是另外一种形式的碑，或可称为"口碑"。②类似此类的观点，虽然幽默，但也可以说明闻一多对于记载、记忆的事情，颇为关注，自然也就发展到他对于诗言志的解释里了。

四 结论

学术文章的别有怀抱，自然不是只有闻一多才有。王国维曾作《殷周制度论》，他认为中国政治制度与文化之大变革，莫过于殷周之际。这种剧烈变化，有其地域性与民族文化的原因，而在制度方面，他举出周人制度之所以大异于殷商，原因在于立子立嫡，以及由此而生的宗法与丧服、封建子弟、君天子臣诸侯之制，再来则是庙数之制，最后则是同姓不婚的原则。由于这些制度而有典礼的出现，典礼则本于尊尊、亲亲、贤贤、男女有别之意，此可谓"民彝"，因此周代政制，实本于德治、礼治之大经，王国维说：

① 闻一多：《西南采风录序》，《闻一多全集》第2卷，湖北人民出版社1993年版，第194—196页。

② 刘烜：《闻一多评传》，北京大学出版社1983年版，第202页。

此数者，皆周之所以纲纪天下。其旨则在纳上下于道德，而合天子、诸侯、卿、大夫、士、庶民以成一道德之团体，周公制作之本意实在于此。①

引文中"道德团体"，与整篇文章的观点脉络，皆有深意存焉。该文完成在1917年9月，张勋复辟，失败未久，王国维作此文，实有深刻的时代关怀。所以王国维在给罗振玉的信中便指出，《殷周制度论》不只是学术观点，还有经世之意。② 由此观之，闻一多也是如此，甚至可以说，他们"经世"的内容与对象，或许不一样，但经世怀抱之志，则同。故本文虽处理闻一多《歌与诗》的文章，分析其含义。但是闻一多的学术观点，或对或否，当然还有许多讨论的必要，却非本文主旨所在。更进一步来看，《歌与诗》的写作背景与时间，也是我们了解闻一多、这篇文章的重要入手处，由此路数出发，自然可以看到更多闻一多观点的心曲痕迹，原来闻一多对世事的关怀、对这个世界的理解，甚至是对自己的反省与肯定等，染翰操觚，勾勒微妙，都可能是《歌与诗》这篇文章的写作基础，故本文初为发凡，不揣简陋，铺叙展衍如上。

---

① 王国维：《殷周制度论》，《观堂集林（外两种）》，河北教育出版社2001年版，第231—244页，引文见第232页。

② 关于王国维"道德团体"说对后世学术影响与受到的质疑，参见王汎森《一个新学术观点的形成——从王国维〈殷周制度论〉到傅斯年〈夷夏东西说〉》，《中国近代思想与学术的系谱》，联经出版社2005年版，第305—320页；林志宏《民国乃敌国也：政治文化转型下的清遗民》，联经出版社2009年版，第220—221页。

岁华摇尽　芳意同香

——闻一多与陈子昂的英雄诗境

彭　磊

（昆明市盘龙区文体旅局）

在 20 世纪的中国文学长河里，闻一多先生与其他作家相比同时具备了个人主义和人道主义两种精神气质，当他以自己的牺牲为现代中国知识分子性格发展历程标注一个永远的惊叹号时，穿过个人主义和人道主义两个标签，我们看到了英雄主义的产生。这种秉承中国文化传统的追求真理的英雄主义在外部获得极高的响应和评价。

然而，闻一多的内心一直是孤独和感伤的，他一直保持一种逆境中长期压抑和叛逆心理，这不能说不是时代赋予他走向壮烈和爆发的心路历程，这也构成他的诗歌中一种忧愤到爱、爱至忧愤的情感色彩和现实情怀。

在闻一多钟爱的唐诗领域里，唐朝现实主义诗歌的先驱者陈子昂的人生境遇和诗歌意绪相隔 1000 多年时空和闻一多竟成了莫逆之交，心心相印。这也可算是中国文化的一脉相承。

闻一多给陈子昂留下了相当的篇幅和笔记，以表达对诗人的喜爱："子昂的诗古今独步，几乎众口一词，无人否认"①。闻一多认为"中国

---

① 闻一多：《唐诗杂论》，中华书局 2009 年版，第 245 页。

伟大诗人可举三位代表，一是庄子，二是阮籍，三是陈子昂"①。这里没有李白、杜甫，联系闻一多评述"李白高而不宽，杜甫宽而不高"②，实乃明白为何闻一多对陈子昂情有独钟，那就是陈诗中传递出深邃哲理和现实喟叹，符合闻一多从浪漫的《楚辞》意境开始，又直面《死水》一般现实的诗歌审美历程。

闻一多认为陈子昂的《登幽州台歌》"前不见古人，后不见来者，念天地之悠悠，独怆然而涕下"，是一种从个人出发而联想时空的大无穷极的创造，属于"诗言志"的完整表述。"子昂能忘记小我，所见为纯粹的真理，但又不是纯客观的。"③

闻一多认为李白解脱过多，过于超然世外，是一种人生的旁观者，杜甫则沉浸现实纠结，痛民生而失生命之本真和飘逸，反映出的是生之疲乏，而不是生之趣味和盎然爱意。只有陈子昂的诗取得中和，即"有关切的凝思，又能作严肃的正视"④。从闻一多的《死水》《太阳吟》《红烛》可看出，闻一多和陈子昂在诗境上的千年唱和。

> 我不骗你，我不是什么诗人，／纵然我爱的是白石的坚贞，／青松和大海，鸦背驮着夕阳，／黄昏里织满了蝙蝠的翅膀。　／你知道我爱英雄，还爱高山，／我爱一幅国旗在风中招展，／自从鹅黄到古铜色的菊花。／记着我的粮食是一壶苦茶！
>
> 可是还有一个我，你怕不怕？　——　苍蝇似的思想，垃圾桶里爬。
> （《死水·口供》）

闻一多在表达灵魂清洁、炽烈的家国爱恋和雅致情趣时，仍然要强调苦难现实对前面那些理想和情感的牵绊甚至是摧残。"我的粮食是一壶苦茶"（《死水·口供》），诗人完成了生之趣味、生命炽热地感受到生之疲乏和现实痛苦挣扎的自我转换，在短暂迷醉一时的抒情和快乐之外，

---

① 闻一多：《唐诗杂论》，中华书局 2009 年版，第 246 页。
② 同上书，第 248 页。
③ 同上书，第 246 页。
④ 同上书，第 247 页。

他的内心深处紧紧连着沉痛的现实割舍不了，摆脱不了，导致"我"只能是"苍蝇的思想，垃圾桶里爬"。

在达成灵魂情趣之高洁，照射现实之宽深的中和后，诗人闻一多由此获得创作尽兴和自由。这样的诗境可在《死水》和《红烛》看到。

闻一多的诗歌力图依靠《红烛》和《死水》等名篇来支撑，其爱国诗人身份是这些伟大诗篇来奠定的，后人所能记住和传唱的，也就是这些爱国的现实感刺痛的诗歌。《死水》完成了诗人对冰冷丑陋现实的把握和理喻，与之对应的是往上升起，暖意洋溢，照亮心灵的《太阳吟》和《红烛》。

> 这是一沟绝望的死水，/这里断不是美的所在，/不如让给丑恶来开垦，/看它造出个什么世界。（《死水》）
>
> 太阳啊，火一样烧着的太阳！/烘干了小草尖头的露水，/可烘得干游子的冷泪盈眶？/……太阳啊，自强不息的太阳！/大宇宙许就是你的家乡罢。/可能指示我，我的家乡的方向？/（《太阳吟》）
>
> 请告诉我谁是中国人/启示我/如何把记忆抱紧/请告诉我这民族的伟大。（《死水·祈祷》）
>
> 你可知妈港不是我的真名姓？/我离开你的襁褓太久了，母亲！《七子之歌》。
>
> 长城啊！你何曾隔阂了匈奴，吐蕃？/你又何曾障阻了辽，金，元，满？……古来只有塞下的雪没马蹄，/古来只有塞上的烽烟云卷，/古来还有胡骢载着一个佳人，/抱着琵琶饮泣驰出了玉关！（《长城下的哀歌》）

闻一多的情感世界冷静而炽热，高远而宽博。他痛贬现实又挚爱祖国，这构成闻一多诗歌的直面现实、坦露心怀、真诚而勇敢的英雄底色。

这样一种英雄情怀的诗品，在陈子昂的《送魏大从军》中可看出：

> 匈奴犹未灭，魏绛复从戎。
> 怅别三河道，言追六郡雄。
> 雁山横代北，狐塞接云中。

勿使燕然上，惟留汉将功。（《送魏大从军》）

全诗充满奋向上的精神，表达出诗人"感时思报国，拔剑起蒿莱"（《感遇》诗之三十五）的英雄情结，感情豪放激荡，慷慨悲壮。

从一种视野宽广、情感真挚、意境高亢的诗歌出发，闻一多和陈子昂除了以上的英雄气色外，他们诗作中的孤独感，在各目的时代显出沉郁和厚重，似乎都在积累着爆发的力量。

陈子昂《感遇诗三十八首》："登山望宇宙，白日已西暝。云海方荡潏，孤鳞安得宁。""玄蝉号白露，兹岁已蹉跎。群物从大化，孤英将奈何。""仲尼探元化，幽鸿顺阳和。大运自盈缩，春秋递来过。盲飙忽号怒，万物相纷劘。溟海皆震荡，孤凤其如何。"等等。

闻一多的"不幸的失群的孤客！谁教你抛弃了旧侣，拆散了阵字，流落到这水国的绝塞，拼着寸磔的愁肠，泣诉那无边的酸楚？"（《孤雁》）"我是个年壮力强的流囚，我不知道我犯的是什么罪。黄昏时候，他们把我推出门外了，幸福底朱扉已向我关上了，金甲紫面的门神举起宝剑来逐我；我只得闯进缜密的黑暗，犁着我的道路往前走。"（《我是一个流囚》）

愈有才华，愈有情怀和抱负，也就愈有孤寂感甚至是挫败感，古今诗人不能同免。因为自己的努力，视及所穷，力不所遗，往往和周遭产生超前的距离，一种先锋的孤单也就产生了。在闻一多和陈子昂的诗歌中，都能触摸到一颗孤独的心，在这样的孤独和倔强中，诗人期望人生后程的砥砺和新生，然而磨难是今天的现实，新生有可能是永不能抵达的明天。

公元696年，陈子昂满怀英雄情绪和书生意气，针贬官场诟病，指责上司失策导致朝廷在北方的平叛失败，最后遭人陷害，二度入狱，而被人害死狱中。1946年闻一多面对特务手枪拍案而起，怒斥现实，同样为当局所不容，乃至被害牺牲。从诗品、人格、境遇和结局，两人的人生轨迹何其相似，又何等让人敬佩。

任何时代都有其精神的缺乏、价值的沦丧之处，构成时代精神坐标并启示后人的往往是那些注定孤独甚至失败的先哲们。但是作为自由和真理的信徒，他们替所有的跟随者，包括胆怯者完成属于所有人对时代质询。情怀之后是探寻。诗人本身也许不能寻找到答案，但它告诉人们答案隐匿之处和求索的方向。

陈子昂之于闻一多就在于前者是埋藏于历史缝隙中的一丝光亮，挣脱出岁月的挤压而给后人于前进的映照和慰藉。

闻一多之于陈子昂就在两位不同时空的伟大诗人，构建出中国知识分子独立人格的价值链条和追求真理的精神线索。引领时代风气，构筑民族文化灵魂，这是任何一个时代知识分子的价值所在。

岁华摇尽，芳意同香。像闻一多、陈子昂这样壮美的诗意人生，最终呈现出由多个个体联合起来，汇聚成无穷无尽的生命潮流，奔涌而来。

闻一多《红烛》《死水》
批评接受史综论

陈　澜

（江汉大学）

闻一多的诗集《红烛》和《死水》面世至今，已逾八十年。在这八十多年间，两部诗集受到的评价和阐释一直在发生变化。这种变化，是政治文化气候、文学场域、接受语境以及诗人本身命运等因素合力作用的结果。因而通过对《红烛》和《死水》在不同时期的批评接受情况的考察，以期敞开其意义生成和文本价值实现过程。

一

闻一多第一本诗集《红烛》，1923 年 9 月出版，与郭沫若的《女神》甫一面世就引起诗坛震荡不同，它在出版后差不多一年多的时间内，没能引起诗坛主流话语的关注。直到 1924 年 10 月，才出现了朱湘以笔名"天用"发表的名为《桌话·〈红烛〉》和《桌话·〈小溪〉》的两篇短论。朱湘与闻一多同为清华文学社成员，颇有私交，对闻一多的《李白之死》和《小溪》毫不吝惜赞美，认为前者在艺术成就上"不下似国内任何新诗人"，后者"是新诗解放以来的代表著作"①。同年 11 月，洪为

---

① 天用（朱湘）：《桌话·〈红烛〉》，《文学》1924 年 10 月 20 日。

法发表了长篇诗评《评〈红烛〉》，既介绍了闻一多对于新诗的"见解""写的方法与态度"，又分析了其创作实践与理论主张之关系，重点论述并肯定了《红烛》在"辞句""修辞""词采""音节""想象"和"情感"等方面的实验探索；既认为《红烛》中的诗歌"亦很长于写两性的爱"，又充分肯定了它遣词造句"对于新的，旧的，以及西洋诗中的辞调，都尽量吸收"，使诗歌成为他自己所期盼的"中西艺术结婚后产生的宁馨儿"①。朱湘对《红烛》的言说，是以个人艺术感觉为基础的印象式批评，洪为法的评论则是对《红烛》进行较全面、客观的学理性分析，均有独到之处，但依然没能为《红烛》引来主流诗坛的关注。此后的一两年间，几乎再没有关于《红烛》的评论文章发表。《红烛》不仅在评论界遇冷，销量也非常寥落。在筹备出版阶段，闻一多给《红烛》预设的价格是六角钱一本，并有信心至少售出八百本②，即售书收益四百八十元。然而，实际定价只有四角，且"顾主终属寥寥"③，最后只得"酬资八十元"④。客观地看，收录了 103 首诗作的《红烛》，单从数量上看，即是一本有分量的诗集，其中部分诗作的艺术价值也较高。闻一多对这本诗集也格外重视，出版前期工作准备了一年多，从出版商的选择，到诗集的装帧设计，费尽心思。一本既有可观作品数量，又有相当艺术水准，出版前期工作充分的诗集，最后为什么出现既不"叫好"也不"叫座"情况呢？

《红烛》出版前，闻一多大部分的新诗作品发表在清华大学校刊《清华周刊》上，很少在其他刊物露面。作为一个校园刊物，《清华周刊》不足以为闻一多在校园以外的诗坛赢得足够的声誉。闻一多本人也知道这一点。在筹划《红烛》时，他曾给家人透露顾虑："从来在校外的杂志上姓名 没有见过一回，忽然就要独立的印出单行本来……"⑤ "不见得有许多人注意。"⑥ 作为一种补救策略，他推迟了《红烛》的出版时间，决定

---

① 洪为法：《评〈红烛〉》，《时事新报·学灯》1924 年 11 月 27 日至 11 月 29 日。

② 闻一多：《致闻家騄》，《闻一多全集·书信》，湖北人民出版社 1993 年版，第 100 页。

③ 刘梦苇：《中国诗底昨今明》，《晨报》副刊 1925 年 12 月 12 日。

④ 闻一多：《致闻家騄》，《闻一多全集·书信》，湖北人民出版社 1993 年版，第 188 页。

⑤ 同上书，第 157 页。

⑥ 同上书，第 33 页。

先从发表诗歌理论和评论他人诗作入手，"最要紧我们在这一年中，可以先多作批评讨论的零星论文，以制造容纳我们的作品的空气"①，"先有一本著作出去，把我的主张给人家知道了，然后拿诗出来，要更好多了"②，最终计划中的著作虽未面世，但却有《〈冬夜〉〈草儿〉评论》《〈女神〉之时代精神》等一系列诗评见诸报端，在诗坛引起了较大反响。他的诗评对胡适、俞平伯、康白情等人的诗论和作品多有批评，对于郭沫若的创作理念和作品则相较更加认同。胡适此时在文坛地位已相当显著，俞平伯和康白情在新诗创作上都受到胡适影响。此外，俞平伯还是文学研究会成员，而康白情也较认同文学研究会的诗歌创作理念。在此时的文坛上，文学研究会占据着诗坛的中心位置，携《女神》横空出世的郭沫若，发起成立的创造社正试图打破文学研究会一统诗坛的格局，两大诗歌团体正处于微妙的对立状态。闻一多对此时诗坛的"势力割据"有着清醒的认识，并由于在诗歌创作理念上对郭沫若更加认同，而倾向于联合创造社的力量"抗衡"文学研究会。他曾致信友人梁实秋说："我们若要抵抗横流，非同别人协力不可。现在可以同我们协力的当然只有《创造》诸人了。"③ 这种试图与创造社结为同盟，以寻求"突围"的行为，无疑是对当时某种中心秩序的冒犯，因此，针对他的诗评，"胡适之主持的《努力周刊》同上海《时事新报》附张《文学旬刊》上都有反对的言论"，而郭沫若则写信表示"同情"④，这也为后来《红烛》的出版和传播接受受到抵触埋下伏笔。

这一时期，新诗人在出版诗集时，都会积极联系诗坛上已颇具名望的人物，帮自己推荐、联系出版商，并为自己的诗集作序，以求吸引评论界和读者关注。闻一多也不例外，曾想找"一位有身价的人物"替《红烛》"讲几句话"⑤，最终却没有找到。出版过程也颇为不顺，最后经多方联络，在郭沫若的帮助下，得以自费在泰东书局印行。对处女诗集寄予厚望的闻一多，原本对《红烛》的包装有着精致的构思，如配以插

①　闻一多：《致闻家骊》，《闻一多全集·书信》，湖北人民出版社1993年版，第96页。
②　同上书，第33页。
③　同上书，第128页。
④　同上书，第13页。
⑤　同上书，第129页。

画等，但由于经费不足，最终印刷时被迫一切从简①。由于既没有充足的出版费用，作者此时又是没有知名度的新人，导致《红烛》装帧粗陋，封面白底红字，蓝色框边，不甚美观，印刷质量也极为低劣。闻一多本人都忍不住喟叹："排印错误之多，自有新诗以来莫如此甚。"② 在销售宣传方面，也只有闻一多母校的《清华周刊》为《红烛》做了宣传，其他主要的报纸杂志上，均未见《红烛》的售卖广告。《清华周刊》作为一本校园刊物，面向的读者群并不广泛，这则广告所起的宣传作用也就相当有限。再者，从 1919 年到《红烛》出版的 1923 年，是新诗集出版的繁盛期。这一时期各类个人诗集、同人合集、诗歌选集和包含诗歌作品的作品合集共有 21 部，相较其他文学体裁的出版物而言，数量是最多的③。而与新诗出版市场相对应的新诗阅读市场，却并不算火热。一般的大众对于仍处于发生期的新诗普遍缺乏了解，新诗的读者数量相对其他文学体裁并不算多。在这种情况下，诗坛新人闻一多的《红烛》，既无文坛重量级人物的推荐，也未能得到发行商良好的宣传和包装，自然也很难从众多诗集当中脱颖而出，博得读者的眼球。最终评价不高、接受度不广、销量不佳也就成了必然。

二

1925 年，闻一多从美国归来，结交了一群有着相同诗歌理念的诗人，常在家里举办聚会，和新诗人们一起作诗、谈诗、评诗。1926 年 4 月，他与徐志摩等创办《诗镌》，标志着新月诗派的形成。围绕在他周围的那批新诗人，也就成了新月诗派的主干、《诗镌》的主要撰稿人。他们共同竖起了反对自由诗体的旗帜，发起了新格律运动。在这一年，闻一多计划对原有《红烛》诗作进行删节和遴选，并加入小部分 1923 年以后的诗作，将《红烛》更名为《屠龙集》重新出版（最终未能付梓）。同年，

---

① 闻一多：《致闻家驷》，《闻一多全集·书信》，湖北人民出版社 1993 年版，第 125 页。

② 同上书，第 194 页。

③ 蒲梢：《初期新文艺出版物编目》，《中国出版史料：近代部分（补卷下册）》，湖北教育出版社 2011 年版，第 455—459 页。

曾经对《红烛》赞誉有加的朱湘，再次以《红烛》中的诗作为主要评论对象，发表了《评闻君一多的诗》。他一改之前对《红烛》赞誉有加的态度，严厉地指摘闻诗中存在的用韵、用字、音节等缺陷。曾被他誉为艺术成就不下国内任何新诗人的《李白之死》，此时被他批评用错了韵；而在音节方面，"只有《太阳吟》一篇比较的还算是有音节，其余的一概谈不上"，前后态度变化如此之大的原因，据朱湘自己说，是因为"越熟的人越在学问上彼此激励，越有交情的人越想避去标榜"[1]。实际上，自闻一多与徐志摩等人创办《诗镌》开始，朱湘就与闻一多产生了嫌隙。1926 年 4 月，闻一多负责编辑和排版《诗镌》第 3 期时，把朱湘的得意之作《采莲曲》放在了自己和饶孟侃的诗作后面，彻底激怒了朱湘，使其发表声明，宣布与《诗镌》诸人决裂[2]，5 月便发表了《评闻君一多的诗》这篇态度苛刻的诗评。

这篇诗评发表后，几乎没有得到任何认同和支持，相反地，刘大白、黎锦明和徐志摩等人都撰文表达对这篇诗评的不满[3]。原因除了这篇诗评本身确实态度过激、措辞过于严苛以外，还因为此时文学研究会和创造社之间的关系早已缓和，原先有些诗人对闻一多抱有的抵触态度也逐渐消弭，同时闻一多凭借着活跃的诗歌创作和社团活动，为自己在诗坛上获取了一定的声誉和地位，身边聚集了一批志同道合者，为他的创作进行辩护。从 1923 年出版时少有人注意，到 1926 年受到批评时得到多方的维护，《红烛》所受待遇的转变，显示出此时闻一多在新诗坛已经成功获取了一个"场域位置"。1926 年以后的文学史著作对于《红烛》的关注也证明了这一点。此前的很多文学史，虽已将新诗的发展情况纳入了写作范围，但都没有提到闻一多和《红烛》。而 1926 年出版的《中国文学小史》第一次对《红烛》有所关注，将其归为"西洋体诗"[4]。这部文学史在民国影响相当大，截止到 1936 年共印了 19 版，还被列为清华大学入学考试指定的"唯一的参考书"[5]，对于促进大众，特别是青少年、学生

---

① 朱湘：《评闻君一多的诗》，《小说月报》第 17 卷第 5 号，1926 年 5 月 10 日。

② 丁瑞根：《悲情诗人——朱湘》，花山文艺出版社 1992 年版，第 84—85 页。

③ 商金林：《闻一多研究述评》，天津教育出版社 1990 年版，第 77—79 页。

④ 赵景深：《中国文学小史》，大光书局 1937 年版，第 190 页。

⑤ 同上书，第 1 页。

读者对《红烛》的了解和接受起了一定的作用。

《屠龙集》出版计划流产后，闻一多第二本诗集《死水》在1928年1月出版。这部诗集可以说是闻一多"诗的格律"理论的实践产物。出版商新月书店在宣传上相当卖力，在1928年的多期《新月》上刊登广告，赞誉其为新诗的"最好的范本"（《新月》月刊，1928年3月10日）。在装帧和印刷方面，自然也远非《红烛》可以比拟，连此前两年对闻一多诗作诸多挑剔的朱湘，也承认"《死水》装订得雅致"[1]。然而和《红烛》一样，《死水》引起评论界的关注和重视经过了一个"慢热"的过程。在《死水》刚面世的前两年内，公开发表的关于《死水》的评论文章很少，1930年以后才逐渐增多。据统计，截止到1937年抗战爆发以前，直接或间接评论《死水》诗作的文章至少有60篇，在同期诗人中，"是除徐志摩之外，其他诗人无法攀比的"[2]。这些评论文章，对《死水》评价最高的、发表时间较早的，大部分都是来自新月派内部。不仅如此，徐志摩、陈梦家、于赓虞、何德明、臧克家等多位闻一多的私交好友或门生都在此期自称创作上受到诗集《死水》的影响，将《死水》认定为格律运动中的标杆式作品。在新诗早期建设过程中，一批创作理念相契合的诗人以社团或流派的名义形成同盟，在理论建设、创作实践和作品批评各方面给予"盟友"关注和支持，并借助出版的力量，形成所谓的诗坛势力，以争夺主要的"场域位置"，是极为普遍的现象。《死水》在20世纪30年代能够大获成功，不得不说，也是借助了这种结盟的力量。

闻一多诗歌社团中的领导地位促进了《死水》的成功，反过来，《死水》的成功又进一步推高了闻一多在此期诗坛上的地位。这一点从此期的最重要、影响力最大的诗歌选本——1935年朱自清编选的《中国新文学大系·诗集》中可见一斑。《中国新文学大系·诗集》收录闻诗数目29首，居第一位，徐志摩26首、郭沫若25首，紧随其后。朱自清还在《中国新文学大系·诗集·导言》中称，在《诗镌》众多诗人中，"闻一多氏的理论最为详明"，"影响最大"，"但他的诗不失其为情诗。另一面

---

① 朱湘：《朱湘遗书摘选〈闻一多的死水〉》，《青年界》第5卷第2号，1934年2月。

② 商金林：《闻一多研究述评》，天津教育出版社1990年版，第170—171页。

他又是个爱国诗人，而且几乎可以说是唯一的爱国诗人"①。最重要的诗歌选本对闻诗的特别关注，也对推进闻诗传播、提高闻诗的大众接受度，起到了重要的作用。

三

1937 年后，"抗战诗歌"成为诗坛主流诉求，《红烛》和《死水》迅速边缘化，《死水》中那些新格律诗等被批评为教条化产物，是西洋诗的"移植"，内容上"更觉贫弱"，"新的烂调套语，铺满纸上"，缺少"社会意识和民族意识"②，其中左翼人士的批判尤为猛烈。1937 年下半年《近二十年来中国文艺思潮论》③ 出版，编纂者李何林措辞激烈地抨击新月派是革命文学的"敌人"，特别批判了《新月的态度》一文，指出这篇文章是闻一多代徐志摩所写，对闻一多充满敌视。

在铺天盖地的批评中，也有为新月及闻一多的诗歌辩护的声音，如沈从文在 1938 年 9 月写作的《谈朗诵诗——一点历史的回溯》中，针对抗战初期提倡的"朗诵诗"口号，回忆了《诗镌》创刊前后在闻一多家中举行的"读诗会"，提出新月诸人之所以提出诗歌格律化，就是为了让诗歌"适于朗诵，便于记忆，易于感受"④。但类似的辩护显得过于微弱。这一时期最流行的诗作或富有节奏感，充满战斗力，如田间等人的作品；或充满现实主义色彩，揭露社会现实，如艾青等人的诗作。流着泪的"红烛"，和"绝望的死水"，与时代风气格格不入，自然难以受到读者的欢迎和喜爱。

1938 年以后，人们开始意识到抗战的艰难性、复杂性，不再满足于初期"号角"式、"预言"式的诗歌，认为那种作品"有技巧的没有内

---

① 朱自清：《中国新文学大系·诗集·导言》，《中国新文学大系·诗集》，良友图书印刷公司 1935 年版，第 5—7 页。

② 佚名：《廿七年来我中华民族诗歌》，《民族诗坛》第 2 卷第 1 辑，1938 年 11 月。

③ 李何林：《近二十年中国文艺思潮论》，生活书店 1937 年版。

④ 沈从文：《谈朗诵诗——一点历史的回溯》，《沈从文文集》第 11 卷，花城出版社 1984 年版，第 250 页。

容，有材料的没有技巧"①，"粗糙、狂野、热情，它服务于政治比服务于艺术的更多"②，新诗审美性重新受到重视。一些诗人和诗评家对新月派的态度发生改变，重新将眼光投向闻一多，开始客观地评论和研究诗集《红烛》《死水》。郭绍虞③、朱自清和臧克家等人，都充分肯定了格律诗对新诗发展做出的贡献。尤其朱自清在 1943 年前后发表的一系列诗论中，多次赞扬闻一多的诗歌"匀称""均齐"，不但没有旧格律诗的呆板，而且"相体裁衣"，并反复强调《红烛》和《死水》具有爱国特色。1948年朱自清因不肯接受美国救济粮而病逝，获得毛泽东的高度评价，被追认为爱国文人的代表，使得他对于闻一多诗歌爱国因素的品评，获得了权威性，为后来闻诗爱国因素被拔高埋下了伏笔。

无论诗坛对自己的诗歌创作是肯定，还是批判，闻一多本人在这一时期都没有做出任何回应。1931 年后，他很少再写诗，及至抗战后期，他的文艺思想和政治态度有所变化，开始对左翼诗人表露出欣赏之情。1943 年闻一多在编选《现代诗钞》时，大量选取了艾青、田间、何其芳等人的作品，多次在公开场合赞誉、推荐和朗诵艾青、田间等人的诗作，如 1945 年，闻一多在西南联大庆祝五四青年节举办的诗歌朗诵会上，朗诵了艾青的《大堰河》；5 月 5 日在诗人节纪念会上，闻一多在演讲中赞扬艾青和田间④。他甚至私底下向人承认读过毛泽东的著作，"并坦白承认同情延安的全部文艺政策"⑤。闻一多的这种变化很快得到了来自延安的回应。1944 年，社会上谣传闻一多要被教育部解聘，延安《解放日报》立刻发文表示慰问，赞扬闻一多"正义敢言"、忧虑"国家民族前途"⑥。1946 年 7 月 11 日，闻一多在昆明被特务刺杀身亡。延安方面立刻做出反应，重要领导人纷纷致电吊唁，《新华日报》《解放日报》等媒体纷纷撰文报道闻一多的殉难，声援其家属，并对当局的野蛮行径表示愤慨和抗

---

① 艾青：《文阵广播·艾青来信》，《文艺阵地》第 3 卷第 3 期，1939 年 5 月 16 日。

② 臧克家：《新诗，它在开花，结实——给关怀它的三种人》，《大公报·战线》第 984 号，1943 年 7 月 25 日。

③ 郭绍虞：《新诗的前途》，《语文通论》，开明书店 1941 年版，第 128 页。

④ 闻一多：《致闻家骃》，《闻一多全集·书信》，湖北人民出版社 1993 年版，第 232 页。

⑤ 杜运燮：《时代的创伤》，《萌芽》第 1 卷第 2 期，1946 年 8 月 15 日。

⑥ 佚名：《慰问闻一多先生》，《解放日报》1944 年 10 月 15 日。

议。在政治力量的推动下，各地都掀起了声势浩大的悼亡活动。闻一多的诗作，也得到了新一轮的阐释和评估。

四

在闻一多遇害之前，虽也有像朱自清那样反复推崇闻诗爱国主义精神的作家，但大部分人在评论《红烛》和《死水》的时候，着眼点都放在艺术风格和创作技巧方面，而且普遍认为，《死水》相较于《红烛》显示出巨大的进步。闻一多遇害后，评论界突然集体转向，将目光投向了闻诗的内容和思想，注重发掘其诗歌的民族特色、寻找爱国主义的精神内核。《红烛》诗集中《红烛》诗篇那"莫问收获，但问耕耘"的牺牲精神，《忆菊》《太阳吟》《孤雁》等诗篇对祖国的思念、讴歌和热爱，以及《红烛》整体对于中国古典诗歌传统的继承，都成为评论家关注的重点。特别是《红烛》这首序诗，更被评论家们看作是闻一多生命的序诗和誓词，高度赞扬他的"红烛精神"，如劳辛直接赞扬闻一多就是"红烛"[1]；而《死水》则由于某些诗作表现出悲观、颓废、哀伤情绪或怀疑主义色彩，因而评论家对《死水》的整体评价，不再高于《红烛》。即使有所赞誉，也是强调《死水》中也有积极的作品，或者是将《死水》中表现出的悲观失望，阐释成对黑暗时局的控诉和不满，如黄药眠就认为《死水》中大量的诗歌都流露出了困惑、绝望的"不健康"情绪，但是这种消极的情绪是由于沉闷的时代造成的，"是为了忠实于未来更积极跃进的准备"[2]，而且黄药眠认为《死水》的下半部里正面的诗作还是很多的，这也反映出闻一多思想的进步和转变。闻一多的遇难，不仅让评论界掀起了评论《红烛》和《死水》的热潮，还在大众读者中掀起了朗诵、阅读闻诗的高潮。同样地，因为《红烛》中有较多具有爱国主义色彩的诗作，则更受读者欢迎，尤其是《红烛》《洗衣歌》等篇目，在各种为闻一多举行的悼念活动，或进行的民主集会中，时常被朗诵、引用。《纪念

---

① 劳辛：《闻一多的道路——燃烧着的生命的红烛》，《大公报》1949 年 7 月 15 日。
② 黄药眠：《论闻一多的诗——读〈死水〉》，《文艺丛刊》第 1 辑，1946 年 9 月 20 日。

闻一多在清华园》① 中就记述了当时清华大学的学生举行青年集会，最后一项程序必是集体朗诵闻一多的《洗衣歌》；很多青年学生撰文，表示视闻一多为导师，要学习他做只求奉献的"红烛"，或洗刷祖国的苦难和肮脏的"伟大洗衣匠"；一些文人和学者也纷纷表示，以前对闻一多的诗歌不够重视，"知道得很少"②，这时才开始认真阅读《红烛》和《死水》，并表示对这两部诗集"有重新估价的必要"③。经历了八年抗战的人们，对内战充满抵触情绪，期待着民主、和平，闻一多为了追求民主而牺牲，使得不同年龄、地域、信仰的人都对他充满敬意，他的诗歌也在这一时期得到了最广泛的赞誉。

总体来看，从 1946 年到 1949 年，评论界和大众读者对《红烛》和《死水》的看法大致有四点：第一，闻一多是一位爱国诗人，他有相当多的诗歌充满了爱国主义色彩，这些诗歌是他所有诗歌中最具价值的部分；第二，诗集《死水》中有部分诗作虽表现出悲观、颓废、怀疑的色彩，但这是当时的社会环境造成的，是诗人对黑暗现实的愤怒和不满的体现；第三，诗集《红烛》的内容是爱国主义，艺术风格是唯美主义；诗集《死水》上半部是悲观主义、怀疑主义，下半部转向了现实主义。闻一多诗歌作品从思想内容到艺术风格的变化，揭示出闻一多本人思想的发展历程，大致脉络是从富有爱国激情，到对现实心灰意冷，再到重新燃起斗志，即从诗人、学者到民主斗士；第四，闻一多的阶级身份基本定型，即"进步的民主主义者"。从 1949 年中华人民共和国成立到"文化大革命"前期，对闻诗的研究和阐释，基本上是沿着前期这四点展开的。评论和研究闻诗的文章众多，艾青④、臧克家、刘登翰、孙绍振、谢冕、孙玉石、洪子诚⑤、陆耀东⑥等著名的诗人和学者的文章都产生了较大影响。这些文章所共有的特点是，将闻诗中具有爱

---

① 佚名：《纪念闻一多在清华园》，《观察》第 2 卷第 23 期，1947 年 8 月 2 日。

② 乔木：《哀一多先生之死》，《解放日报》1946 年 7 月 18 日。

③ 黄药眠：《论闻一多的诗——读〈死水〉》，《文艺丛刊》第 1 辑，1946 年 9 月 20 日。

④ 艾青：《爱国诗人闻一多——纪念闻一多先生逝世四周年》，《人民日报·人民文艺》第 59 期，1950 年 7 月 30 日。

⑤ 刘登翰、孙绍振、孙玉石、洪子诚、谢冕等：《无产阶级革命诗歌的高潮——"新诗发展概况"之二》，《诗刊》1959 年 7 月 25 日。

⑥ 陆耀东：《读闻一多的诗》，《湖北日报》1961 年 7 月 16 日第 3 版。

国色彩的一面不断放大，对其诗作的阐释和评析，都只是为其爱国提供佐证。而闻诗在诗歌格律、形式方面进行的探索，在这时期鲜少被论及。原因是自1949年以后，发起格律诗运动的新月派成员，大多被定性为"资产阶级"。关于闻一多的格律诗理论和格律诗的评价，也是否定多过于肯定，例如，何其芳称闻一多的格律诗理论是"带有形式主义的倾向的"①，卞之琳则认为闻一多"有时还要求照英国诗作为格律基础的以轻重音相间的'音步'来写诗"②。"形式化"和"欧化"的格律诗，显然不利于热爱"祖国的历史与文化"的"爱国诗人闻一多"的形象塑造，也就被有意规避了。矛盾的是，在这一时期，很多闻诗的评论者，一方面通过评析诗集《红烛》以讴歌闻一多的爱国精神，另一方面却又批评其在艺术上的稚嫩、粗糙、浪漫主义和唯美主义的倾向；一方面对闻一多的格律诗创作抱以消极否定的态度，另一方面却又肯定收录了大量格律诗的诗集《死水》在艺术上较诗集《红烛》更为成熟，更加精练、严谨。

这种矛盾的态度，折射出在当时政治先行的大环境下，诗评家受到时代的"制约"，在评论、选择闻诗时不得已采取了重思想、轻艺术的原则，而这种符合时代主流的偏向，却并不一定符合诗评家个人的艺术审美取向。类似的矛盾性还体现在对闻一多与新月派关系的阐释中。一方面由于新月派被定性为"代表买办阶级利益的反动文学团体"，从而简单化的认为新月派众诗人的创作"总的倾向基本是一致的"③，并予以全盘否定；另一方面却又牵强地强调闻一多是不同于新月其他人，将其树立为脱离自身阶级的"好榜样"④。特别到了20世纪50年代中期以后，阶级斗争越演越烈，部分评论家和学者则干脆忽视闻一多曾是新月成员的事实，对闻一多与新月派的关系避而不谈，强行割裂了闻一多的诗歌创作与新月派的关系；还有评论家和学者承认闻一多早期是新月派，但强调其后来思想和创作发生了转变，而这种转变的发生，则被简单化地归

---

① 何其芳：《关于现代格律诗》，《中国青年》1954年第10期。

② 卞之琳：《谈诗歌的格律问题》，《文学评论》1959年第2期。

③ 刘登翰、孙绍振、孙玉石、洪子诚、谢冕等：《无产阶级革命诗歌的高潮——"新诗发展概况"之二》，《诗刊》1959年7月25日。

④ 华文军：《拟闻一多颂》，《学术月刊》1960年11月。

结为接受了正确思想的影响。至此，对闻一多诗歌的阐释、研究已经完全被纳入了"为现实斗争服务"的轨道，走向了极度的片面、狭隘和单一。大众和读者所接触到的闻一多的诗歌，被固化为两个类别，即表达对祖国的热爱、对美帝的厌恶的诗歌，或表达对国民党统治下黑暗现实的不满、对人民的同情的诗歌。

五

"文化大革命"十年间，诗集《红烛》和《死水》的印刷出版和相关评论几乎全面停滞。"文化大革命"结束后，1979 年适逢闻一多诞辰80 周年、殉难 33 周年，随着声势浩大的纪念活动，闻一多诗歌的宣传、评论和阅读又开始活跃起来。进入 20 世纪 80 年代后，诗集《红烛》和《死水》除了被反复出版单行本以外，其中作品还被收录进《闻一多纪念文集》《闻一多全集》《闻一多作品欣赏》等各类闻一多相关著作中。部分诗作被高频次收录进各类诗歌选本中，对推进大众读者的阅读接受起到了积极作用。据不完全统计，新时期仅以《新月派诗选》为名的诗歌选本就有三种，闻诗收录数目均排在第二位，仅次于徐志摩。其中蓝棣之主编的《新月派诗选》共收录闻诗 27 首，其中 9 首选自诗集《红烛》，13 首选自诗集《死水》。这版诗选曾入选 2000 年教育部制定并通过的"高等学校中文系本科生专业阅读书目"，被列为"大学生必读丛书"，进一步推进了诗集《红烛》和《死水》中部分诗作在高校学生中的传播。新时期以来，这两部诗集及其中诗作，除了在大众读者中受到欢迎，在学术界也被越来越多的研究者关注。由于政治气候的宽松，对诗集《红烛》和《死水》进行的评论和阐释逐渐摆脱"极左"轨道，从偏重其思想内容，转变到思想内容、创作技巧、艺术价值等兼顾，研究成果非常可观。特别从 1983 年开始，全国闻一多学术讨论会开始定期召开，推进了对闻诗更加系统性和学理性的研究，使得闻一多诗歌的研究此后一直走在现代诗歌作家研究的前列。对这两部诗集的阐释，出现了三大趋势。

第一是格律诗创作及格律理论探索的价值被认可。论者们不再将诗作与其理论背景割裂开来，而是联系诗论和诗作进行整体的评论和研究。最能体现以上变化的例子，是诗篇《红烛》和《死水》所受到的评价和关注的变化。在闻一多殉难后直至"文化大革命"前，诗篇《红烛》一直被视为闻诗中最有代表性的篇目，甚至被视作闻一多生命的"序诗"，影响力较诗篇《死水》更大。到了 20 世纪 80 年代以后，由于闻一多的格律诗论越来越被评论家所注意，只要提到闻一多，必定言及其格律诗论；而只要说到闻一多的格律诗论，就必定会提到格律诗的典范之作——《死水》。诗篇《死水》得到了重新评估和研究，开始更高频次地被引用、评论，当然也就更高频地进入大众读者的视野。到了 20 世纪 90 年代，《死水》更成了闻诗中唯一入选人教版高中语文必修教材的诗篇，在青少年学生中被广泛阅读传播，影响力逐渐超过了诗篇《红烛》。

第二是对具体诗歌的解读更加深入和细化。以《死水》为例，由于诗人在《死水》一诗后标注的写作时间是 1925 年 4 月，因此部分学者认为此诗是诗人留学美国期间写作的，在解读诗歌内容时，将"死水"视为影射美国黑暗腐败的资本主义社会现实。到了新时期，部分学者对《死水》的具体写作时间，做了深入详尽的考证，通过饶梦侃遗作[①] 1926 年 4 月。这一考证结果为《死水》的解读提供了新的思路。尽管《死水》的写作时间至今依然存在争论，但考证本身足可见在新时期闻诗研究的深入和细化的程度。

第三是研究视野越来越开阔。在前一历史时期，学界为突出闻诗中的爱国主义精神内核，研究视角多放在发掘其诗歌的民族特色上，到了新时期，拜伦、雪莱、华兹华斯、惠特曼、哈代等英美作家与闻一多的关系被认真清理[②]，美国意象派"对闻一多新格律诗三美的影响"，被充分言说；还有学者，从新诗"自己的传统"视野，论述了闻一多诗歌在当下的价值与意义。

时至今日，随着对诗集《红烛》和《死水》阐释的深化，这两本诗集可以说已经逐渐摆脱了"爱国主义和革命传统教育教材"的标签，更多地被作为具有文学审美价值或文学史价值的杰作而被读者接受。

---

① 饶梦侃：《诗词二题》，《诗刊》1979 年 8 月。
② 薛诚之：《闻一多和外国诗歌》，《外国文学研究》1979 年 3 月。

文学史评价与读者基础

——以徐志摩与闻一多的比较考察为例

余蔷薇

（武汉大学）

　　文学史著对作家作品的阐释与评价，有时考虑并尊重读者因素，有时又完全忽视读者因素，因此，在文学史著中享有高评价的作家作品，并不意味着必然享有相对众多的读者基础；反之亦然。要笼统地讨论一个作家或一部作品的读者基础在文学史评价中占有多大的份额，是很难说的，因为这其中既涉及作家的类型和读者群的差异，又有时代文学史观念的变化等多种要素；但这无疑又是一个具有诱惑力的话题。在新诗史上，既享有来自文学史的高评价，又在坊间家喻户晓，这样的现代诗人恐非徐志摩莫属了。然而，其新诗史浮沉与读者基础的多寡也经历了一个曲折变化的过程，尤其是当我们引入同为新月派的重要诗人闻一多的比较观察时，问题变得更加复杂，这里笔者拟以徐志摩与闻一多的比较考察为案例，通过这种比较观察，梳理二者在新诗史中地位的起伏变化与其作品在读者中的接受状况的关系，思考文学史评价与读者基础问题。

一

　　钱基博在《现代中国文学史》（岳麓书社 1936 年版）对新文学不多的论述中有这样一个评价："一时景附以有大名者，周树人以小说，徐志摩以诗，最为魁能冠伦以自名家。"① 在钱基博的眼中，徐志摩的诗歌地位是堪与鲁迅的小说比肩的。这样的评价在民国时期的文学史不是孤例。笔者翻阅 51 部民国文学史著发现，那时的徐志摩享有"一手奠定新诗坛基础""新诗运动的首领""诗哲""诗坛的盟主""新诗之健将"等盛誉，其对西洋诗的尝试，得到了大多数民国文学史肯定，并且其诗作的"欧化"特征成为新诗彻底解放之后而不失诗质的标志。无论文学史编修者处何种阵营，带何种倾向，对徐志摩诗的评价，大多比现在要高许多。

大致来看，许多民国文学史将郭沫若与徐志摩的新诗归为西洋体一类，从欧化的角度对徐诗予以高评，并且大多认为徐诗成就高于郭诗。赵景深的《中国文学小史》（光华书局 1928 年版）、谭正璧的《中国文学进化史》（光明书局 1929 年版）和《中国文学史大纲》中（光明书局 1931 年版）、陈子展的《最近三十年中国文学史》（太平洋出版社 1930 年版）均认为郭徐二人尝试西洋体诗，"略开端绪"者为郭沫若，"尝试此道而成功的"是徐志摩。② 另一类文学史著将徐志摩与鲁迅、胡适相提并论。除了钱基博在《现代中国文学史》中将徐志摩的诗歌地位提到与鲁迅的小说地位相媲美的高度，霍衣仙在《最近二十年中国文学史纲》中指出，"第二期新诗主潮"，是"受徐氏所左右，正和胡适领导初期的新诗作家相同"。③ 可见，在霍氏著作中，从新诗发展的阶段性立论，认为徐志摩在诗坛的领袖地位，与新诗开拓者胡适比肩。还有文学史著从唯美主义角度肯定徐志摩杰出的诗歌才华，如苏雪林的《中国文学史略》（武汉大学，1931）、王哲甫的《中国新文学运动史》（杰成印书局 1933 年版）、霍衣仙的《最近二十年中国文学史纲》、赵景深的《中国文学史新编》（北新书局 1936 年版）、杨荫深的《中国文学史大纲》等一致从"唯美"这个角度肯定其诗歌的艺术追求。

与徐志摩相反，诗人闻一多在民国时期的文学史地位总体来看是不高的，无法与徐志摩相提并论。本文所考察的涉及徐志摩的 25 部民国文学史中，提及闻一多的只有 9 部，且大多只是简单提及。比如，赵景深

---

① 钱基博：《现代中国文学史》，岳麓书社 1986 年版，第 504 页。
② 赵景深：《中国文学小史》，光华书局 1928 年版，第 214 页。
③ 霍衣仙：《最近二十年中国文学史纲》，广州北新书局 1936 年版，第 71 页。

在论及徐志摩尝试西洋体而成功时，说"闻一多的《红烛》规律尚不十分严整"，只是"已走上这一条路"。① 可见，即使赵氏提到了闻一多，也是认为其诗体的试验成功程度远不如徐志摩。草川未雨认为闻一多的格律理论是"想着在新诗发展之外，另造出一种非新非旧的方块诗"，这无异于"死的幽灵的再现"。② 如果说这些产生于 20 世纪 20 年代的文学史著，有可能因为文学史编撰缺乏时效性，相对需要一定的沉淀而尚未注意到闻一多的话，那么，赵景深的《中国文学史新编》、李一鸣的《中国新文学史讲话》（世界书局 1943 年版）这类 20 世纪 30 年代至 40 年代的文学史著，确实给予了闻一多颇高文学史地位，他们将郭沫若、徐志摩、朱湘、闻一多并称"现代中国四大诗人"，但从具体叙述来看，郭氏与徐氏的地位显然远高于后两者。难怪赵景深曾回忆其师朱自清所说："现代中国诗人，须首推徐志摩和郭沫若。"③ 除上述零星的描述外，其他几部民国文学史提到闻一多，大多只是把闻氏与新月派朱湘、刘梦苇诸诗人一并列出名字而已，并未像对徐志摩一样给出具体的评价。可见，在民国时期文学史著的主流评价中，闻一多远不如徐志摩地位之高。

当然，在主流评价之外，还萦绕起伏着一些文学史的低音。20 世纪 30 年代至 40 年代，左翼思想日渐普及，左翼文学史从阶级立场对徐志摩诗歌的内容多持否定态度，但多数仍然肯定其艺术形式上的成就；对闻一多则普遍不太关注。比如，王哲甫的《中国新文学运动史》（杰成印书局 1933 年版）、蒲风的《现代中国诗坛》（诗歌出版社 1938 年版）、李一鸣的《中国新文学史讲话》均是如此。如果说这类左翼文学史著在评价上还流露着某种矛盾心态，虽然以阶级立场出发，但仍然与当时的评价主调相一致，那么另一类文学史著则旗帜鲜明地对徐诗完全否定与批判，对闻一多则未予提及，如贺凯的《中国文学史纲要》（新兴文学研究会 1933 年版）。这种全盘否定的态度，在民国文学史中绝非主流，却为新中国成立后的新文学史编修否定徐诗埋下了伏笔。值得注意的是，这类为新中国成立后新文学史编修否定徐诗埋下伏笔的文学史

---

① 赵景深：《中国文学小史》，光华书局 1928 年版，第 214 页。
② 草川未雨：《中国新诗坛的昨日今日和明日》，海音书局 1929 年版，第 235 页。
③ 赵景深：《志摩师哀辞（代序）》，陈从周编：《徐志摩年谱》，上海书店 1949 年影印版。

著，无一例外并未关注闻一多。

在徐闻二人于民国文学史评价的背后，其相应的读者基础呈现出不同的面貌。徐志摩在民国时期的上述文学史评价，是有着相当宽厚稳固的读者基础的。这个时期徐志摩在读者中接受广泛、持续而热烈，除了我们所熟知的《志摩的诗》（1925）、《翡冷翠的一夜》（1927）、《猛虎集》（1931）、《云游》（1932）外，还有《徐志摩选集》（徐沉泗、叶忘忧，万象书屋1935年版）、《徐志摩代表作》（上海三通书局1941年版）、《徐志摩诗选》（李德予，重庆大华书局1944年版）、《徐志摩杰作选》（巴雷，上海新象书店1947年版）。其中，《徐志摩选集》是当时的"现代创作文库丛书"，编者在序中强调诗集出版与读者接受之间的密切关系，言明所选定的二十位作家是"以他的读者之多寡来取决的"，该书最大目的就是争取大多数的读者，并且认为这二十位作者"可以概括了整个中国文坛"，① 而闻一多并不在其列。这个时期，闻一多出版的诗集只有《红烛》《死水》两种，《红烛》在1923年出版，之后未见重印，直到1985年上海书店影印出版以教学为目的的"中国现代文学史参考资料"丛书时，再次出版。《死水》虽然于1929年3月初版，到1933年4月印行到第4版，但无法与徐志摩诗歌的重印次数相比。如《志摩的诗》1925年初版，1928年重印，到1933年已经印行到第6版；《翡冷翠的一夜》、《猛虎集》两种诗集初版后分别于1928年、1932年再版。选集之不断出现，诗集之不断重印，从一个侧面说明其诗读者之众多。

批评家的关注度从另一个维度印证了徐志摩与闻一多诗歌所拥有的读者基础之差异。20世纪30年代，在对新文学进行总结时，陈西滢认为新诗虽多，"满意的贡献"却很少，以挑剔的眼光选出《志摩的诗》与《女神》，肯定二人的才气，并指出郭诗几乎全是自由诗，"很少体制的尝试"，而《志摩的诗》"几乎全是体制的输入和试验"。② 这句话再经由朱自清在《中国新文学大系诗集·导言》中引用，而成为后来文学史对徐志摩诗歌高评价的定论。从民国时期涉及徐闻二人的文章的对比统计，

① 《现代创作文库序》，徐沉泗、叶忘忧：《徐志摩选集》，万象书屋1935年版。
② 陈西滢：《新文学运动以来的十部著作》，《中国新文学大系·第6集·散文一集》，上海良友图书公司1935年版。

可以看到，比如，1925 年，期刊上有关徐志摩的文章已经达到 55 篇之多，而期刊上有关闻一多的文章最多年份在 1947 年，共计 17 篇，这个数字显然与闻一多在 1946 年 7 月被暗杀这一事件有关。①

二

在新中国成立后编撰的文学史著中，徐志摩、闻一多的地位发生了急遽变化。新中国成立初期，治史倾向政治化，通过文学史书写建立与巩固新文学革命传统，必然要以阶级论、题材论来对新文学作家重排座次。这时，徐志摩作为资产阶级文人，且诗作大多是吟风颂月的"唯美主义"，其被贬低，甚至被逐出新文学阵营，乃是必然结果。而闻一多则相反。1946 年，闻一多遇难后，毛泽东唁电表示："先生为民主而奋斗，不屈不挠，可敬可佩。"② 熊佛西在悼念闻一多的文章中特别指出："有些人仅将你看成一位'新月派'诗人，那就无异说，你是一位专咏风花雪月，而不管人民现实痛苦躲在象牙塔里的诗人，这我要为你抗议。我认为这是不正确的。你比新月派诗人伟大，你比他们更爱国，更爱人民，更了解人民。不错，你曾经加入过新月社，但你之加入新月社是由于你和志摩私人的感情关系，你的人格和文格都和他们不同。你比他们更伟大，更懂得现实。与其说你是新月派的诗人，毋宁说你是爱国派的诗人。"③ "民主战士""爱国诗人"成为中华人民共和国成立后对闻一多权威的政治化评价，其在文学史中地位被抬高，成为不言自明的必然结果。

新中国成立初期的几部文学史著，对徐志摩的评价从最初的"形式的追求"到"古典主义的残余"，再到现实主义诗歌的"逆流"，批判愈演愈烈；同时，也完成了将闻一多从民国时期文学史中的边缘位置提升至文学史书写中心的任务。到了 20 世纪 50 年代后期，在高校师生集体编著的文学史著中，徐志摩要么被排斥到新文学阵营之外，要么则开辟专

①　该数据来源于目前拥有最丰富中文元数据的"超星发现系统"。

②　《毛泽东 朱德唁电》，王子光、王康：《闻一多纪念文集》，三联书店 1980 年版，第 1 页。

③　熊佛西：《悼闻一多先生——诗人、学者、民主的鼓手》，王子光、王康：《闻一多纪念文集》，三联书店 1980 年版，第 72 页。

节进行"徐志摩批判";而闻一多在这些文学史著的论述中,则要么被淡化其新月派身份,要么避而不谈其形式追求,强调其诗的民族化特质,表达爱国情感的《忆菊》《太阳吟》、关注社会现实的《死水》《飞毛腿》等诗俯拾即是,被反复解读、肯定,其创作的爱国主义情感和民族特质被放大,从而使其由在民国时期文学史中的一般诗人,一跃成为新中国时期文学史中的重要诗人。

这一时期读者的阅读情况也与文学史评价一样,受到国家意识形态控制。作品的出版受到政府出版体系的制约,出版量与行销情况由作家的身份、文化资格以及政治资本所决定。所以,徐志摩、戴望舒等一批优秀诗人作品被禁,读者能够阅读到的都是符合主流意识形态要求的作品。此时,闻一多虽为新月派诗人,却是被毛主席称颂的"拍案而起,横眉怒对国民党的手枪,宁可倒下去,不愿屈服","表现了我们民族的英雄气概"的民主斗士,加之文学史著以特有的权力给予他的爱国主义诗人这种身份,其作品迎来了前所未有的出版和阅读高潮。开明书店1951年出版《闻一多选集》(新文学选集编辑委员会,茅盾主编),印数5000册,人民文学出版社1955年出版《闻一多诗文选集》,至1957年第2次印刷,总印数高达35000册。这种出版量对当时的专业诗人来说,是相当可观的。以1952年上半年诗集的出版情况为例,由中央人民政府出版总署列出的《全国新书目》可以看到,此期间共出版诗集62种,人民文学出版社出版的李季、田间、何其芳、严辰、艾青等专业诗人诗集共计33000册,而由武汉工人出版社出版的诗集高达141200册,专业诗人的诗集中,印册最高的是严辰、田间的诗集,分别为7000册,最少印次的是艾青的诗集,为2000册,而武汉工人出版社出版的《增产节约三字歌》就高达50055册之多。可见这一时期,专业诗人的诗集发行量是不如工农诗人的。而闻一多作为专业诗人,其诗集发行量,已远远超出同时期专业诗人诗集的发行量,几乎可以与当时流行的工农诗歌发行量相媲美,足见其读者基础的巨变。

在20世纪50年代中期的"百花时代",徐志摩的诗歌曾以较为精美的装帧出版过一次。在这个相对宽松的时期,《诗刊》1957年第2期发表陈梦家《谈谈徐志摩的诗》。作为重印徐志摩诗集的序言,陈梦家肯定了徐志摩诗歌作为五四以来新文学发展过程中的资料所具有的重印价值,试图从文学史的角度给予其一席之位。不过这一举措乃是借助努力发掘其诗中的政治积极因素为策略——"五四以后一个青年的志摩的苦闷已根本不存在",他选取《志摩的诗》中的《这是一个怯懦的世界》《毒药》《婴儿》《太平景象》《叫化活该》等诗证明其诅咒旧社会黑暗、冷酷与顽固的"积极思想"。不过,身为诗人的陈梦家并未完全回避对诗歌审美艺术的追求,在他眼中,"占篇幅较多而当时为人称赏的还是他的抒情和写景诗"。陈梦家曾为新月诗人,主编《新月诗选》,对徐、闻二人当是有相当深入的认识,在这样一个政治相对宽松的机会下,陈氏不失时机地肯定徐志摩对诗形的成功探索,以《沙扬娜拉》《再别康桥》为例,论述其诗轻松而清新的特点。然而,这种"大胆"的论断,也仍然只集中于《志摩的诗》中这些轻松而清新的诗作,对于《猛虎集》和《云游》则叙述较少。不过,陈氏在论述时指出,"尽管已经过了二十五年以上,我们当时读过的而今日重翻一遍,觉得其中有些首并没有忘记"。① 显然,从论述的缝隙,可以觉察出一个专业读者对徐诗穿越时空的可读性的肯定与赞赏。

臧克家的《中国新诗选 1919—1949》(1956)是新中国成立以后第一个极为重要的新诗选本,它以重新审订新文学"遗产"的历史主人翁姿态,对新中国文学的性质和价值做出判断,建立起新诗规范。在这个选本中,闻一多的《静夜》《发现》《一句话》《荒村》《洗衣歌》入选,徐志摩则未占一席之地。在序言中,臧克家极力批判新月派的资产阶级反动思想,对其"艺术至上论"及"唯美主义"形式全盘否定。而在1957 年 3 月再版时,臧克家增加了闻一多的《死水》及徐志摩的《大帅》《再别康桥》二诗。在修订的序言中,肯定徐诗思想内容中带有现实意义的因素,并以赞赏的语气论述其诗对形式的追求,"语句比较清新,韵律也比较谐和","在今天,这一点还是值得我们借镜的"。② 在再版后记中,臧克家专门指出该选集销路符合读者需求,再次强调其"为青年

---

① 陈梦家:《谈谈徐志摩的诗》,《梦甲室存文》,中华书局 2006 年版,第 143—151 页。《诗刊》1957 年第 2 期。

② 臧克家:《"五四"以来新诗发展的一个轮廓(代序)》,《中国新诗选:1919—1949》,中国青年出版社 1957 年版,第 15 页。

读者编选"的"读本"性质,并指出借再版机会加入了徐志摩的两首诗。[①] 前后不到一年时间,在选与不选之间,在批判与赞赏之间,出现了如此差别;在选什么这个问题上,所增两首诗作,一乃内容表现现实,二乃形式技巧娴熟,可见,在思想相对宽松的"百花时代",一旦政治环境相对放松,徐志摩便以形式见长的形象进入了选家的视野,虽然对于形式的肯定,始终隐匿于内容符合社会现实之后。旨在为新诗建立新规范的臧克家选本尚且如此,更不用说在民间,可以想见得到,徐志摩并未在读者的心中消失。

当然,随着"文化大革命"的到来,这种暂时的解禁立刻结束。20世纪60—70年代,徐志摩再次消失到读者视野之外。直到1979年出版《徐志摩诗选》,卞之琳在序中才得以抛开"以人论诗"的成规,客观公正地重新审视徐志摩的新诗艺术成就,指出其诗"能令今日的我们觉得耐读,不难欣赏,而且大有可供我们琢磨一番的地方",[②] 这大约是十年之后徐志摩在读者心中再次复活的前兆。

三

20世纪80年代以后,文学史书写日渐回归学术立场,徐志摩作为被完全否定与批判的反动文人,被再发现并在文学史中得到重新书写;而在我们的想象当中,当意识形态指挥棒不再起决定性作用时,闻一多诗作中那些民族特质、爱国情怀不再起决定其显赫位置的唯一作用时,其文学史地位,理应说似乎应该在追求艺术审美的时代下降,但事实上,其新诗史地位提升到了几与郭沫若相媲美的地步。

对比民国文学史中徐志摩的"诗坛盟主"之与闻一多并不显赫的地位悬殊,在新的历史时期,虽然文学史书写回归学理化,但徐闻二人的文学史地位似乎并未回复到民国时期的模样,甚至在某种程度上可以说,徐志摩的新诗史地位已然不如闻一多显赫。如钱理群等的《中国现代文学三十年》(修订本)称闻一多为"现代白话新诗的发展史上""继郭沫

---

① 臧克家:《再版后记》,《中国新诗选:1919—1949》,中国青年出版社1957年版。

② 卞之琳:《徐志摩诗重读志感》,《诗刊》1979年第9期。

若之后又一位对新诗成熟做出划时期贡献的大诗人"。① 在具体论述中指出，"闻一多与郭沫若一样"，"他们共同使新诗真正冲出早期的白话诗平实、冲淡的狭窄境界，飞腾起想象的翅膀，获得浓烈、繁复的诗的形象；而闻一多又以更大的艺术力量将解放了的新诗诗神收回到诗的规范之中，正是这一'放'一'收'，显示了闻一多的诗在新诗发展第一个十年其他诗人所不能替代的独特作用与贡献"。② 论述徐志摩则认为，"几乎全是体制的输入和试验"，"总在不拘一格的不断试验与创造中追求美的内容与美的形式的统一，以其美的艺术珍品提高着读者的审美力：徐志摩在新诗史上的独特贡献正在于此"。③ 一则是不可替代的历史贡献，一则是纯粹的诗歌审美艺术探索，两者的新诗史地位是有明显的位次区别的，只不过这个位次与民国时期的文学史著有所颠倒。可以说，强调闻一多对新诗发展史的重大贡献甚于徐志摩，应属当代文学史较为一致的看法。

在徐闻二人文学史地位升沉起伏的背后，二者的读者基础也相应发生变化。20 世纪 80 年代，出版社的意识形态禁锢随思想解放逐渐放开，在文学领域开启了审美需求超越政治标准推动文化出版与读者阅读的时代。笔者统计这一时期徐闻二人的诗集出版量看到：20 世纪 80 年代，中国大陆出版徐志摩诗集有 10 种，出版量巨大，动辄数万册；同一时期出版的闻一多诗集计有 6 种，发行量最大的是广西人民出版社 1982—1984 年印行 3 次的《闻一多作品欣赏》共计 46500 册，总量不如《徐志摩抒情诗》一次的发行量；人民文学出版社在 1980 年、1981 年出版的《死水》《红烛》30000 册，不到该出版社出版徐志摩诗集（81000 册）发行量的一半；其余诗集，印数极少。据笔者的不完全统计④，20 世纪 80 年代出版徐志摩诗集印册总计 276100 册，而闻一多诗集总计 90270 册，前者数量是后者数量 3 倍有余。20 世纪 80 年代，中国大陆出版第一部徐志摩诗集时印册只有 8900 册，而至 1983 年，出版量增至 106000 册，是三年前诗集印数的近 12 倍；同一时期，出版第一部闻一多选集册数是徐志

---

① 钱理群等：《中国现代文学三十年》（修订本），北京大学出版社 1998 年版，第 154 页。

② 同上书，第 133 页。

③ 同上书，第 134 页。

④ 《徐志摩文集》（上海书店，1988）、《徐志摩全集》（上海书店，1988）；《闻一多全集》（三联书店，1982），其册数不详。

摩诗集印数的 5 倍有余，而到 1987 年，《闻一多选集》印数只有 2170 册，不到三年前诗集印数的 5%。可见，20 世纪 80 年代，当徐志摩由过去的反动文人全面解禁，其诗集面向读者后，不仅受到欢迎，而且欢迎的程度逐年上升；而闻一多虽然于初期在由"文化大革命"的"文化荒漠"向"十七年"回归的文化惯性中仍然被读者广泛阅读，但其受欢迎程度随着出版事业的开放明显呈逐年下降的趋势。

20 世纪 90 年代，随着文化出版业进入市场经济的轨道，受到读者欢迎的作家作品自然会更受出版机构青睐，甚至一版再版，其出版种类与数量也会越来越多；而不被读者欢迎的作家，即使文学史地位非常高，其作品也会因失去读者而出版量越来越少。笔者统计这一时期徐闻二人的诗集出版量看到：20 世纪 90 年代徐志摩诗集出版有 36 种，闻一多有 10 种。从发行量上看，徐志摩诗集大多印数上万册。同一时期出版的 10 种闻一多诗集中，发行量大的有 4 种，其余诸种几乎都是 3000—5000 册的少量发行。《闻一多作品欣赏》是重印 1982 年的"中国现代作家作品欣赏丛书"，这套丛书可以说是在新的历史时期配合文学史重构文学秩序、重建文学经典的重要作品（台湾版直接用"中国新文学大师名作赏析丛书的名称"）。《闻一多诗全编》是学者所编，蓝棣之在前言中对闻一多诗歌地位的特别突出与文学史的言论一致。可见，这一时期闻一多诗集的出版，基本上是配合文学史的释义框架，属于对经典作品进行认定的文学机制，而与读者关系不大。

新世纪，徐志摩诗集出版有 106 种，闻一多有 38 种。2000 年同被评为"百年百种优秀中国文学图书"的《志摩的诗》和《死水》，前者由作家出版社出版，仅一年就加印了 3 次，共计发行 19000 册，而后者由解放军文艺出版社出版 10000 册。从发行量上看，徐志摩诗集的发行量仍然大于闻一多。但其他面向市场的图书，情况就不同了。比如，内蒙古文化出版社出版"学生阅读经典丛书"之《徐志摩散文·诗歌》（2003年），发行有 10000 册，仅两个月时间就第二次印刷，印数又 10000 册；汕头大学出版社的《我是天空里的一片云·徐志摩诗选》（2004 年），发行有 20000 册；复旦大学出版社的《再别康桥·云游》（2005 年），发行 15000 册。而闻一多诗集的发行量一般都在 3000—8000 册，达到万册的，只有复旦大学出版社出版的《红烛·死水》（2006 年，12000 册）、人民文学出版社出版的《闻一多作品新编》（2009 年，10000 册）。线装书局先后出版《再别康桥·徐志摩诗歌全集》（2003 年，10000 册）、《再别康桥》（2008 年，10000 册）、《徐志摩文集》（2009 年，10000 册）、《徐志摩诗歌精选》（2009 年）4 种，累计达 30000 册以上，出版《闻一多文集》（2009 年，10000 册）只有一种。中国戏剧出版社出版《翡冷翠的一夜》（2001 年，500 册）、《徐志摩诗歌·散文》（2003—2005 年 2 次印刷，8000 册）、《徐志摩文集》（2009 年），而仅出版《红烛》（2001 年）500 册，虽然两者印数都仅百余册，但徐志摩诗集仍然不断印刷，且印册明显翻倍增加。

综上所述，20 世纪 80 年代以来，无论是从出版种类，还是从发行数量，闻一多显然无法与徐志摩匹敌。徐志摩的诗歌拥有迅速扩大并且持续不衰的广泛的读者群体。这种接受盛况在新世纪以后还因为影视、传记等多种传播因素的运作而高潮迭起。从而使他成为民国诗人中在当代最具读者基础的一位。相比较之下，闻一多的诗歌阅读可以说是遭遇冷淡，像其他一些中国现代著名诗人一样在阅读上遭遇了看起来属于历史必然趋势性的冷淡。但闻一多与一些看起来属于历史必然趋势性地遭遇阅读冷淡的诗人们一样，并没有因其阅读冷淡而在这一时期的文学史著那里降低其文学史地位，徐志摩也没有因为他在当代的阅读盛况重返其民国文学史著那样显赫的文学史地位。

笔者从"超星发现"系统录得 1994 年至 2013 年的数据发现，有关徐志摩的发文数据总共 10258 篇，从 1994 年 124 篇，每年持续增长，到 2010 年 879 篇，翻了近 8 倍，2012 年后甚至突破 1000 篇，至 2013 年达到 1185 篇；有关闻一多的数据共 7565 篇，总量少于徐志摩，从 1994 年 171 篇以来，多数年份基本上每年保持 200 篇左右，在 1999 年、2009 年曾突起为 387 篇、536 篇二次峰值。这两次峰值显然与闻一多诞辰 100 周年、110 周年，在北京人民大会堂召开的纪念会和在武汉大学召开的"闻一多诞辰 110 周年纪念暨国际学术研讨会"不无关系。尽管如此，其最高值也仅为徐志摩通常年份的一半。再分析期刊上所涉及二者的学术文章会发现，徐志摩共 5229 篇，1994—2003 年每年保持 40 篇左右，进入 2004 年后，从 277 篇增至 2013 年 687 篇；而闻一多共 3050 篇，1994 年 46 篇至 1998 年降到 22 篇，1999 年突然增至 76 篇，又逐年下降至 2003

年 32 篇，2004 年开始 163 篇，至 2010 年达到 386 篇，迎来第二次高潮，然而这最高值显然也只是同年徐志摩通常年份研究文章的一半。从未来趋势上看，研究徐志摩的文章正处于强劲持续增长的势头，而闻一多则已呈下降趋势。

关于闻一多发表《最后一次的讲演》
背景与细节的考察

闻黎明

（中国社会科学院）

1946 年 7 月 15 日闻一多在李公朴死难经过报告会上即席发表的演说，凝结着一代中国知识分子向往光明、坚持进步、威武不屈的风采和精神。这次讲演的记录很快刊登于昆明进步报刊，1948 年 8 月开明书店将它收入《闻一多全集》第三卷，题为《最后一次的讲演》。《闻一多全集》收入这篇抨击国民党统治的激烈演讲，表现了主持编辑的朱自清、吴晗等人和出版者叶圣陶相当大的勇气①，正是他们的决断，使闻一多这次讲演得到广泛传播、流芳青史。新中国成立后，这篇讲演被编入初中语文课本，改名《最后一次演讲》，从而使广大青少年把闻一多的名字融入基础知识的海洋。②

闪耀着闻一多生命光辉的《最后一次的讲演》，它的内容已广为人

---

① 1946 年 11 月，清华大学校长梅贻琦聘请朱自清、雷海宗、潘光旦、吴晗、浦江清、许维遹、余冠英七人组成"整理闻一多遗著委员会"，由朱自清负责，出版时署名朱自清、郭沫若、吴晗、叶圣陶四人。实施中，主要是在朱自清、吴晗主持下，经过清华大学中文系全体同人的共同努力完成的。

② 《最后一次演讲》被编入初中语文课本的时间不详，不过笔者 1965 年的初中三年级语文课本里就有这篇讲演。"文化大革命"后，教育部统一教材删去了这篇讲演，其内容作为新编入的臧克家《闻一多的"说"与"做"》的辅导材料。但有些省市自编教材中仍保留了这次讲演，有的还编有课件。某年全国高考中，还出现了关于这次讲演直接的问答题。

知，有关闻一多出席报告会的背景也大致满足基本历史的普及。不过，就历史的完整性而言，仍有几个问题有所忽略。本文旨在弥补这一空白，使这一历史场景更加充实。

闻一多的讲演是在7月15日李公朴死难经过报告会上发表的，因此问题需围绕报告会展开。这个报告会由昆明学生联合会（以下简称"昆明学联"或"学联"）召开，这在当时就是公开的，问题在于当时形势十分严峻，学联在这种环境下如何策划组织报告会，这在目前闻一多研究中还不够清晰。

不少当年报告会的参加者都说这次活动是中共地下党决定的，但进一步的情况则不甚清楚。闻一多讲演的记录者之一余丹女士（何丽芳），她的回答只是听说。① 余丹当时加入共产党仅四个月，对上级决策过程了解不多可以理解，实际上党龄比余丹长的地下党负责人对这一内情了解的也有限。时任云南大学学生自治会常委和云大党支部委员的文庄（舒守训）说到这个问题时，也说只知道报告会由"中共云南省工委决定"，"通过昆明学联组织安排，具体由云大学生自治会准备会场"。他还特别说："地下党领导人是谁我们不问。当时的工作方式特殊，要搞较大的群众性活动，党组织决定后即布置各个学校和单位的党员、民青成员去贯彻，由于党和'民青'② 都是不公开的，所以又以学联或其他外围组织的名义出面动员、号召或组织"，这次"集会便是这样通知下去的，整个集会没有说明是谁出面召集，哪个团体负责主持，这是当时白区工作的特点"。③ 看来，要理清中共地下党与李公朴死难报告会的关系，还得下一番功夫。

其实，这个问题在郑伯克回忆中已有所透露。郑伯克1941年6月被中共南方局任命为云南省工作委员会（以下简称"省工委"）书记，那正是皖南事变后不久，根据南方局制定的隐蔽精干原则，云南省工委只设三个委员，从那时到李公朴、闻一多被刺，省工委只有郑伯克与侯方岳、

---

① 访问余丹记录，2010年4月25日、2016年7月15日。

② 全称"云南民主青年同盟"，中国共产党的外围组织，1945年1月10日成立。其宗旨是接受中国共产党的领导，与一切民主力量合作，为实现中国新民主主义而奋斗。民青的酝酿与成立，详见闻黎明《闻一多传》（增订本），人民出版社2016年版，第451—453页。

③ 文庄致闻立雕，2010年8月31日。

刘清三人。省工委下不设机构，不建固定机关，委员各有分工，三人会议只分析形势，研究政策、方针等重大问题，具体问题由分工负责人的委员之间个别研究，联系方式一律采取单线。①

7 月 12 日，郑伯克按照约定到端仕街市立女中地下党员舒莲玉（舒彬）的家与云南大学党支部书记杨知勇碰头，见面后方得知李公朴被暗杀的消息。震惊之余，郑伯克表示："在此白色恐怖的斗争关头，党组织不能退缩，学联必须坚持斗争。"② 郑伯克的这个态度，可以说就是省工委对云大党组织的指示。这年 4 月，考虑到西南联大不久就要复员北返，昆明学生运动的中心需要逐步转移到云南大学，省工委决定在云大建立党支部。云大党支部成立时有党员十多人，包括前面提到的余丹、文庄，而支部书记即杨知勇，因此郑伯克对杨知勇的这番话代表了省工委的指示。郑伯克的态度是明确的，他与杨知勇分手后，当天便与从事学校与统战工作的何功楷、黄平碰了头，研究了如何组织英语专科学校和各中学的党员、"民青"积极参加悼念李公朴活动的具体工作。③

杨知勇接受郑伯克指示后，立刻回校与云大党支部进行了研究。7 月是暑假期间，大多学生已离校，组织大规模群众活动有实际困难，所以云大党支部建议由昆明学生联合会出面，在云大门口张贴大字报，必要时在市中心近日楼出大字报。④

云大党支部的这个建议，需要做以解释才能理解。第一，杨知勇所说的昆明学生联合会，也可以理解为云南大学学生自治会。昆明学生联

① 郑伯克：《白区工作的回顾与探讨——郑伯克回忆录》，中共党史出版社 1999 年版，第164—165 页。

② 同上书，第 351—352 页。

③ 何功楷、黄平，均是郑伯克单线联系的中共党员。何功楷，1938 年入党，曾任中共鄂西特委组织部长。1942 年转学到西南联大，与马千禾（马识途）、齐亮组成皖南事变后西南联大的第一个党支部。毕业后，以教师身份为掩护，继续负责西南联大党组织与省工委的联系，并参与了纪念"五四"大游行和"一二·一"运动的组织和领导工作。黄平，原名黄燕帆，又名黄知廉，1938 年初入党。1942 年考入西南联大历史系，1944 年初疏散到普洱县磨黑中学，接替吴显钺任校长。1945 年 9 月负责领导开展陆良和周边各县党的工作。1946 年 6 月，云南省工委调黄平回昆明，负责联系民主同盟和昆明学生联合会的工作。

④ 郑伯克：《白区工作的回顾与探讨——郑伯克回忆录》，中共党史出版社 1999 年版，第351 页。

合会成立于 1945 年 6 月 15 日，参加者有西南联大、云南大学、中法大学、英语专科学校及云大附中、昆华女中、市立女中、峨眉中学、长城中学、建民中学、龙渊中学、天祥中学等 20 多所学校的学生自治会。学联的最高领导机构是常委会，成立之初设有五个常委单位，其中云南大学占了两席，即云南大学学生自治会和云南大学附中学生自治会，但学联的核心则是学生人数最多、进步力量最大的西南联大学生自治会。不过，鉴于西南联大即将复员，学联常委会在 4 月里已推选云南大学学生自治会为学联主席，故此时学联的重心已转移到云南大学。因此，这时的云南大学学生自治会既可以使用自己的名义，也可以使用昆明学联名义，什么时候用什么名义，根据需要灵活掌握。第二，根据各级组织之间不发生横向联系的地下工作原则，昆明学联中的党组织与云大党支部是平行的，彼此不发生关系。① 此外，当年担任云南大学学生自治会主席和昆明学联主席的是蒋永尊，蒋永尊 1939 年在省立昭通中学加入共产党，1944 年考入云南大学，根据转地不转组织关系的规定，蒋永尊到昆明后仍由负责昭通一带地下党工作的省工委委员侯方岳直接联系，不与云大党组织发生关系。

由于这两个原因，云大党支部能否与学联共同行动，需要省工委决定。省工委分工负责学联的郑伯克，与直接联系蒋永尊的侯方岳及时研究了云大党支部的建议。两人一致认为，在公开的群众运动问题上，云大党支部应与学联取得一致，遇有情况，蒋永尊可与云大党支部的陆琼辉联系。② 这就是说，省工委批准了云大党支部的建议，同意他们在抗议国民党杀害李公朴问题上与昆明学联统一行动。这样，云大党支部才派陆琼辉与昆明学联进行了沟通，只是云大学生自治会出面的是常委潘汝谦（潘明）而不是蒋永尊。③ 陆琼辉与潘汝谦是怎样联系的，以及双方如何研究落实省工委指示，目前还没有发现相关记载。不过，7 月 15 日报

---

① 学联党组织的党员与云大党支部的党员有个别重叠现象，如文庄既是云大党支部成员，又是学联党组织的成员，这只是由于文庄同时担任云南大学学生自治会常委才出现的特例，原则上规定学联党组织不与云大党支部发生直接联系。

② 郑伯克：《白区工作的回顾与探讨——郑伯克回忆录》，中共党史出版社 1999 年版，第351 页。

③ 潘明、马荣柱：《李公朴、闻一多遇难前后》，《思想战线》1986 年第 6 期。

告会由昆明学联以李公朴治丧委员会名义召开，大会主持者即公开学联负责人身份的蒋永尊，这显然是双方商量后决定的。

综上所述，可知开展抗议国民党杀害李公朴活动的指示，最初是云南省工委书记郑伯克的决定，接受指示者是云大党支部书记杨知勇。杨知勇与云大党支部研究后，认为由具有合法身份的学联出面有利于开展工作，省工委接受了这个建议，使云大党支部与学联在抗议国民党暴行问题上实现了合作。

云南大学党支部最初的建议，重点放在揭露阴谋、扩大宣传方面，似乎尚未涉及其他活动，举行报告会可能是双方合作后方制定的一种斗争手段，并非事前就有的计划。昆明学联出面后，由它以云大学生自治会名义向学校借用至公堂作为报告会场地，云大当局没有理由拒绝。可见，这里每一个环节考虑得都非常缜密，任何一个都不能缺少。

闻一多出席李公朴死难经过报告的经过，在闻一多亲属高真、闻立鹤、闻铭，以及云南民盟主任委员楚图南、组织部长冯素陶等回忆中，均有记载。可是，他们都没有出席报告会，闻一多到云南大学出席报告会的前后情形，还得靠亲历者记述才能还原。

7 月 15 日上午七八点钟，得到李公朴死难报告会通知的人群就陆续到了至公堂，闻一多也是这个时候去云南大学的。到云大后，闻一多没有随着人流进入会场，而是先到至公堂西侧的云大学生自治会办公室。办公室里没有人，他坐了下来。报告会即将开始前，负责会场维持秩序的文庄进屋通报情况，见到闻一多在屋里，感到非常意外。他说："我到云大学生自治会办公室，突然看到闻一多先生坐在那里，这完全出乎我的意料。据我了解，学联考虑到闻一多先生的安全，这次报告会是不准备邀请他出席的，不知是谁把报告会的消息告诉了他。"①

闻一多知道这次报告会并不奇怪，因为云南大学就有不少民盟成员和"民青"成员。关键是闻一多只要离开西仓坡的家，就随时面临着生命威胁。文庄抢救李公朴时，就想到闻一多也处于危险中，所以他和杨实（杨远基）、叶星同李公朴家属一起把李公朴送到云大医院后，马上就

_____

① 文庄：《深切缅怀李公朴先生》，《群言》2006 年第 7 期。

让杨实赶到闻先生家去报信,请他提高警惕。① 不止文庄,中共地下党当时也为闻一多担心。12 日早上,郑伯克见过杨知勇后,就派中共党员、西南联大经济系学生林深(林必宜)去找吴显钺(吴子良),让吴劝闻一多隐蔽起来。② 吴显钺 1938 年入党,1939 年考入西南联大,皖南事变后疏散到普洱县,1944 年初返校复学。1946 年 1 月,西南联大学生自治会改选,吴显钺被选为西南联大学生自治会理事、常委,同时担任昆明学生联合会主席,昆明学生举行的"一二·一"四烈士出殡、游行、公葬等,就是在他担任昆明学联主席后进行的。昆明学联属于郑伯克单线联系,因此郑伯克决定让吴显钺去找闻一多。吴显钺接到指示后,"以师生关系去见闻一多,向他说明险恶的形势,力劝他转移隐蔽,但闻一多不愿意转移,他说:我们很多人都溃退了,我不能像他们一样,我要坚持战斗"③。

这件事在高真回忆中也说到了。她在《一多牺牲前后纪实》中写道:7 月 15 日一大早,又有朋友来报信,说黑名单的事绝对可靠,请他千万小心。④ 这个"又"字,说明此前已经有人来报过信,那人应当就是杨实,吴显钺是第二个来报信的人,只是高真不知道这个朋友的姓名。闻一多知道吴显钺是西南联大学生自治会和昆明学联主席,但不知道他是地下党员,所以没有把吴与云南省工委意见联系起来。闻一多次子闻立雕说:"父亲与吴显钺常有接触,但不知道他是地下党员,误以为他此刻前来仅仅是出于学生对老师的关心,吴显钺则受组织纪律的约束也不便亮出自己真实身份,结果父亲仅仅对吴的好意表示了深深的感谢,但是,拒绝隐蔽、转移。"⑤ 话是这么说,实际上即使闻一多知道吴显钺转达的是中共意见,也不会动摇。吴显钺把闻一多的态度向郑伯克做了汇报,

---

① 文庄:《深切缅怀李公朴先生》,《群言》2006 年第 7 期。杨实,又名杨远基,云南大学学生,"民青"成员,后来加入共产党。叶星,云南大学学生,文庄的妻子。

② 林深是和成银行职员,郑伯克以林深亲戚的名义住在和成银行宿舍,郑伯克当时只能见到林深,所以让他去找吴显钺。

③ 郑伯克:《白区工作的回顾与探讨——郑伯克回忆录》,中共党史出版社 1999 年版,第 351 页。

④ 参见高真《一多牺牲前后纪实》,王康、王子光编:《闻一多纪念文集》,三联书店 1980 年版,第 383 页。

⑤ 闻立雕:《红烛:我的父亲闻一多》,新华出版社 2009 年版,第 282 页。

郑伯克不能像党内一样对闻一多下达命令，只能"通知云大党支部和在民盟工作的党员，尽量注意闻一多的安全，防止发生意外"。①

其实，闻一多怎么能不了解自己的处境，社会上传出的黑名单中就有他的名字，而且一个自称"张柴静一"的疯女人已三次闯到西仓坡宿舍施加威胁，这事无人不知。但是，这改变不了闻一多参加报告会的意志，这才不请自到。文庄对闻一多的来到没有思想准备，一时不知如何是好，赶紧把情况告诉蒋永尊。蒋永尊听了也很意外，遂即到学生自治会办公室，劝闻一多不要出席，但闻一多不为所动。文庄在一篇回忆中说"学联的负责同学只好请他不要讲话，他表示同意"②，在另一份材料中亦说"蒋永尊还告诉我，闻先生来了，请他不要讲话，他同意"③。文庄的话说明蒋永尊劝说闻一多时他不在现场，闻一多答应蒋永尊"不发言"的条件，是蒋永尊告诉他的。

这里说到的文庄、蒋永尊，都是具有长期地下工作经历和丰富斗争经验学生领袖。文庄原名舒守训，很早就投身进步活动，1942 年已是中共外围组织"五九"读书社的成员。1943 年 7 月，"五九"读书社与其他几个秘密读书会联络了一些在职青年和大中学生，成立了以服从中国共产党的领导、按党的方针政策办事、团结各界职业青年、为新民主主义而奋斗为宗旨的"新民主主义者联盟"，文庄是这个组织的中心领导小组成员。④ 7 月 11 日晚李公朴被暗杀时，文庄与杨实、叶星三人正从华山西路回云南大学，快到青云街口时听到街上有人说前面出事了。他们赶过去见躺在地上的是李公朴，就留下两人守候，一人去北门书屋李先生家里叫人。李公朴的儿子李国友和一青年店员带着帆布床赶来后，他们一起同张曼筠把李公朴送到云大医院，并一直守候在旁边。⑤ 李公朴逝世

① 郑伯克：《白区工作的回顾与探讨——郑伯克回忆录》，中共党史出版社 1999 年版，第 351 页。

② 文庄：《在至公堂，我听到闻一多先生的最后一次演讲》（未刊稿），2003 年 3 月，余丹保存。

③ 文庄致闻立雕，2010 年 8 月 31 日。

④ 参见《云南大学志》编审委员会编《云南大学志》第 3 卷，《党群志（1925—1997年）》，云南大学出版社 2003 年版，第 35 页；郑伯克《白区工作的回顾与探讨——郑伯克回忆录》，中共党史出版社 1999 年版，第 213—214 页。

⑤ 文庄：《深切缅怀李公朴先生》，《群言》2006 年第 7 期。

后，文庄参与了治丧委员会工作，是李公朴死难报告会的组织者之一，并负责会场纠察。① 蒋永尊是很多云南老人都熟悉的名字。他是云南大学社会学系学生，1939 年加入中国共产党，1944 年秋考入云南大学社会系，1946 年 2 月被选为云南大学学生自治会主席，4 月接替吴显钺担任昆明学生联合会主席，是当时昆明学生运动的主要领导人。②

9 时左右，正在发烧的李公朴夫人张曼筠，乘人力车来到云南大学，陪同她的是长期协助李公朴工作的王健（王吟青）以及儿子李国友。张曼筠到至公堂时，报告会就要开始了，遂在蒋永尊陪同下，与闻一多从至公堂北门进入会场。

至公堂是座坐北朝南的大殿式木结构建筑，明清两代为云南贡院的一个部分，抗日战争时期是昆明举办大型集会的主要场所之一，许多重要会议都在这里举行。至公堂南北各有一门，这天的报告会，人们从北门进、南门出。讲台在大堂西端，有一个不太高的台子。台子较宽，可以演出文艺节目。这天讲台上没有任何布置，只有一张讲桌、两条长凳。台下的座位共有四列，每列四排，列与列之间是供人走动的过道。至公堂的坐席，均为可坐三个人的有背靠椅，第一排为贵宾席，贵宾席前有桌子，可做记录。那天，至公堂的椅子占了大堂的四分之三，后面四分之一是空着的。参加这天报告会的人很多，余丹说"至公堂内座无虚席，连走道上和会场四周也站满了人"。另一位参加报告会的詹开龙也记得至公堂内外挤满了人，连站的地方也水泄不通。根据报道，参加这次报告会的人有千余人，闻一多在讲演中也说"今天到会的一千多青年"。

一千多人在今天看来不算什么，但联系到当时的情况就知道这是个了不起的数字。须知从李公朴逝世到报告会召开，中间只有两天，要在

---

① 文庄 1947 年 7 月毕业后，便被派往抗法战争中的越南，担任越南华侨工作委员会委员，并将原名舒守训改为现名。其后，他曾担任胡志明的翻译，参与了胡志明和毛泽东的三次重要会谈。1967 年，文庄奉外交部令回国参加"文化大革命"运动，此后在北京外国语大学工作。

② 蒋永尊于 1947 年 2 月奉云南省工委指示到宝山开展武装斗争组织工作，6 月 6 日在宝山发马坡成立云南较早的反蒋武装队伍，代号"六六分队"，其任党代表。10 月，云南省工委计划成立滇东特委，以蒋永尊为书记，以邱北为根据地。11 月 5 日，蒋永尊在去邱北途中在宣威遭到土匪袭击，不幸牺牲，年仅 27 岁。1949 年 1 月，为纪念蒋永尊和在师宗牺牲的傅发焜，云南省工委决定以两位烈士的名字将滇东北的几支起义队伍命名为"永焜支队"，同年 8 月，"永焜支队"整编为中国人民解放军滇桂黔边纵队六支队。

两天内召集这么多人并非易事。更重要的是，那时国民党已撕毁政治协商会议协议，国民党军队已对鄂豫皖三省边界的中原解放区展开围攻，在反动派气焰嚣张、爱国人士感到窒息的时候，召集一千多人集会，没有健全的组织和高效的动员力量是很难办到的。西南联大学生郑畅说："为了组织李先生的追悼会，吴显钺费尽心思才发动了几百个同学参加，原因是暑假期间绝大部分同学都回了家"，能够动员的只有"少数云大同学和联大仅有的 20 多人"。① 郑畅的话也许有点夸张，但情况确实存在。云南大学在校学生有多少不太清楚，但西南联大最后一批复员同学正是 7 月 11 日李公朴被刺那天的上午乘车北上，留在昆明的只是等候飞机的教职员及少数留守人员。这时，地下党和学联的作用得到再次显示。文庄说："虽是暑假期间，但通过学联组织和'民青'的推动，昆明各大中学同学和广大市民都及时知道了集会的消息。"② 这句话有些简单，时任云南大学学生自治会常委的潘汝谦了解的情况要相对多些。他说："李公朴先生被暗杀以后，我党计划开一个追悼会来揭露国民党的罪行。省工委决定从几条线来发动：我党地下党员杨宁，他的公开身份是《中央日报》记者，另外又是民主同盟中央组织部的副部长，于是就把发动民盟的任务交给他来完成。其次，由黄平联系上杨知勇，由他通知学联，发动青年学生参加，追悼会还要做好保卫工作，防止敌人蠢动。结果追悼会来了八九百人，会开得很成功。"③ 郑畅也说，吴显钺当时动员的主要对象是中学生，其中昆华女中的叶兆玉就约了好几十人。④

　　报告会能否成功的因素很多，会场秩序也是重要一环。报告会是开放的，任何人都可以参加，特务也可以大模大样走进来，这些人肯定会伺机捣乱。为了对付这种情况，报告会组织者提前做了布置，挑选了些身强力壮的同学组成纠察队。负责纠察队的文庄说："自治会分工我负责

---

① 郑畅：《吴显钺轶事》，《中共成都地方·历史人物选编（三）》，http：//www.taodocs. com/p－4603029. html。

② 文庄：《在至公堂，我听到闻一多先生的最后一次演讲》，未刊稿，2003 年 3 月，余丹保存。

③ 潘明、马荣柱：《李公朴、闻一多遇难前后》，《思想战线》1986 年第 6 期。

④ 郑畅：《吴显钺轶事》，《中共成都地方·历史人物选编（三）》，http：//www.taodocs. com/p－4603029. html。

会场秩序和纠察队。我看到，在到会群众中混杂着不少军装不整，形迹可疑的人物。他们东张西望，神情明显与众不同。我意识到，不少特务混入了，当即按预订计划，安排身强力壮的同学在会场中盯住他们，如发现谁有异动，便两个架一个把他们带出会场。"①

一切安排妥当了，闻一多、张曼筠方在蒋永尊陪同下进入至公堂。他们直接走上讲台，闻一多在讲台后方侧面的一张凳子上坐了下来，接着蒋永尊简单讲了几句，就请张曼筠报告。② 张曼筠强忍悲痛讲述李先生遇难经过，说了不多会儿"突然哽咽不能成声，蒋永尊急忙上前搀扶，会场小有波动。与此同时，独自坐在讲台后沿的闻先生猛然站立起来，挺身走到台口。全场立即肃静，他讲话了"③。

闻一多的最后一次讲演，就是在这种情况下发表的。文庄回忆说：闻一多"以低沉的语调开始，又激动地骤然提高嗓音。……至公堂沸腾了。闻先生的讲话一次次被热烈的掌声打断。霎时间，悲痛化作力量，压抑、紧张、悲愤化作激昂、振奋、充满信心和决心。闻先生停下了。至公堂里继续爆发出经久不息的、急风暴雨般的掌声"④。不久前才进入中央通讯社昆明分社的记者丁燕石多年后也回忆到：闻一多讲演毕，过了片刻，"台下群众这才回过神来，起立报以热烈的掌声，久久不息。"他还特别说："这是我记者经历中一次难忘的经验，时隔半个多世纪，迄今回想，犹现眼前。"⑤ 丁燕石后来去了台湾，他的文章是在台湾发表的，可见言之不虚。

闻一多大义凛然的慷慨陈词，会场群众的义愤填膺，纠察队同学的严阵以待，震慑了混进场内的特务，使报告会的空气虽然紧张却也安静，除了李夫人讲到悲痛处时有人低声哭泣外，几乎鸦雀无声。这情形正如詹开龙所说："闻先生的演讲激昂慷慨，人们屏息静听，整个会场静得只

---

① 文庄：《在至公堂，我听到闻一多先生的最后一次演讲》，未刊稿，2003 年 3 月，余丹保存。

② 文庄致闻立雕，2010 年 8 月 31 日。

③ 文庄：《在至公堂，我听到闻一多先生的最后一次演讲》，未刊稿，2003 年 3 月，余丹保存。

④ 同上。

⑤ 丁燕石：《闻一多遇刺前后》，台湾《传记文学》2003 年 11 月号。

有闻先生洪亮的声音载着烈火一样的语言在回响，或者就是暴风雨般的掌声震撼屋宇。整个气氛简直使那些混迹其间的特务分子无容身之地。"

    报告会结束了，会场里的特务虽然没敢蠢动，但人们很清楚，闻一多在会上几次直斥"特务们"，更会让他成为反动派的眼中钉。为了避免不测，文庄、李艺群（李继昌）、李德明（张继骞）、蒋永彬（蒋永尊的堂弟）等人自动承担起护送闻一多的责任。郑伯克说那天护送闻一多的有"30 余名云大学生"[①]，文庄则说"百十位同学护送闻先生离去"[②]。有些文章说同学们一直把闻一多送回西仓坡西南联大宿舍，其实不是，闻一多说自己还要去民主周刊社，所以大家可能只送到云大南门。时任云南民盟秘书长的赵沨也陪伴闻一多到了云南大学大门，在这里发生的一幕给他留下深刻印象："一群特务在云大大门外向他怒目而视，护送他的高先生向他望了望，他若无其事的提着手杖向前去着。他看看高，便问：'怕么？'高摇头，他却仰着头哈哈大声笑起来了。"[③]

---

    ① 郑伯克：《白区工作的回顾与探讨——郑伯克回忆录》，中共党史出版社 1999 年版，第354 页。

    ② 文庄：《在至公堂，我听到闻一多先生的最后一次演讲》，未刊稿，2003 年 3 月，余丹保存。

    ③ 赵沨：《闻一多先生底回忆》，香港《光明报》新 4 号，1946 年 10 月 18 日。

闻一多集外佚作辑说

陈建军

（武汉大学）

近几年来，笔者翻检民国时期报刊，先后发现闻一多的一则新闻稿、一首诗、一通手札、一篇跋文和一幅肖像速写画。这些佚作均未收入已版《闻一多全集》，各种闻一多年谱、传记等亦不见著录。

一 新闻《一九二一级纽约重聚会》

《一九二一级纽约重聚会》原载《清华周刊》1925 年 3 月 6 日第 338 期"新闻"栏，文末署"（闻一多）"。其题名和署名均未出现在目录页中，如非逐期逐页翻检《清华周刊》，这篇不到 350 字的短文是不大容易被发现的。全文如下：

一九二五年一月三日，中华园。（按：此句原无标点。）在纽约读书有一种好处，便是你若好玩而且会玩，可以玩得你不要读书了。我们一九二一的这几位级友（除了我一人以外）到纽约来，真是可惜了纽约。你看他们一个个都是书虫：张杰民，吴宗如，廖芸皋，张祖荫，黄宪儒，熊祖同，段茂澜，顾德铭，王际真，沈仁培，李运华……都已经在学位上堆学位了。最明显的例是费培杰用功已经用到医院里去了。用功的人也有他们的好处，因为他们无往而不勇敢，无往而不努力，便是宴会的时候，也是这样。如果再加上几位外来的健将，例如王德郅，汪泰经，尤其是那著名的食量大王时昭涵，那这番的宴会，其痛快淋漓，可想而知了。

这次聚会，因为与周刊读者面熟的滑稽新闻记者李运华先生缺席，没有人作报告，记者便抓着我了。我同 Bob Li 比，"赐也何敢望回？"

1912 年，闻一多考入清华留美预备班，因英语基础不好，遂留级一年。按学制规定，闻一多读完四年中等科和四年高等科之后，便可以在 1921 年如期毕业并出洋。因此，闻一多所在的年级被称作是"1921 级"。1921 年是辛酉年，所以"1921 级"又被称为"辛酉级"。在"1921 级"毕业前夕，即 6 月 3 日，李大钊、马叙伦领导北京国立八所大学教职员"索薪团"向北洋政府展开索薪罢教斗争，22 所学校 600 余名学生也在新华门前请愿，北洋军警打伤 20 多名师生，制造了震惊全国的"六三惨案"。闻一多等 29 人为声援罢课斗争，拒绝参加毕业大考，结果先被学校当局取消学籍，后被迫留校一年。清华校史上有一个所谓的"大二级"，指的就是这批人。闻一多在这篇文章中所提到的廖芸皋、顾德铭、沈仁培、费培杰、时昭涵等级友，都是一年后才到美国留学的。①

1922 年 7 月，闻一多结束了 10 年的清华生活，前往美国芝加哥美术学院。一年后，转学到温泉科罗拉多大学。1924 年 9 月，又转入纽约艺术学院。这篇关于 1925 年 1 月 3 日清华"1921 级"重聚中华园的报道，当是闻一多在纽约所写的。《清华周刊》第 338 期"新闻"栏内，还刊发了《一九二〇级纽约重聚会》和《一九二二级纽约重聚会》。这两篇新闻稿都写得比较长，对聚会的情形和参加聚会的级友作了比较详细的描述。相比之下，闻一多则写得相当简略。他笔下的级友主要有两大特点：一是很用功，个个都是"书虫"。特别是费培杰，"用功已经用到医院里去了"。二是都能吃，"尤其是那著名的食量大王时昭涵"。文章虽短，读来却饶有趣味。这篇报道本应由"滑稽新闻记者"李运华来写，但他没有参加聚会，最终只好由闻一多代劳了。闻一多提供给《清华周刊》的新

---

① 参见《一九二一毕业生大二级赴美留学学科学校一览表》，《清华周刊》1922 年 5 月 19 日第 248 期。

闻稿大概仅有正文，其题名可能是由编辑统一添加的。

二　新诗《往常》

搜集现代作家的佚作，不能放过那些刊名中含有"政治""经济""天文"等字眼的非文学类民国期刊。新发现闻一多的《往常》一诗，就是最好的例证。全文如下：

往常

往常听见咳嗽的声音，
听见那里打了一个喷嚏，
我知道谁是你的仇人，
我知道风霜又欺负了你。

往常我日夜受着虚惊！
我灵魂边上设满了烽堠；
只要你远远的哭一声，
我可以马上加鞭来营救。

往常你偶尔也笑一声，
像残灯里吐出一丝红焰。
你笑一回我便吃一回惊！
知道这笑还支持得几天？

往常你突然叹息一声……
四岁的孩子为什么叹息？
我当时抽了一个寒噤，
再不敢问那一叹的意义。

这首诗原载《政治家》（*THE STATESMAN*）半月刊 1926 年 11 月 16 日第 1 卷第 13 号，置于"文艺"栏内，署名闻一多。《政治家》创刊于

1925 年 12 月 1 日，系上海国立政治大学学生刊物，由该校校长张君劢题写刊名，国立政治大学学生自治会编辑股编辑，国立政治大学发行。1926 年 12 月 1 日终刊，共出 14 期。

从诗的内容来看，《往常》应该是闻一多为他的长女闻立瑛而写的，诗中"四岁的孩子"指的就是她。

1922 年春，闻一多奉父母之命，在湖北浠水老家与其表妹高孝贞（后改名高真）结婚。7 月 16 日，赴美国留学。12 月，闻立瑛出生。因为是女孩，家里人很久才把消息告诉闻一多。闻一多对这种做法大为不满，他在 1923 年 2 月 10 日致其父母的信中说：

> 孝贞分娩，家中也无信来，只到上回父亲才在信纸角上缀了几个小字说我女名某，这就完了。大约要是生了一个男孩，便是打电报来也值得罢？我老实讲，我得一女，正如我愿，我很得意。我将来要将我的女儿教育出来给大家做个榜样。我从前要雇乳母以免分孝贞读书之时。现在不以为然。孝贞当尽心鞠育她，同时也要用心读书。我的希望与快乐将来就在此女身上。①

身在大洋彼岸的闻一多非常想念这个未曾见面的女儿。1923 年 11 月，他在写给弟弟闻家驷等人的信中说："前晚梦见立瑛，颇思念之。上省时务拍一照寄我。我归家时，得勿'笑问客从何处来'乎？"② 1925 年 6 月，闻一多回国，终于见到了可以满地跑的女儿，喜欢得不得了。1926 年 1 月，他把妻子和女儿接到北京同住。据刘烜在《闻一多评传》中记载，立瑛很聪明，虽不满四岁，但认得很多字。闻一多一有空，总要抱抱女儿。女儿也喜欢他，每当他拿礼帽时，她就知道爸爸要出门了，便喊起来，拉着他不放③。在此期间，闻一多专门为女儿写过一首诗，题名为《瑛儿》。可惜此诗今已散佚，仅留下"趁婴儿还离不开襁褓，——/趁

---

① 闻一多：《致父母亲》，《闻一多全集》第 12 卷，湖北人民出版社 1993 年版，第 143—144 页。

② 闻一多：《致家人》，《闻一多全集》第 12 卷，湖北人民出版社 1993 年版，第 194—195 页。

③ 参见刘烜《闻一多评传》，北京大学出版社 1983 年版。

乳燕儿的翅膀未强"的断句①。

　　1926 年 7 月，闻一多携家眷返回浠水。8 月，为了生活，只身前往上海。9 月，被聘为吴淞国立政治大学教授兼训导长。从发表时间来推断，《往常》这首诗当是闻一多在国立政治大学执教期间所写的。早在离开北京时，立瑛就生着病，回到浠水，仍不见好。闻一多到上海以后，留在老家的女儿，病情加重了，常常喊着要爸爸。高孝贞写信给闻一多，说女儿很想他。闻一多刚刚有了工作，不便回家，只好寄了一张照片给女儿。往常听见女儿的咳嗽声、哭声、笑声、叹息声，闻一多"日夜受着虚惊"，似乎有一种不祥的预感，时刻担心残灯里的一丝红焰会突然熄灭，害怕有一天会失去心爱的女儿。不久，不祥的预感竟成为可怕的事实。就在这一年的冬天，立瑛没"支持得几天"，没等到闻一多"加鞭来营救"，最终不幸夭折，永远离开了她日夜想见却至死也没能再见上一面的爸爸。起初，家人一直瞒着闻一多，怕影响他的工作。后来，还是妻子写信告诉了他。闻一多接到噩耗，立即赶回老家，没进家门就先打听女儿的墓地。回到家里，把女儿用过的东西，很小心地包起来，上面写着："这是立瑛的。"其丧女之痛，实可想见。

　　立瑛夭殇后，闻一多写过两首悼亡诗。一首是《忘掉她》，载《现代评论》1927 年 11 月 26 日第 6 卷第 155 期。诗中反复念叨"忘掉她，像一朵忘掉的花"，可是把"希望与快乐"放在女儿身上的闻一多又怎能忘得掉呢？一首是《我要回来》，收入上海新月书店 1928 年 1 月版《死水》。不少论者认为，这是一首"爱国诗"或"爱情诗"。如果把《我要回来》与新发现的《往常》联系起来考察，完全可以认定《我要回来》也是一首悼念立瑛的诗。

三　致容庚手札

　　迄今为止，已发现未收入《闻一多全集》的闻一多书信至少有 8 封，即致梁实秋 1 封、致舒新城 1 封、致朱湘 1 封、致李小缘 4 封和致容庚 1 封。前 7 封已为上海交通大学出版社 2014 年 12 月版《闻一多年谱长编》

---

　　① 见朱湘《评闻君一多的诗》，《小说月报》1926 年 5 月 10 日第 17 卷第 5 号。

（闻黎明、侯菊坤编著，闻立雕审订）所著录，唯致容庚一信则不见提及。

1998年11月，容庚的亲属将其生前精心辑藏的约200封名家尺牍捐赠广东省中山图书馆。2002年11月，商务印书馆出版《广东省立中山图书馆馆藏名人手札选萃》（广东省立中山图书馆编），内收陈垣、叶恭绰、周作人、刘半农、钱穆、顾随、朱自清、凌叔华、启功等"各家致容庚手札"近百封，其中第160页，有一封"闻一多致容庚书"，全文如下（标点符号为笔者所加）：

> 希白先生砚北：
> 前承允代预约罗著三代金文一部，至为感荷。兹急欲得此宝笈，以助新岁之懽。特先奉上国币百元，敬希点收并赐下该书初集一部，无任大愿之至。
> 顺颂
> 新釐百福
> 弟闻一多
> 除夕

《广东省立中山图书馆馆藏名人手札选萃》所收系据原件影印，另附作者简介，无释文和其他说明文字。

此信仅署"除夕"，具体写于何年何月何日，不妨略加考证。

要知道这封信的写作时间，只需弄清年份即可。年份一经断定，月日则不难推算。而解决年份问题的关键之处，就在于信中所谓"罗著三代金文"。"罗"当指罗振玉，"三代金文"即指罗振玉编的《三代吉金文存》。1936年，罗振玉将其毕生所藏金文拓本辑成《三代吉金文存》，1937年由旅顺墨缘堂影印刊行。据《国立北平图书馆馆刊》1937年2月第11卷第1号所载《出版界消息》，《三代吉金文存》"凡二十卷二十册，已成首函五册，现售预约，每部百八十元。本年二月底截至六月内，书可完全出齐。逾期每部实售二百三十元。以成本过重，只成百部"。可见，闻一多致容庚信应当写于1937年，但不可能是这一年的"除夕"。农历1937年的"除夕"是在1938年1月30日，而在此之前，闻一多早已购得《三代吉金文存》。卢沟桥事变后，闻一多于 7 月 19 日离开北平，由津浦铁路南下，经南京抵武汉。9 月 10 日，他在致其学生孙作云信中说："我于南归时，只携来《三代吉金文存》及《殷虚书契前编》二种。"因此，致容庚信中的"除夕"当指农历 1936 年的"除夕"。农历 1936 年的"除夕"是在 1937 年 2 月 10 日，此即为闻一多致容庚信的具体写作时间。

闻一多何以专请容庚代购《三代吉金文存》呢？深究细考，其原因至少有四个方面。

其一，闻、容有共同的得意弟子陈梦家。单从这一层来看，他们之间的交往应该不疏。1927 年，陈梦家考入南京国立第四中山大学（后改为国立中央大学）法律系，闻一多被聘为文学院副教授兼外文系主任，陈梦家旁听过他的"英美诗"等课程。1928 年，闻一多任武汉大学文学院院长。两年后，应聘为青岛大学教授兼文学院院长、中文系主任。1932 年，陈梦家到青岛大学，跟随闻一多做助教。同年，闻一多受聘清华大学，陈梦家进燕京大学宗教学院学习。次年，陈梦家任教于安徽芜湖中学。1934 年，回燕京大学，师从容庚，攻读古文字学。1936 年研究生毕业后，留校任教。查《闻一多年谱长编》，中有他们三人同赴饭局等记载。

其二，1934 年，容庚、徐中舒等发起成立考古学社，闻一多被吸收为第三期社员。自这一年起，闻一多在燕京大学文学院兼任讲师，为三、四、五年级讲授选修课"诗经"，与容庚有共事之雅。1936 年 10 月初，闻一多曾与容庚等同游河北涿州。信中"前承允代预约罗著三代金文"云云，或许是容庚当面答应的亦未可知。

其三，容庚与罗振玉关系密切。1922 年，容庚曾携《金文编》初稿赴天津拜谒罗振玉，深得罗氏赏识，并推荐给北京大学研究所，被破格录取为国学门研究生。此后，他们书信往来频繁。1925 年，罗振玉资助出版《金文编》（天津贻安堂），并亲自作序。1934 年，容庚校印罗振玉《俑庐日札》（北平隆福寺文奎堂修绠堂）。

其四，《三代吉金文存》"以成本过重，只成百部"，若非托熟人、找关系，恐怕不易"得此宝笈"。

基于以上几个方面的原因，闻一多请容庚代购《三代吉金文存》，实乃情理之中、自然而然的事。

还有一个问题，那就是闻一多为何"急欲得此宝笈"？

《三代吉金文存》集录商周铜器铭文拓本 4831 器，大致依器物作用分为 26 类，是当时搜罗宏富、鉴别谨严、印制精美、质量优良的金文资料汇编，诚为金文研究者案头必备的一部工具书。

1936 年至 1937 年，闻一多一度对古代文字，尤其是对甲骨文、钟鼎文产生了浓厚兴趣。1936 年暑假，曾特地到河南安阳考察殷墟甲骨发掘情况。除发表《释为释豕》《释朱》等几篇契文疏证外，另有大量未刊手稿，如《甲骨文拾证》《金文疏证》《金文举例》《金文类钞》《金文杂识》《金文杂考》《金文假借疏证》等，未悉数收入《闻一多全集》。《三代吉金文存》为闻一多研究古代文字和古代文学提供了极大便利，他在释"商"字和释《诗经·行露》"谁谓雀无角"之"角"字时，就征引过其中的相关材料。同时，在罗著基础上，他还编撰成《三代吉金文存目录》《三代吉金文存目录辩证》《三代吉金文钞》《三代吉金文释》等，为上古文字研究做出了巨大贡献。

四 《〈高禖郊社祖庙通考〉跋》

杨联陞在《中国文化中"报"、"保"、"包"之意义》一书"附论"部分，谈到"郊宗石室与巨石文化"时说：

> 推衍郊宗石室之说者在 20 世纪 30 年代，颇有其人，特别是闻一多、孙作云、陈梦家三位，正巧都是诗人。我当时在清华听过闻先生讲《楚辞》，作云学长高我一级，常相过从，很惊于他想象力之富，考证之勤。梦家在燕京，与闻先生相熟。燕京清华比邻，颇有切磋之乐。
>
> 从简，只介绍陈梦家《高禖郊社祖庙通考》（《清华学报》十二卷三期，1937 年 10 月）附闻一多跋（同年 5 月 24 日）……①

① 杨联陞：《中国文化中"报"、"保"、"包"之意义》，贵州人民出版社 2009 年版，第 30—31 页。

　　紧接着，杨联陞援引了闻一多《跋》中的部分文字。根据杨联陞所提供的信息，笔者在《清华学报》1937 年 7 月（非 "10 月"）第 12 卷第 3 期上找到了陈梦家的《高禖郊社祖庙通考》和闻一多的《跋》。同期刊有闻一多的《释盍》和杨联陞的《中唐以后税制与南朝税制之关系》等。闻一多的跋并未列入该期目录，而是附在陈梦家的长文之后。若非通览《高禖郊社祖庙通考》，也是不大容易发现这篇跋文的。①

　　《高禖郊社祖庙通考》包括六个部分，即 "一 释《高唐赋》——说瑶姬为私奔之佚女""二 释高密——说高禖之制""三 高禖郊社与祖庙为一""四 楚之高禖——说屈原三闾大夫为媒巫""五 齐燕郑卫秦诸国之高禖" 和 "六 高禖始于商族"。正文之后，另有 "附记""附录一 高禖即社说""附录二 高唐释名""跋""再记" 和 "校后补录"。

　　陈梦家在 1937 年 5 月 23 日所作 "附记" 中称，《高禖郊社祖庙通考》"草于今春二月，近于三月内匆匆录成"。闻一多读过《高禖郊社祖庙通考》，于 5 月 24 日写了这篇近四千字的《跋》。文中，闻一多明确提出，"治我国古代文化史者，当以 '社' 为核心"，"由历史可以知其 '然'，由神话更可以知其 '所以然'"，"以神话治古史，以《楚辞》治先秦思想史，此吾年来之私愿"。从这些只言片语中，多少可以窥见闻一多的神话观、古史观及治史的路径与方法。

　　关于高唐神女研究，诚如闻一多所言："自郭沫若先生在其《释祖妣》中首发其凡，余继之作《高唐神女传说之分析》，益加推阐，孙君作云作《九歌山鬼考》及《中国古代之灵石崇拜》，亦续有发明，梦家此文最后成而发明亦最多。"郭沫若认为，"高唐" 即高禖或郊社之音变；"祖""社稷""桑林""云梦" 均为诸国之高禖，即 "祖" 为燕之高禖，

---

①　除杨联陞外，有数位研究者在其论著中也提到陈梦家的《高禖郊社祖庙通考》及闻一多跋。李诚、熊良智主编的《楚辞评论集览》（湖北教育出版社 2003 年版）摘录了跋中部分文字。彭安湘《七十余年来高唐神女研究述评》（《中国楚辞学》2009 年第 3 期）涉及陈文和闻跋，但将陈之文题误作《高禖郊社祖庙通考——释〈高唐赋〉》，将该文发表信息误注为《清华学报》1936 年 1 月第 11 卷第 1 期。李玉栓《明代文人结社兴盛的政治因素》[《安徽师范大学学报》（人文社会科学版）2012 年第 1 期] 引用了跋文中的观点，但把其作者闻一多误成陈寅恪。尹荣方《社与中国上古神话》（上海古籍出版社 2012 年版）引用了跋中部分文字。

"社稷"为齐之高禖，"桑林"为宋之高禖，"云梦"为楚之高禖①。闻一多在此基础上作了进一步推阐，他认为高唐即郊社的音变是很对的，但高唐即高禖之音变的说法则欠圆满。在他看来，高唐即高阳，"楚人所祀为高禖的那位高唐神，必定也就是他们那'厥初生民'的始祖高阳"。高唐（阳）本是楚民族的先妣而兼高禖，在宋玉的《高唐赋》中则堕落成一个"奔女"②。孙作云从闻一多的观点出发，并在闻一多的精心指导下③，撰成《九歌山鬼考》和《中国古代的灵石崇拜》，分别发表在《清华学报》1936 年 10 月第 11 卷第 4 期和上海《民族》月刊 1937 年 1 月 1 日第 5 卷第 1 期。孙作云通过将《山鬼》与《高唐赋》进行比较分析，得出"山鬼即巫山神女"的结论。相对于前三家，陈梦家的确多有发明。他认为，"高禖""郊社"和"祖庙"三者实为一，作为"帝之季女"的巫山神女是"尸女"即"巫儿"。陈梦家的这篇文章无疑给闻一多带来了莫大惊喜，不仅与其"数年来关于古史之种种假设不谋而合"，而且使其向所深疑屈原为巫官、《楚辞》为神仙家言等因之完全得到了证实。不过，在充分肯定陈梦家重大贡献的同时，闻一多也于《跋》中胪列了十五条补充意见。

　　5 月 25 日，陈梦家接读闻一多跋文后，匆匆写了一段"再记"，针对闻一多的"石即户字"、"瑶台偃蹇即九成之台"、"未行而亡"之"亡"仍是"死亡之义"等观点，表达了自己的不同看法。兹将全文过录于下：

　　　　此文送出后，复接读闻一多先生此跋，为拙作补充，甚以为感。惟有数事，谨述如下：三户即三石，户石音通之外，尚有他故，此不详述；惟卜辞启雇皆从户，祏石皆从石，各不相混，金文"所"从户不从石，可证石户仍是二非一。辟雍之雍取名于雍州之雍，余

---

　　①　郭沫若：《释祖妣》，《甲骨文字研究》上册，大东书局 1931 年版，第 19—23 页。

　　②　闻一多：《高唐神女传说之分析》，《清华学报》1935 年 10 月第 10 卷第 4 期；《〈高唐神女传说之分析〉补记》，《清华学报》1936 年 1 月第 11 卷第 1 期。

　　③　孙作云在《九歌山鬼考》文后"附白"中说："本文立意乃受闻一多先生《高唐神女传说之分析》之启发。属草时，又屡就正于先生。先生为之组织材料，时赐新意，又蒙以所著关于《诗经》《楚辞》之手稿数种借用。脱稿后，先生于文字上复多所润色。倘此文有一得之长，皆先生之赐也。谨此致谢。"

初稿中已言之。汤即唐即高唐，余初稿有"古帝王名皆起于丘陵说"，盖由于陶唐得名于陶丘；后土得名于土（社），柱得名于主（石），而尧山或名唐山。《说文》"垚，土高也""尧，高也"。《尔雅》"山多小石曰磝，磝尧也"，是尧即"高"禖"嵩""高"之高；《尔雅》"山多大石曰礐"，咎得名于此，山上戴石者咀也；《中山经》谓禹父化为"墠渚"，墠渚即《尔雅》"泽中有丘都丘"；而陶丘又即姚墟，土即主，尧礐亦同，皆同从丘陵（高唐）得名者也。然成汤名唐，卜辞与上甲大丁大甲并列，恐非若禹与高密之例，余所疑者，成汤名大乙，《史记》作天乙，或即汉代泰一之起源也。九成之台即瑶台，以九成为九层，非是；古乐皆九成（九辩），而瑶台之瑶楚人曰戏，即后人俗谓之戏台，故九成之台指其为游乐歌舞之台。案《古乐》"因令凤鸟天翟舞之，帝咎大喜"，《荀子·解蔽》引《逸诗》"凤皇秋秋，其翼若干，其声若箫；有皇有凤，乐帝之心"，《益稷》"箫韶九成，凤皇来仪（戏）"。《大荒东经》，"有五采之鸟，相向弃沙（肜□[①]，緌也）惟帝俊（咎）下友，帝下两坛（瑶台）采鸟是司（伺）"。以上四事与《音初》《离骚》所记同是一事，即凤鸟戏帝咎，乃最初高禖之故事也。"未行而亡"之亡，疑仍是逃亡，因未嫁而私奔与齐巫儿不嫁而淫乱是一事也。以上数点，因与跋意不同，故复匆匆择略说之。

五月二十五日梦家再记于燕京。

值得一提的是，闻一多与孙作云、陈梦家师生之间的这种学术互动和"切磋之乐"，堪称中国现代教育史、学术史上的一段佳话。

五 为徐志摩所画肖像速写

闻一多曾为徐志摩画过一幅肖像速写，原载《晨报》副刊《星期画报》1925 年 9 月 6 日第 1 号，题名为《闻一多写的徐志摩》。画面上，右书"徐志摩"三字，左下角署一"多"字。这幅侧面肖像画寥寥几笔就

---

① □，所据原刊，此字漫漶不清。

抓住了徐志摩大鼻、长脸、长下巴、嘴角上翘、戴近视眼镜等突出特征，很是生动传神。闻一多 1925 年 6 月初回国，中旬到北京，而徐志摩 7 月底才游欧归来。由此可以推断，这幅速写应该作于同年 7 月底至 9 月初之间。闻、徐之间曾有过一段密切交往的情谊和为了共同的艺术理想而精诚合作的经历，尽管他们生前都没有公开发表谈及对方的文字，身后也都没有留下相互往来的书简，但有画为证。除这幅弥足珍贵的速写外，至少还有两例：一是徐志摩主编《晨报副刊》，闻一多帮他设计过刊头题图；二是徐志摩的《落叶》《巴黎鳞爪》《玛丽·玛丽》和《猛虎集》之封面，都是由闻一多绘制的。

《闻一多全集》由湖北人民出版社于 1993 年 12 月出版至今，已有二十多年了。其间，闻一多佚文、佚诗、佚简、佚画时有被发现。《闻一多全集》若有机会再版，应将已发现的佚作补编进去，尽量减少遗珠之憾。

附：《高禖郊社祖庙通考》跋

此问题自郭沫若先生在其《释祖妣》中首发其凡，余继之作《高唐神女传说之分析》，益加推阐，孙君作云作《九歌山鬼考》及《中国古代之灵石崇拜》，亦续有发明，梦家此文最后成而发明亦最多。余尝谓治我国古代文化史者，当以"社"为核心。大抵人类生活中最基本者不过二事，自个人而言之，曰男女，曰饮食，自社会言之，则曰庶，曰富，故先民礼俗之重要者莫如求子与求雨，而二事又皆寓于社。二年来于校中讲授古代神话，即以此意诏诸君分题研究，果也所得结论，无不集中于社，所苦者对于社本身之认识，终嫌未能莹彻耳。余于此点，胸中虽略有体系，终以牵于他事，未暇撰述成文。今读梦家此文，往往与吾数年来关于古史之种种假设不谋而合，而余所不能解决之三数问题，亦因此而涣然冰释焉。夫今人所视为迷信者，即古人之科学，今人所视为神话者，即古人之历史，古代神话之存于今者，其神话色彩愈浓，其所含当时之真相亦愈多，此中无所谓荒诞不经，更无所谓作伪也，今所存古代之记载，诚亦有合于今人之历史意义者，然其价值，窃谓亦未必高于神话，盖历史为人类活动之记录，神话则其活动动机之口供，由历史可以知其"然"，由神话更可以知其"所以然"也。虽然，神话之变化至烦且诡，社之真相不明，则神话徒为一堆谈狐说鬼的故事，不唯无补于史学，适足以搅乱之耳。今梦家此文一出，社之制度与意义为之大显。吾知从兹社明而神话明，神话明而古史明，然则此文之重要可知矣。余曩因读《离骚》而深疑屈原为楚之巫官，其思想于先秦学派中当属之神仙家。三年来于清华北大等校《楚辞》班中论之甚详。特因所得证据，大都在《离骚》本文中，故严格言之，谓《离骚》作者为巫官为神仙家则可，谓屈原为巫官为神仙家则不可，盖《史记》所传屈原之面目，与《离骚》中所表现者，固不一致，因之《离骚》作者与屈原是否一人，仍成问题也。今梦家证明三户为神庙，而三户即三闾，钱宾四先生复已言之，是屈原所为三闾大夫明即巫官，三闾大夫，盖犹《周官》乡大夫，朝大夫，遂大夫，墓大夫，亦称大夫之比，而今医师亦称大夫，医固出于巫也。若然，余所顾虑《离骚》与《史记》不合之点，即根本解决，而曩所疑《离骚》作者为巫官，亦因之完全证实矣。余又尝因《离骚》之思想而悟及《楚辞》一书为神仙家言，其性质一方面与邹衍同，又一方面与庄周通，邹衍之为神仙家，固无论，若《庄子》一书，其大部分，余则谓当以《楚辞》之思想解之。要之，屈宋学派本诸子百家之一，《楚辞》亦子部书也，自汉人立四部之名，而以《楚辞》冠集部，于是屈宋不复有思想，而先秦思想之统系亦以晦。今屈原为巫官，既可成定论，则屈宋思想之来源可以确指，循是而邹衍，而庄周，而下逮汉世之黄老学派，其真相亦可以大明矣。此梦家此文之又一贡献也。以神话治古史，以《楚辞》治先秦思想史，此吾年来之私愿。吾见梦家此文而益信余于此中得坦途矣。至鄙见所及，有足以证成或补充梦家之说者，今亦并拉杂记之如下，不能备也。

（一）文中谓三石即三户，举证甚确，余疑石即户字，妡作妒可证。

（二）《左传》昭十七年"九扈为九农正，扈民无淫者也"，扈《说文》作雇。此以鸟名官，实即《周官》媒氏之类，司男女之判合者。云"扈民无淫"，乃后人之解释。以鸟名官，与玄鸟传说合。

（三）《左传》宣四年"初若敖娶于䢵，生斗伯比。若敖卒，从其母畜于䢵，淫于䢵子之女，生子文焉。䢵夫人使弃诸梦中，虎乳中……"《天问》"何环间穿社，以及丘陵，是淫是荡，爰出子文？"《天问》说斗伯比与䢵女通淫之处曰间社丘陵，参之《左传》，其地实在云梦，此即襄王宋玉所游者矣。

（四）《管子·轻重戊篇》"有虞之王……封土为社，置木为间，始（使）民知礼也"。间社并称，与《天问》同。《荆楚岁时记》"社日，四邻并结综会社牲醪，为屋于树下，先祭神，然后飨其胙"，为屋于树下，盖即置木为间。此间制之可征者。

（五）《左传》僖十九年"夏，宋公使邾文公用鄫子于次睢之社，欲以属东夷。司马子鱼曰'……今一会而虐二国之君，又用诸淫昏之鬼，将以求霸，不亦难乎？'"称社为淫昏之鬼，亦先民常于社下野合之一证。

（六）《史记·封禅书·集解》引晋灼曰"《汉注》在陇西西县人先祠山下，形如种韭畦，畦各一土封"。《索隐》引《汉旧仪》"祭人先陇西西县人先山。山上皆有土人。山下有畤如种韭畦，畦中各有二土封，故云畦畤"。此畤制之可征者。人先即先妣也。束皙曰"皋禖者人之先也"是矣。

（七）卜辞成汤字作唐，唐即高唐之唐。《谥法》"云行雨施曰汤"，盖取祷雨于社之义，与楚高唐之神行云行雨同。汤祷雨于桑林，亦未可视为史实，七年之旱，尤为不经。大乙曰唐，犹禹曰高密，均非人名。

（八）明堂辟雍即社之说至碻。余近于"神话研究"班上亦论及此。《尔雅》"水出其后曰沮丘"，沮即砠，阻，疽，祖，水出其后，谓水绕其后而出，即辟雍三面环水之意。卜辞雍字作鸟立🉑上之形，与玄鸟传说合。雍州之雍，义亦同此，州即洲字，故雍州为"神明之隩"。

（九）云《溱洧》"秉蕑"之蕑即蘦草，亦碻。蕑即兰。《左传》宣三年"郑文公有贱妾曰燕姞，梦天使与己兰，曰'余为伯鯈，余而祖也，以是为而子，以兰有国香，人服媚之如是'，既而文公见之，与之兰而御之"。"人服媚之"与《高唐赋》《山海经》《博物志》《搜神记》等书之语同。"与之兰而御之"与《诗》及《赋》吻合。《椒聊》诗之"贻我握椒"亦此类，陈琳《神女赋》"申握椒以贻予，请同宴乎奥房"，可证。椒兰皆香草也。《离骚·九歌》言赠香草者尤多。

（十）通审全文，前后互参，似可证古所谓帝者其初本为女性。余有《五帝为女性说》，行当发表。今但举黄帝为例。

《史记·天官书》"轩辕黄龙体，案《封禅书》'皇帝得土德，黄龙地螾见'前大星，女主象，旁小星，御者后宫属"。《索隐》引《石氏星》赞"轩辕龙体，主后妃也"。又引《孝经援神契》"轩辕十二星，后宫所居"。《开元占经·彗星占》引《春秋运斗枢》"彗孛出轩辕，女妃为寇"。《类聚》七引《河图括地象》"荆山为地雌，案黄帝铸鼎于荆山，见《封禅书》上为轩辕星"。《天官书·正义》之言尤可注意："轩辕十七星，在七星北，黄龙之体，主雷雨之神，后宫之象也。阴阳交感，雷激为电，案当作激为雷电和为雨，怒为风，乱为雾，散为露，聚为云气，立为虹蜺，离为背璚，分为抱珥，二十四变，皆轩辕主之。其大星，女主也。次北一星，夫人也，次北一星，妃也，其次诸星皆次妃之属。女主南一小星，女御也，左一星，少民后宗也，右一星，大民太后宗也"。轩辕本丘名，《史记·五帝纪》"黄帝居轩辕之丘"，实则轩辕丘即辇辕山耳。

（十一）少典取于有蟜氏女登，生神农于列山石室，蟜登盖即高唐之音转。舜母曰握登，妻曰登比。《天问》"登立为帝，孰道尚之"，指女娲，登皆唐之转也。尧母曰庆都，汤母曰扶都，都亦唐之转。唐登都并涂山氏之涂又皆为社之转。

（十二）伏羲之伏一作密，羲一作戏，当以密戏二字为正，后世所谓秘戏图，是其义也。惟密当训合，非隐密之谓。因思《离骚》曰"溘吾游此春宫兮，折琼枝以继佩，及荣华之未落兮，相下女之可诒"，《御览》一七三引《纪年》"穆王所居郑宫春宫"，《穆天子传》称为县圃为春山之泽春宫之语，及今犹存。

（十三）文中谓社与水有关，甚是。实则此点当以"上巳"为中心讨论之。余尝谓社为体，上巳为用，二事若明，古代礼俗思过半矣。语见余所著《国风总论》中，此不具引。

（十四）宋赋"未行而亡"，亡仍是死亡之义，观下文"精魂为草"之语可知。《中山经》"姑媱之山，帝女死焉，其名曰女尸，化为䔄草"，《搜神记》一四"舌垭（当作古瑶）山，帝之女死，化为怪草"，并其确证。然古人本以死亡为逃亡，《诗·葛生》"予美亡此"，"此"指坟墓，"亡此"谓逃亡至此，亦即死于此也。作者以《离骚》"佚女"之佚字释此亡字，诚甚精当，然必谓亡非死亡，则又胶柱之见矣。

（十五）《离骚》"望瑶台之偃蹇兮，见有娀之佚女"，此台与 dolmen 无关。偃蹇高貌也，瑶台偃蹇即九成之台。《吕氏春秋·音初篇》"有娀氏有二佚女，为之九成层之台"，dolmen 不能九成也。《烈女传·辩通篇·齐威虞姬传》"周破胡，恶虞姬尝与北郭先生通，王疑之，乃闭虞姬于九层之台，而使有司即穷验问"。《左传》僖十五杜注"古之官闭者，皆居之台以抗绝之"。古者妇女犯淫罪者处以官刑，官即官闭之谓。有娀佚女有淫行，故居之高台以抗绝之，此即官刑之滥觞矣。

二十六年五月二十四日闻一多谨跋。

闻一多与武汉大学及《文哲季刊》

赵 慧

（武汉市政府文史研究馆）

闻一多从武汉大学走上学术道路

2016 年 7 月 15 日，是伟大爱国主义者闻一多先生殉难 70 周年纪念。闻一多不仅是诗人、伟大的民主斗士，更是一名学者。他执教多年，也一直在进行学术研究，并发表了不少论文。作为武汉大学第一任文学院长，闻一多在武汉大学任教时间虽然不长，但此期却是他学术研究的重要起始阶段；其间发表在武汉大学校办刊物《文哲季刊》的几篇文章，体现了其学术研究的方向，奠定了其学术研究的基础，也对武汉大学此期的学术研究氛围、方向等产生了一定影响。

朱自清评价闻一多的一生"学者的时期最长，斗士的时期最短，然而他始终不失为一个诗人；而在诗人和学者时期，他始终不失为一个斗士"①。这个评价是较为全面而准确的。然而，闻一多更多的是作为诗人和民主斗士的形象出现在人们的视野中。作为爱国主义诗人，其名作《红烛》《死水》等广为传颂；作为民主斗士，他坚强不屈，慷慨赴死，为民主运动献身，成为广大人民群众心中的英烈。其实，闻一多最基本的还是一位学者，其一生的大部分时间都在从事教书育人以及学术研究工作。他在武汉大学教书、研究的时间虽然不长，1928 年 8 月至 1930 年

---

① 朱自清：《闻一多全集·序》，开明书店 1948 年版。

6月，但却"是他一生中从诗人时期到学者时期的转折点"，"也是他人生道路上重要的一站"，① 具有重要的意义。武汉大学的教学和研究经历为闻一多后来长期从事的研究奠定了基础、确立了方向。闻一多在此期间的研究成果有一部分发表在武汉大学的《文哲季刊》上，闻一多与《文哲季刊》的关系，对理解他作为学者的道路，显得尤为重要。

武汉大学的《文哲季刊》

《文哲季刊》，全名《国立武汉大学文哲季刊》，正式创办于1930年，与《国立武汉大学社会科学季刊》共同组成了《武汉大学学报》（人文社会科学版）的前身，是诞生较早的、由大学独立办刊的人文社科类学术刊物。

武汉大学校长王世杰在《创刊弁言》中特意强调了学术期刊的重要性："学术期刊可以看作一国文化的质量测验器""可以窥见一国文化……达到的程度"。他甚至把学术期刊在数量上的优越看作"新兴国家的象征"，申明"国立武汉大学同人，鉴于国内学术期刊之缺乏，且因深信'集合的研究'为学术进展的基本条件，乃一再集议，决定刊行三种期刊，即社会科学季刊、文哲季刊、理科季刊。同人之意，颇冀诸刊出版以后，不但本校同人能利用其篇幅以为相互讲学之资，即校外学者亦不惜以其学术文字，惠此诸刊，使成为全学术界之公共刊物"② 由此可见，作为一名学者和教育工作者的王世杰在促进学术交流与发展等方面的抱负和强烈的责任感，以及开放的学术观。当时的武汉大学，在自主创办学术期刊等方面走在全国前列，为高校办刊树立了典例和标杆。

"《文哲季刊》从1930年创刊至1949年，经历了两个时期。1930年至1937年为第一时期。"这一时期《文哲季刊》共6卷，每卷4期，计24期，出版较为连续稳定。"1938年至1948年为第二个时期。"这一时期由于时局动荡不稳，经济困难，长期处于委顿状态，甚至被迫停刊。总的来说，"从创刊至1948年……《文哲季刊》出7卷，共27期……发

---

① 唐达晖：《闻一多在武汉大学事迹的几点考辨》，《武汉大学学报》1994年第6期。
② 王世杰：《创刊弁言》，《武汉大学文哲季刊》1930年第1期。

表论著 176 篇（含连载续篇）、特载 15 篇（含连载续篇）、书评 49 篇，共计 240 篇，其中文学论著（含外国文学、文字学）71 篇，历史学论著（含校勘、考证）40 篇，哲学（含心理学）37 篇，其他论著 7 篇"①。

从《文哲季刊》的发展历程，足见办刊之艰辛。在当时艰苦的办刊条件下，《文哲季刊》仍坚持出版了七卷，中间也曾因形势所迫长期停刊。"翻阅各卷《文哲季刊》，常看到集资捐款的声明和广告，足见办刊之艰辛。就是在如此困难的情况下，《文哲季刊》仍然坚持了十余年，为校内外的文史哲专家们开辟了一方用武之地，许多文史哲的大家就是从这里走上了现代学术舞台。从某个意义上来讲，国立武汉大学在文史哲方面的地位和影响，与这一刊物是密不可分的。"② 在艰苦的条件下，这份学术期刊仍能维持较高的办刊水准，越能彰显其珍贵。办刊过程中的种种艰辛不难想见，从中也可见刊物的编委以及当时许多学人对学术的专注和全力以赴的热情、坚持不懈、不轻言放弃的毅力。这在某种意义上可谓比学术成果本身更为珍贵，也更加值得我们钦佩和学习。

《文哲季刊》主要刊登中国文学、外国文学、哲学、心理学及史学方面的文章，辟有"论著""特载""书评"等栏目。此外，《文哲季刊》的规则中，规定"本刊兼收本校教员及校外学者之文稿"。从中可以看出《文哲季刊》重视学术研究，同时兼收并蓄、博采众长的特点和开放的办刊态度。尤其是书评栏目的设置，更是极大地促进了书评这一学术体裁的发展，并且扩大了季刊的信息量，提升了可读性。

《文哲季刊》始终坚持王世杰校长在《创刊弁言》中提出的办刊宗旨，为促进不同地域、不同学派甚至不同政见的学派学者之间的学术交流，提升国内学术期刊的水准和促进学术研究做出了突出贡献。

闻一多与《文哲季刊》

闻一多在《文哲季刊》上发表了两篇文章，分别为《少陵先生年谱

---

① 吴友法、车英：《〈武汉大学学报〉（人文社会科学版）史略（1930—1948）》，《武汉大学学报》2000 年第 5 期。

② 吴中胜：《旧时代学术杂志的精神》，《粤海风》2008 年第 3 期。

会笺》和《楚辞斠补》。其中，《少陵先生年谱会笺》分四次发表在《文哲季刊》第一卷的四期上，《楚辞斠补》发表于第五卷第一期。读这两篇文章，能够感受到作者深厚的传统文化积淀、扎实的传统文学功底和严谨的治学态度。

《楚辞》作为中国古代文学的源头之一，不仅对后世文学的发展产生了深远的影响，更深深植根于民族心理中，对人们的生活和思维方式等也有源远流长的影响。对其进行研究，有助于追本溯源，探求中国古代文学的发生发展规律，无疑具有重要的意义。杜甫作为唐朝著名诗人，是中国古代文学史上的重镇，被誉为"诗圣"，其诗被称作"诗史"，对其进行研究无疑也是古代文学研究中有代表性的、典型性的而又不可或缺的。

闻一多"1930 年 4 月，发表《少陵先生年谱会笺》（在武汉大学《文哲季刊》第一卷第一期，至第四期载完)，这是他第一项公开发表的研究古典文学的成果"①。对其中国古代文学研究具有重要的开拓意义。

郭沫若曾评价闻一多"对于文化遗产的整理工作，内容很广泛……他对于《周易》、《诗经》、《庄子》、《楚辞》这四种古籍，实实在在下了惊人的很大的功夫"②。读闻一多的《楚辞斠补》时，就能深切地感到这一点。

具体来说，闻一多此期发表在《文哲季刊》上的两篇文章，对于《文哲季刊》而言，具有以下几方面的意义。

第一，和《文哲季刊》中其他作者研究唐诗、楚辞的文章形成了互补关系，促进了相互之间的交流，同时也使唐诗、楚辞的研究更加完整、深入。《文哲季刊》刊载了不少唐诗、楚辞的研究文章，比如游国恩的《屈赋考源》，刘永济的《王逸楚辞章句识误》《天问通笺》《九歌通笺》《九辩通笺》《九章通笺》，朱东润的《司空图诗论综述》《李商隐诗新诠》等。闻一多《少陵先生年谱会笺》《楚辞斠补》的发表，充实了《文哲季刊》在唐诗和楚辞研究方面的内容，也达到了相互之间交流的

---

① 杨洪勋、吴力群：《从诗人到学者——评闻一多 1930—1932 在青岛两年的学术研究》，《青岛大学师范学院学报》2004 年第 4 期。

② 闻一多：《闻一多全集》第 12 卷，湖北人民出版社 1993 年版，第 431—432 页。

效果。

第二，有助于《文哲季刊》的连续性和形成完整的研究体系，尤其是《少陵先生年谱会笺》，连续在第一卷的四期上登载，具有连载的性质。翻阅《文哲季刊》，会看到许多具有连载性质的学术文章，分几期发表。比如《少陵先生年谱会笺》《心物并论法》《元私本考（四库版本考之一）》《读管札记》《清代男女两大词人恋史的研究》《屈赋考源》《金文历朔疏证续补》《王逸楚辞章句识误》《韩非子补注》《校吕遗谊》《天问通笺》《殷虚书契解诂》《郑和西征考》《隋唐时代西域人华化考》《金文名象疏证》《李商隐诗新诠》《元代驿传杂考》《六艺通论》《世说新语笺证》等。这样的分期编排，是综合考虑文章篇幅、刊物排版、内容分布等各方面的要求所做的安排。同时，客观上增强了《文哲季刊》的整体性、连续性，吸引读者连续阅读以一探究竟，对刊物销量和发行量的提高具有正面的促进作用。

第三，增加了中国古代文学研究领域的文章在《文哲季刊》中所占的比重，凸显了中国传统文学样式的地位和重要性，有助于引导学界同人关注中国古代文学等研究领域。纵观发表于《文哲季刊》的文学研究类文章，大部分属于中国古代文学研究领域，包括许多研究中国古代文学经典、著名诗人和作家的论文，这样的例子不胜枚举。而闻一多此期在《文哲季刊》上发表的这两篇文章，其研究方向也是中国古代文学，恰巧契合了《文哲季刊》学术研究领域的主流，增加了中国古代文学研究文章在《文哲季刊》上所占的比重，有助于突出中国古代文学研究的地位及重要性。

第四，传统和现代的完美结合。朱自清概括闻一多的研究具有"背靠传统学问，又接受西方学说的治学特点"[①]。同样地，《文哲季刊》上的许多文章不仅瞩目于中国古代，更拓宽视野，把眼光投注到广阔的世界，比如"书评"栏目中的许多文章就推介外国论著。"论著"栏目也有许多研究中国与外国关系的文章，比如第 2 卷第 1 期的《十八世纪的英国文学与中国》、第 3 卷第 2 期的《中国纯文学对德国文学的影响》等。

---

① 邓乔彬、赵晓岚：《传统与现代的完美结合——闻一多的古代文学研究方法论》，《江汉论坛》2006 年第 11 期。

而《少陵先生年谱会笺》的研究方法体现了传统与现代的完美结合。关于这一点，杜学霞在《从杜甫研究看现代唐诗研究的三种范式》一文中总结得很到位："闻一多的唐诗研究继承了清代朴学的优良传统，又借鉴了西方实证主义的科学方法，他的《少陵先生年谱会笺》……就是这种研究方法的成果。""《少陵先生年谱会笺》是考据和文化阐释的结合。""闻一多的研究是文献学、鉴赏学、文化诗学等多种方法的结合，其理论视野是非常开阔的。"①

第五，两篇文章考据翔实，论证充分，和《文哲季刊》上所载文章一起，共同为当时学术研究确定了一定的规则和体例，并为学术研究提供了范例，具有重要的方法论意义，有利于学术研究的进一步发展。两篇文章均参阅众多资料，如《少陵先生年谱会笺》就参考了《文苑传》《册府元龟》《巩县志》《唐诗纪事》《唐才子传》《教坊记》《唐会要》等，并表明自己的观点。而后来据《楚辞斠补》等文整理的《楚辞校补》，则"以四部丛刊洪兴祖《楚辞补注》为底本，采用王逸、刘师培、刘永济诸家的旧校成果，所校引用书目达六十五种，引用古今诸家成说之涉及校正文字者凡二十八家"②。由此可见闻一多从事学术研究所下的功夫及其专注与毅力。

闻一多发表于《文哲季刊》的研究文章，充实了《文哲季刊》的内容，契合了《文哲季刊》的主流，对《文哲季刊》起了重要作用；学者闻一多学术道路对后世的影响，在今仍具借鉴意义。

---

① 杜学霞：《从杜甫研究看现代唐诗研究的三种范式》，《河南社会科学》2014 年第 10 期。
② 闻一多：《闻一多全集》第 2 卷，三联书店 1982 年版，第 344 页。

艰难的转型

——闻一多在武汉大学

陈 卫

（福建师范大学）

1925 年 6 月 1 日，闻一多在上海登岸，结束了他在美国三年的留学生活，他是带着一堆理想回国的。一上岸，他便把褂子当掉，与朋友们在餐馆痛吃了一顿。这个时候的上海，刚刚发生五卅惨案，这群带着热情和理想回国的海归们，亲眼看到地上还淌着鲜血。这也预示着，闻一多与归国的朋友们，将度过一段不是特别安定的日子。此年，离武汉大学成立尚有三年时间。

一 梦想与碎片：武汉大学任职前的
闻一多

1922 年 7 月 16 日，闻一多与清华学校的同学从上海乘坐海轮赴美。尽管那时的他不是很想留学，但觉得有公派机会去美国，走一趟也好。8 月 1 日，他和同学抵达美国西岸西雅图；7 日，再达目的地——中部的芝加哥。此时的芝加哥有中国留学生二百余人，闻一多入芝加哥美术学院学习。

闻一多来到芝加哥，正遇上"芝加哥文艺复兴运动"的巅峰时期。虽然闻一多留学选择的专业是美术，但他心中已有明确目标：留学归国后，要做文学教授。在美国，他依然热衷写新诗，亲自翻译美国现代诗，钻研中国古典诗文。饭后，跟朋友上华盛顿公园"读杜甫、李白、苏轼"①。跟亲友谈的是他正在做的陆游、韩愈等诗人的读书笔记。家信中，他表达过专业学习与未来志向之间的困惑："我在此习者，美术也，将或以美术知名于侪辈。归国后孰肯延我教授文学哉？求文学教员者又孰肯延留学西洋者教中文哉？我既不肯再没弃美术而习文学，又决意归国必教文学，于是遂成莫决之问题焉。"② 到美两个月后，他给父母的信中明确写道："三年之后我决即回国"，其理由是："恐怕我对于文学的兴味比美术还深。我在文学中已得的成就比美术亦大。此一层别人恐不深悉，但我确有把握。"③

留美期间，闻一多对文学的兴趣一直未减。其宏愿在他与同人们的通信中也可看到：1922 年 9 月 25 日，芝加哥美术学院开学的时候，闻一多给清华同人的信，谈的依旧是文学问题，"我的宗旨不仅与国内文坛交换意见，径直要领袖一种之文学潮流或派别"④。为此，他省吃俭用，张罗着出版自己的第一部诗集《红烛》（上海泰东书局 1923 年版）⑤。闻一多的重要诗篇不少出自留学时期，如《红豆篇》《孤雁》《太阳吟》《忆菊》《秋色》《也许》《大鼓师》《你看》《洗衣歌》等。文论方面，闻一多参与了中国早期的诗歌评论写作，1923 年 6 月，在《创造周报》上发表《女神之地方色彩》；1923 年 12 月，《时事新报·学灯》刊登了《泰果尔批评》等重要论文。

在美读书，闻一多三年更换了三处：芝加哥、科罗拉多和纽约城，从美国中部大城市游学到东部的大城市。这一段经历，使闻一多比其他同学有更多机会接触到美国的文坛与艺术界，更多方面获取了异域的文学艺术信息及经验。从闻一多的信中得知，刚到芝加哥不久，经一位

---

① 闻一多：《致梁实秋、吴景超》，《闻一多全集》第 12 卷，湖北人民出版社 1994 年版，第 68 页。

② 闻一多：《致父母亲》，《闻一多全集》第 12 卷，湖北人民出版社 1994 年版，第 49 页。

③ 同上书，第 108—109 页。

④ 闻一多：《致梁实秋、吴景超》，《闻一多全集》第 12 卷，湖北人民出版社 1994 年版，第 80 页。

⑤ 此前，1922 年 1 月，闻一多与梁实秋已合集出版了《〈冬夜〉〈草儿〉评论》，为清华文学社丛书第一种。

"支那热太太"——浦西夫人①介绍，他在芝加哥认识了美国诗人卡尔·桑德堡②和门罗③，这两位诗人正是提倡美国诗歌革命的新诗人。1922 年11 月，他结识了芝加哥大学法文副教授温特④，他们讨论中英文的诗歌翻译，闻一多给他讲中国诗，他给闻一多介绍英国诗的格律。12 月遇见美国女诗人 Eunice Tietjens⑤。1923 年 2 月，闻一多又认识美国意象派领袖爱米·罗艾尔⑥。转学到科罗拉多，闻一多与同校的好友梁实秋一同选修"丁尼生与伯朗宁""现代英美诗"等课程。与美国诗人、学者的近距离交流，无疑给闻一多未来的诗歌写作和研究带来了新鲜的经验，帮助他走上中西诗学合璧之探索道路。

闻一多在美国学习美术，并非一无所成⑦，他的油画曾获过奖。赴美第二年，他顺利从科罗拉多大学毕业。虽没有拿到学士学位⑧，但他的专业成绩非常优秀。闻一多的朋友们也知道他在美术上的特长。在清华学校时，学校的报刊由他画题头，朋友们演戏，舞台设计、服装设计、化妆都由他一人完成。据朋友顾毓琇、冰心等人回忆，闻一多曾为波士顿留学生的《琵琶记》演出帮过忙，他曾以油画方式为顾毓秀绘过一件龙

---

① 闻一多：《致吴景超、梁实秋》，信中提到的 Mrs. Bush，《闻一多全集》第 12 卷，湖北人民出版社 1994 年版，第 98 页。

② 闻一多：《致父母亲》，即信中提到的山得北先生，Carl Sandburg，《闻一多全集》第 12 卷，湖北人民出版社 1994 年版，第 93 页。

③ 闻一多：《致吴景超、梁实秋》，即信中提到的 Miss Harriet Monroe，《闻一多全集》第 12 卷，湖北人民出版社 1994 年版，第 98 页。

④ 后来闻一多与同学联名将温特推荐到清华大学任教。闻一多：《致梁实秋》，《闻一多全集》第 12 卷，湖北人民出版社 1994 年版，第 126 页。

⑤ 闻一多：《致吴景超》，《闻一多全集》第 12 卷，湖北人民出版社 1994 年版，第 122 页。

⑥ 闻一多：《致家人》，即信中提到的卢威尔，Amy Lowell（1874—1925），《闻一多全集》第 12 卷，湖北人民出版社 1994 年版，第 152—153 页。

⑦ 《闻一多年谱长编》第 222 页，有一个闻一多在芝加哥美术学院的学习材料，系芝加哥美术学院注册干事致华盛顿特区中国教育代表团赵团长的信，上面提到闻一多于 1922 年 9 月 27 日至 1923 年 6 月 1 日间的成绩：生物速写、静物素描、雕刻字、艺术史、透视画法、设计、构图、研究等，得五个优，两个良 +。信中还说道，如果他攻读完三年的绘画课程，将于 1925 年 6 月毕业。

⑧ 1924 年 6 月，闻一多毕业于科罗拉多大学，未获学位。他给家人去信的时候，说"学校大考已毕。此校今年中国人得学士学位者六人。我亦得毕业证书，习美术者不以学位论也。前月举行成绩展览会，以我之作品为最佳，颇得此地报纸之赞美"。闻一多：《致家人》，《闻一多全集 12 卷》，湖北人民出版社 1994 年版，第 202 页。

袍和舞台上的大屏风，并替演员化妆①。

闻一多既然抱着到美国走一趟看看的想法，他没有完全遵照学校的安排，三年都在芝加哥美术学院度过。他之所以三年换三个地方，有朋友的关系，更有兴趣的原因。因为好友梁实秋 1923 年赴科罗拉多留学，同年 9 月，闻一多也转学到科罗拉多大学。然而一年后，梁实秋去哈佛大学继续求学，1924 年 9 月，闻一多遂转学入纽约艺术学院，跟戏剧界的中国朋友们一起，倡导国剧。不过，据梁实秋的描述，闻一多那时对政治兴趣浓厚，他热衷大江的国家主义，并且是中坚分子，热忱也维持得最长久②。在纽约，一年下来，闻一多并没有好好上课，三天打渔两天晒网，后来索性不去上学了，蓄起长发，做艺术家状，过着波西米亚的生活，忙得不可开交。闻一多认识了在哥伦比亚大学研究戏剧的留学生熊佛西之后，与他一起编写独幕剧，切磋戏剧艺术，排演戏剧，把剧本译成英文。化妆布景照旧是闻一多分内之事。

1925 年，闻一多参与发起"中华戏剧改进社"，这时，他的梦想开始飞腾，他渴望在复兴中华戏剧方面做一番贡献。他没有放弃诗歌写作，而是更加勤奋。当时与他居住一处的好友熊佛西在后来的追忆文章中写道：此时的闻一多"你终于觉得干戏不是你的本行，不久你仍回到研究诗的岗位上。自此，你写下许多动人的诗篇。你往往从半夜写到天明。为了努力于诗的创作，你时常废寝忘餐"③。这些诗，多在国内发表，后来结集在《死水》集中。也就是说，闻一多虽留学美国，他的诗名却响于国内。这为他以后从事文学教育，有了最初的积淀。

1925 年 6 月，闻一多携带不少现代英文诗集，与余上沅、赵太侔等友人在上海登岸。后又一同赴北京，租屋而居，据说"景况相当凄凉"④，然而他们是有梦想的人，想从文化上改变中国。

回到中国，闻一多的国家主义意识愈强，他写了爱国题材的《醒啊》《七子之歌》等诗，被当时的读者认为是"爱国诗"，认为与那些吻香的

---

① 闻黎明、侯菊坤：《闻一多年谱长编》，湖北人民出版社 1994 年版，第 264 页。

② 同上书，第 245 页。

③ 同上书，第 263 页。

④ 同上书，第 267 页。

恋情诗、形而上的哲理诗、手枪炸弹的革命诗，都不同。

1925 年 7 月 15 日，闻一多与他的朋友们继续在政治上努力。他们成立大江会，创办《大江季刊》，其《发刊词》由闻一多撰写，他们强调国家主义的立场为中华人民，他们的主张是"中华人民谋中华政治的自由发展，中华人民谋中华经济的自由抉择，中华人民谋中华文化的自由演进"。为此，他们竭尽全力。同月，他们拟《北京艺术剧院计划大纲》，组织概略、剧场建筑、营业方法、练习生功课都有详细设计①，准备设置一个将学习与演出兼顾、学校与剧院相结合的新形式。8 月 9 日，这群国家主义的支持者又一同加入新月社，目的只有一个，为中国文化的发展尽力。

回头仔细审视那一段历史，闻一多回国适逢国家最破败，也是最有发展的新时机。中国旧文化、旧体制被五四新文化运动强力拆毁，处在一个创建时期。学堂教育向西式的大学教育体制学习，如 1911 年设立的清华学堂，1925 年便设立大学部，1928 年更名国立清华大学。处在起步阶段的大学，急缺教师，胡适、鲁迅、徐志摩等这些海归留学生，不一定拿到学位，但都通过特殊的举荐机制，同兼几所大学的教授。大学基本都为初设，师资严重缺乏，科目设立也没有具体的参照。闻一多到北京不久，机会就来了。

经新月社同人徐志摩推荐，闻一多与一同回国的余上沅、赵太侔等被聘为北京美术专门学校（后改为艺术学院、国立艺术专门学校）筹备委员，学校成立后，闻一多任教务主任，考试委员会委员。1925 年11 月，学校开学，闻一多教美术史。虽然还不是从事他设想好的文学研究，但闻一多毕竟留学所学的科目是美术，他回国找到的第一份工作应该说专业对口，适得其所。然而，这所新办的学校遇到了经费上的难处，他们筹办的"北京艺术剧院"进展同样艰难。为了理想，闻一多在学校教务方面进行改革，招收旁听生，按小时收费。他的政治理想也没放弃。同年 12 月，闻一多与罗隆基代表大江会参与筹办北京国家主义团体，他自己解释其原因来于在国外受了极大刺激，渴望建立一个"内除国贼，外抗强权；内不妥协，外不亲善；全民革命，全民政治"

---

① 闻黎明、侯菊坤：《闻一多年谱长编》，湖北人民出版社 1994 年版，第 277—283 页。

的国家。

在北京这段时间，闻一多把家人从老家接到了北京。下班时，他会和朋友在书房聚会谈诗、朗诵诗。徐志摩、沈从文等同人曾在文章中都不约而同谈起过闻一多设计的黑色书房。沈从文在《谈朗诵诗》一文中还提到过在闻一多那里听到朗诵诗的感受："比较起前一时所谓五四运动时代的作品，稍稍不同，修正了前期的'自由'，那种毫无拘束的自由，给形式和辞藻都留下一点地位。对文学革命而言，似显得稍稍有点走回头路。"可见，闻一多工作之余在进行诗歌格律探讨。

好景不长，艺专戏剧系经费出现问题，学生只有二十来个，不太理想，尤其缺女生。不久，校长刘百昭表示要辞职。为新校长由林风眠还是蔡元培上任，大家又闹得不可开交，也有人以为闻一多要做校长。而闻一多在致梁实秋的信中说道，"当教务长不是我的事业。"学校职员为新校长的事情又分成两派了。而自己对于报载要当校长之事，以为笑话，且无奈："富贵于我如浮云。"① 当艺专由林风眠接任后，闻一多请辞。在艺专期间，闻一多的诗歌产量明显减少，回国后只作了两首诗。闻一多那时醉心政治，热衷大江会的活动，据他给友人的信说，他为大江会写的《大江宣言》为人喜欢，有人手抄，有人剽袭②。除了参与大江社的工作，闻一多全身心投身文艺工作。1926 年 4 月，他与《晨报》的副刊主编徐志摩一道创刊《晨报·诗镌》。他的代表作《死水》英译诗、"英译李白诗"和重要论文《诗的格律》都发表在此副刊上，这些工作，奠定了他在新诗界的地位。同时，他也刊发了同人，如饶孟侃的《新诗的音节》等文。闻一多在美国的文学理想，此时正在实现。

工作不顺，时局不稳，闻一多于 1926 年 7 月携家人回归故里。8 月，他再次来到上海。受聘为吴淞国立政治大学教授兼训导长。从他找工作看，靠的多是朋友关系，该大学校长张君劢是他同学的哥哥，学校同事多为清华校友，但终究因时局大乱，让闻一多不免恐慌，1926 年冬，闻一多给饶孟侃的信中谈及生活现状："时局不靖，政大内部亦起恐慌……

① 闻一多：《致梁实秋》，《闻一多全集》第 12 卷，湖北人民出版社 1994 年版，第 230 页。
② 闻一多：《致梁实秋、熊佛西》，《闻一多全集》第 12 卷，湖北人民出版社 1994 年版，第 231 页。

万一大局不变，君劢仍在彼方，弟自亦无问题。否则恐须另谋生路。这年头儿我辈真当效参军痛哭。"他的信一般涉及写诗和未来前途，此时，诗思淤塞，倍于昔时。数月仅得诗一首，且不佳。中国文学研究，是他诗思枯竭后的一个补充，他对朋友说，"将来遂由创作者变为研究者乎？"①

饶孟侃②是闻一多在清华学校时结交的好友，由此信息可见，闻一多因时局、国家情怀、个人情况，他已有转向的打算。次年2月，春节过后，闻一多从故乡浠水到达武昌，真的参军，在邓演达的帮助下，他加入了国民革命军的北伐军总政治部，任艺术股股长，兼任政治部英文秘书，据说这是闻一多自己不愿提及的历史。这段从军经历只持续了一个月，闻一多再回到上海吴淞政治大学，不巧的是，4月政府取缔了这所大学，说这里是国家主义的据点。

闻一多只得赋闲在家，振兴戏剧、中国文化的大梦都暂时放下。这时，他继续了个人的文学梦想，通过翻译、写诗，表达对时局不满；此外，操刀刻印。在朋友们的印象里，他这时期总是栖栖惶惶不可终日的样子。1927年7月1日，新月书店在上海开张，闻一多也入了股。

1927年7月14日，闻一多的第一篇学术论文《诗经的性欲观》刊登在《时事新报·学灯》上。《时事新报·学灯》是张东荪等主持的一份报纸，提倡新学说。闻一多不仅观点出新，他的论文语言并非学究式语言，有诗意的描述，也有热情洋溢的议论；西方的科学术语在文学论文中引用，生理学的、历史学的、文化学的、文字学的知识都拿来为他所用。这是中国现代学术史上最早运用文化人类学方法撰写的论文，与以往的《诗经》研究都不同，他提出《诗经》是一部淫诗。这种大胆的做法，意味着闻一多要在学术上做出巨大的努力。

期间，据梁实秋的《谈闻一多》所写，1927年暑期，闻一多由朋友介绍，到南京土地局任过职，时间很短，因为朋友离职，他也失去了工

---

① 闻一多：《致饶孟侃》，《闻一多全集》第12卷，湖北人民出版社1994年版，第237页。

② 饶孟侃：1902年生，1916年进入清华学校，1924年赴美国芝加哥大学留学。闻一多，1899年生，1912年进清华学校，1922年前往芝加哥美术学院留学。

作，甚至都没有跟梁实秋具体谈过①。8 月，闻一多与东南大学的文学院院长宗白华接洽过，准备到外文系任教授兼主任，后来东南大学并入新成立的南京第四中山大学，闻一多被聘。1927 年 11 月，闻一多把家人接到南京，自己荣选为教授代表，有资格参加校务会议。在这里，陈梦家、方玮德等成为他的学生，他的第二部诗集《死水》由上海新月书店印行。在南京，闻一多担任文哲学院的本科生指导员，上海创刊的《新月月刊》也挂名编辑，他的文学理想再次起飞。他用格律的方式，翻译了不少外国诗歌，与叶公超合译《近代英美诗选》，当时此书刊登在《新月月刊》上的广告写道：这选本不但是专门研究文学的一个人唯一的向导，而且是大学近代文学课程里一部必不可少的教科书；对闻一多的介绍是"闻一多先生在新诗坛里的地位早已经为一般人所公认"。这时的闻一多除了译诗，自己也试写商籁体。

这是闻一多在武汉大学之前的学习和工作。回国三年间，他一共任职过三所学校，从军过，进过政府机构。学校由于经费、政局不稳，他都没有待很长时间。无论从教还是从政，他都仰仗了校友与朋友的关系。可以说，带着梦想回来的闻一多，梦想碎了一地。

但是这些经历，也是闻一多能够到武汉大学工作的资本。在新建的大学，一切都是新的，闻一多较早地进入行政管理阶层，因此他有行政经历，他上过美术、诗歌、英文课多门课程，他自己还在研究中国古典文学，办刊、提倡新诗格律的写作、写刊物发刊词等，闻一多有一般年轻学者没有的经验。写诗、译诗，写评论，提倡新格律诗，反《诗经》的无邪传统观，提倡新的学术态度。进武汉大学前，闻一多完成了新派学者的初构。

这时的闻一多，对于中国的梦想，基于三个方面：一是自己比较容易做到，也一直在做的，即现代诗歌写作，这是从新文化运动之后便开始实践的。回国之后，闻一多的诗歌中爱国主义意识愈浓。与徐志摩合办《晨报·诗镌》，出版了 11 期，参与新月社的刊物出版与活动，这都是让他实现文学梦的机会。《死水》出版、《诗的格律》发表，实现了他在美国时的宏愿：径直开创一个流派，用自己的创作与理论主张，试图

---

① 闻黎明、侯菊坤：《闻一多年谱长编》，湖北人民出版社 1994 年版，第 349 页。

在中国格律诗与西方意象诗歌中找到一条新的路径。从朱自清的《中国新文学大系·诗歌导言》、沈从文《论闻一多的〈死水〉》、苏雪林《闻一多的诗》以及徐志摩等人的多篇文章中，我们也可以看到，闻一多在《诗镌》中的影响力最大，在 20 年代中后期，他是不可忽略的新诗人。二是闻一多极其渴望中国文艺的复兴，他在美国最后一年，由戏剧界朋友引发出的对中国戏剧的强烈热爱，于是想借助戏剧，发展国剧。在《诗镌》结束后，他们创刊了《晨报·剧刊》，闻一多也参与组稿，发表过《戏剧的歧途》等文。无论是在北京美术学院工作还是设想北京艺术剧院的建设，闻一多都走在实现梦想的路上。闻一多这时也还作画，他的画作不是抽象或象征作品，而是关联着中国的文化。据朱湘的文章《闻一多与〈死水〉》中说道，他打算在屈原、杜甫、陆游的诗歌内，拣选出三个意象来，制成三幅图画。陆游的一幅是绘成了①。三是闻一多还在继续积累中国古代诗人的阅读材料。自陆游、韩愈后，他的兴趣转移到杜甫身上。在武汉大学上任前后，他有《杜甫》《少陵先生年谱会》等论文发表，以后，这些研究将他从美术教学、英诗教学等看上去更专业、更有兴趣的工作中转移过来。相对新兴的学科，在那个时期的中国，古典文学研究才是正宗。然而，毕竟接受了西方文化的熏染，闻一多不甘重复古人的做法，他的研究尽管也立足于《诗经》、"楚辞"、"唐诗"等文献，除了运用中国的小学研究方式，他也运用西方的新理论，如弗洛伊德的潜意识研究，在他论及《诗经》和宫体词时阐发出前无古人的新意。在学术上，他的大胆给中国学术界带来了新的风尚、新的潮流。

1928 年 7 月，湖北省教育厅厅长刘数杞亲自找到闻一多，谈武汉大学筹备事项。

二 煎熬与转型：武汉大学的闻一多教授

闻一多就像歌德笔下的浮士德博士一样，有着远大的政治抱负、艺术抱负，为此上下求索。闻一多没有在魔鬼靡菲斯特的引导下走，他在中国的现实中生活、留学、回国。成立社团、办刊，从军、当官，由于

① 闻黎明、侯菊坤：《闻一多年谱长编》，湖北人民出版社 1994 年版，第 300 页。

时局不稳，经费不足，兴趣不合，这些都没让他如愿实现梦想。故乡武汉大学成立，湖北省教育厅厅长亲自聘请他当文学院院长，这是命运给他伸出的绿色橄榄枝。

1928 年 7 月，闻一多答应到武汉大学任职；8 月，全家搬回湖北；9 月，他出席武汉大学第一次临时校务会议，任文学院院长；10 月 2 日，第一次参加正式校务会议，工作进入正常状态；1930 年 6 月，闻一多请辞武汉大学文学院院长。期间两年不到。但在这两年间，闻一多完成了他的职业转变。

闻一多渴望做一名文学教授。赴武大之前，出版过两部个人诗集，与友人合译诗集（未出版），这些创作不足以在大学安身立命。闻一多一直没有放弃学术上的努力。除了 1927 年《诗经的性欲观》引来研究界的震动，1928 年，去武大正式就职之前，闻一多的《杜甫》一文正好在《新月》上发表，这又是一次破天荒的写作探索。他运用了戏剧表现的方式，展现杜甫的一生。[①]

武汉大学由武昌中山大学、武昌商科大学、医科大学、私立大学等合并而成。作为新聘院长和教授，闻一多可谓事务缠身。从《闻一多年谱长编》中列出的一系列校务会议内容，大致能看到闻一多的付出，尽管他以前跟朋友抱怨过不想做这类事情。

了解武汉大学历史的人大多知道，闻一多为武汉大学的罗家山取了一个优美的名字——珞珈山[②]。不仅如此，他还为武大设计了校徽，书写了学校大名"国立武汉大学"——这都是些美好的记录。然而，繁杂的事项非常多，《闻一多年谱长编》根据《武汉大学周刊》刊登的《国立武汉大学校务会议记事录》记载，1928 年至 1929 年，闻一多参与的学校会议以及湖北省教育厅、美术方面的会议归纳如下。

（一）1928 年 9—12 月

1. 9 月 10 日，与同事组成武汉大学学生入学审查委员会，评阅上海

---

① 具体论述此处不展开，可参看笔者的《闻一多诗学论》的附录《中国诗学综论》，谈到闻一多对杜甫的研究以及对《诗经》的研究，广西师范大学出版社 2000 年版，第 249—256 页。

② 可参看闻黎明、侯菊坤《闻一多年谱长编》，湖北人民出版社 1994 年版，第 375 页。

考生试卷。

2. 9 月 13 日，出席第一次临时校务会议，与刘树杞人等商量增设本科，举行编级试验，聘请教授、编制预算，筹备开学等事宜。

3. 9 月 21 日，聘教授 28 人，闻一多为文学院院长。有中国文学、外国文学二系，一年级一个班。

4. 9 月 26 日，出席第三次临时校务会议，讨论各校毕业生诸问题。

5. 10 月 2 日，武汉大学第一次正式校务会议。

6. 10 月 19 日，湖北省教育厅艺术教育委员会召开第九次会议，决定聘请闻一多为第一届美术展览会审查及评判委员长。

7. 10 月 31 日，出席武汉大学第六次校务会议，决定成立图书委员会，闻一多为委员。

8. 11 月 2 日，出席湖北省第一届美术展览会审查兼评判会议，讨论审查评判标准及办法等。

9. 11 月 14 日，出席武汉大学第八次校务会议，讨论组织群育委员会等方案，闻一多为委员会主席。

10. 11 月 20 日，出席第九次校务会议，决定补行开学典礼仪式，闻一多被安排做主持筹备。同日，武大新校址勘定，珞珈山由闻一多建议改名。设计校徽、书写校名等。

11. 12 月 24 日，《武汉大学周刊》第四期刊登，闻一多任群育会主席和入学审查委员会主席，还担任图书、出版、训育各委员会委员。

12. 12 月 31 日，以文学院院长出任大学评议会评议员。

（二）1929 年

1. 1 月 5 日，参加武汉大学开学典礼。

2. 1 月 13 日，出席第 15 次校务会议。讨论并入武大师范生毕业考试问题，组织考试委员会。

3. 2 月 26 日，出席第 23 次校务会。决定组织课程委员会，为委员长。

4. 3 月 4 日，出席武大第一次评议会议。讨论增设学院学系、经费预算、教员聘任规则，待遇规则等。

5. 3 月 13 日，出席第 25 次教务会议，讨论增设音乐课程案，闻一多酌办。

6. 3 月 26 日，出席第 27 次校务会议，参与筹划"总理奉安会员会总干事孔祥熙函转总理奉安赗赠物品及纪念树木办法请查照案"。

7. 4 月 30 日，出席第 32 次校务会。讨论孙中山奉安典礼应办事，闻一多参与办理石碑事。

8. 5 月 28 日，出席第 36 次校务会。讨论武汉奉安委员会为奉安典礼各界应各备祭文一份，并推主祭人案，议决结果是祭文请闻院长拟就。

9. 6 月 1 日，奉安典礼，闻一多的祭文。

10. 9 月 20 日，出席武汉大学第 4 次临时校务会议。聘朱湘为教授。

11. 10 月 4 日，出席第 48 次校务会议。讨论国庆纪念仪式、刊行顶起刊物及五大丛书等决议，与陈源承担文学院季刊规划。

12. 10 月 11 日，出席第 49 次校务会议，讨论关于军事训练实施办法等案。

13. 10 月 25 日，出席第 51 次校务会议，讨论图书委员会内设置中文图书审查委员会。担任中文图书审查委员会委员长。

14. 11 月 28 日，出席第 56 次校务会议，讨论审查文哲季刊规则等案。闻一多参与筹备。

这部分会议情况仅来自《闻一多年谱长编》中所展示的材料。是不是闻一多参加了每一次校务会议，或者还有更多的事情要承担，材料中是否有遗漏？暂不探讨。从已知的材料，可以看到，曾经有远大抱负的闻一多，现在开始承担一所学校中一名学院领导所承担的责任。不仅仅招生、送学生毕业，备课、上课。为配合学校这台机器的运作，闻一多还要亲自承担图书出版审查、办刊以及审查、学生军训、奉安大典的安排、撰稿等多项事务。这些工作，足以证明闻一多的行政才能在武汉大学是得到公认的。

因留学所学的专业是美术，闻一多在武汉大学文学院开设的课程为西洋美术史。他还参与了湖北美术评价工作，担任了武昌艺术专科学校的校董，都与他原本的专业有关。

尽管理想是做一名古代文学研究者，终究由于专业和繁重的事务所限，使闻一多在武大开设的课，还不是中国古典文学方面的课程。第一年他开设的只是选修课，如为文学院开设公共选修课：西洋美术史，他的本行；给外文系开设的是"现代英美诗"，他的兴趣。第二年9月，闻一多开设的课程是"英诗初步"。

唐达晖先生为此做过考察，在他的文章《闻一多在武汉大学事迹的几点考辨》中谈道：闻一多发表了杜甫的研究论文，上的是外文系的课"英诗初步"，但是他写了关于杜甫的《少陵先生年谱会笺》①，这篇学术文章发表于1930年国立武汉大学《文史哲》第一至四期。

其后，闻一多又写了《少陵先生交游考略》，《闻一多全集》中说是根据北京图书馆藏作者手稿照相复印件收入，于何年写并不知。《闻一多年谱长编》还提到，闻一多在这期间又发表了一篇论文《庄子》②。后来，围绕庄子，闻一多完成的工作有《庄子内篇校释》《庄子章句》《庄子校补》《庄子义疏》《道教的精神》，收入《闻一多全集第九卷》。

也就是说，武汉大学期间，闻一多仍处在文学研究的蛰伏期，做着中国古典文学的案头准备工作，因有相对明确的方向，工作成效逐渐显现。

不得不提的是，闻一多在武汉大学任院长期间，经他之手，聘用过朱东润、游国恩两位讲师，他们对闻一多后来的文学研究有过很大的帮助。朱东润1896年生，留学英国，1929年，闻一多把他从南通师范学校调任，开设"中国文学批评史"，也因此成就了他。他的《中国文学批评史大纲》是近代中国最早的文学批评史专著之一，也为这门学科的奠基之作，他由此成为这学科的学术权威。游国恩生于1899年，1926年毕业于北京大学，之后，在江西的一所中学任教。1929年，闻一多把他聘至武汉大学做讲师，讲授《楚辞》，后来游国恩也成为德高望重的著名文学史专家、楚辞专家。同时，他是最早启发闻一多读《楚辞》的人。闻一多在《楚辞》方面取得的成就，堪比他在《诗经》、唐诗和《周易》方面的研究。相关的成果有《离骚解诂》《楚辞校补》《读骚杂记》《什么是九歌》《〈九歌〉的结构》等③。闻一多后来的学术生涯，有文学史的

---

① 《少陵先生年谱会笺》的特点是采用考据方法，以传主为中心，将国家大事、国际文化交流要事作为专注的生存背景交代，方便了解作品的外部原因。此外还调动历史文化知识解释传主及其作品等。

② 参看闻黎明、侯菊坤《闻一多年谱长编》，湖北人民出版社1994年版，第382页。

③ 参看《闻一多全集》第5卷，湖北人民出版社1994年版。

研究，如《唐诗要略》《文学的历史动向》《四千年文学大势鸟瞰》《中国上古文学年表》《唐文学年表》等。闻一多在继承清代朴学大师考据的传统上，发挥了他的兴趣特长，运用文化人类学的研究视角以及结构学、戏剧学的角度，解读研究楚辞，给学术界开辟了新的研究途径。当然这都是后话，他的广泛交友，善于使用人才，互相学习，取长补短，也使他自己后来成为出色的国学研究者。

在武汉大学，闻一多帮助过学生。有一个叫费鉴照的学生曾把自己写英国诗人的文章给闻一多看，闻一多给他鼓励，推荐到《新月》发表，后来在新月书店帮助下，费鉴照出版了《现代英国诗人》①。

三　离去与发展：离开武汉大学的闻一多

1930 年 6 月，闻一多辞去武汉大学文学院院长职务。为何？是闻一多厌倦了会议多，责任重的文学院院长之职？还是学校待遇差，闻一多打算另谋高就？或是，闻一多已下定决心，要做一个纯粹的中国文学的研究者？

这些原因仅仅是猜测。季镇淮在《闻一多年谱》中提及：武大起了学潮，攻击先生，先生就贴了一张布告，说对于自己的职位，如"鹓雏之视腐鼠"，并声明辞职离校。后来学校挽留，到底没有留住。武大档案室保留的一份未刊材料《武大最初两事回忆录》中记录的是：闻一多不同意刊登同事刘华瑞教授的有关江汉文化的文章，引起刘的不满，他怂恿学生攻击闻一多。尽管文学院教授陈源、校长王世杰都出面挽留，但闻一多去意已决。第二说是闻一多侄子闻立勋回忆，闻一多离开是武汉大学文学院争夺院长之职引起的派系之争。② 之后，武昌艺术专科学校校长欲聘闻一多任教，遭闻一多婉谢。此时，恰好清华大学文学院院长杨振声受南京教育部指派，筹备国立青岛大学。杨教授于当年 6 月在上海见到闻一多，请他前往青岛大学主持中文系工作，并编辑《新月》。闻一多的好友梁实秋恰好也接到邀请，去主持青岛大学外文系，于是两位好

---

① 参看闻黎明、侯菊坤《闻一多年谱长编》，湖北人民出版社 1994 年版，第 406 页。
② 同上书，第 386 页。

友相约去青岛一看，杨振声设宴招待。就在宴席上，闻一多答应接受青岛大学聘书。与此同时，清华大学也提请聘任闻一多为中文系专任教授，闻一多放弃了。

由这些材料大致可以推断：闻一多离开武汉大学，是被迫选择的。到青岛大学，有时局的原因，也有他看重友谊的原因。

《闻一多年谱长编》①描述，《国立青岛大学一览·职教员录》中记载的是，闻一多于"十九年八月到校"，即1930年8月。9月开学，他被聘为教授，兼文学院院长、中文系主任，为中文系学生讲授"中国文学史""唐诗""名著选读"，同时他还给外文系学生开设英诗课。同年11月，闻一多给饶孟侃的信中说"故纸堆终竟是把那点灵火闷熄了。……关于乘舆和服饰，我正想整理一番"②。第二年，据好友梁实秋回忆，到青岛后，闻一多开始草写唐代诗人列传，即现存的《全唐诗人小传》，收集唐代诗人406位，字数达60万字。《闻一多年谱长编》中有具体的列举，闻一多留下大量的手稿，疏证方面有《唐诗笺证》《唐诗校读法举例》《全唐诗辩证》《全唐诗校勘记》等；表谱方面有《唐文学年表》、《唐诗人生卒考》（附进士登第年龄考）、《新旧唐书人名引得》、《初唐四杰合谱》等；史料收集方面的有《唐诗大系》《全唐诗补传》《全唐诗续补》《全唐诗汇补》；札记方面有《唐风楼擷录》《璞堂杂记》《唐诗要略》《诗的唐朝》等，他的《诗经》研究也铺开了③。可见，青岛大学的工作，正是闻一多所渴望的，他终于转向了古代社会与文化的研究，故纸堆没有熄灭，而是把他点燃了。

闻一多在青岛的工作开始是惬意的，因为此地有很多新月社同人。闻一多的家在离浴场不远，梁实秋也在此处。除了招生阅卷，闻一多后来还参加了中华教育基金董事会组织的翻译世界名著的工作。学生中他发现了臧克家这样的优秀学生，并促成他从外文系转向文学院，改变了他的一生。然而，在青岛大学的结果跟武汉大学类似，因学生的学潮引起。学生贴标语攻击闻一多，印出了《驱闻宣言》："闻一多是准法西斯

---

① 闻黎明、侯菊坤：《闻一多年谱长编》，湖北人民出版社1994年版，第388页。

② 闻一多：《致饶孟侃》，《闻一多全集》第12卷，湖北人民出版社1994年版，第251页。

③ 闻黎明、侯菊坤：《闻一多年谱长编》，湖北人民出版社1994年版，第413页。

蒂主义者，他以一个不学无术的学痞，很侥幸与很凑合的在中国学术界
与教育界窃取了一隅地位。"

1932 年 7 月，心灰意冷的闻一多拒绝继续应聘，只身赴北平①。

1932 年 8 月，闻一多应聘清华大学，拒绝做系主任②。

在清华大学授课的闻一多教授，开设"文学专家研究课程"，讲授
"王维及其同派诗人""先秦汉魏六朝诗"等。他还与文学大家刘文典、
俞平伯、浦江清等同堂入室，讲"大一国文"。从此，闻一多走上了国学
研究者之路，他的学术梦想实现了。

美国学者易社强撰写的《战争与革命中的西南联大》中谈到文学院，
首席学者即为闻一多，有一段文字特别评价他：清华的闻一多是中文系
大师级人物。抗战前，他在文艺界以多才多艺闻名，战后成为时代良知
的代言人，名声大振。抵达昆明之际，他由 20 世纪 20 年代的浪漫诗人，
转变成 30 年代的古典学者。在昆明，他把大部分精力用于文字学研究。
在研究《诗经》《楚辞》《易经》《庄子》和《管子》等中国古代诗歌、
散文和哲学著作时，他别出心裁，新见迭出。后来，对古诗的兴趣引导
他转向社会、风俗和神话。展示的经历促使他从历史学、文字学和社会
学的角度解释古代传说，尤其是屈原的传说。在同事白英（Robert Pay-
ne）看来，闻一多"能够敏锐地把我联大整个群体的思想"，并把他对中
国学生的影响与五四时期的陈独秀相比并论。抗战后期，他被视为联大
的完人——富有创造力的学者，精力充沛的老师，道德上和政治上的
楷模。③

国内学者研究闻一多学术的也不少，且不论郭沫若等人的评价，肯
定闻一多古代文学研究的论文，可以看到很多：如马达的《闻一多对楚
辞研究的贡献》、文之的《生殖崇拜的揭示：论闻一多〈诗经〉研究的独

---

① 闻黎明、侯菊坤：《闻一多年谱长编》，湖北人民出版社 1994 年版，第 422—427 页。

② 多年后情况有所变化，1940 年 6 月 8 日，清华大学召开第三十次校务会议，决定恢复文
科研究所中国文学部，闻一多担任文学部主任。7 月朱自清休假，清华大学校长梅贻琦请闻一多
代理文学院中国文学系主任职务，闻一多表示不愿接受，而推荐王力担任。1941 年朱自清休假
结束，返学后请辞清华大学中文系主任，闻一多正式接任。

③ （美）易社强：《战争与革命中的西南联大》，饶佳荣译，九州出版社 2012 年版，第
121—122 页。

特文化视角》、侯美珍的《古典的新意：谈闻一多解〈诗〉对弗洛伊德学说的运用》、梅琼林的《论闻一多诗骚研究方法及其对传统训诂学的创造性超越》等，对闻一多学术研究的创新态度和一些观点，学术界一直肯定。

从书斋到广场的沉思

——闻一多在西南联大

周建华　陈　昶

（赣南师范大学文学院　复旦大学）

　　1946 年 7 月 15 日，随着一阵枪声，闻一多倒在了昆明西仓坡离家一步之遥的附近，走完了不足四十八年的人生旅程。从书斋到街头，从学者到斗士，西南联大的八年，闻一多在思想上、行动上产生了巨大转变，其民主战士形象也最后定格于此。许多同时代在政治上认可闻一多的人都强调了这一点。但正如一位学者所言，"他们的那些评价，并没有告诉人们一个真正的闻一多"。"其实，闻一多是反对一切专制的……闻一多不是某一政党的闻一多，闻一多是知识分子的闻一多。"① 西南联大八年，知识分子闻一多思想与行为转变的背后有着怎样的复杂性？

一

　　1943 年是闻一多思想产生转变的关键一年。谢泳认为："闻一多思想真正发生变化是在 1943 年以后。"② 1943 年 8 月，美国学者费正清写下了这样的笔记：

---

　　① 谢泳：《闻一多的 18 个细节》，陕西人民出版社 2013 年版，第 160—161 页。
　　② 同上书，第 118 页。

我对现政权已不存在希望，因为从感情上，它已失去广大人民的信任，而且也不能给人民带来任何实实在在的好处。这个政权已千疮百孔，腐朽不堪，并且没有足够的有识之士来挽救残局，因此，它不过是苟延残喘而已。①

费正清以一个国外人士的敏锐嗅觉觉察到了中国大地上这一细微的变化。那一年，在闻一多规矩的教学生涯里，同样发生了一件令人吃惊的事情。1943 年 10 月 27 日，闻一多在唐诗课上整堂课大讲田间的诗，并给这个时代取名"鼓手时代"。闻一多说："这堂课，我介绍这时代的诗。它有着不同于旧时代的旋律，你可以看见他活动的、健全的姿态。文学和时代要跑得一般快……"② 以至"这位沉默了许久的《死水》作者，突然欣赏起田间来，大家都觉得惊奇"③。对闻一多来说，这也是一个惊奇，而且是他带给人们系列惊奇的一个开始。

笔者认为，"唐诗课"事件在闻一多联大时期的思想发展中具有标志性的转折意义：①他开始走出书斋，放眼现实；②功利取代审美，将文学从艺术的宫殿里拉回现实之斗争生活中；③长期隐匿于内心深处之性格偏激的一面被激活，化为主导主人公日后行为的强大力量。闻一多后来的系列活动可以为此做出一些解释：

（1）1943 年 11 月，励志社主持的军委会战地服务团译员训练班设立，闻一多担任讲师，曾以《共产党宣言》为英汉互译教材。（p. 602）

（2）1944 年 3 月 1 日，发表《家族主义与民族主义》。该文以史论今，认为家族主义妨碍民族主义的发展，应当改变儒家"孝"的家族主义观念，走民族主义的路。（p. 613）

---

① ［美］费正清：《费正清自传》，黎鸣、贾玉文等译，天津人民出版社 1993 年版，第 229页。

② 闻黎明、侯菊坤编著，闻立雕审订：《闻一多年谱长编》（下），上海交通大学出版社 2014 年版，第 593 页。

③ 同上。

（3）1944 年 5 月 8 日，五月四日流产的五四文艺晚会重开，闻一多演讲后经整理成《新文艺与文学遗产》，宣称五四的任务还没有完成，要科学、民主就要打倒孔家店、封建势力。（p.623）

（4）1944 年 6 月 29 日前后，参加西南文化研究会。该会为华岗，周新民、楚图南、尚钺等人秘密组织（华岗等实为中国共产党员）。（p.632）

（5）1944 年 7 月 7 日，出席西南联大壁报协会，云大、中法大学、英语专科学校三校学生自治会联合举办的"时事座谈会"。闻一多讲话，提出"因此我了解到所谓研究学问是吃饱喝够的人的玩意儿，而老百姓要争的首先是吃和喝。"（p.642）

（6）1944 年秋，中共地下党员刘浩在张光年陪同下看望闻一多，会谈约两小时。刘浩回忆说："闻先生很激动地说国民党专制腐败，没有希望，中国的事情完全寄托在共产党身上。"在刘浩的分析劝说下，同年秋，闻一多加入中国民主同盟（刘为了闻更好地展开民主工作，劝闻加入民盟）。（p.668）

（7）1944 年 12 月中旬，与吴晗一起，邀洪德铭、陈定侯、王念平等座谈，商谈筹组"民主青年同盟"。（p.701）

（8）1944 年 12 月 27 日，出席自由论坛社主办的"中国的出路"座谈会。出席者有张奚若、罗隆基、王赣愚、吴晗等人。（p.707）

（9）1946 年 5 月 4 日，西南联大举行结业典礼，西南联大宣告结束。闻一多没有参加结业典礼，而是赴云南大学出席"五四"纪念会及青年运动检讨会。在会上，闻一多与学生共同讨论了青年运动的任务，民主革命的意义、知识分子的阶级属性、政治斗争等问题。（p.881）

（10）1946 年 7 月 15 日，出席李公朴殉难经过报告会，作"最后一次讲演"，会后返家途中遭枪杀，身亡。（p.933—935）①

这里选取了 1943 年 11 月到 1946 年 7 月 15 日闻一多遭暗杀的三年多

---

① 闻黎明、侯菊坤编著，闻立雕审订：《闻一多年谱长编》（下），上海交通大学出版社 2014 年版。

时间里的 10 个小事件。前三个事件，多属以学者身份参与的"学术"活动，尽管与反封建、家国关怀等宏大叙事联系较密，却也不减书卷气与学术味，尚不失一个学者的身份。从第 4 个事件，即加入西南文化研究会始，闻一多的思想与言行明显有了变化，其活动的社会性、组织性变强了。1946 年 5 月 4 日，闻一多缺席西南联大历史终结的结业典礼，去了云大出席五四纪念会和青年运动检讨会，教授的闻一多与战士的闻一多完成了身份置换。

有学者在论及闻一多惨遭暗杀时说："闻一多参加民盟后，对民主运动表现出了很高的热情。在他被暗杀之前，昆明发生的几乎所有民主运动中，闻一多都是主要的参加者。"① 这个概括并未虚言，闻一多参加民主同盟前后的活动有较为明显的区别。加入民盟前，闻一多已经在不断突破"新月"时期书斋生活的视野局限，"学以致用""家国关怀"逐渐成为其思考、行为的常用语汇。刘浩能够打动闻一多，并劝说他加入民盟，是闻一多思想发展之顺理成章基础上的更上层楼。加入民盟后，闻一多之思想、行为更为激进，逐渐地在"革命化""战士化"，与一个知识分子的距离则渐行渐远。从"唐诗课"事件，到加入西南文化研究会再到加入民盟，闻一多思想与行为变化有一条清晰的发展轨迹，闻一多身上，清华时期知识分子理性、冷静、善于思考、敏于鉴别的特性逐渐变化为情绪的焦灼与简单的狂热。

二

1943 年全年，闻一多各项活动明显没有之后三年任何一年的时间里来得多，值得记忆的更少。除了"唐诗课"事件，还有两个事件值得记取，在一些学者眼里，它们的发生是闻一多思想发生转变的重要因素，事实上并不尽然。这两个事件，一是 1943 年 3 月 22 日，蒋介石《中国之命运》在昆明开始发售，国民政府规定每人必须阅读。二是 6 月 16 日，教育部代表刘健群来到昆明，同时携带一份"部颁中国文学系课程安排"，打算将大学中文系教材统一在国民党控制之下。关于《中国之命

---

① 谢泳：《闻一多的 18 个细节》，陕西人民出版社 2013 年版，第 160 页。

运》，闻一多读后很是反感，对于有着十年清华求学经历和接受了五四运动洗礼的闻一多来说，是无法接受的。他说："《中国之命运》一书的出版，在我个人是一个很重要的关键。我简直被那里面的义和团精神吓一跳，我们的英明的领袖原来是这样想的吗？五四给我的影响太深，《中国之命运》公开的向五四宣战，我是无论如何受不了的。"① "课程安排事件"貌似普通的教材问题，实质上是《中国之命运》思想的进一步落实，自然遭到了闻一多和教授们同样的反对。"大学里的课程，甚至教材都要规定，这是陈立夫做了教育部长后才有的现象。这些花样引起了教授中普遍的反感。"② 尽管闻一多对蒋介石、陈立夫的做法反感，但是这并没有影响他对国民党政权整体上的正面观感。就在前一年，闻一多对国民党抗战还充满信心，对蒋介石也褒奖有加："此人一生经历了多次艰难曲折，西安事变时冷静沉着，化险为夷，人格伟大感人，抗战得有此人领导，前途光明，胜利有望。"③ 而在 1943 年 5 月 9 日，闻一多还与朱自清商量着加入国民党一事。据朱自清日记："一多要我与他同去登记参加国民党，我以未受到邀请为理由拒绝之。莘田给他一份入党申请书。"④ 王瑶《念朱自清先生》的纪念文章中也提到此事。关于闻一多加入国民党一事还有其他不同的回忆，但也没有确凿证据否认闻一多要求加入一事。朱自清和王瑶，前者作为闻一多生前好友与当时联大中文系主任，后者作为闻一多颇为欣赏的学生，他们回忆的可信度要更高一些。

从上述相关材料中，我们不难发现，直到 1943 年上半年，闻一多对国民党、蒋介石有过不满，但并没有厌恶，更没有敌对性的想法。这种情况在 10 月 27 日的唐诗课之后，慢慢起了变化，其变化的轨迹在第一部分的 10 个小材料中有相当清晰的反映。需要继续追问的是，排除了《中国之命运》的出版发行后，闻一多思想变化背后的真正原因何在呢？经济因素，抑或性格因素？先考察闻一多 40 年代在西南联大的

---

① 闻黎明、侯菊坤编著，闻立雕审订：《闻一多年谱长编》（下），上海交通大学出版社2014 年版，第 580 页。

② 同上书，第 583 页。

③ 谢泳：《闻一多的 18 个细节》，陕西人民出版社 2013 年版，第 118 页。

④ 闻黎明、侯菊坤编著，闻立雕审订：《闻一多年谱长编》（下），上海交通大学出版社2014 年版，第 581 页。

生活状况。

（1）1940 年 10 月。是月，物价暴涨不已，先生每月薪金不足全家十天半月开支，月月靠向学校透支或向友人借债解燃眉之急，生活进入了最艰难的阶段。为了糊口，家中除必不可少的衣被外，几乎分批寄卖一尽，连先生从北平带出来的几部线装书也忍痛卖给了清华大学图书馆，送书的时候还非常怜惜地说，将来回北平还要赎回来。（p. 523）

（2）1941 年 1 月 26 日。是日为旧历年三十。近半月来家家户户都在为准备过年而忙碌，先生一家平日日子过得极艰苦，菜碗里十天半月不见半点肉丝肉末，饭桌上不是自制的豆腐乳、咸菜，就是豆腐渣熬白菜再加一个萝卜干。（p. 533）

（3）1941 年 7 月。约是月，插秧前不久，先生一家迁至二三里外的谷堆村，住在一新建不久的楼房内。门前有一小溪，赵妈经常用笸箕捞些小鱼小虾，和在面里做成饼，改善一下家里的生活。（p. 540）

（4）1942 年 4 月 8 日。与七十一军驻军士兵发生口角，朱自清日记云：“人们谓最近驻扎此地之士兵暴戾，彼等随心所欲，一士兵昨从此屋偷一块肥皂，一多与数名士兵口角，因彼等坚持要我们室内做饭，一多拒绝之，然彼等仍不退去。”（p. 556）

（5）1944 年 1 月 18 日。重庆《新华日报》刊登吴青所写的短讯《昆明二三事》，中云：“昆明物价，为全国第一，教授们生活困难，大都另谋开源之道，闻一多教授订润例作金石。”先生准备挂牌治印，即在这前。（p. 608）①

这些材料均出自《闻一多年谱长编》，从中我们不难发现，在 1943 年之前，闻一多一家生活就已经陷入了困境，困顿到要将自己珍爱的书籍变卖，贫穷到需要带领孩子们到野外抓蝗虫、田鸡来补充营养，物质

---

① 闻黎明、侯菊坤编著，闻立雕审订：《闻一多年谱长编》（下），上海交通大学出版社 2014 年版。

匮乏到为一块肥皂与数位蛮横的士兵口角。尽管那段艰困的生活给闻一多心里刻下了深深烙印:"一九四四年八月……我到昆华中学的楼上,找到了他的卧室:摆着两张床,他一只手拿着馒头啃,一只手在磨石章,笑着说:'这是我的副业——靠小手工业过活。'沉默了半天,终于我说明了来意:'我以你的学生资格,要求你爱护自己一点,因为今天讲真理的人太少,我们经不起敬爱的长者的损失。'他瞪着眼,半天,泪珠濮濮的掉下来:'这是做人的态度……我觉得许多青年人太冷了……人总有心有血……我不懂政治,可是到今天我们还要考虑到自己安全吗?我很感激……可是我还要做人,还有良心……'"①但令人非常吃惊的是,在那段日子里,闻一多并没有表现出对国民党政权、蒋介石思想上的背离,更说不上反对。即使已经穷困到放下读书人架子靠刻章来贴补家用,闻一多还是本着一颗初心,他眼里流出的是生活的辛酸,是赤子之泪,是对生活本能的痛苦反应,并不具备一个民主战士的清醒与自觉反抗意识。

由此基本可知,经济因素在闻一多思想转变的过程中并不具备决定性的意义,更多的是一种潜在的附加因素,否则,在此前的几年艰困生活中他早就走上了"异路"。那么,性格是否就是促成其思想转变的重要因由呢?

闻一多出身乡绅家庭,家庭经济条件较好,也接受了良好的家庭教育和学校教育。清华求学时期,闻一多一待就是十年,可以说,清华就是他的精神家园,形成了他关于世界、关于人生与社会的最为基本的看法。当时的清华文化有三个突出特点:言论自由、结社自由、出版自由。在这样宽松的文化环境中,闻一多的才华获得了比较充分的发展,除了以美术和诗歌知名外,闻一多还积极投身到校园文化的活动之中,不仅时常在各种重要的校园活动中扮演主要角色,还是著名学生刊物《清华周刊》的编辑。闻一多在清华时期的思想在他当时写的几篇重要文章《清华的出版物与言论家》《〈清华周刊〉革新底宣言》及《〈清华周刊〉底地位——一个疑问》中有比较清晰的呈现。在《清华的出版物与言论家》中,他说:"人人底脑筋都有受对象的戟刺而起冲动底本能,环境里有这个缺点,我们的脑海里才起这种'不快感'……言论里所包含的解

---

① 王一:《哭闻一多先生》,《新华日报》1946 年 7 月 25 日。

决问题底方法，不一定都同环境底需要，针锋相对，但社会自有裁判力，决不致盲从，所以取舍言论，是社会底事，连续地接济社会取舍底材料，是言论家底事。"① 这段关于言论与社会的关系从容、理性，丝毫没有偏激的意味。在《〈清华周刊〉革新底宣言》中，闻一多则高扬自治的旗帜，树立起理性公正的批评风气。"我们看从前的《周刊》里，冷讥热嘲，怨气冲天，细细推测其来源，无非是不满足于环境，满腔热血，力图改革，又不见实效，于是抑郁而发为愤词疾论而已。……目前校中美的恶的原素方在奋长争霸，《周刊》是舆论底正鹄。正需一种危词谠论，监视着这恶芽，不让他发育。"② 可见，闻一多并不支持冷讥热嘲、怨气冲天的愤激之语，而是想办法对其加以抑制。思想的宽容离不开平和的心态，过分偏激的性格自然也无法产生"中庸"之语。

清华时期的闻一多还是学生会负责人，他参加和组织过学生罢课，也与学校发生过争论，但从他自身的言行及同学的评价来看，他都不是一个好斗之人。他这样解释学生会和学校之间的关系："我们对于我们自主机关学生会，一向都没有信用，没有敬心。……须知学生会是个'法人'，他的名誉也是不好随意毁败的，他的人格也是不好随意忤辱的。"他还说："我们常常猜疑某某为政客，某某为流氓，某某为军阀，其实都是我们主观的判断。我们若大家平心静气存点恕道，这些名词根本地都消灭了。其实我是一个人，别人也是一个人，难道我们好别人就那样坏吗？中国人最讲究家族主义。我们若能将对待家人的一种和爱的心境来施及于学校，假定校中人个个都是我们的家人，那就好了。"③ 存恕道，讲和爱，不用恶意来揣测别人，从中我们看到的仍然是非常平和的闻一多。梁实秋对闻一多还有这样一段评述："他不善演说，因为他易于激动，在情绪紧张的时候脸涨得通红，反倒说不出话。学校里闹三次赶校长的风潮，一多都是站在反抗当局的一面，但他没有出面做领导人。"④ 同样活动频繁，同样作为名人，与西南联大时期相比，青年

---

① 闻黎明、侯菊坤编著，闻立雕审订：《闻一多年谱长编》（上），上海交通大学出版社2014年版，第102页。

② 同上书，第116页。

③ 同上书，第146页。

④ 梁实秋：《谈闻一多》，传记文学杂志社1967年版，第6页。

时期的闻一多给人的是一种完全不同甚至相反的印象。从人物成长的规律来说，清华时期，是奠定其性格与世界观最为关键的阶段。闻一多西南联大时期与青年时期迥异的言行，显然与其青年时期所形成性格之间不具备必然联系。

那么，究竟是什么促成了闻一多思想如此巨大的转变呢？我们回过头来，再仔细考察第一部分所列出的关于闻一多的 10 个小事件，为什么本人倾向于将 1943 年的"唐诗课"事件，而不是其他事件作为闻一多转折的关键节点。"唐诗课"最具标志的意义是，闻一多从此打开了观察世界的另一扇窗口，形成了与其他思想沟通与对话的可能。

接触到田间的诗后，闻一多对现实、对民众只是有了一个粗略的认识，还谈不上了解。中国共产党的出现，将他从混沌与彷徨的中间状态领向了革命之路。1944 年 6 月 29 日，尚钺与楚图南拜访闻一多，闻一多说自己是卖苦力的，是手工业者，靠刻图章过日子，言语之间对自己的境遇有辛酸与无奈。尚钺第二次与华岗去拜访闻一多时，华岗与闻一多的会谈到底谈了什么，我们不得而知。不过闻一多之变化却相当明显，闻一多说，他从长沙走到昆明，路中与农民接触，以前对农民不了解，现在感到亲切了。闻一多的话是可信的，从长沙步行至昆明途中，闻一多将沿途风景民俗用绘画记录下来。"十几年没画图画，这回却又打动了兴趣，画了五十几张写生画。打算将来做一篇序，叙述全程的印象，一起印出来作一纪念。画集印出后，我一定先给你们寄回几本。还有一件东西，不久你就会见到，那就是我旅行时的相片。你将来不要笑，因为我已经长了一副极漂亮的胡须。这次临大搬到昆明，搬出好几个胡子，但大家都说只我与冯芝生的最美。"[①] 民族遭此大难的时刻，尽管辗转迁徙，久居大学的闻一多并未感到有多少压力，而是兴致勃勃，谈何深入民间，了解农民？因此，闻一多之目光"下视"，对农民"现在"感到亲切，与华岗的"启蒙"不无关系。

"年谱长编"在详细记述了尚钺、华岗与闻一多的两次见面后说：

---

① 闻一多：《闻一多书信选集》，人民文学出版社 1986 年版，第 285 页。

"参加西南文化研究会，是先生政治生活发生巨大转变的重要阶段。"① 西南文化研究会究竟是一个什么样的组织？该会为华岗、周新民、楚图南、尚钺等人秘密组织，实际上是学习讨论会。华岗、楚图南、尚钺等都是中共党员，华岗还是中共南方局特派到昆明做统战工作的。西南文化研究会的活动，名义上是学习讨论会，实际上学习内容"时事性"非常强。吴晗在《拍案而起的闻一多》中，记述到当时西南文化研究会的一些活动："我们一些人秘密组织一个座谈会，成员有十几个人，其中有一两个是共产党员。座谈的目的是学习党的政策和分析时事，计划斗争。地点有时在一家花园里，有时雇一条船，到滇池漫游。在这些会上，我们初步知道中国社会两头小中间大、统一战线政策，个人和集体的关系等等道理。以后我们又得到《论联合政府》、《论解放区战场》等党的文献和《新华日报》、《群众》等刊物，如饥似渴地抢着读，对政治的认识编日渐提高了。"② 华岗的"启蒙"与在西南文化研究会的活动学习，闻一多知道了"更多"，知道了教授之外，还有"老百姓"。

1944 年秋的一天下午，共产党员刘浩和张光年拜访了闻一多。刘浩这样回忆那天的交谈情形："我和闻先生很亲切地畅谈了大约两小时，向他介绍了抗日根据地的情况，我党的主张，同时讲了国民党反动派阴谋对日妥协、准备反共等情况。……闻先生说他在黑暗中探索了半辈子，现在才看到中国的光明之路就是共产党指明的道路，他愿为此奋斗不息。闻先生还说有人邀他参加民盟，他正在考虑他参加民盟好不好，他想参加民盟不如参加共产党。我对闻先生说，参加民盟更方便活动，有利于推进民主运动。此后不久，我奉调回重庆南方局，曾把闻先生这些情况，向董老作过汇报。"③ 闻一多后来的所有活动，其主轴基本上都与此有关，如同年 12 月中旬，与吴晗等一起筹组"民主青年同盟"；12 月 27 日，出息自由论坛社主办的"中国的出路"座谈会；1945 年 8 月 14 日，同 207 人联名发表《告国际友人书》，呼吁国际友人共同支持中国人民建立新的

① 闻黎明、侯菊坤编著，闻立雕审订：《闻一多年谱长编》（下），上海交通大学出版社 2014 年版，第 633 页。

② 吴晗：《拍案而起的闻一多》，《人民日报》1960 年 12 月 1 日。

③ 闻黎明、侯菊坤编著，闻立雕审订：《闻一多年谱长编》（上），上海交通大学出版社 2014 年版，第 668 页。

中国；1946 年 5 月 4 日，缺席联大最后一届结业典礼赴云大出席五四纪念会及青年运动检讨会，在会上与学生共同讨论了青年运动的任务、民主革命的意义、知识分子的阶级属性、政治斗争等问题。至此，我们已经基本能够确认，中国共产党的引导，才是闻一多由学者转化为斗士的关键。

三

在《最后一次讲演》中，闻一多说，前脚跨出大门，后脚就不准备再跨进大门，他是这样说的，也是这样做的。闻一多是真正的知行合一者，理想的追求者、道德的完美主义者。他殉难一周年时，生前好友张奚若这样评价他："在你的朋友中，谁能像你将服膺半生的自由思想和道德观念，在一旦觉醒之后，认为只是某一阶级的偏见而并非永恒的真理，弃之唯恐不尽，攻之唯恐不力！……假如你没有死，你今日是否还能耐心地守着原有的岗位？假如你要离开原有的岗位，除过更向前，还有别的方向吗？"[①] 张奚若为读者描绘了一个疾恶如仇，急切、勇往直前的前行者闻一多。但是，这个前行者闻一多与作为学者的闻一多，给人感觉似乎并不十分和谐。

1946 年 4 月 14 日下午，西南联大昆明校友会为欢送母校师长举行校友话别会，参会的有 60 余名教授与 200 余名学生。发言中，许多人赞扬联大学术自由精神，闻一多却尖锐批评联大的教育作风：

> 从前，我们都在北平住过很长时间，那时候，研究学术的条件很好，日子也过得非常舒服。我们在那里读书，教书，做研究工作，说起来总算多多少少做过一些事情，对大家做过的事情也都很满意。现在回想起来，当时的工作，当时的生活，好像都很不对头。说实话，我是不满意过去三校的作风的。我希望过去的就让它永远成为过去，三校今后应该继承和发扬这几年来联大的精神：爱民主，爱

---

① 张奚若：《一多先生死难一周年纪念》，清华周刊社编：《闻一多先生死难周年纪念特刊》。

人民，开创一幅新面貌！

北大、清华、南开，都是有名的大学，确实为国家培养了一些人才，这几年三校合在一起，在艰难的条件下，一直坚持勤学苦读的精神，相信也会出一些人才的。特别是联大成了著名的"民主堡垒"，在大后方的民主运动中作出了重要贡献。"一二·一"运动更是近代史上的一件大事。所有这些，我们大家都有深刻的印象。今天我想说的是，这三个大学都和美国关系很密切，我们都是在美国式的教育里培养出来的，固然也可以学得一些知识和技术，但是经过这八年的检验，可以说，过去受的美国教育实在太坏了。它教育我们只顾自己，脱离人民，不顾国家民族，这就是所谓的个人主义吧，几乎害了我一辈子！……①

第一段中，闻一多明确否认自己过去在清华的学习、教学、研究生活，而赞扬联大的"爱民主"、"爱人民"的作风。第二段里，他进一步将"视点"聚焦在"民主"上，而后又否认自己所受的美国教育，指责美国教育太坏。闻一多反复强调的所谓"民主"，其实正是美国教育与文化中的一个核心理念，而他本人所以能在联大自由言行，不正是充分享受着联大美国式民主自由的结果吗？

实际上，闻一多思想与内心深处，十年清华与三年留美生活留下的印记无法也不可能被随意抹去，只要有机会，它就会偶露峥嵘，联大话别会上是如此，在李公朴殉难经过报告会所做讲演也是如此：

反动派故意挑拨美苏的矛盾……我们的新闻被封锁着，不知道美苏的开明舆论如何抬头，我们也看不见广大的美国人民的那种心的力量，在日渐增长。但是，事实的反映，我们可以看出。

第一，现在司徒雷登出任美驻华大使，司徒雷登是中国人民的朋友，是教育家，他生长在中国，受的美国教育。他住在中国的时间比住在美国的时间长，他就如一个中国的留美学生一样，从前在

---

① 闻黎明、侯菊坤编著，闻立雕审订：《闻一多年谱长编》（上），上海交通大学出版社2014年版，第872页。

北平时，也常见面。他是一位和蔼可亲的学者，是真正知道中国人民的要求的，这不是说司徒雷登有三头六臂，能替中国人民解决一切，而是说美国人民的舆论抬头，美国才有这转变。①

这是个即兴讲演，闻一多不仅高度赞扬了美国的开明、新闻自由，也高度赞扬了司徒雷登，称颂他是中国人民的朋友、可亲的学者，而司徒雷登是美国人，接受的完全是美国教育！这个赞美是脱口而出、无意识的，它表明，闻一多骨子里是认可美国式民主的。那么，他先前明确否定自己所受的美国教育，认为它太坏，几乎害了自己一辈子，又作何解释？这个问题值得人们深思。

梅贻琦在 1945 年 12 月 14 日的日记中曾对闻一多有一个评价，他说："一多实一理想革命家，其见解、言论可以煽动，未必切实际，难免为阴谋者利用耳。"② 谢泳对闻一多的评析更为详细："闻一多是真正的诗人，他只对理想的政治生活感兴趣，实际上也没有能力参与。他最终和他所处的时代发生了那么大的冲突，就是因为他对现实的看法太理想化。他多年在平静的大学和知识分子当中生活，很少接触实际政治，即使是在 20 世纪 40 年代所热心的那些政治活动，他也是以理想和单纯的态度对待的，他没有任何功利的目的，只为他的理想而奋斗，他也并非为某一个具体的政治团体的利益才那么勇敢，虽然因了时代的特殊变化，他的为理想而奋斗的激情和勇气恰好与某个政治团体的目的相吻合，而这个政治团体对于现实的政治的目的非常清楚，他们有自己预设的政治理想，为了实现这些理想，因此他们欢迎闻一多这样的知识分子，尽管他们并不真正了解闻一多是反对一切独裁和专制制度，而非只反对这个专制而不反对那个专制。"③ 梅贻琦和谢泳的评价可谓切中了闻一多西南联大后期各种表现的关键，因为理想的执着产生了盲目，因了书斋的局限产生了不切实际，因了外界的刺激产生了狂热、失去了应有的冷静与鉴别

---

① 闻黎明、侯菊坤编著，闻立雕审订：《闻一多年谱长编》（上），上海交通大学出版社 2014 年版，第 935 页。
② 《近代史资料》总第 70 号，中国社会科学出版社 1988 年版，第 174 页。
③ 谢泳：《闻一多的 18 个细节》，陕西人民出版社 2013 年版，第 113 页。

能力。

闻一多一生从未走出大学校园，更没有真正深入过民间，体察过民众疾苦，了解过民众需求。他所有关于现实的认识一是来源于自己的生活感受，二是来源于加入西南文化研究会后的学习所得。生活感受方面，主要由两部分组成，其一是自身日益困窘的经济状况，其二是日益高涨的学生民主运动，它们引发了闻一多对现实的不满，也激发了他意识深处关于民主的政治理想诉求。至于学习，鉴于西南文化研究会和民盟政治团体的实际性质，其学习内容基本上是中国共产党的各种文献与领袖讲话。故而，闻一多关于社会的理论认识实际上是以中国共产党关于社会的基本论述为基础的。至于中共关于社会、关于民主等理论与自己所追求、所理解的社会与民主有无区别，时代的大环境及种种因素的促使下，闻一多没有余暇也从未真正去思考过。

楚图南在《记和华岗同志在一起工作的日子》中，谈到他们对闻一多认识的转变："当时，我们当中一些同志对争取团结像闻一多先生这样的知识分子是有些偏见的，认为他早年站在新月派一边，信奉过国家主义。到了云南，又钻进小楼，醉心于经史楚辞的研究。像他这样的人，能和我们走到一起来吗？就在这时，华岗同志给我们看过周恩来的亲笔信（用华的名'西园'），信的大意是：像闻一多这样的知识分子，对国民党反动派的腐败是反抗的，他们也在探索，在找出路，而且他们在学术界、在青年学生中，还是有广泛的社会联系和影响的，所以应该争取他们，团结他们。这样，周恩来同志实际上就委婉地批评和规劝了我们之中对闻一多等人不全面的看法，用党的统一战线的策略思想教育和提高了我们。正是这样，我们和闻一多先生的接触多了起来，逐渐地了解他。在一定的时机我去看他，向他表明，有一位中共方面的朋友来看他。闻一多立即热情地表示欢迎，甚至还急不可待地想会见这位朋友。这以后，华岗同志和闻一多之间有过多次开诚布公地促膝长谈。在闻一多长期的徘徊苦闷之后，他找到了光明，看到了希望。"① 闻一多找到了"光明"之后，勇往直前，从来就没有想过这个"光明"与自己心中所追求的光明有何不同，自己为何被"光明"找到，更没有要

---

① 楚图南：《记和华岗同志在一起工作的日子》，《文史哲》1980 年第 4 期。

放慢脚步的意思。

李公朴被暗杀后，昆明到处在传着黑名单一事，而闻一多就是黑名单上的第二号暗杀对象，不少友人、学生叮嘱他少开会，勿刺激，须镇静，闻听后深以为然。

7月15日一大早，又有朋友来信，说黑名单的事绝对可靠，请闻一多千万小心。闻说："事已至此，我不出去，什么事都不能进行，怎么对得起死者。假如因为反动派的一枪，就畏缩不前，放下民主工作，以后谁还愿意参加民主运动，谁还信赖为民主工作的人？"①

当时，中共地下党也派人通知闻一多注意隐蔽。闻立雕说："就在这个当口，昆明市学联主席吴显钺受中共地下省工委书记郑伯克的特别指派，前来转达党的意见，要父亲立即转移，隐蔽。父亲与吴显钺常有接触，但不知他是地下党员，误以为他前来仅仅是出于学生对老师的关心，吴显钺则受组织纪律的约束也不便亮出自己真实身份，结果父亲仅仅对吴的好意表示了深深的感谢，但是，拒绝隐蔽，转移。他说：'我们很多人溃退了，我不能像他们一样，我要坚持战斗。'郑伯克听了吴的汇报，一时也无可奈何，只好叮嘱云南大学的党支部和在民盟工作的党员多多关注父亲的安全，防止发生意外。"②

从街头到广场，闻一多的人生无疑是丰富、壮美的，但从人生结局看，无疑又是一个悲剧！闻一多的同事温德先生说，搞政治可不能单凭一包热情。假如闻一多还像清华求学时期那样理性，还像在《最后一次讲演》中评价司徒雷登那样客观一些，人生是否可能会是另外一个样子？假如闻一多还活着，会怎么想？但是，历史没有假如！

---

① 高真：《一多牺牲前后纪实》，《闻一多纪念文集》，生活·读书·新知三联书店1980年版，第383页。

② 闻立雕：《红烛：我的父亲闻一多》，新华出版社2009年版，第282页。

清华学校校园文化对闻一多
思想的影响

金富军
（清华大学）

闻一多在清华学校求学 10 年，深受清华学校校园文化影响，凡涉及闻一多早期思想，均会涉及清华学校时期校园情况，但多为背景式概要介绍。本文就闻一多思想中几个重要方面，从清华校史角度，提供一些闻一多求学期间清华学校在教学、管理、校园文化等情况，希望能对闻一多思想形成的环境以及闻一多思想形成有进一步的了解。

文化接触地带中的中西文化并重

清华大学最初是利用美国庚子赔款的退款建立起来的。因此，清华学校也被视为带有"国耻"的印记。身处其中的师生感受尤其强烈，称学校为"国耻纪念碑"。赔款象征着国耻，但其本身又是中国人民的民脂民膏。故耻辱感外，清华学生亦深具感恩思想，更懂得自己肩上的重任。"清华不幸而产生于国耻之下，更不幸而生长于国耻之中。……不幸之中，清华独幸而获受国耻之赐。既享特别权利，自当负特别义务。"①

---

① 《清华历史》，《清华大学史料选编》（一），清华大学出版社 1991 年版，第 35 页。

学校注意从学校特殊背景中激发学生的爱国之情，培养学生担当精神。1914 年 12 月，周诒春校长在演讲中，提醒"清华学生既受特别权利，当奋发有为，不当虚骄自大"。"同学苟饮水思源，念斯校之所以立及经费之所由来，当滴泪涌心坎间，卧薪尝胆，刻苦艰辛，油然提起爱国心，为中国做些实事也。""清华学生当群策群力同气同声，以达救国之目的也。""事之成败得失在群与散及合与离。清华同学均爱国男儿，以救国为前提，则欲达此目的也，在团体力之凝结而已。苟能一心一意，不折不挠，不顾艰难困苦，互相提携，一直做去，将来各以其所学为社会用，为国家用，数十年之后，内乱自消，外患自灭，中华民国四字灿然炫耀于光天化日之下矣。"①

1924 年 6 月，闻一多在给家人信中写道"我辈定一身计划，能为个人利益设想之机会不多，家庭问题也、国家问题也，皆不可脱卸之责任。若徒为家庭谋利益，即日归国谋得以饭碗，月得一、二百金之入款，且得督率子侄为学做人，亦责任中事。惟国家糜巨万以造就人才，冀其能有所贡献也。""我辈得良好机会受高深教育者当益有责任心。我辈对于家庭、社会、国家当多担一分责任。"② 很显然，闻一多表达的正是学校所提倡的。

清华作为留美预备学校，美国式校园氛围浓厚。清华学校设西学部和国文部，西学部课程、教材等"均仿照美国学堂"，教师中有很多直接从美国招聘。当时不仅学校的学制、课程、教材、教学方法，而且学校的体育、兵操、课外活动等大多模仿美国学校。英语成为学校通用的语言文字，除大多数课程以英语讲授外，学校行政的会议、布告、学校出版的季刊与年刊、校长的训话、中外名人的演讲和辩论会、戏剧歌舞演出等，也大半用英文。再加之，早期清华的"四大建筑"（大礼堂、图书馆、体育馆、科学馆）均出自外国设计师的手笔，许多建筑材料也是来自美国。这些建筑和清华学堂、同方部，组成了清华早期校园的欧美风格建筑群。英国哲学家罗素访问清华时，感觉"清华学校恰像一个由美

---

① 李权时：《周校长演说志感》，《清华周刊》1914 年第 26 期第 1 版。
② 《致家人》，《闻一多全集》第 12 卷，湖北人民出版社 1993 年版，第 202—203 页。

国移植到中国来了的大学校"。①

这种美国化的校园氛围反映在学习上，是学生普遍重视英文而轻视中文。出现了"一班之中，上课之时留心听讲者十不得一焉。课题作文，依时缴卷者十之二三耳。上国文堂看国文书半数而已，早出晚归、行动自由、习以为常、谈笑自若、议论风生数见不鲜"②。社会批评清华学生"感化受美最深"，"未'出'而先'洋'"。③"预备'留美'，而未尝预备'回国'，可耻孰甚。"④"清华是买办学校，所以最漠视中文。"⑤

对此，学校也曾出面力图有所改变。1917年2月，周诒春在新学期开学典礼上说："君子务本，本立则学有根底。学之中，以国学为本。吾校为留美预备学校，英文自应特别注重，惟近来同学之心理，颇有数典忘祖、舍本逐末、只重洋文、轻弃国学之倾向，此岂佳象哉。国学范围綦广，研究之途不一，今校中奖励之法亦多，国语演说也、国语辩论也、周刊与清华学报中文部之篇幅也，盖无一非研究国学之资，及奖励国学之法也。至其主体，尚有国文课程。学校之为吾人谋也，至矣尽矣，吾人其何以毋负学校之栽培而保国粹于既衰，振国魂于既微耶？此就国学言之，盖智育之一部也。"⑥

清华学校作为中西文化交汇的文化接触地带，"始终存在的不平等的文化状况，也会使主体的文化心理更趋复杂。清华浓厚的美国化倾向无疑是以更为直接的方式凸现了这种冲突，由此导致学生对母体文化和民族利益产生强烈的危机意识"⑦。

正是这种危机意识，1916年5月，闻一多写出了《论振兴国学》。提出要振兴国学。"惟新学是骛者，既已习于新务，目不识丁，则振兴国

---

① 邱椿：《清华教育政策的进步》，《清华大学史料选编》（一），清华大学出版社1991年版，第272页。

② 赵锡麟：《吾校国文何为而败坏》，《清华周刊》1920年第184期，第1—4页。

③ 胡竟铭：《驳少年世界黄仲苏〈海行五日记〉：八月念七日记清华游美生一段》，《清华周刊》1920年第196期，第11页。

④ 邱椿：《改良清华刍议》，《清华周刊》1923年第273期，第8页。

⑤ 邱椿：《清华教育政策的进步》，《清华大学史料选编》（一），清华大学出版社1991年版，第271—272页。

⑥ 时：《本学期始业记》，《清华周刊》1917年第95期，第4—6页。

⑦ 潘皓：《清华学校：文化接触地带的考察》，《学术论坛》2005年第9期，第167页。

学，尤非若辈之责。惟吾清华以预备游美之校，似不遑注重国学者。乃能不忘其旧，刻自濯磨，故晨鸡始唱，踽阜高吟，其惟吾辈之责乎！"①1921 年 4 月，闻一多在《中文课堂底秩序底一斑》中描述中文课堂闹哄哄的情形，批评清华学生"在英文课堂讲诚实、讲人格，到中文课堂便谲骗欺诈、放僻嚣张，丑态恶声，比戏院、茶馆、赌博场还不如"②。

以历史后见之明看，根本原因还是时代背景与中西文化冲突下师生心理变化。这种现象，脱去清华"以造成能考入美国大学与彼都人士受同等之教育"③ 目标这层原因外，也反映出晚近以来社会风气的急剧转变。近代以来，西潮东渐，社会风气全面向西。"中西之间的文化竞争是中外矛盾的关键。西方在文化竞争方面是有备而来，中方则是在竞争中逐步认识到'学战'的重要，故在不知不觉中被西方改变了思想方式。"④

这种心理和思想方式的转变，使得西化成为占据强势地位的现代的标准。1923 年 9 月，在东南大学任教的清华校友、著名教育家孟宪承在写给在清华求学的贺麟信中指责"我看清华下学期新聘的国文教员尚有前清举人翰林之属，以这种旧人物来做国文教员，足见清华的国文，还没有上轨道"⑤。历史上学子孜孜以求的功名，此时已成为一种落伍、过时的标签。这种流风所及，自然涵盖师生全体。在大势面前，这些具有功名的老先生心里，有落差，更有落寞。正如潘光旦总结的："是这些老先生的封建修养特别到家么？是考进清华的中学年龄的孩子们特别调皮么？我看都不是。……简单地说，在对待中国固有文化的态度上，老师们成了失败主义者，而学生们则成为取消主义者，两种人合作，就形成了当年清华汉语课堂上的怪异场面。"⑥

在这种美国化、师生中普遍存在失败主义和取消主义的氛围中，闻一多在汲取西学新知同时，坚持学好国学立场，甚至利用假期在"二月

---

① 多：《论振兴国学》，《清华周刊》1916 年第 77 期，第 2 页。

② 一多：《中文课堂底秩序底一斑》，《清华周刊》1921 年第 214 期，第 21 页。

③ 《清华学校的办学宗旨及范围》，《清华大学史料选编》（一），清华大学出版社 1991 年版，第 259 页。

④ 罗志田：《西潮与近代中国思想演变再思》，《近代史研究》1995 年第 3 期，第 1—23页。

⑤ 贺麟：《与孟宪承先生谈话记》，《清华周刊》1923 年第 287 期，第 14 页。

⑥ 潘光旦：《清华初期的学生生活》，《清华旧影》，东方出版社 1998 年版，第 72—73 页。

庐"博览群书，"闲为古文辞，喜敷陈奇义，不屑于浅显"①。用笔记、诗话等体裁写成并发表，正体现了他对民族、文化的热爱。"其精神实质是在不平等的文化现实中，本源文化的一种防御自卫的敏感和本能，以抽象化的文化民族主义来实现和保持自我的心理认定。"②

针对 20 世纪 20 年代闻一多提倡国家主义，闻黎明先生指出"这些人提倡国家主义，是基于真诚热烈的爱国情绪，而非出自意识形态的分野"③。实际上，学生时期的闻一多的爱国情绪亦是如此。

完全人格教育氛围下的演说与辩论

清华学校推行德、智、体三育并举，要求学生全面发展，"造就一完全人格之教育"。④ "完全之人格谓何？其人之一切行动均在法律之内是也。"⑤ 即鼓励学生独立自主、全面发展，养成各种技能，提高综合素质，成为适应现代社会的国家公民。

清华学生课业负担很重，"清华学生，一年三百六十日，除放假外，均似在复习前面几节，这周有小考，下周有月考；一科如是，科科如是，而学生之几许时光，已被支配殆尽矣！一日出此堂，入彼堂，忙忙碌碌，疲于奔命"⑥。

在紧张的课堂学习之余，学生课外活动丰富多彩，各类出版物也如雨后春笋。在各种活动中，清华学生"意投则合，共策进行，纯然以公益为怀"⑦。学生将组织、参与各种会社团体视为"自动的作业"与"练

---

① 郭道晖、孙敦恒编：《闻一多青少年时代诗文集》，云南人民出版社 1983 年版，第 3 页。

② 潘皓：《清华学校：文化接触地带的考察》，《学术论坛》2005 年第 9 期，第 167 页。

③ 闻黎明：《闻一多与"大江会"——试析 20 年代留美学生的"国家主义观"》，《近代史研究》1996 年第 4 期，第 170 页。

④ 《周校长对于高四级毕业生训辞》，《清华周刊》第 2 次临时增刊，1916 年 6 月 17 日，第 9 页。

⑤ 钧：《校风篇》，《清华周刊》1914 年第 17 期第 1 版。

⑥ 联忠：《个人观察中清华教育之一点缺点》，《清华周刊十周年纪念增刊》，附第 303 期，1924 年 3 月 1 日，第 58 页。

⑦ 《清华阳秋》，《清华周报》1914 年第 7 期，第 4 张。

习的机会"，培养自己"创作的精神"。①

作为训育的重要手段，清华重视演说和辩论。学校一方面请名人来校做演讲，杜威、罗素、泰戈尔、李大钊、陈毅、梁启超、蔡元培、颜惠庆等各界名人均曾来校演讲。另一方面鼓励学生开展演说与辩论，周诒春、赵国材等学校领导还经常担任学生演说和辩论赛评委。

在演说、辩论风气很盛的氛围中，闻一多积极参与其中。对于偶尔的失败，闻一多自认为是奇耻大辱。闻一多曾到水木清华北面山坡上对着呼啸的北风练习演说八遍，也曾晚上出外练习演说十二遍等，由于他自我要求高，专心练习，使他成为全校闻名的演说明星和辩才。

严格管理下形成的规则与效率

如果说"造就一完全人格之教育"是清华学校早期教育的目标，那么严格管理则是实现这个目标的重要手段。"重以学校管理法，无不以培养完全人格为怀。"②

周诒春校长推行严格管理，是因为他认为包括学生在内的中国人缺乏规则意识。他认为在政治上，"国人更适合开明的专制制度。虽然美国人大声疾呼反对专制，要求民主和法律公平。但民主和法律的公平不适合我的同胞，现在的那些激动的演说，至少要落后美国人半个世纪。从传统来看，我们更接近英国而非美国，因此英国式的方法更适合我们"③。从清华实际看，切合了当时学生总体年龄偏低的实际。清华招收中等科学生年龄在 12—15 岁、高等科年龄在 16—20 岁。中等科插班生年龄在 14—15 岁、高等科插班生年龄不超过 19 岁。清华学校学生，尤其是中等科学生，年纪幼小，根性未定，采取严格的管理有利于学生养成良好的学习、生活习惯，作为异日踏入社会之预备。早期清华订立了许多关于教务、总务、斋务、游学、考试、学生课外活动等方面的规章制度，1919 年《清华一览》所载各项规则多达 90 个。

---

① 《智育》，《清华周刊本校十周年纪念号》，1921 年 4 月，第 1 页。

② 《清华阳秋》，《清华周报》1914 年第 5 期，第 3 页。

③ 《卜舫济与中国友人来往书信选译》（一），《档案与史学》1999 年第 4 期，第 5 页。

清华学校特别重视学生管理，对年龄偏小的中等科学生尤其严格。学校设有"斋务处"专司其事，由斋务长负责。学生一举一动，均受严格管制，但它并不负责学生的伦理教育。学生全体寄宿校内，平时非有特别事故，或获得许可，不得擅自离校。学生不准饮酒吸烟；每周至少洗澡一次。1915 年起，中等科每两星期写封家信，学生的零用钱要存入学生银行，平常的零用钱可以少许带在身上。需要用钱时说明理由从银行支取。花钱要记账，而且是新式簿记，有明细账，有资产负债对照表。一月得向斋务处交一次零用账，看你的钱是怎么花的，同时由斋务处跟你把这个账目寄回家去。

学校对学生处罚也比较严厉。学生进校时，每人有个品德簿，上有二十七格，受了处分，就记录在案。三次思过合一小过，三小过合一大过，三大过开除。

执行这些规章，养成了清华行政、管理、教学、生活等守制度、讲效率、"照章办事"的作风和处世习惯。罗素曾赞誉清华"一进校门就可以发现中国惯常缺少的所有美德都呈现在眼前，比如清洁、守时和高效"①。

同时，长时间共同生活学习，也使清华学生形成很强的集体意识。1923 年毕业生张忠绂指出："西方学校提倡运动的真正价值原在训练学生严格遵守规则，在两方面同意的规则下，作公平竞争。本团的团员必须有和衷共济的精神（team work），不能因个人想出风头，而影响全体的得失。"② 清华学生很好地践行了这一点，"清华学生善于自觉，富于同情的观感，具有牺牲的志愿，常时得着做事的乐趣，尤肯顾全团体名誉"③。

清华的熏陶深深地影响了闻一多。1919 年 5 月 17 日，闻一多给父母信中，报告清华及自己在五四运动中的情况，"此次北京二十七校中，大学虽为首领，而一切进行之完密、敏捷，终推清华"。"清华作事，有秩序，有精神，此次成效卓著，亦素所习练使然也。"④ "素所习练使然"

---

① ［英］罗素：《中国问题》，秦悦译，译林出版社 1996 年版，第 172 页。

② 张忠绂：《八载清华》，《清华校友通讯》（台湾），新第 26、27 期，1969 年 1 月 31 日，第 5 页。

③ 《德育·序》，《清华周刊本校十周年纪念号》，1921 年 4 月，第 1—2 页。

④ 《闻一多全集》第 12 卷，湖北人民出版社 1993 年版，第 17 页。

正道出了几年清华严格管理熏陶形成的好习惯。

五四运动以前，学校禁止学生"与闻政治"，全校没有自治会、学生会等全校性学生团体，只有每级级会以及一些学生自由组织的社团。绝大多数学生政治观念淡薄。五四运动以后，学生思想变了，尤其是政治思潮传入学校，学生成立了唯真学会。直到1923年，施滉和徐永煐、梅汝璈等人在唯真学会内部又成立了一个名为"超桃"的秘密核心组织，提出了"政治救国"的主张。①

研究者普遍认为，清华读书期间，闻一多参加的各项活动，包括文学和艺术创作，可以说是基于朴素的爱国情怀进行的社会改良的尝试，政治色彩、党派和革命意识都比较淡薄。闻一多先生如此，清华大部分学生亦如此，这首先源于学校的严格管理。

应该说，严格管理是实现完全人格的手段，但并非唯一。学校也通过伦理演讲对学生进行道德教化，闻一多对此认同并充分肯定这一举措的积极意义。

从1916年开始，周诒春校长在校内推行职业演讲。演讲面向即将出国的高等科四年级同学，旨在辅导学生较为深入了解和认识各类职业，帮助毕业班同学进行学校、专业选择。这种以系列演讲为代表的职业指导开创了国内职业指导先河，"可算是国内学校推行职业指导的鼻祖"②。

在高等科1—3年级以及中等科，定期举行伦理演讲，旨在配合学校贯彻培养完全人格的教育宗旨。"每两星期则请中西德高学广之人来校演说伦理，虽然伦理之为道，非仅仅空虚之谈，足以感化人心。故本校之伦理演说，每以各项职业为题，研究各种职业应具之道德观念。若是，则伦理者，乃实用之伦理，非徒空文而已。"③"伦理道德为人生立身之大本，而应于学生时代加意涵养，异日在社会上方可站定脚跟，免除不名誉不道德之行为。本校特于道德一端，趋查实际之研究。成年学生由名人之演讲以发展其实用道德之趋向，幼年学生由职教员之教导以渐趋于

---

① 金富军：《五四运动前后的清华园》，《北京党史》2012年第2期，总第193期，第46—48页。

② 刘湛恩、潘文安：《中国职业指导的近况》，《教育杂志》第20卷第3号，1928年，第5页。

③ 《清华阳秋》，《清华周报》1914年第12期，第4张。

正轨。"①

经过 1916 年、1917 年两年实践，清华学校感到职业演讲"对于个人择业极有裨益"，故从 1918 年 2 月起，改变此前职业演讲只针对即将毕业的高等科四年级学生的情况，将职业演讲代替高等科伦理演讲，面向全体高等科学生。② 学校这样做的初衷是高等科一至三年级学生能提前接受留学辅导，以便于日后留美时学校和专业选择。但讲伦理演讲转变为知识性的职业演讲，显然削弱了对学生思想道德的熏陶。

1921 年 4 月，闻一多发表《恢复伦理演讲》。批评学校的伦理演讲变成学术演讲，失去了此前道德教化的功能。"我们承认现在我们学校风气的堕落，思想的鄙陋，几乎到了无以复加之点。其原因固甚复杂，我以为取消伦理演讲，也是一端。伦理演讲虽没有积极地提高'道德音调'之力，可是确有'杜渐防微'，禁恶于未萌底一种消极功用，至少也能指示给我们什么是善、什么是恶，使我们知道世界上还有个真确纯粹的是非。（我们做事纵然不能一一行规蹈矩，只要出了轨道的时候，自己知道出了轨道，也是好的。）所以伦理演讲的功用便是劝善。学校有章程，犯章便记过、开除，这是惩恶。有惩恶而无劝善，是什么教育？"③ 客观地说，五四运动后学生心理和风气的丕变，绝不仅仅是因为伦理演讲性质的改变，而有着更为深刻的社会背景。但由此看出，闻一多对周诒春时期学校的伦理演讲的高度肯定。

强调社会事业与行胜于言

有学者指出"自清华求学起，闻一多就摒弃了古人'两耳不闻窗外事，一心只读圣贤书'的教育思想，认为现代学生求学非古人为功名利禄而读书，而是为了社会进步，民族富强而学习；为改良社会，革新民族而奋斗"④。这是符合实际的中的之论。揆诸实际，闻一多这种思想的

---

① 《清华阳秋》，《清华周报》1914 年第 12 期，第 6 张。

② 《职业演讲》，《清华周刊》1918 年第 128 期，第 1 页。

③ 《回复伦理演讲》，《闻一多青少年时代诗文集》，云南人民出版社 1983 年版，第 104 页。

④ 李文平、柳青：《作为教育家的闻一多——闻一多与大学教育》，《闻一多殉难 60 周年纪念暨国际学术研讨会论文集》，武汉大学出版社 2007 年版，第 151 页。

形成，与清华学校积极提倡社会事业以培养学生的实干、服务精神有直接关系。

高等教育要服务于社会发展这一高等教育史上著名的威斯康星理念提出于 1904 年，而周诒春校长 1909—1010 年求学于威斯康星并获得硕士学位，对这一划时代的理念有直接的接触和深刻体会。在办理清华学校的时候，周诒春大力提倡这一理念。

周诒春对社会事业的理解，并不仅仅在开民智、易风俗，也不仅仅是学生课外增加知识与提高才干，而赋予它更积极的意义。他将社会事业定义为"以有余之时间，有余之财力，有余之心思，谋他人之幸福之谓也"①。周诒春认为当时中国积弱积贫，"唯其总因在生计之艰难。故其补救在谋生计之充裕"。显然，直接解决办法在于振兴实业、普及教育、改良政治法律、整顿金融等事业。但这些非一人一力所能成，也非学生知识、经验所能及。所以，学生只能采取间接的法子，"学生于求学时代，既不能有助于政治、经济、财政及军政矣，然则岂遽无一能有助于国乎？曰有，即从事社会事业，从根本上改革是也"②。"至间接解决，在人人以其有余，谋人不足。以己之心思财力，增进他人之幸福。"③ 即使话剧这样艺术形式，在"改良娱乐"的同时，也强调"服务社会"。④

周诒春指出，中国落后的一大原因是"学生实行精神之缺乏"。因此，在校期间能够培养学生"养成实行之习惯，他日毕业应世，自不甘清净无为矣，此社会事业有造于学生之实行力者也"⑤。可见，在周诒春看来，社会事业于国家是根本解决中国问题的间接的途径，于学生个人是一个培养社会道德、锻炼社会才能的机会。

周诒春特别强调清华学生的社会服务意识与精神，他十分赞赏留美清华学生在课余上街演讲，认为此举"不自私其所学，而殷殷以公德为

---

① 《校长训话》，《清华周刊》1916 年第 90 期，第 12 页。

② 时：《周校长演说社会事业申义》，《清华周刊》1916 年第 91 期，第 2 页。

③ 《校长训话》，《清华周刊》1916 年第 90 期，第 12—14 页。

④ 《演剧》，《清华周刊本校十周年纪念号》，1921 年 4 月，第 8 页。

⑤ 时：《周校长演说社会事业申义》，《清华周刊》1916 年第 91 期，第 4 页。

重"。"不特启侨氓之智识，亦可渐除外人之污蔑矣。"① 他指出，社会事业 "为人而非为己，尽己之心力，以谋人之幸福"②。

在学校提倡之下，清华学生热衷投身于社会服务，自 1912 年成立青年会服务部，至 1918 年周诒春离职，期间共有青年会社会服务团 (1912)、通俗演讲团 (1912)、校役夜学 (1914)、星期六学校 (1914)、成府职业学校 (1915)、星期日学校 (1916)、清华社会服务团 (1917)、补习学校 (1918) 等 8 个社会服务性团体成立。③

在这些服务社会的活动中，清华学生 "意投则合，共策进行，纯然以公益为怀"④。既深入了解社会、认识自我，又很好地锻炼了社会工作能力。

在学校提倡下，清华学生认识到 "像我们这般颓唐的国家，要想振作，非得有一群人老实肯作事。所以无论什么地方，只要有人抱着好心肠极力的做事。不管怎样作法都是好的。换句话，不管怎样，实地的工作最有价值。在学校里，养成不肯放过光阴，时刻准备做事的习惯最要紧"⑤。

在这种氛围中，闻一多也积极组织、参与⊥社、新剧社、美术社、游艺社、美司斯等社团的组织，以及《清华周刊》《清华学报》《清华年报》《清华周刊本校十周年纪念号》《辛酉镜》等出版物编辑。例如⊥社的组织，社员 "宗教观念底发达" "改良社会的实行" 和 "灾区服务底踊跃" 体现了⊥社精神的修养和互助进步。⑥ ⊥社关于校内电影改良，他们观点引起了争议，但他们坚持社会改良的初衷和毅力，得到了师生的肯定。"他们怀疑了好久，后来曾用一个月底功夫去研究，把所得结果和改良意见，登在清华周刊里；一方面又提议道学校实行改良。……他们虽达到这几种目的，然所受的反对，实为前此所未有。他们讨论过几次改良校风底问题，都没有结果。在校中各种会社服务里，这期里他们多

① 《周校长对于第五次高等科毕业生训辞》，《清华周刊》第 3 次临时增刊，1917 年 6 月 16 日，第 10 页。

② 《校长训话》，《清华周刊》1916 年第 90 期，第 14 页。

③ 《清华社会服务团》，《清华周刊本校十周年纪念号》，1921 年 4 月。

④ 《清华阳秋》，《清华周报》1914 年第 7 期，第 4 张。

⑤ 《智育》，《清华周刊本校十周年纪念号》，1921 年 4 月，第 1 页。

⑥ 《⊥社》，《清华周刊本校十周年纪念号》，1921 年 4 月，第 23—24 页。

为之首领，提倡不遗余力。"①

前揭周诒春校长反对坐而论道提倡起而行之，其中一项就是鼓励学生摒弃一味读书轻视体力的观念，积极参加筑路、种树、垦荒农艺等适当劳动。几年熏陶下来，"劳动的精神如耐劳、服务，等等，早已浸入我们同学的脑中了"②。1916 年，闻一多发表《新君子广义》，对传统"君子"提出批评，充分肯定清华学校培养"新君子"的理念和做法。他说："旧君子之旨主静，静则尚保守；其弊不外徒言道义，而尠实践；马迁所谓博而寡要，劳而少功者是也。""吾国自四民之途分，农以给食，工以成器，贾以资用，以及监门畜之，臧获任之，皆莫非益我者。独士自称君子，弗屑于细人之务，于是舒步篷篨之谓道，褒衣博袖之谓儒，咕哗呫唔之谓学；谬种流传，每况愈下。而所谓伪圣贤者，遂接迹于天下，以成今日之茶毒焉。呜呼！袁枚氏所谓士少则天下治，讵无谓哉?！今童子军之所习者，若结绳、烹饪，若缝纫，皆所以锻炼而范成新君子者也，岂得以琐屑病之哉！吾校前者有筑路之举，以士人而劳身役形，以事版筑之琐务，盖以也，吾同学其毋堕此新君子之精神焉可。"③

1920 年 4 月，闻一多发表《旅客式的学生》。"我们把眼光放开看，我们是社会的一分子，学校是社会里一种组织，我们应该改良社会，就应从最切近的地方——我们的学校做起点。学校是我们的家——不是我们的旅馆。"④

显然，闻一多对坐而论道、实行精神缺乏的旧君子的批评，和对周诒春校长组织学生筑路等实干精神的推崇，都是学校教育的自然结果。

少年闻一多的思想的形成，有地域、家庭、学校等多重、互动的影响，也有他刻苦自励勤于思索。从 1912 年初冬入校到 1922 年毕业，长达十年的清华学校求学和生活，校园氛围和教育深深影响了闻一多。闻一多有接受，也有批判。也正是在吸收与批判中，闻一多开启了他一生道路的起点。

---

① 《上社》，《清华周刊本校十周年纪念号》，1921 年 4 月，第 24 页。
② 《劳动》，《清华周刊本校十周年纪念号》，1921 年 4 月，第 22 页。
③ 多：《新君子广义》，《清华周刊》1916 年第 92 期，第 1—2 页。
④ 闻多：《旅客式的学生》，《清华周刊》1920 年第 185 期，第 24 页。

诗人·学者·民主斗士

——从云南师大校园中的两座闻一多雕像谈起

吴宝璋

（云南师范大学）

朱自清曾经说："闻一多先生为民主运动贡献了他的生命，他是一个斗士，但是他又是一个诗人和学者。这三重人格集合在他身上，因时期不同而或隐或现。大概从民国十四年（1925 年）参加《北平晨报》的诗刊到十八年（1929 年）任教青岛大学，可以说是他的诗人时期，这以后直到三十三年（1944 年）参加西南联合大学的五四历史晚会，可以说是他的学者时期，再以后这两年多，是他的斗士时期。学者的时期最长，斗士的时间最短，然而他始终不失为一个诗人；而在诗人和学者的时期，他也始终不失为一名斗士。"①

云南师范大学的前身是西南联大师范学院。作为闻一多生前教学、工作和战斗过的地方，云南师大校园中矗立着两座闻一多雕像，分别体现闻一多诗人、学者、民主斗士的不同形象。

作为诗人、学者、民主斗士的闻一多，学界已多所论述，笔者在 16 年前在《闻一多在昆明的八年》也有所述及，因此本文仅从以下四个方面进行阐述。

---

① 《闻一多全集》序（开明版）。引自《闻一多全集》第 12 卷，湖北人民出版社 1994 年版，第 442 页。

一 云南师大校园中的两座闻一多雕像

（一）一二一西南联大校区的"拍案而起"的全身立像

云南师大老校区，因其位于昆明市一二一大街，原为西南联大新校舍（校本部所在地），2006年国务院以"国立西南联合大学旧址"的名称将其公布为"全国重点文物保护单位"。据此，学校在有了呈贡新校区之后将老校区正式称为"一二一西南联大校区"。

1985年11月下旬至12月上旬，云南省委在昆明举行盛大的纪念"一二·一"运动40周年系列活动。作为云南师大党办副主任，笔者参加了纪念活动的筹备工作和接待工作。许多当年参加运动的西南联大老校友应邀参加纪念活动。其间，不少校友说：闻一多在"一二·一"运动中走在最前列，还撰写了《一二一运动始末记》，反动派对他恨之入骨，运动结束后仅4个月就将其暗杀。毛泽东曾经说："闻一多拍案而起，横眉怒对国民党的手枪，宁可倒下去，不愿屈服……我们应当写闻一多颂……他们表现了我们民族的英雄气概。"当年"四烈墓前建立了闻一多衣冠冢"。今天，还应该在他当年工作战斗过的地方建立雕像，以做永久的纪念。

正是根据上述建议，云南师范大学决定在校园中建立闻一多雕像，并在1986年闻一多殉难40年时落成。

接着，学校聘请著名雕塑艺术家袁晓岑创作闻一多雕像。袁晓岑曾任昆明师范学院艺术系教授、系主任，云南艺术学院副院长。

雕塑小样出来后，征求了闻一多亲属、民盟云南省委和相关人士的意见。学校对这项工作十分重视，笔者随校长吴积才做相关方面的协调工作，曾专门到连去宾馆听取到昆的闻立鹏的意见。闻立鹏是闻一多的三子、中央美术学院教授、油画系主任。

1986年4月中旬，笔者作为工作人员随学校原党委副书记许玚、原副校长王云到北京，就中国共产党历史丛书《一二一运动》的书稿征求意见。该书是由中共云南省委党史资料征集委员会和中共云南师范大学委员会编。征求意见的对象有郑伯克、刘清、王汉斌、袁永熙、沈克琦、萧荻、李晓、洪德铭等。他们都是当年"一二·一"运动的领导者、组织者和亲历者。

其间，王云与楚国南联系，请其为闻一多雕像题字。楚老是云南文山人，1923 年毕业于北京高等师范学校（今北京师范大学），1926 年加入中国共产党，1937 年起在云南大学任教，1943 年加入民盟，曾任民盟中央执委、民盟云南支部主委，是闻一多、李公朴的同志和战友，曾共同并肩向反动派进行斗争。

几天后，字题好了。笔者到楚老家去取。适值楚老补选为全国人大副委员长，见到楚老后，笔者首先对他履任国家领导人的新职表示祝贺。楚老的脸一下严肃起来：不要说什么祝贺。担任这个新的重要职务，一是党、国家和人民的信任，担子更重了；二是李公朴、闻一多这些过去的老战友，为了新中国的诞生都牺牲了，作为幸存者，笔者只有继承先烈遗志，努力工作，多做工作，才对得起先烈们。听了楚老的话，笔者不禁油然而生敬意。

1986 年 7 月 15 日，上午，中共云南省委宣传部和统战部举行李公朴、闻一多烈士殉难 40 周年纪念大会。下午 3 时，中共云南师范大学委员会和云南师范大学在校园里举行闻一多雕像揭幕仪式。省市各界代表、闻一多亲属、学校领导和师生共 1500 多人参加。

笔者曾为揭幕式设计制作了纪念折页卡片，卡片的封面为木刻闻一多头像，封底是闻一多的一段话：诗人的主要天赋是爱，爱他的祖国，爱他的人民。内页是闻一多生平简介。

雕像为花岗岩材质，高 3.4 米，下有 1.5 米高的基座，基座上镂刻着全国人大副委员长楚图南题写的"闻一多"三个金色大字，以及闻一多生卒年代（1899—1946）。

这尊雕像被称为"拍案而起"。看上去，闻一多挺身而立，右手握烟斗，左手拍案，双目怒视，表现了 1946 年 7 月 15 日他在云南大学至公堂参加"李公朴死难经过报告会"时，面对反动派的枪口，大义凛然，毫不畏惧，拍案而起，怒斥敌人，发表"最后一次演讲"的历史瞬间。当天下午，归家途中，在西仓坡西南联大宿舍的家门口被国民党特务暗杀。

雕像矗立的地方是当年西南联大图书馆前的大草坪。这里是联大后期师生民主集会的场所，后称为"民主草坪"。1944 年五四纪念周，闻一多曾在这里发表《新文艺与文学遗产》的演讲。

（二）呈贡校区红烛广场上的闻一多雕像

2005 年云南师大呈贡新校区开始建设，两年后开始上课。为了搞好新校区文化建设，继承发扬西南联大的光荣传统，在校园建设中尽可能体现西南联大的元素。为此，学校决定在校园西区建设红烛广场。广场名称是以闻一多《红烛》诗和第一本诗集《红烛》命名的；广场的核心为闻一多雕像，反映闻一多诗人、学者的身份。

广场工程采用招标方式。结果，昆明信达隆工程技术有限公司中标。在广场设计中，公司负责人曾专门向笔者咨询。笔者详细介绍了闻一多《红烛》诗，以及油画《红烛颂》。《红烛颂》的作者是闻立鹏和张同霞，这是他们为闻一多纪念馆序厅而创作的巨幅油画（4 米×14 米）。笔者还赠送了《回忆纪念闻一多》（赵慧主编，武汉大学出版社 1999 年版），内有《红烛序曲》油画。应该说，红烛广场设计，充分借鉴了《红烛颂》的创作元素：广场有红烛诗文墙环形分布，长约 37 米，墙体为红砂岩制作，上面镌刻着红烛火苗的意象图案。

闻一多雕像是公司聘请玉溪师院美术系雕像专业副教授李小兵创作的：闻一多大半身像，高 3.2 米，左手握烟斗，右手持书卷，目光平视前方，状若沉思。雕像为青铜材质，下有红砂岩基座，与镌刻着《红烛》诗的胸墙连为一体。

2010 年 6 月 18 日，学校举行闻一多雕像暨红烛广场落成揭幕仪式，学校领导和师生代表参加。根据学校的安排，笔者作为校园文化建设专家组成员在仪式上讲话，主要讲了三个问题：第一，为什么学校老校区已经有一座闻一多雕像，还要在新校区再建一座？简而言之，闻一多有诗人、学者、民主斗士三重身份；老校区的闻一多雕像体现的是民主斗士的身份，而新校区雕像意在体现闻一多诗人、学者身份。同时，为了更好地学习闻一多精神，继承发扬西南联大的光荣传统。第二，简要介绍闻一多的《红烛》诗及其第一部诗集《红烛》。第三，过去常把教师比喻为蜡烛，点燃自己照亮别人。建立红烛广场还有一层意思，作为师范大学的学生应发扬"蜡炬成灰泪始干"的精神。

二 "诗人主要的天赋是爱,爱他的
祖国,爱他的人民"

上述这个标题是青年闻一多说过的一句名言。1986 年 7 月,笔者在制作云南师大闻一多雕像落成纪念卡引用时,没有查到它的出处。近日,在读《闻一多传》时,看到它的来历。1924 年,闻一多转入纽约艺术学院,兴趣重心转到戏剧方面,在国际学舍认识了在哥伦比亚大学研究戏剧与文学的熊佛西。熊是来自燕京大学的学生,喜爱戏剧。闻一多与他合编过一个独幕剧。熊佛西"记得闻一多说过这样一句话:'诗人主要的天赋是爱,爱他的祖国,爱他的人民'。这句至理名言后来成为广泛流传的警句。闻一多牺牲后,最早收集资料打算为闻立传者,也是他"。①

追寻闻一多早年时的思想历程,我们可以明显地发现他那诗人的天赋。读闻一多的诗,我们可以深切地感受到他对祖国和人民炽烈的爱。

闻一多很早就产生爱国意识和爱国思想。这是源于他生在近代中国,国家饱受列强的欺凌。

1917 年 8 月,中国段祺瑞政府向德国和奥匈帝国宣战,参加第一次世界大战。英国在北京等地招收华工译员,这是清华学生参战报国的机会。刘沛漳、张邦永、吴泽霖、闻一多等都秘密报了名。刘、张第一批顺利出国;第二批的吴泽霖等只是到威海卫候船事情就泄露了,被学校派人带回。闻作为第三批的组织者,还未开展工作。后来,学校宣布开除刘、张,给吴等记大过处分。闻一多对此非常气愤,奋力抗争,为吴等争得从轻发落。抗争中闻一多提出"爱国的权利,不容剥夺"。吴泽霖说:这句话义正词严,铿锵有力,极为精辟,在班上也就传开了。后来五四运动中,清华学生游行、宣传,小旗上写的、呼口号喊的就是这句话。②

"爱国的权利,不容剥夺"这句话之所以广为传播,实际上还因为它具有诗一般的特质,以及强有力的战斗性。

---

① 闻黎明:《闻一多传》(增订本),人民出版社 2016 年版,第 156 页。
② 同上书,第 49 页。

　　五四运动爆发当天，地处北京西郊的清华晚上才听到城里北大学生在天安门集会，示威游行，"火烧赵家楼"的消息。闻一多心潮难平，挥笔抄写了岳飞《满江红》词，贴在食堂门口。① 在这里，闻一多是在借古代民族英雄的诗词来表达自己的思想。

　　1922 年 7 月，闻一多赴美留学。两个月后，他在给友人的信中说："不出国不知道想家的滋味……我想的是中国的山川，中国的草木，中国的鸟兽，中国的屋宇——中国的人。"接下来两年多时间，他耳闻目睹，切身感受到美国的种族歧视，深深地激发了他强烈的民族尊严感。

　　1923 年 6 月，他在芝加哥美术学院读完一年级，各门成绩均佳，获最优等名誉奖。按例可以送到欧洲（巴黎、罗马）深造。然而，学校告诉他，此例仅限于美国人。闻一多在给家的信中说："于此更见美人排外观念之深，寄居是邦中，其何以堪比？"②

　　1924 年，闻一多从科罗拉多大学毕业，在毕业典礼上深受刺激：照例毕业生一男一女排成纵队去领取毕业证书，然而竟没有一个美国女生愿和中国学生排在一起。这种歧视，不止一次地刺激着他：清华陈长桐在科罗拉多大学读书，去理发时，老板歧视黄种人而不为他理发。梁实秋有一次开车外出，汽车被人违章撞坏，警察不问是非而强迫罚中国人的款。③

　　闻一多 1923 年在写给父母的信中说："一个有思想的中国青年留居美国之滋味非笔墨所能形容……我乃有国之民，我有五千年之历史与文化，我有何不若彼美人者？将谓吾国人不能制杀人之枪炮遂不若彼之光明磊落乎？总之，彼之贱视吾国人者一言难尽。"④

　　1923 年 9 月，闻一多的第一部诗集《红烛》出版，这是一部燃烧着作者对祖国炽烈之爱的诗集。诗集收诗 103 首，从 1920 年 7 月发表作者的第一首诗《西岸》，至 1922 年寒假写的《红豆》。全书分《李白篇》《雨夜篇》《青春篇》《孤雁篇》《红豆篇》。其中，前三篇为清华学校时

---

① 《闻一多全集》第 12 卷，湖北人民出版社 1994 年版，第 77 页。

② 闻黎明：《闻一多传》（增订本），人民出版社 2016 年版，第 131 页。

③ 闻黎明、侯菊坤编：《闻一多年谱长编》，湖北人民出版社 1994 年版，第 241 页。

④ 闻黎明：《闻一多传》（增订本），人民出版社 2016 年版，第 20 页。

的诗作，后两篇为留美后写的。

序诗《红烛》是这部诗集的纲，也可以说是闻一多整个诗歌创作和生命历程的总纲。诗人写红烛燃烧，为世界创造光明；同时也写流泪："红烛啊！你心火发光之期，正是泪流开始之日。"末了，诗人高声喊道："红烛啊！'莫问收获，但问耕耘'。"该诗提出的"红烛精神"，使人感到诗人强烈的为真理而献身的精神。

诗集中《忆菊》充满了爱国的深情，借对菊花的描写抒发对祖国的赞美，诗人高声唱道："我要赞美我祖国的花！我要赞美我如花的祖国！"

《红烛》是中国现代诗歌史上著名诗集。它的出版，奠定了闻一多作为中国新诗著名诗人的地位。

1925 年 6 月，满怀爱国激情的闻一多提前回国。然而当他踏上故乡土地，看到的却是五卅惨案后的景象。理想与现实形成巨大反差，他大声呼叫：

> 我来了，我喊一声，迸着血泪，
> "这不是我的中华，不对，不对！"
> ……
> 我追问青天，逼迫八面的风，
> 我问，（拳头擂着大地的赤胸）
> 总问不出消息；我哭着叫你，
> 呕出一颗心来——在我心里！
>
> （《发现》）

他以自己的诗投入时代激流中，发表了一系列的爱国诗篇：《醒呀》《七子之歌》《我是中国人》《爱国心》《长城下之哀歌》《南海之神》等等。有学者说这是一些"惊心动魄的爱国诗"。[1] 这些诗有的是回国前写于美国的。其中，《七子之歌》作于 1925 年 3 月，他在小引中指出"吾国自尼布楚条约迄旅大之租让，先后丧之土地，失养于祖国，受虐于异类"。诗人以被帝国主义掠夺的七块土地，比喻为失去母亲的儿子，有力

---

① 刘烜：《闻一多评传》，北京大学出版社 1983 年版，第 115 页。

地控诉帝国主义的侵略。它的第一首在澳门回归祖国时，经谱曲而唱响海内外。

《南海之神》则是对孙中山的颂歌。诗曰："于是赤县神州有一个圣人，同北邻建树赤帜的圣人比肩"，"让我们从你身上看到中华昨日的伟大，从你身上望到中华明日的光荣"。

回国后，闻一多在格律诗上进行探索，系统地提出了新格律诗的理论，成为格律诗派的领袖。1926 年，他参与创办北京《晨报》的副刊"诗镌"，它绘画了刊头，并成为它的中坚。这是中国新诗坛的专门园地。

1928 年 1 月，闻一多的第二部诗集《死水》由新月书店出版，收诗28 首，诗作的时间为 1924 年至 1927 年。这些诗在诗歌形式上是非常完美的，很好地体现了他的艺术理想、他的新格律诗理论，表明他是中国诗坛上一位成熟的革新家。诗集的出版获得了极高的赞誉。

其中，《死水》一诗，共有五段，每段四行，每行九字；首尾响应，从格式、韵脚、平仄来看，完全是标准地格律化。请看它的第一段：

> 这是一沟绝望的死水，
> 清风吹不起半点漪沦。
> 不如多扔些破铜烂铁，
> 爽性泼你的剩菜残羹。

《死水》的意蕴是十分丰富的，其中也包含了象征当时黑暗的社会现实和腐败的旧中国。这和他赞美过的"如花的祖国"是全然不同的。

诗集《死水》作为闻一多的代表作，意义是多元的，除了作为新诗史上格律诗的典范之作外，还显示了诗人追求个性的特征，也预示了他的新的选择：由诗人向学者转向。

总的来说，闻一多在中国新诗发展史上，居于独特的重要地位；他开新格律诗之先河，是这个流派的领袖人物；他的诗作达到了当时少有人能企及的高度。早在《晨报·诗镌》时期，徐志摩等许多诗人"尊他为诗宗"。① 而朱自清则称"在抗战以前，他也许是唯一的爱国诗人"。②

后来闻一多虽然不写诗了，但他在参加湘黔滇旅行团指导刘兆吉收集民歌编辑出版《西南采风录》，曾说"有价值的诗歌到民间去找"。他在联大课堂上讲田间的诗，1944 年以后在昆明群众集会上的演讲"作狮子吼"，乃至牺牲前所作的《最后一次演讲》都常诗语迭出，无不展现出他作为伟大爱国诗人的特有气质。

三　极其丰硕的学术成果

按朱自清所说，从 1929 年任教青岛大学，至 1944 年参加西南联大五四历史晚会，是闻一多学者时期，长达 15 年。这在其诗人、学者、民主斗士三个时期中是最长的。实际上诗人、斗士时期，他也是一个学者。

作为学者的闻一多，其学术研究的成果是极其丰硕的，我们仅从《闻一多全集》中的数量，就可见一斑：

1994 年 1 月新编的《闻一多全集》，共 12 卷（湖北人民出版社 1994年版）。其中，第 1 卷为诗歌，第 2 卷为文艺评论和散文、杂文，第 11 卷为美术作品，第 12 卷为书信日记，第 3—10 卷均为学术研究著作，包括神话、诗经、楚辞、乐府诗、唐诗、庄子、文学史、周易、管子、语言文字学及其他各大类的研究成果。

换言之，闻一多致力传统文化的研究，主要包括三个相互关联的部分：一是上古神话研究（主要是指高唐神女传说之分析等为代表的一批神话学论文）；二是古典诗词研究（包括诗经、楚辞、唐诗等的研究）；三是古典文献研究（包括周易、管子、庄子等的研究）。③

这里仅用郭沫若关于闻一多学术研究评价来说明其学术的高水平。

在 1946 年 7 月闻一多遭暗杀后不久，郭沫若在《悼闻一多》中说："在先秦文献的研究上，一多先生的成绩是很惊人的。《楚辞校补》得过

---

① 陆耀东：《二十年代中国各流派诗人论》，中国社会科学出版社 1985 年版，第 20 页。

② 朱自清：《中国学术的大损失·悼闻一多》，载赵慧主编《回忆纪念闻一多》，武汉出版社 1999 年版。

③ 苏志宏：《闻一多新论》，中央编译出版社 1999 年版，第 93 页。

教育部的二等奖，读过这部著作的人，谁个不惊叹他的方法的缜密，见解的新颖，收获的丰富，完全是王石臞父子再来！我所见到的，关于庄子内篇的校记及若干诗经的今译，也无不独具慧眼。"

1947年开明书店出版第一部《闻一多全集》（4卷本），8月7日郭应邀为之写序。郭序说："闻一多先生大才未尽，实在是一件千古的恨事。"又说："一多对文化遗产的整理工作，内容很广泛，但他所致力的对象是以秦以前和唐代的诗与诗人。关于秦以前的东西除掉一部分的神话传说的再建之外，他对于周易、诗经、庄子、楚辞这四种古籍，实实在在下了惊人的很大的功夫。就他所已成就的而言，我自己是这样感觉着，他那眼光的犀利，考索的赅博，应说的新颖而翔实，不是前无古人，恐怕还要后无来者的。"接着郭沫若举了两个例子说明他的这一观点。

"第一，他有一篇《诗新台鸿字说》，解释《诗经·邶风·新台篇》里面'鱼网之设，鸿则离之'的那个鸿字。两千多年来读这诗的谁都马虎过去了，以为是鸿鹄的鸿，但经一多先生从正面反面侧面来证明，才知道这儿的'鸿'是指蟾蜍即蛤蟆。"

"其次，再举《天问释天》里面解释'顾菟'，向来的人都把顾和菟分开来，认为顾是顾望，而菟就是兔子。到了清代的毛奇龄，认为顾菟不能分开，是月中的兔名，算是进了一步。直到闻一多先生，才又举出了十一项证据来，证明顾菟就是蟾蜍的别称。"

四　民主斗士的伟大转变

闻一多由学者转变为民主斗士是有一个过程的。这里只讲什么原因促使了他的转变，以及怎样转变。

1942年，闻一多还埋头学术研究，还未离开一个单纯学者观察问题的主场。这一年，"先生（闻一多——笔者注）对国民党领导抗日，尚抱有相当信心。上半年，某次，先生和长子立鹤步行入城途中，边走边谈，讲到了当时国际国内时事，还谈到国民党领袖蒋介石，先生说此人一生经历了多次艰难曲折，'西安事变'时，冷静沉着，化险为夷，人格伟大感人，抗战得有此人领导，前途光明，胜利有望"。①

1943 年，闻一多的思想发生了巨大变化。变化是从蒋介石《中国之命运》引发的。这一年 4 月 23 日，昆明各报报道蒋介石《中国之命运》在昆明开始发售。国民政府规定每人都必须阅读，闻一多读后很反感。②

闻一多后来说："《中国之命运》一书的出版，在我一个人是一个很重要的关键。我简直被那里面的'义和团精神'吓一跳，我们的英明领袖原来是这样的想法吗？'五四'给我的影响太深，《中国之命运》公开的向'五四'宣战，我是无论如何受不了的。"③

《中国之命运》宣传只有国民党救中国，伪造篡改中国历史，歌颂封建主义，鼓吹法西斯主义，公开提出既反对共产主义又反对自由主义（即资产阶级民主主义）。为此引起三个方面的批评：西南联大教授为主的知识界的批评，中共的批评，英美西方国家即"二战"同盟国的批评。

西南联大历史教授雷海宗说，在政治众多败笔中，最大的败笔是蒋介石《中国之命运》的出版，那本书中错误多如牛毛。连美国汉学家都能看出来。雷所说的美国汉学家指的是费正清。费正清在他的自传第 20 章"1943 年蒋介石开始丧失民心"中写道："1943 年 5 月在昆明，我发现了由最高统治者所著的《中国之命运》一书。许多教授们认为，这部书简直是对整个著书立说的学术界的侮辱"，"老金（金岳霖）拒绝看《中国之命运》一书，一些社会学家称它为一派胡言，既讥讽它，又为它感到可耻"。④ 费正清是 1942 年被派到重庆任美国驻华大使特别助理的，他早年任教清华，因此和西南联大的自由主义派教授有深厚的关系。他断定国民党从 1943 年起开始失去民心，应该说反映了当时西南联大为主的昆明教育界人士的共同看法。

闻一多还说："联大风气开始改变，应该从民国三十三年算起。那一年政府改三月二十九日为青年节，引起了教授和同学们的一致的愤慨。"⑤青年节本来是"五四"，这是 1939 年 3 月陕甘宁边区的青年组织定的。

---

① 闻黎明、侯菊坤编：《闻一多年谱长编》，湖北人民出版社 1994 年版，第 655 页。

② 同上书，第 622 页。

③ 闻一多：《八年的回忆与感想》，载《联大八年》。

④ ［美］费正清：《费正清自传》，天津人民出版社 1991 年版，第 309 页。

⑤ 闻一多：《八年的回忆与感想》，载《联大八年》。

当时，在广大青年群众爱国主义高潮的压力下，国民党也同意了这个规定。但是，后来国民党畏惧青年学习五四的革命精神，觉得这个规定很危险，所以 1944 年改定以三月二十九日（公历 4 月 27 日，1911 年广州黄花岗起义纪念日）为青年节。①

从 1943 年思想上的巨大转变开始，闻一多参加了西南文化研究会（后来又加入民盟），投身到进步民主活动中。仅 1944 年就参加了一系列重要的爱国民主集会：西南联大"五四"纪念周、昆明地区纪念抗战 7 周年时事晚会、纪念辛亥革命 33 周年大会，以及纪念云南护国起义大会。每次大会上他都发表演讲，弘扬五四精神，抨击专制独裁，要求结束一党专政、组织联合政府，在世人面前展现出一个民主斗士的形象，英勇战斗，最终为民主而献身。

---

① 参见《毛泽东选集》第 2 卷，人民出版社 1991 年版，第 569 页，注释 2。

闻一多在云南昆明的美术活动

闻立鹏

（中央美术学院）

闻一多 48 年生命历程中，除美国三年外，分别居住过武昌、北平、上海、南京、青岛、昆明六座城市。北平最长昆明次之共住过八年三个月。从 1938 年到 1946 年，昆明是他生命的终点。也是最终成就诗人、艺术家、学者、民主斗士闻一多的地方。

1937 年 7 月 7 日，卢沟桥事变，抗日战争爆发。7 月 19 日闻一多全家在战乱中匆忙迁返湖北老家武昌、浠水。8 月里，日军强行进入清华园、闻一多财物书籍损失殆尽。此时清华大学与北大、南开成立长沙临时大学，闻一多 10 月 23 日赶到长沙，又随校迁南岳授课，与钱穆、吴宓、沈有鼎等教授共居一室。

12 月 13 日南京沦陷。武汉吃紧。日机轰炸频繁。学校决定继续南迁至昆明。闻一多舍弃车船途径，与学生一行 320 人步行入滇赴昆明。

1938 年 2 月 19 日，大队从长沙湘江边起程，经湘、黔两省最后过盘县、平夷，4 月 19 日经胜境关进入云南，走沾益，过曲靖。终于在 4 月 28 日由东门入城到达昆明。拓东路上，联大校委梅贻琦、蒋梦麟等举行欢迎仪式。过"金马""碧鸡"，在园通寺集中，胜利完成了这次全程 3300 余里，经湖南、贵州、云南三省 27 县 68 天的艰难行程，史称中国教育史上的"长征"。

从 1938 年 4 月 19 日到达云南，至 1946 年 7 月 15 日在昆明西仓坡壮烈牺牲。闻一多在云南昆明生活工作了八年零三个多月。

八年的艰辛岁月中，闻一多忠诚于教育，奋力于民主事业，也没有忘怀心仪的艺术、诗歌。只要有一点时间与机会，就显示出他对美术的追求，对诗歌的关注。如"长征"途中的写生、寻求升斗中的篆刻、戏剧演出中的舞台美术设计，等等。

写　生

"长征"途中，已是资深教授的闻一多童心萌发，一面行军赶路，一面执笔作画，重拾旧业，沿途作湘黔滇三省风景写生速写 50 余幅，目前尚珍存 36 幅，其中有《曲靖北门外牌坊》《无题》就是直接描写云南的。这是目前唯一存世的闻一多美术绘画作品原作。

舞美设计

闻一多一生热衷于戏剧事业，在昆明初期，曾多次参与话剧演出活动，担任舞台美术设计。

1939 年 2 月 18 日，话剧《祖国》在新滇大舞台连续演出八天获得成功，上海重庆等地均有报道。

8 日 16 日，应闻一多邀请，曹禺《原野》在新滇大戏院演出。连日大雨，仍场场满座，前后共演出 31 场，全城轰动。闻一多在说明书中写道："蕴蓄着莽苍浑厚的诗情，原始人爱欲仇恨与生命中有一种单纯真挚的如泰山如洪流所撼不动的力量，这力量对于当今萎靡的中国人恐怕是最需要的吧！"

1943 年 5 月 25 日，联大中文系师生，在中法大学礼堂演出吴祖光《风雪夜归人》，闻又担任舞美设计。

篆　刻

1944 年 1 月，此时因家中人口众多，生活十分拮据，友人劝其以篆刻技艺挂牌治印自食其力，于是闻一多为贴补家用开始了他的"手工业劳动"篆刻活动，浦江清教授特为他草草拟了《闻一多教授金石润例》：

秦鈇汉印，攻金切玉之流长；殷契周铭，古文奇字之源远。是非博雅君子，难率尔以操觚；尚有稽古宏才，偶点画而成趣。

浠水闻一多教授，文坛先进，经学名家，辨文字于毫芒，几人知己；谈风雅之原始，海内推崇。斫轮老手，积习未除，占毕余闲，游心佳冻。唯是温麐古泽，仅激赏于知交；何当琬琰名章，共榷扬于艺苑。黄济叔之长髯飘洒，今见其人；程谣田之铁笔恬愉，世尊其学。爰缀短言为引，公定薄润于后。

梅贻琦、蒋梦麟、杨振声、唐兰、陈雪屏、朱自清、沈从文、罗常培、罗庸 同启

1944 年开始至 1946 年 7 月牺牲前数日，据不完全统计，共治印 560 余方，几乎是每天一方的劳动量。闻一多挂牌治印，虽是为补贴生活，但每一方印都是作篆刻艺术品对待，费尽艺术心血。总以艺术完美为标准，因此都具有篆刻艺术的水平。

华罗庚印边款：

甲申岁晏　为罗庚兄制印　兼为之铭曰：顽石一方　一多所凿　奉贻教授　领薪立约　不算寒伧　也不阔绰　陋于牙章　雅于木戳　若在战前　不值两角

孙毓棠边款：

忝与毓棠为忘年交者十有余年　抗战以还　居恒相约　非抗战结束不出国门一步　顷者强虏屈膝　胜利来矣　而毓棠亦适以牛津之邀而果得挟胜利以远游异域　信乎　必国家有光荣而后个人乃有光荣也　承命作印　因附数言以志欣慰之情　非徒以为惜别之纪念而已也　卅四年九月十一日

一多于昆明之西仓坡寓庐

书　法

1945 年 5 月 4 日 西南联大结束。西南联合大学纪念碑揭幕，父亲题写碑额、冯友兰撰碑文、罗庸书丹。碑石后面刻有联大 800 余名从军同学名单。

1944 年为胞弟闻家骃书条幅：

众鸟欣有托吾亦爱吾庐

骃弟出纸属书陶句时同客滇南弥念湖上老宅也

1945 年 12 日 6 日为学孟同学题字：

不自由勿宁死。

1945 年 2 月为吴啥题《论语·微子》句：

鸟兽不可与同群　吾非斯人之徒欤而谁欤

1946 年为郭良夫著剧本题签：

《民主使徒》（潘琰传）

文艺评论推介

1939 年　为画家庞薰琹举办小型观摩画展：

排演《原野》时与庞薰琹相见，欣赏其作品，激情称赞其表现现实生活的作品《地之子》《路》。并借罗隆基客房布置小型画展，举行茶话会，约曹禺、凤子、孙毓棠、梁思成、林徽因、朱自清等人共赏。

1943 年　写杂文《画展》

1943 年，抗日战争最艰难时期，闻一多针对当时政治腐败社会风气涣散消极的现状，针对画展内容都是一般平庸山水抄袭的现状提出批评："艺术也要看那一种，正如思想和文学一样，它也有封连的与现代的，或复古的与前进的，（其实也就是非人道的与人道的）之别。"他说："你若有良心，有魄力，并且不乏那技术，请站出来，学学人家的画家，也去当个随军记者，收拾点电网边和战壕里的'烟云'回来，或就在后方，把那'行尸'的行列速写下来，给我们认识认识点现实也好，起码你也该在随便一个题材里多给我们一点现代的感觉，八大山人、四王、吴恽……那一套，纵然有他们的历史价值，在柯罗版中也够逼真的了，用得着你们那笨拙的复制吗？"

1946 年他积极支持圭山彝族乐舞的演出。担任编导顾问。写《西南采风录序》，高度评价民歌的艺术价值及生命力。

1946 年 2 月 20 日画家冯法祀在新中国剧社举行作品预展，闻一多及洪深、楚图南等多人参观并举行座谈，闻主持座谈并发表评论："要多多表现人间的现实生活……要画人物，不仅画个人，而且要画群众，要画人与人之间的关系，表现出人在社会上的关系。"他特别称赞油画《捉虱子》（今藏中国美术馆）是"人间生活写照"。

闻一多在昆明八年抗战时期，历经艰辛困苦，轰炸中多次遇险，曾在"九·二八"大轰炸中受伤，也在搬家途中遭遇车祸，但他始终坚持教学，坚持学术研究，坚持民主运动，坚持自力更生养活八口之家，也不改"自幼爱好文学与美术"的志愿，不间断关心并参与文艺美术活动。

正像他的衣冠冢陪伴在"一二·一"四烈士身旁，他的鲜血留在昆明西仓坡红土里，正像他的部分骨灰撒在滇池一样，他的点滴美术活动，也将留在昆明的历史记忆里。

闻一多后期的诗学精神与
西南联大文化沙龙

明飞龙

（赣南师范大学）

闻一多的诗学精神大致有以下几种分类，传统的前后期分类法，认为前期的闻一多诗学精神是"为艺术而艺术"，后期的闻一多诗学精神是"为人民而艺术"，还有前、中、后三个时期分类法及五个时期分类法。[①]这些分期尤其是"五个时期"的划分未必能获得一致的认同，但认为闻一多后期诗学精神中是以"人民""时代""历史"等为关键词则是基本相同的。当然，详尽讨论闻一多诗学精神的分期不是本文的应有之义。本文认为闻一多后期诗学精神划分的标志性事件应该是 1943 年 11 月 13 日他在昆明《生活导报周年纪年文集》上发表的《时代的鼓手——读田间的诗》一文，此文标志着"为人民而艺术""马克思主义美学观"等

---

① 比如俞兆平的三个时期划分法：1922 年 7 月留美之前，1922 年 7 月至 1931 年发表《奇迹》一诗，1931 年至逝世。就诗学精神而言，认为前期闻一多"倾向于艺术的活动功利性""在审美教育问题上带有历史唯心主义色彩"；中期为"具有唯美主义倾向""坚持艺术的社会功利性，强调艺术与生活、政治的联系等"；后期则是"开始确立坚实的历史唯物主义基础，并能以辩证的思维方式分析艺术的社会功利性与艺术的美感性两者之间的关系，逐步地与马克思主义的科学的美学观相结合"（俞兆平：《闻一多美学思想论稿》，上海文艺出版社 1988 年版）。比如陈卫的五个时期划分法：第一个时期为闻一多的清华学习（1912）至留美（1922），第二个时期为 1922 年至 1926 年，第三个时期为 1926 年至 20 世纪 20 年代末，第四个时期为 20 世纪 20 年代末至 30 年代，第五个时期为整个 20 世纪 40 年代（陈卫：《闻一多诗学论》，广西师范大学出版社 2000 年版）。

思想成了闻一多后期诗学精神的核心内容，而闻一多"知行合一"的人生实践则是其后期诗学精神的独特之处。关于闻一多后期的诗学精神，已有不少研究从相关文本内部进行了阐释，本文在梳理闻一多后期精神历程与文学批评的同时，勾勒西南联大相关文化沙龙的面貌，阐释其与闻一多后期诗学精神生成之间的关联，以及闻一多后期诗学精神对西南联大文化沙龙产生的影响，从而呈现闻一多后期诗学精神研究特别是其生成研究中被忽略的一面。

一

抗日战争的爆发，使闻一多等一大批学院派知识分子的生活处境发生了很大的变化，他们被迫从大学校园走向底层民间。在从北京到昆明的大迁移中，闻一多主动选择参加了历时两个多月、横跨湘黔滇三省共三千余里的迁滇步行团。在这个过程中，闻一多对社会底层的生活有了真切的了解，这种了解为他以后思想的转变埋下了伏笔。同时，由于物价飞涨，闻一多的生活水平也迅速贫困化，由于有一个八口之家，他不得不在昆明的中学兼课，以及治印维生。像闻一多一样，西南联大的许多教授都要到中学兼课、卖文售字或靠业余经商才能维持生活，其中包括清华大学校长梅贻琦夫人在内的一些教授夫人自制糕点送到商店寄售，以补贴家用。这种生活的贫困化除了把他们赶出了安逸的象牙之塔，也使他们观察社会的角度发生了重要的变化。对现实的了解、生活的贫困化以及统治者的腐败堕落是广大知识分子对国民政府产生离心倾向而普遍向"左"转的客观原因。当然，每个人的转变又有着各自不同的因素。闻一多思想的变化是从 1943 年春蒋介石的《中国之命运》一书在昆明发售开始的，蒋介石在这本书中公开宣扬一个党、一个主义、一个领袖的专制主义，他不仅反对共产主义，连自由主义也不能容忍，认为这二者都是"文化侵略最大的危机和民族精神最大的隐患"。闻一多说："《中国之命运》一书的出版，在我一个人是一个很重要的关键。我简直被那里面的义和团精神吓了一跳，我们英明的领袖原来是这样的想法的吗？五四给我的影响太深，《中国之命运》公开向五四宣战，我是无论如何接受不了的。"① 随后他开始接触一些左翼书籍，了解共产党的各种情况，尤其是在 1944 年夏在罗隆基、吴晗、华岗等人的影响下，闻一多秘密加入了民盟，并表示"将来一定请求加入共产党"。从此，他在共产党的秘密领导下全身心地投入到争取民主的运动中去，一直到他为此付出宝贵的生命。

这种思想上的变化直接影响着他的诗学精神。1943 年 11 月 13 日，闻一多在昆明《生活导报周年纪年文集》上发表了《时代的鼓手——读田间的诗》一文，这篇文章标志着闻一多诗学精神由"为艺术而艺术"向"为人民而艺术"的转变。他在评论田间的《多一些》时说：这里没有"弦外之音"，没有"绕梁三日"的余韵，没有半音，没有任何"花头"，只是一句句质朴、干脆、真诚的话，（多么有斤两的话！）简短而坚实的句子，就是一声声的"鼓点"，单调，但是响亮而沉重，打入你耳中，打在你心上。你说这不是诗，因为你的耳朵太熟悉于"弦外之音"……那一套，你的耳朵太细了。②③ 在评论艾青和田间的诗中，他认为艾青在《向太阳》一诗中，作者用浪漫的幻想，给现实渡上金，但对赤裸裸的现实，他还爱得不够。认为田间的诗没有那一套泪和死……我们能欣赏艾青，不能欣赏田间，是因为我们跑不了那么快，今天需要艾青是为了教育我们进到田间，明天的诗人。④ 他认为田间的诗之所以值得称赞是因为他的诗歌"旧腔调"摆脱得最干净。而在 1939 年，闻一多还认为"宣传必须是一种艺术"："我所谓的宣传，在文字方面，是态度光明而诚恳的文艺作品，在形式上它甚至可以与抗战无大关系……它必须是一件艺术品。"⑤ 他在薛诚之的诗集《仙人掌》的序言中则明确表明他的变化：今天诚之这象征搏斗姿态的《仙人掌》，是负起一种使命的……实际上也代表我思想的变化……试想想我在"温柔敦厚，诗之教也"这

① 西南联大《除夕副刊》主编：《联大八年》，新星出版社 2010 年版，第 10 页。

② 《闻一多全集》（第 2 卷），湖北人民出版社 1993 年版，第 199 页。（注释要素，同一版本也不要省略）

③ 《闻一多全集》（第 2 卷），湖北人民出版社 1993 年版，第 199 页。本文引用的《闻一多全集》都来自该版本。

④ 《闻一多全集》（第 2 卷），第 233 页。

⑤ 同上书，第 190 页。

句古训里嗅到了数千年的血腥。这种沉重的话我在以前是不会这么下判断的。……而现在变了。① 由此，也就不难理解他对田间诗作中没有"弦外之音"、没有"余韵"与"花头"这些"旧腔调"的高度评价。同时，他也把有没有对"赤裸裸的现实"的爱作为评判诗歌的一个重要标准，这不仅仅体现在他对艾青与田间诗作的对比中，也表现在其他方面：他在《论文艺的民主问题》一文中非常感谢和欣赏一位美国友人说胡适、林语堂、赛珍珠的文章不能表现真实的中国；他在薛诚之《仙人掌》诗集的序言中对《小花生米》《算命瞎子》《仙人掌》一类诗作的欣赏，对《颐和园》发思古之幽情而没有把笔锋去讽刺咒骂西太后提出批评乃至建议删除；他在《五四与中国新文艺》中认为中国新文艺应该彻底尽到它反映现实的任务，要让文艺回到群众那里去，去为他们服务；在为《战戈》壁报题词道："诗，别再在梦里撰写了，要在现实里发现它，如果它不在呢，放它进去！"② 等等。可以说，对社会现实的密切关注，对纯艺术（"弦外之音""余韵"）的批评，是闻一多后期诗学精神的核心内容。由此，我们也就可以理解他对诗人屈原的推崇，他认为"最使屈原成为人民热爱与崇敬的对象的"是他的"行义"而不是他的"文采"，闻一多说："如果对于当时那在暴风雨前窒息得奄奄待毙的楚国人民，屈原的《离骚》唤醒了他们的反抗的情绪，那么，屈原的死，更把那反抗的情绪提高到爆炸的边沿……来向他们万恶的统治者，实行报复性的反击。"与传统历史观点不同的是，闻一多认为楚国是"亡于农民革命"，而不是"亡于秦兵"。"历史决定了暴风雨的时代必然要来到，屈原一再地给这时代执行了'催生'的任务"，"屈原的言，行，无一不是与人民相配合"。③ 富有意味的是，闻一多的人生也实现了"言行与人民相配合"。

闻一多后期诗学精神中还有一个重要内容，那就是在个体与群体之间，认为个体与群体之间的生命共鸣是最高的"满足"，比如他对舞蹈的阐述：由本身的直接经验的（舞者），或由感染式的间接经验（观者），因而得到一种"自己活着"的感觉，这虽是一种满足，但还不算满足的

① 《闻一多纪念文集》，三联书店 1980 年版，第 223 页。
② 王明：《难忘的教诲，深切的怀念》，《云南蒙自政协通讯》1986 年第 2 期。
③ 《闻一多全集》（第 5 卷），第 29 页。

极致。最高的满足，是感到自己和大家一同活着，各人以彼此的"活"，互相印证，互相支持，使各人自己的"活"更加真实，更加稳固，这样的满足才是完整的、绝对的。这群体生活的大和谐的意识，便是舞的社会功能的最高意义。① 正是这种对"群体生活和谐"的关注，他在对古典诗人的批评中，认为陶渊明处在杜甫之下："他的笔触到广大的社会与人群，他为了这个社会与人群而同其欢乐，同其悲苦，他为社会与人群而振呼。"陶渊明的"诗是美的，我以为他诗里的资源是类似珍宝一样的东西，美丽而不有用，是则陶渊明应在杜甫之下。"② 因为这种观念，他在《文学的历史动向》一文中认为新诗要作得不像诗，而要像小说戏剧，至少让它多像点小说戏剧，少像点诗，因为太多"诗"的诗，和所谓"纯诗"者，将来恐怕只能……为极少数人存在。也是由于此，我们也就可以理解他对臧克家说他"只长于技巧"而不满："你还口口声声随着别人人云亦云的说《死水》的作者只长于技巧。天呀，这冤从何处诉起！我真看不出我的技巧在那里。……我只觉得自己是座没有爆发的火山，火烧得我痛……说郭沫若有火，而不说我有火，不说戴望舒、卞之琳是技巧专家而说我是，这样的颠倒黑白……我插什么嘴呢？"③ 从这些带有辩解色彩的语言中，我们可以清晰地感受到在他后期的诗学精神中"火"（我们可以把"火"看作对社会的控诉、对黑暗现实的揭露、对广大民众的热爱等）的重要地位。而 1943 年 12 月他在中法大学的演讲："诗是艺术的语言，又是不负责的宣传；因为诗是艺术的语言，所以有迷人的魔力，但同时又是不负责的宣传，诗人只写出自己所要写的，至于他的诗在社会上起了什么样的影响，他不过问，那么社会应该有正确的批评，来检讨诗，指导读者。"④ 则是对他 1939 年所说的"宣传必须是一种艺术"的修正。由此，闻一多后期的诗学精神不仅确立了历史唯物主义的马克思主义文学观，还把艺术的社会功利性与美感性有机地结合起来。

在"人民与艺术""个体与群体""历史与诗歌"之间，他看出了

---

① 《闻一多全集》（第 2 卷），第 213 页。

② 同上书，第 221 页。

③ 同上书，第 381 页。

④ 同上书，第 508 页。

"没有比历史更伟大的诗篇"，并且"不能想象一个人不能在历史（现代也在内，因为它是历史的延长）里看出诗来，而还能懂诗"。他认为自己直到 20 世纪 40 年代中期，他的"'文章'才渐渐上题"。这样的诗学观点，他不仅在当时"联大的圈子里声音喊得很大"，还"要向圈子外喊去"。之所以如此，是"因为经过十余年故纸堆中的生活"让他"有了把握"并"看清了我们这民族，这文化的病根"。于是，闻一多这才"敢于开方"。① 这种"方"，不仅仅是一种诗歌理论，一种实践哲学，更是一种人格精神，一种用生命谱写诗篇的"知行合一"，这就是闻一多后期诗学精神中的独特之处。闻一多称为"最高限度的生命情调"。他在《说舞》一文中有着极富象征的表达："舞者调到什么疲劳，浑身淌着大汗，口里还发出千万种叫声，身体做着各种困难的动作，以致一个一个地跌倒在地上，浴在源源而出的鼻血泊中……因为只有这样他们才体会到最高限度的生命情调。"② 闻一多的牺牲是完全可以避免的，因为在他积极筹办李公朴丧事期间，昆明街头就风传闻一多是被暗杀的第二号人物。就在这样的情况下，很多朋友都劝闻一多尽可能少参加李公朴丧事活动以免意外，但闻一多却说："李先生为民主可以殉身，我们不出来何以慰死者?"③ 在这样的情况下，闻一多依然终日往返于住宅西仓坡和《民主周刊》社办公地点之间。就在闻一多牺牲的当天早上（1946 年 7 月 15 日），还有一位朋友前来闻家告诉暗杀他的消息并力劝闻一多千万不要外出。面对生死的考验和抉择，闻一多不仅毫无畏惧，而且依然微笑着重复过去所说的话即"事已至此，我不出，则诸事停顿，何以慰死者"。如此，坚定地认为"诗人主要的天赋是'爱'，爱他的祖国，爱他的人民"的闻一多"拿出人性中最后最神圣的一张牌"，④ 大义凛然地进行了一次讲演，并以其演讲的具体内容和自己的牺牲书写了中国现代文学史上最壮美的诗篇。这是闻一多后期独特诗学精神的最强烈表现。

① 《闻一多全集》（第 12 卷），第 380 页。
② 《闻一多全集》（第 2 卷），第 211 页。
③ 闻黎明、侯菊坤：《闻一多年谱长编》，湖北人民出版社 1989 年版，第 1080 页。
④ 《闻一多全集》（第 2 卷），第 195 页。

二

这种指导着闻一多后期文艺批评及影响着他人生实践的独特诗学精神的生成与当时统治阶级的腐化堕落、文化专制及闻一多自身的生活历程有关，还与当时西南联大各类文化空间中营造的氛围有关。在这些文化空间中，文化沙龙与闻一多后期诗学精神的生成关系非常密切。在中国现代文学史上，有些影响比较大的文化沙龙，比如闻一多 1925 年留美归来，在徐志摩的推荐下任北平国立艺术专门学校教务长和朱湘、饶孟侃、杨世恩、刘梦苇等人组成的沙龙，沙龙就在闻一多的住所；20 世纪 30 年代在北平由林徽因主持（在林徽因家）的"太太的客厅"，同"太太的客厅"同一时期的还有在朱光潜的寓所（北平景山后面的慈慧殿 3 号），定期举办"读诗会"的沙龙，等等。这些文化沙龙对中国现代文学的面貌尤其是"京派文学"的形成产生了不可忽视的影响。抗战爆发后，这些人大部分迁往昆明，他们在昆明也组成了许多文化沙龙，比如在昆明呈贡冰心家的文化沙龙，在云南大学附近沈从文家（沈从文搬到乡下之前的住所）的文化沙龙，在钱局街冯至家的文化沙龙，还有有名的西南联大"十一学会"、昆明西南文化研究会等都是与西南联大紧密相关的一些文化沙龙。除了这些以老师辈为首组成的文化沙龙，还有一些以学生为首组织的文化沙龙，比如文林街地藏寺巷 2 号（朱德熙的住处，汪曾祺等人时常交流文学的场所）的文化沙龙；钱局街树勋巷 5 号（程应镠和李宗瀛的住所，年轻的历史学者经常光顾，沈从文主编《今日评论》文艺版时经常前来约稿）的文化沙龙，等等。可能因为闻一多有一个八口之家，住房条件艰难，因此，昆明时期闻一多家里没有成为文化沙龙的所在地，但在许多文化沙龙中都可以看到他的身影。

比如，根据姚平的回忆，在钱局街敬节堂巷的冯至家的文化沙龙（大约成立于 1943 年底 1944 年初），每星期召开一次文化讨论活动，内容不仅有文艺，还有各类文坛掌故，参加的人很多（以西南联大教师为主），有些人断断续续地参加，闻一多则几乎每一次都参加。① 再比如李埏描述的西南联大"十一学会"，西南联大师生共同参加，共同作学术报告，其中也有闻一多活跃的身影。有的学生还对闻一多在一些沙龙中的活动有详细的描绘："夜晚，在一座小楼上，一群喜爱诗的青年热烘烘地聚在一起。各人带来自己最近写的诗，交换着看。闻先生也来了。他是大家的诗的读者，也是临时的批评家。房子太小，人多，又没有凳子，于是拿稻草打成的圆垫子叠起来，靠着墙坐了一排，屏风栏上也坐满了人。闻先生原先被尊敬地安置在床上坐着，但半中间他却挤到了坐草垫子那一排里去。他朗诵了一些诗，也读了我的一首。他读时，我觉得害羞，但又感到幸福的发慌。我只顾听他怎样念，以致他如何说我的诗，竟没有听进耳朵里去。谈诗谈得很激烈。闻先生笑着，听着，不大参加讨论。突然，他问了一句：'你们以为我到你们中间是干甚么来的？'大家没提防有此一句，还来不及回答，他顿了顿，说：'你们也许以为我是来教你们的吧？那样想就错了。我是到你们中间来取暖的！其实，哪里是我领着你们，那是你们推着我走！……'"② "记得在昆明西南文化研究会的一次讨论中，一多主张在唐公墓旁的竹林中举行，大家席坐在厚积的笋壳上，竹影中筛下零碎的日光，在每人衣襟上摇曳；起先，大家屏息静听某先生对于美国政策之分析，您在一群同志之中，时而背依修竹，闭目遐思，时而正襟危坐，怒目发光。接着讨论国内局势……对于伪装的民主把戏，您是多么不耐和愤恨！……"③ 从这些文字中，我们可以发现闻一多是文化沙龙的积极参与者。在他晚年的生命历程中有这样的记录：1945 年 6 月 13 日，昆明文化界人士发起组织的"文化沙龙"在威远街 39 号正式开幕。闻一多和徐梦麟、周新民、曾昭抡、吴晗等出席；1945 年 6 月 25 日，昆明界文艺人士，在威远街 39 号文化沙龙举行

---

① 冯姚平：《最怀念的是昆明——记父亲冯至在西南联大》，西南联大北京校友会编：《我心中的西南联大——西南联大建校 70 周年纪念文集》，清华大学出版社 2008 年版，第 113 页。

② 李埏：《谈联大的选课制及其影响》，云南省政协文史资料研究委员会、西南联合大学北京、昆明校友会、云南师范大学合编：《云南文史资料选辑·西南联合大学建校五十周年纪念专辑》，云南人民出版社 1988 年版，第 81—82 页。

③ 李文宜：《一多同志成仁周年祭》，《闻一多先生死难周年纪念特刊》，清华周刊社 1947年版，第 34 页。

茶会，庆祝茅盾创作二十五周年及五十岁诞辰。李和林主持，闻一多、朱自清、田汉、闻家驷、李广田、宋云彬、李公朴、楚图南、常任侠、马子华、吴晗、张光年等众多文化人士参加；1945 年 7 月 7 日，抗战八周年纪念日，在文化沙龙举办文艺检讨，闻一多、李公朴、田汉、潘光旦等三十余人参加，对抗战文艺进行总结。① 可以说，文化沙龙在闻一多的晚年岁月中有着不可忽视的重要地位。

这些文化沙龙对闻一多后期的诗学精神产生了怎样的影响？在闻一多的文字中有一些暗示性的呈现。在《八年的回忆与感想》一文中，闻一多认为，正当青年们昂起头来做人的时候，中年人却在黑暗的淫威面前屈膝了。现在究竟是谁应该向谁学习？抗战以来的教书经验，特别是他与青年在课堂之外的交流，使他否定了现在的教育。他不知道还能继续支持这样的生活多久，如果还知道耻辱的话。在《宣传与艺术》一文中他提出这样的观念，认为艺术不能沉浸于个人的世界，而是要面向广阔的社会，从而引发人们的情感共鸣；认为礼堂中人们的怒吼要胜过千百篇痛哭流涕的作品，与火热生活中的人交流要超出许多纸上的思想。他在给臧克家的信中，说已经开始从故纸堆中抬起头来，走入青年的世界，向青年学习。这些文字虽然没有明确提高"文化沙龙"一类字眼，但可以看出他与其中的生活是紧密相关的。有人记下了闻一多在文化沙龙中的表现："大家都拿出自己的诗作，一个接一个地朗诵起来，然后相互批评。在这个沙龙中，没有统一的意见，不管是诗歌艺术还是社会政治。形式、技巧、社会、内容在自觉不自觉中把讨论变成争论，年轻的激情把这个简陋的屋子照得阳光灿烂。让人惊讶的是那位沉默了许久的《死水》作者，那位在以前诗歌讨论中欣赏技巧的诗人，突然欣赏起田间来，大家都觉得惊奇。他说，以前我生活在历史里，古书堆里，实在非常惭愧。我现在才发现田间，听到了鼓的声音，使我非常感动，我想你们要向田间学写诗，我想诸位不要有成见，成见是最要不得的东西，诸位想想我以前写的是什么诗，要有成见就应该是我。我非常感谢你们，你们的诗教育了我……"② "在不大的房间里，到处坐着人，有的还席地

---

① 闻黎明、侯菊坤编：《闻一多年谱长编》，湖北人民出版社 1989 年版，第 862—868 页。
② 程山：《沙龙见闻》，《云南晚报》1943 年 11 月 18 日。

而坐，那些年轻的学生虽然在生活中煎熬，但个个精神焕发，这些年轻人每人手上拿着自己的作品，大多数是诗，他们朗读后，先是同伴自由点评，最后是老师提出意见。我以前从来没有参加过这样的活动，这是联大文友带我参加一个文学沙龙的首次活动。那个点评的老师是有名的闻一多教授，我听过他的讲演。他说，你们年轻人应该多参加这样的活动，不要一心躺在故纸堆上，要活在现实世界里，诗歌也要活在现实里，要能刺痛人的精神世界，我就是被年轻人的诗歌刺痛的，从而醒了过来。他说在这样的活动中他获得了很多东西，他要与年轻人为伍。"① 正如全荃先生所说：抗日战争把诗人从诗境里、从个人的世界里拉到炮火连天的尘境中来了，拉到青年的世界中来。抗日战争期间，外有帝国主义的侵凌，内有国民党反动派的卖国独裁与贪污腐败，祖国在受难，人民在水深火热中奋斗。统治者的无耻，生活的现实，青年学生与民主人士的影响，使他的文学观念发生了巨大的变化，从而走向了民主战士的道路。② 从上文相关描述中，我们可以发现，这种"青年学生与民主人士的影响"很多是发生于文化沙龙之中的。因此，可以说，文化沙龙对闻一多的思想转变起了一种推动作用，对闻一多后期诗学精神的生成有着重要的影响。这种诗学精神的生成直接影响着他的人生实践，而这种实践也是在"广场""聚会场所"等"文化空间"中完成，我们可以把这些"文化空间"看成是一种"文化沙龙"的延伸。于是，在闻一多晚年的人生历程中有这样的记录：1944 年 5 月 8 日，在联大新校舍的新草坪上，西南联大中文系学生组织举办了几千人参加的"纪念五四文艺晚会"，此次大会盛况空前，在这次晚会上，闻一多在会上以"新文艺和文学遗产"为题发表了主题演讲；1945 年 5 月 25 日晚上，西南联大、云南大学、中法大学和英语专科学校以及其他学校的进步学生 6000 余人在西南联大操场上举行"时事讲演会"，"呼吁和平，反对内战，要求民主，反对专制"。闻一多在会上发表了演讲，怒斥国民党反动派发动内战的丑恶本质，引起了学生们的阵阵掌声；1946 年 7 月 15 日晚，李公朴追悼会在云

---

① 草涓：《我眼中的联大人》，《朝报》1943 年 12 月 6 日。

② 全荃：《民主战士的壮烈心声——读闻一多的散文》，王子光、王康编：《闻一多纪念文集》，生活·读书·新知三联书店 1980 年版，第 231 页。

南大学礼堂举行，闻一多不顾个人安危参加了追悼大会，在李太太向昆明各界青年报告李先生殉难经过后，闻一多做了著名的"最后一次讲演"，随后，在回家途中被国民党特务暗杀。可以说，闻一多在"文化沙龙"这种特定的历史空间中用生命对其后期的诗学精神作了最完美的诠释。

三

抗战时期的昆明由于其独特的地缘政治及龙云与蒋介石的微妙关系，与重庆、桂林等国统区相比，拥有相对宽松的社会氛围和文化空间，西南联大的文化沙龙就是这类文化空间的代表。这类文化空间，与哈贝马斯所说的"公共空间"有相似之处。哈贝马斯认为，"公共空间"是"在政治权力之外，作为民主政治基本条件的公民自由讨论公共事务，参与政治的活动空间"。比如18世纪欧洲的咖啡馆、电影院，各种沙龙，以及报纸杂志等，正是在诸如此类的场所，人们的诸多意见以公共舆论的方式表达出来，并进行传播，进而影响当局的种种决策，公共空间成为资本主义社会民主的重要表现场域。而"公共空间"在社会中是多元存在的，他说："在居于统治地位的资产阶级公共领域之外，如果还存在亚文化公共领域或者某一阶级的公共领域……在居统治地位的公共领域之外，还有一种平民公共领域，和他唇齿相依。"① 西南联大的各类文化沙龙，可以称为"平民的公共领域"，在这样的"领域"里，他们或进行的关于文学与人生、历史与未来的讨论，或在其中表达自己的诗学追求与现实关怀，当然这种讨论不太可能"影响当局的种种决策"，但这种在相对宽松环境中的思想交流与砥砺，不可避免地会影响着参与者的观念、思想与世界。文化沙龙作为一种"空间"，它具有一种无形的力量，正如列斐伏尔所说，空间自身既是一种生产，通过各种范围的社会过程以及人类的干涉而被塑造，同时又是一种力量，反过来，影响、引导和限制活动的可能性以及人类存在的方式。就闻一多后期的诗学精神与西南联

---

① ［德］哈贝马斯：《公共领域的结构转型》，曹卫东等译，学林出版社1999年版，第3页。

大文化沙龙之间的关系来说，西南联大相关文化沙龙的面貌不可避免地受闻一多诗学精神的"干涉"而"被塑造"，同时，它又作为一种力量"影响""引导"着闻一多后期诗学精神的形成，他们之间是一种相互推动、相辅相成的关系。一方面，西南联大的文化沙龙作为一种不可忽视的"空间力量"影响着闻一多后期诗学精神的生成，他这种诗学精神最后也在广义的"文化沙龙"中得以精彩而悲壮地彰显；另一方面，闻一多后期的诗学精神丰富着西南联大文化沙龙的面貌，那种"为人民而艺术"的观念、"艺术功利性与艺术美感性"相结合的原则以及那种"知行合一"的实践精神影响着广大青年学生的思想观念与文学法则，引导他们把眼光从单纯的"文学"世界投射到灾难深重的国家和人民身上，也影响着随后"人民文学"的生成。闻一多后期这种以"人民""现实""集体"为核心凝聚而成的"知行合一"的诗学精神，最终把自己推向更为广阔的社会与历史空间，用自己的生命之笔谱写了一首不朽的诗作，达到他生命之诗的"大和谐"与诗之生命的"最高限度的生命情调"。

闻一多的大学精神

——以西南联合大学时期为中心

吴 艳

（江汉大学）

2009 年，闻一多先生 110 周年诞辰时，笔者曾经以"一多先生西南联合大学教学考"[①] 为题，从对西南联合大学原址的实地考察到相关的文献考据，并做出相关问题的考量。在"坚硬的学规章程"、亲历者的怀旧想象、后来者的文学想象以及研究者的历史想象中，梳理一多先生在哪些方面提升了教授、教学的境界。阐释被提升的内容在当时的意义，在今天的价值。7 年过去了，现在是接着说，重点分析一多先生提升教授、教学之境界中所灌注的大学精神！

研究闻一多的大学精神，有两类成果：一类是编辑闻一多的相关论述，比如刘烜选编《闻一多教育文集》[②]；另一类成果是通过阅读闻一多的教育文论或者教学实践进而归纳、阐释其中的大学精神。有意思的是，《建国前闻一多研究述评》[③] 和《闻一多研究报刊文章索引》[④] 都没有见

---

① 吴艳：《一多先生西南联合大学教学考》，《中国文化研究》2010 年秋之卷，第 144—150 页。

② 刘烜选编：《闻一多教育文集》，江苏教育出版社 1990 年版。

③ 江锡铨：《建国前闻一多研究述评》，北京大学《中国现代文学研究丛刊》1983 年第 4 期。

④ 赵慧、拓智华编：《闻一多研究报刊文章索引》（1917—1998），武汉出版社 1999 年版。

到闻一多教育思想或者教学实践研究成果。《闻一多研究文集》① 以闻一多在昆明 8 年的活动为考察重点，收集了新时期以来 33 位闻一多研究学者的研究成果，其内容有闻一多的文化心态、文化性格、治学精神、教育思想等方面，教育思想为其四大内容之一。2009 年 "闻一多诞辰 110周年纪念暨国际学术研讨会"② 将闻一多与大学教育作为会议论题之一，并取得相关成果。然而，作为学者的闻一多，其特点多半是 "做了再说"或者 "做了也不一定说"③ 的，因而本人还是倾向于重点从闻一多教师、教授和学者的实践活动，阐释其大学精神的三重表证，仍然以西南联合大学时期为中心。

一 教师：建构平等、民主的师生关系

本文所说的大学精神，是指现代大学精神。现代大学始于德国的洪堡，其重要特点是教学与研究并重，强调大学独立与自由精神和传承文化之功能。自由是大学教育首要的和必需的条件。与洪堡大学相提并论的还有英国牛津、剑桥大学和美国大学，前者强调养成有教养绅士的大学教育模式；后者强调服务于社会的大学教育模式。中国五四时期的知识分子，尤其是那些留洋过的人，其大学理念显见的多带有德国、英国或者美国的大学教育观念，隐性的却也包含中国传统的儒家观念，比如蔡元培，作为一个大学校长，他希望能把中国的教育精神和西方的教育精神结合起来，这在五四时期是典型而占有主流地位的思想。

闻一多就读的清华学校和后来执教的清华大学，其校长梅贻琦在《大学一解》④ 中提出，大学教育归根结底应是《大学》里所指出的大学之道："大学之道，在明明德，在亲民，在止于至善。"大学教育要彰显人自身所具有的高尚品性，实现人格上的完善。献身于科学最终必然归于人格上的完善，而人格的完善同样是推动学术进步的最重要动力。还

---

① 余嘉华、熊朝隽主编：《闻一多研究文集》，云南教育出版社 1990 年版。

② "闻一多诞辰 110 周年纪念暨国际学术研讨会" 由中国闻一多研究会、闻一多基金会、武汉大学文学院联合主办，2009 年 11 月 20 日至 21 日。

③ 臧克家：《说和做——记闻一多先生言行片段》，《人民日报》1980 年 2 月 12 日。

④ 梅贻琦：《大学一解》，《清华学报》1941 年第 13 卷第 1 期。

有梅贻琦校长的著名论断："大学者非谓有大楼之谓也，有大师之谓也。"何为大师？陈寅恪说："自昔大师巨子，其关系于民族盛衰学术兴废者，不仅能承续先哲将坠之业，为其托命之人，而尤在能开拓学术之区宇，补前修所未逮。故其著作可以移一时之风气，以示来着以轨则也。"①

大学对大师的强调，是对教育者主体的至高要求；在大学与现实关系上，则要求对大学精神的"涅而不缁、磨而不磷"②的坚守；对于学生，则还是以陶熔人格为目标，即追求精神的自由度和独立性。

对于闻一多而言，6 岁开始入塾上学，读《三字经》《幼学琼林》《尔雅》和《四书》。后来也曾自学中国古代文学经典，1919 年，21 岁时，"决志学诗"。"自清明以上，溯魏汉先秦。"读《清诗别裁》《明诗综》《元诗选》《宋诗钞》《全唐诗》《八代诗选》，并"期于两年内读完"。闻一多在清华学校——这个留美预科学校完成他的基础教育，从高小到高中，整整十年。以后是留学美国三年，回国后在多个大学教书，最后执教于清华大学，1938 年，随清华大学南迁昆明西南联合大学，直到 1946 年遇害……

以闻一多求学经历、教书经历和其知识结构分析，其自觉坚守的大学精神首先灌注于他作为教师的教学实践过程。其特点表现在所建构的师生关系是平等、民主，而不是威权的；其教学既是传承文化，又注重治学方法；同时他鼓励学生大胆假设，小心求证。

例 1：一多先生讲《楚辞》。时间是初夏的黄昏，七点钟。先生自己点着了烟，还问学生"抽不抽？"，一会而吟诵道"痛—饮—酒，熟—读—离—骚，方得为真—名—士！"③然后开讲。刘烜《闻一多评传》④记载，一多先生讲《楚辞》，开始报选修的只有 2 人，后来听课的人越来越多了。有学生对一多先生说"《离骚》不是屈原写的"。一多先生鼓励学生去查找资料，证明自己的观点。为此还提供方便，让这位学生进入只有教师才能进入的资料室。学生兴致极高，花了整整一个星期的时间，

---

① 陈寅恪：《王静安先生遗书序》，《陈寅恪集》之《金明馆丛稿二编》，三联书店 2001 年版，第 248 页。

② "涅而不缁、磨而不磷"，出自《论语·阳货》。

③ 闻立雕、杜春华：《闻一多图传》，湖北人民出版社 2006 年版，第 105 页。

④ 刘烜：《闻一多评传》，北京大学出版社 1983 年版。

最后回复一多先生，说自己查找材料后无法证明《离骚》不是屈原写的。

例2：先生讲《诗经》。一多先生要求学生背诵全文，并自己动手作注。让同学找出《诗经》中的一个字，将它在《诗经》中的所有用法都查出来，然后运用工具书去作注，以培养学生的训诂能力。[①]

例3：先生给研究生讲"中国古代神话"。一多先生要求学生选定一个古代神话故事的题目，从类书中先把材料摘录出来，再复查原书，将材料按时代先后排序，分析其繁简情况及有无矛盾现象，然后考察它的来源和流变过程，写出报告。[②]

这是闻一多研究者耳熟能详的教学实例。

从以上教学实例里我们可以得出结论：我们师生关系上看，闻一多与学生是平等的、民主的，而不是威权的；从教与学的过程看，是注重在传承文化的同时，一多先生又非常强调治学方法；在教学反馈环节，则鼓励学生大胆假设，小心求证。

师生关系平等、民主，而不是威权的，着实不容易，别说是在20世纪上半叶，就是在21世纪的今天，一般大学老师持如此现代的教育观并落实到教学实践过程，也非常不容易。为什么？传统中国思想界趋向于"定于一尊"的思维方式，而"定于一尊"的思维方式容易养成一种正统的暴力，即对异端采取一种非常残酷的态度，加上师道尊严，因而即便是大学教学，也容易陷入唯我独尊的窠臼。五四时代大学精神的正能量，是求新、向上的。University 的本意，便是将追求科学知识和精神生活的人聚集在一起，以便于共同研究。不只是师生之间如切如磋的"论道"，还包括同学间无时不在的精神交往。从这个语境下看待闻一多的教学实践所表证的大学精神不仅难能可贵，而且至今仍然具有榜样的正能量！

在谈论深受五四精神陶铸的知识分子、大学教授所持大学精神的时候，我们往往容易忽略传统教育理念的作用，或者只注意传统教育理念的负面价值，事实上，"定于一尊"从汉代才开始，以后的朝代也不是铁板一块，如唐朝文化的开放性和宋代文化的内敛性，其品质、路数都存

---

① 刘烜选编：《闻一多教育文集》，江苏教育出版社1990年版，第11页。
② 同上书，第12页。

在较大差异。台湾学者傅乐成认为，唐型文化以接受外来文化为主，其文化精神及动态是复杂和进取的，宋型文化里各外来思想与主流渐趋融合，并产生了民族本位文化，其文化精神和动态转趋单纯与收敛。① 这是我们应该区别对待的。传统文化教育理念复杂而多元，精华与糟粕共存。五四时期的知识分子一般都受过良好的传统文化修养，先秦的百家争鸣、孔子的教学理念，对许多知识分子产生过根深蒂固的影响，虽然因时代要求的矫枉过正，这些人不一定正面说出来并加以重点阐释，但中国传统文化的影响存在着则是不可否认的。

《论语·颜渊第十二》记载孔子弟子颜渊、仲弓、司马牛和樊迟向孔子问仁的对话。

> 颜渊问仁。子曰："克己复礼为仁。一日克己复礼，天下归仁焉。""非礼勿视，非礼勿听，非礼勿言，非礼勿动。"
> 仲弓问仁。子曰："己所不欲，勿施于人，在邦无怨，在家无怨。"
> 司马牛问仁。子曰："仁者其言也讱。"
> 樊迟问仁。子曰："爱人。"

对不同弟子的因材施教，对同一问题作不同角度的解答，保持概念的开放性，与西方的苏格拉底式的教学方法，如对话式、讨论式、启发式对于培养学生独立思考的能力，怀疑和批判的精神存在许多的相关性。当然，苏格拉底提倡的怀疑和批判精神，是孔子少有的。苏格拉底善于向学生提出问题，在展开师生对话的同时，不断揭露对方回答问题中的矛盾，引导学生总结出一般性的结论。本文无意将孔子与苏格拉底的教学理念作进一步的比较研究，只是想说明，当我们在谈论闻一多教学实践及其灌注的大学精神的时候，我们不但要揭示显见的五四时代精神的主导方面，同时还要关注隐含的传统文化的复杂元素，尤其是正面影响。

---

① 傅乐成：《唐型文化与宋型文化》，《唐代研究论集》第一辑，台北新文丰出版公司 1992年版。

二 教授：个体与大学规章

美国新经济史学派代表道格拉斯·C. 诺斯（Douglass C. North）① 将制度分为三种类型，一是正式规则又称正式制度，二是非正式规则，三是实施机制。正式规则又称正式制度是指政府、国家或统治者等按照一定的目的和程序有意识创造的一系列的政治、经济规则及契约等法律法规，以及由这些规则构成的社会的等级结构，包括从宪法到成文法与普通法，再到明细的规则和个别契约等，它们共同构成人们行为的激励和约束；非正式规则是人们在长期实践中无意识形成的，具有持久的生命力，并构成世代相传的文化的一部分，包括价值信念、伦理规范、道德观念、风俗习惯及意识形态等因素；实施机制是为了确保上述规则得以执行的相关制度安排，它是制度安排中的关键一环。这三部分构成完整的制度内涵，是一个不可分割的整体。

西南联合大学从体制上看，对教授要求表现在 8 个方面：受聘条件、工作量、兼课条款、学术休假、科研、指导本科生毕业论文、带硕士研究生和其他行政工作。其中的受聘条件、工作量、兼课条款、学术休假是正式规则，其坚实的行政执行基础是较合理有力的实施机制，而教授们共同体现出的却是在长期实践中无意识形成的，具有持久的生命力，并构成世代相传文化的精粹以及对文化的自觉担当。一多先生是当年西南联合大学教授群体恪尽职守的杰出代表，同时又是一个独特的个体。

我们从一多先生教学工作量、开课量、科研成果、科研年假和行政工作诸方面逐一考察。

关于学术休假：西南联大规定，凡在本校连续服务 8 年者可带薪休假一年。

休假前需要呈报本人的研究计划，研究内容自定。休假结束后则需呈报研究，计划的实施结果或成果。

---

① 道格拉斯·C. 诺斯（1920—2015）由于建立了包括产权理论、国家理论和意识形态理论在内的"制度变迁理论"，获得 1993 年诺贝尔经济学奖。

1939 年，一多先生休年假，以准备新课"中国上古文学史"①，

1940 年，一多先生致信校长梅贻琦先生，附上"中国上古文学史研究报告"②。

● 研究旨趣

（1）了解文学作品。文学作品为文学史之最基本，最直接的材料。

（2）考察时代背景。文学史为整个文学史中之一环，故研究某时期之文学史，同时必需顾及此期中其他诸文化部门之种种现象……

● 研究工作。基于上述二项旨趣，本研究工作可分为下列二项：

（一）专书研究；

（二）专题研究。

● 研究结果。（引者略）

有关科研工作：西南联合大学对教授的科研工作没有硬性的指标，只是在学术休假时需要个人申报较为详细的研究计划，休假结束时向校委呈交"研究报告"。平日是按个人兴趣和相关条件进行科学研究，也有为战时亟须的科研任务，这多半是理工科的教员。科研经费有具体下拨经费数额，有集中使用的大笔费用，有按职称分发给相关人员的。例如，1946 年 1—6 月，西南联合大学部聘教授薪俸为 3600 元（月薪 600 元，1945 年校长月薪是 710 元），学术研究费为 6000 元。一个部聘教授每月的学术研究费是每月薪俸的 1.67 倍。③

重视研究过程，奖励终端成果，是西南联合大学科研工作的重要特点。教育部在 1941—1946 年共进行 6 届学术奖励，其中西南联合大学教师居多。

---

① 《闻一多全集·书信》，《闻一多全集》第 12 卷，湖北人民出版社 1993 年版，第 359 页。

② 北京大学、清华大学、南开大学、云南师范大学编：《国立西南联合大学史料四 教职员卷》，云南教育出版社 1998 年版，第 446 页。

③ 同上书，第 488—511 页。

一多先生是部聘教授，1943 年，曾以《楚辞校补》获教育部第三届学术奖励的"古代经籍研究类"二等奖（当年此类一等奖空缺）。当年，同获教育部第三届学术奖励的西南联合大学文学院的教授还有朱光潜的《诗论》，为文学类二等奖（当年此类一等奖空缺），汤用彤《汉魏两晋南北朝佛教史》哲学类一等奖，陈寅恪《唐代政治史述论稿》社会科学类一等奖，郑天挺《发羌之地与对音等论文三篇》社会科学类三等奖。①

有关教学工作量又如何？西南联合大学要求教授年工作量最低标准每周为 8—12 节。根据可查找的材料统计②，一多先生本科生教学的工作量，1942—1943 年度每周课时为 12 节，1944—1945 年度课时为 13 节，1945—1946 年度课时为 12 节。所开课程 12 门。包括：《诗经》《楚辞》《尔雅》《古代神话》《历代诗选》《周易》《乐府诗》《庄子》《中国文史问题研究》《国文壹 C（读本）》《国文壹 D（读本）》《国文壹 E（读本）》。1940 年，因为轰炸，没有要求本科学生写毕业论文。1941—1945 年，一多先生共指导本科论文 12 篇。当时的中文系曾向校委报告，因为合并与战事影响，中文系教师的平均工作量不可能达到学校要求，为了今后的三校复原，也不能裁剪教员编制。在这样的情况下，一多先生仍然超过了平均量，这还不包括指导本科毕业论文和指导硕士研究生的工作量。

一多先生带硕士研究生：据写于 1946 年的《国立清华大学文科研究所中国文学部概况》介绍，自 1941 年以来，一多先生任国立清华大学文科研究所的主任，在文学（还有朱自清、浦江清）语言文字（还有王力、陈梦家）、古书校订（还有许维遹）三个方面指导研究生。③

其他行政工作：西南联合大学实行教授治学与治校。各系有教授委员会，处理教学以及行政事务。学校则有教授委员会和相关委员会。学校最高行政机构是校常务委员会，由原三校校长组成。出席校委会的人，

---

① 北京大学、清华大学、南开大学、云南师范大学编：《国立西南联合大学史料（三）·教学科研卷》，

② 此处材料包括 6 卷本的《国立西南联合大学史料》、闻黎明《闻一多传》等。

③ 北京大学、清华大学、南开大学、云南师范大学编：《国立西南联合大学史料三教学、科研卷》，第 568—569 页。

除了三位常务委员会成员、秘书还有教务长以及总务长。有时视会议内容扩大到各院院长或者相关职能委员会委员。

西南联合大学 8 年时间，原三校校长即后来的校常务委员会委员基本没有变化，其他行政职位的变化比较大。其变化特点有四：一是所有已定职位没有因公或因私而空缺；二是任期内因公或因私不能任职者可向校常务委员会委员递交书面辞呈，获准后即可离任；三是因公或因私暂时离校几天或更长时间者，则离校前选好代理者，并呈报校常务委员会批准；四是教授所任职位（除校委外）不另外发放补贴。

一多先生在西南联合大学期间曾代中文系主任。

1941 年 5 月 19 日，当时的系主任罗常培因公离校，一多先生代主任。1944 年 8 月 1 日，罗常培又因公离开昆明一个月，仍然是一多先生代主任。[①] 这种代任制，及时、有效，不影响工作。

除了代理系主任，一多先生还在 1938 年任"蒙自文法两院战区学生救济及寒苦学生贷金委员会委员"[②]，1944 年任西南联合大学第七届校务会议教授代表[③]。校外职务从略。

考虑到抗日战争大环境和西南联合大学中文系普遍教学工作量不饱满的具体环境，我们再看一多先生的超工作量和科研成果，其意义就更加明显。这是作为一个教授个体所奉献的宝贵成果，是教学的、科研的和行政工作的。不仅如此，一多先生还在战时的巨大困难中，坚守教授节操，为学生做出表率！比如徒步到昆明等守土有责，是为楷模。

西南联合大学的"徒步旅行团"从湖南"临时大学"出发到昆明西南联合大学，行程共 1750 千米，其中步行 1300 千米，历时 68 天，为世界教育史上一大壮举。"徒步旅行团"出发时共 320 人，有 10 位教师，自始至终走到底只有 3 位，他们是闻一多、李继侗和曾绍抡教授。

1938 年 1 月 27 日，临时大学常务委员会第 47 次会议决议："规定学生步行沿途作调查、采集等工作，且借以多习各地风土民情，务使迁移

---

①　北京大学、清华大学、南开大学、云南师范大学编：《国立西南联合大学史料四教职员卷》，云南教育出版社 1998 年版，第 49 页。

②　北京大学、清华大学、南开大学、云南师范大学编：《国立西南联合大学史料一总览卷》，云南教育出版社 1998 年版，第 169 页。

③　同上书，第 109 页。

之举本身即是教育。"①

1938 年 2 月 4 日，临时大学常务委员会第 48 次会议决议：又对"徒步旅行团"的人数、路线、行程、各系负责人、经费预算等做出安排。

1938 年 2 月 19 日，"徒步旅行团"出发，4 月 28 日才到达昆明。

"务使迁移之举本身即是教育"是西南联大对所有"徒步旅行团"成员的要求。一多先生在途中，一方面做田野调查、收集民歌民谣；另一方面给予学生文化与精神的勇气。与底层民众的接触，改变了一多先生对民间文学的看法。先生本来"是一个有着丰厚的传统文化素养同时又受西方文化熏陶的现代文人"并具备"绅士风度"②。对民间文学比较陌生，在"旅行团"徒步过程中由收集民歌民谣，到后来研究民歌民谣，并取得相关成果。

在西南联合大学期间，跑警报是常常遇到的。1939 年 4 月 11 日，西南联合大学常务委员会第 106 次会议决定"在办公及上课时间内如遇有空袭警报，得酌情停止工作和授课，俟解除警报后半小时内须一律恢复常态"③。珍惜生命为第一要务，所以有"跑警报"，"俟解除警报后半小时内须一律恢复常态"则同样难能可贵，是生命精神或者说文化的、本职工作的、学业的继续担当。

抗日战争爆发，"耳边时来一阵炮声，飞机声，提醒你多少你不敢想的事，令你做文章没有心事，看书也没有心事，拔草也没有心事……"④后来，清华大学、北京大学、南开大学南下到湖南的长沙组建"国立临时大学"。到了长沙的教授们开始还抱有一个幻想，"等着政府的指示，或上前方参加工作，或在后方从事战时的生产，至少也可以在士兵或民众教育上尽点力。事实证明这个幻想终于只是幻想，于是我们的心理渐渐回到自己岗位上的工作，我们依然得准备教书，教我们过去所教的书

---

① 北京大学、清华大学、南开大学、云南师范大学编：《国立西南联合大学史料二会议记录卷》，云南教育出版社 1998 年版，第 38 页。

② 朱寿同：《论闻一多的绅士风度》，《闻一多国际学术研讨会论文集》，陆耀东等主编，武汉大学出版社 2002 年版，第 114 页。

③ 北京大学、清华大学、南开大学、云南师范大学编：《国立西南联合大学史料二会议记录卷》，云南教育出版社 1998 年版，第 90 页。

④ 《闻一多全集·书信》，见《闻一多全集》第 12 卷，湖北人民出版社 1993 年版，第 283 页。

了"。"半辈子的生活方式，究竟不容易改掉，暂时的扰乱，只能使它表面上起点变化，机会一来，它还是要恢复常态的。"①

抗战时期的西南联合大学教授们，人到长沙或者后来的昆明，却不能偏安一隅。普遍的状况是以为要上前线。然而，西南联合大学对教授们的要求是守土有责，是尽快恢复大学教育的常态。即便是"跑警报"，"俟解除警报后半小时内须一律恢复常态"，以为要上前线，实际上则还是做自己的老本行：教书育人，传承文化与文明。因而从一多先生在西南联合大学任教时期教学、科研实践活动及其相关成果，多少可以体味到什么叫守土有责，什么是坚持文化传承，什么是培养学生的爱岗敬业精神吧。

三　学者：治学与介入现实社会

学者的治学与介入现实社会一般分为三种类型：走向街头；与现实社会保持一定距离；治学与介入现实社会两者兼顾。一多先生作为学者他开始是与现实社会保持一定距离的，后来介入现实社会，学问和介入现实社会两者兼顾。这种兼顾性，还表现在一多先生的治学与写诗、写诗与评诗、研究中国古代文学与西方文学诸多方面，以此形成学术视野张力性和成果的丰富性。

学者的冷静与诗人的激情在一多先生这里相辅相成，但在关键时刻，一多先生诗人激情和文化品质就占据上风，正是如此，朱自清先生才说一多先生"始终不失为一个诗人"，"其实他自己的一生也就是具体而微的一篇'诗的史'或'史的诗'"。② 比如，闻一多在清华学校因声援教师讨薪而罢考，延缓一年毕业；留学美国提前一年回国都是如此。某种角度我们也可以说一多先生的最后遇难，也是他坚守道义所付出的牺牲！

闻一多以诗人、学者和民主斗士的身份卓然于世，但我们知道，学

① 《闻一多全集·书信》，见《闻一多全集》第 12 卷，湖北人民出版社 1993 年版，第 497页。

② 《朱自清先生序》，《闻一多全集》，开明书店 1948 年版。

者的职业不一定是教授，但称职的教授则一定是学者，是在"教学现场"为学生"传道、授业、解惑"的那部分学者。一多先生留洋回国，一生服务于教育界，自 1927 年到南京第四中山大学当外文系主任开始，就一直以"教授"为职业。先生 20 年的教授生涯，将学者的人间情怀、教授的铁肩道义和勇士的胆识与牺牲集于一身，是一般人所难企及的人生至高境界！有关闻一多生平思想研究、学术成果的再研究、新诗研究的成果累累，对作为教授的闻一多以及他在教学中所显示的大学精神的研究却还不多见。

教授是高等教育机构的教师的最高级学衔，是大学教师职称的最高级别。教授与学者或者研究员不同，他的职责首先是教书，在大学里要针对所擅长的领域开课，或授予学生专业训练，如科学和文学等领域。还必须深耕自己专精的学科，以发表论文或者出版专著的方式显示自己的研究成果。一多先生是如何教书的？其教学过程体现怎样的大学精神？其科研成果与他的教学形成怎样的相辅相成的关系？这的确是值得深入研究的问题。

一多先生的教学与研究活动，具有示范与典范价值，其中表现的大学精神，从他作为教师的教学实践、作为教授个体与大学规章和作为学者的介于现实社会三个方面都有所表现。由教学实践活动建构的师生关系是平等的、民主的，而不是威权的；其教学实践既是传承文化，又注重治学方法。同时他鼓励学生大胆假设，小心求证。一多先生是当年西南联合大学教授群体恪尽职守的杰出代表，同时又是一个独特的个体。一多先生作为学者的人间情怀、作为教授的铁肩道义和作为勇士的胆识与牺牲，都达到一般人所难以企及的人生至高境界！一多先生大学精神的三重表证是综合而显见的，既是五四时代精神陶铸的成果，也是传统文化的营养结晶，其价值导向深层而久远。

思想历程　鸿篇信史

——《闻一多传》（增订本）的史学启示

戴美政

（云南师范大学）

在全国纪念闻一多先生逝世 70 周年的庄重时刻，历史学家闻黎明撰著，经过增订的《闻一多传》由人民出版社再版。与初版相比，增订本内容更为充实严谨，篇幅增加近一倍，发掘出许多新的重要史实，作了新的时代性解读，解决了闻一多研究中的重要疑难问题。并以具体的史学实践丰富了治史方法。这是闻一多研究中的重大学术成果，必将更好地彰扬闻一多先生的爱国精神和崇高品格。

《闻一多传》是作者精心撰著的力作，该书在展现闻一多一生经历的同时，"特别从政治思想的发展过程中，揭示出闻一多的内心世界，歌颂了他贫贱不能移，威武不能屈的光辉形象"（《闻一多传·内容提要》初版）。1992 年 10 月该书初版问世后好评如潮，获得中国社会科学院近代史研究所优秀科研成果一等奖、全国闻一多研究会首届优秀科研成果二等奖，即后被日本学者铃木义昭译成日文，由北京大学出版社出版，成为该社第一部面向国外出版的学术著作。对于新增订的《闻一多传》作者说："《闻一多传》增订本，大体保持了原书结构，同时对某些章节做了较大补充和调整，特别增加了李闻惨案的善后部分。相信凡是初版《闻一多传》阅读者，对本书增补的内容，会有更多的理解和兴趣。"作者自我简介较为谦虚，实际上增订本的意义远非如此，本文拟作初步分析。

一　学术准备《年谱长编》

按照时间线索与空间观念重构历史是历史重构的基本方法，所谓重构历史过程，即按照一定的思想原则和学术方式，在充分排比和研究史料基础上复员历史面貌的工作。历史是社会在时间上的延续和展开，时间观念是历史研究最重要的要素。历史人物年谱就是依据时间顺序来排列材料，然后再从中整理出丰富而生动的人物言行、事件始末等历史事实，再结合空间因素来重构历史过程的。因此，重构历史过程往往是先编制年谱、年表、编年史等，然后在此基础上加工成历史著作。20世纪70年代末期，闻黎明先生开始研究闻一多之时就知难而进，以超越前人的宏大志向，选择编撰"闻一多年谱长编"这样重大的学术工程，为以后进行《闻一多传》撰写奠定了坚实的学术基石。为收集足够的史料，作者从北到南，从北京、武汉、重庆、青岛、上海、南京、贵阳、昆明、蒙自、浠水……凡是闻一多足迹所到之处，都尽可能到实地考察探访，遍访知情人，查询报纸杂志和档案文献，各地十余家图书馆、档案馆、机关资料室，都留下他勤奋查询的身影，仅在作者的母校北京大学就查询了两个冬天。为了解闻一多所在西南联大及昆明民主运动的历史，作者曾三下昆明，耗时半载，在云南省图书馆、省档案馆、云大图书馆多方查询，每馆一待就是数星期到数月。抗战期间滇省出版的主要报纸，几乎都是逐日查找，连广告也不放过。如此不畏烦琐的艰苦工作，积累起以千万字为计的巨量史料。历经五年春秋，《闻一多年谱长编》终于在1993年底完成付印。

《闻一多年谱长编》为84万余字的皇皇巨著，由谱前、正谱、谱后三部分组成，包括故乡、家世、求学、初期社会活动、文艺创作、文艺理论、学术研究、教学工作、政治活动、思想发展、家庭生活、个人情操、友朋交谊及其他，以及殉难后的国内外反映、追悼、纪念等。全书内容充实厚重，显出重大的文化内涵与学术分量。在该长编编撰中，作者的《闻一多传》已在撰写。闻黎明说："重建历史和解释历史，是历史学的两大任务。我深知自己才学疏浅，所以只从事了前者的工作。在这部书里，我尽力比较完整地叙述闻一多在不同历史时期和不同环境条件下，是怎么想、怎么说、怎么做的，而且比较侧重于他在政治方面的思考和活动。对文学、学术、教育诸方面的成就，我也从这个角度去观察。"作者的介绍为解读全书提供了线索，本文探讨也由此展开。

二　思想主线贯穿全书

我们说，从某种角度而言，历史科学所研究的对象与其说是历史事实，倒不如说是历史事实背后的思想活动。正因为对史实与思想的关系有深切的领悟与理解，闻黎明先生才在追寻传主历史遗迹的同时，将重点放在闻一多思想逻辑的探索与内心世界的描述上，从而奉献出一部主线突出、内容丰富，60余万字的现代杰出人物传记作品。这条主线不是别的，就是中国现代优秀知识分子赤热的爱国精神与高尚人格，它通过一系列生动感人的史实描述贯穿全书，在清新自然的语词中显示出来。

第二章"活跃在清华园"是该书前半部分写得最充分的章节。作者在占有丰富史料的基础上，详尽展示了闻一多在这所"东方华胄的学府""世界文化的盟坛"的清华园九年的求学生活，举凡发起课余补习会、辩论演说、戏剧编演、美术训练、五四运动、参加全国学联大会、发起或参加学生社团、加入基督教、进行社会服务，等等，均写得异常生动鲜活，给读者留下深刻印象。青少年时期是人的社会化最重要的阶段，闻一多九年的清华园生活，生理心理等方面都发生急剧的变化，敢于创新，寻求独立，富于幻想，青少年阶段呈现的普遍性身心特点，在闻一多身上都有表现，但其敢爱敢恨、真切直率的特殊秉性也显现出来。传记作品在再现这个时期闻一多思想逐渐成熟，性格日益养成，能力得到培养的过程时，并不满足于校园生活的单纯展示，而是深入发掘其生活言行内在的思想原因，这就深化了本书的社会内涵和学术价值。如叙述闻一多参加的清华各级同学举行的辩论会、戏剧编演等富有特色的学生社团活动时，不仅说明这些活动以关怀国家命运为主旨，而且指出，闻一多参加这些辩论，所体现的是强烈的忧患意识。而举行"演装国会"参与"二十一条"论辩，不仅锻炼了口才，更反映出他们的历史责任感。又如五四时期，闻一多在清华的积极表现是"撰通电、写宣言、制标语，做的是文书的工作"（梁实秋语）。作者由"大规模的政治运动历来是新生政治家的摇篮"的议题发端，引用闻一多致父母家信所说"当知二十世纪少年当有二十世纪人之思想，即爱国思想也"，直接写出闻一多的爱国情操，让我们觉得"闻一多的爱国激情往往不是表现在外形上，而是更深刻地埋藏在内心中和凝结在行动上"。

　　清华求学是闻一多初显文学才情和打下学术基础的重要时期，对此作者做了大量可靠的研究考证，生动再现了清华学校这所特殊留美预备学校的面貌。不仅阐述了闻一多后来在古典文学研究与诗歌创作上取得重大成果的缘由，而且分析了深层次的思想精神因素。比如，作者不仅发现闻一多所写《名誉谈》（1914 年 6 月 15 日）是他第一篇论说文，而且还分析了闻一多的人生思考。该文所述"其能存于世界，使体魄逝而精神永存者，惟名而已……古来豪杰之士，恒牺牲其身现存之幸福，数濒于危而不悔者，职此故耳"等文字，其主旨是反对知识分子独善其身，提倡读书人不断进取，为社会做贡献。这里，"名"是献身精神的动力，是"理想"的同义词。此类分析细致入微，颇为中肯。对闻一多的诗歌创作，作者是从"认准新诗的方向""成立清华文学社"两方面作精要叙述的。除了分析闻一多的早期诗作，如《雨夜》《月亮和人》《雪》等诗作的时代背景、艺术特色以外，还指出他意在通过新诗创作来推动新文化运动，"表现出一代青年人决议求新的精神"。"并始终把诗当作表达思想情感的工具，反对那种无病呻吟。"对于闻一多发表的第一首诗作《西岸》、第一本新诗评论集《冬夜草儿评论》（与梁实秋合著）等，作者以第一手史料为依据作了恰当阐释，既做到评介与史料考证紧密结合，也表明文学研究不能脱离时代氛围与政治环境。作者对闻一多清华求学时期的生活作了总结："清华学校的教育体制，对闻一多的成长具有重要作用。作为留美预备学校，一切课程设置都服从于留学，所以特别突出西方的教育方法，这就使闻一多比同龄人更早地接触到西方文明。他的许多科学知识和思维方式，与这所学校都有不解之缘。"这类论述准确深刻，对了解清华学校的教育面貌和闻一多的思想演变帮助极大，实为本书学术特色的精到表述。

　　第三章"留学美国"也是了解闻一多求学经历与早期思想发展的重点内容，包括赴美途中、在芝加哥、耕耘文学园地、在科罗拉多、发起"大江会"、在纽约等六节，较全面地反映了闻一多在芝加哥美术学院、科罗拉多大学、纽约艺术学院学习美术，进行诗歌创作，演出英文古装剧，以及参加颇有政治色彩的留美学生组织"大江会"的经历。这些内容异常丰富生动，颇具思想文化内涵，所揭示的闻一多思乡情结与爱国情感，为后来理解闻一多的民主活动埋下伏笔。比如，对闻一多留学期间创作的诗集《红烛》，除介绍其思想艺术特色外，也指出《红烛》最引人注目的是"国外创作的思乡部分……充满了爱国的深情"。在记述闻一多与桑德堡、门罗、爱米·罗厄尔等芝加哥诗人的认识与交往后说："芝加哥的这段生活扩大了闻一多的视野，加深了对西方文化的了解与感情。……他的诗歌创作在不同时期体现了不同风格，实际上就是世界文化与中国文化在他的笔下的不断交融不断发扬。"

此章所述，以闻一多与"大江会"的关系最引人注目。"大江会"是以清华留美学生为主在美国创建的学生组织，作者不仅对其创建历史与活动情况研究得全面客观，而且指出："闻一多参与发起的国家主义团体'大江会'，是他人生道路中的一件大事，也代表了他思想发展的重要阶段。"对该会主导思想"国家主义"的缘由，作者分析说："国家主义原是欧洲近代史上很有影响的一种思潮。19世纪，马志尼创建的'少年意大利'曾在这个旗帜下集合了反抗异族压迫大军。罗马尼亚、比利时、塞尔维亚、德意志等国的民族独立运动，也都纷纷吸取这种思潮作为发动民众的精神武器。它的原旨，是强调国家民族的存在，以团结国内人民反对外族侵略。但是，正如达尔文的进化论一样，国家主义后来也被德意志的某些学者改造演变成'鲸吞主义''嚣奋主义'，以致成为弱肉强食的理论依据。大江会提倡的国家主义，是马志尼时代的国家主义，为了与形形色色改头换面的国家主义相区别，他们还在'国家主义'四字之前，加上'大江的'三个字。"此类分析深刻准确，反映出作者世界史、政治史多方面的理论修养，以及对历史人物内在心理的感悟。有关闻一多发起参加的"大江会"，是《闻一多传》初版发现研究的新史实，过去鲜为人知。该书初版后，有关大江会关注者甚多，有的高校甚至作为硕士生的选题，不过重复偏多，新创绝少，难以超过闻黎明的原创性研究。

三　全面占有丰富史料

《闻一多传》的撰写，在史料的收集、鉴别、分类、使用等方面，做了超乎一般学者想象的巨大工作。《闻一多传》《闻一多年谱长编》两书初版问世后，作者为研究抗日民主运动、西南联大等课题，再次奔赴各地查寻，其中，云南省图书馆、省档案馆、云大图书馆、云南师大图书馆，台湾"国史馆"、"中央研究院"近代史研究所等机构，均是多次往返。在昆明期间拍摄的资料照片，每日常有500余张之多，而且当晚就要将资料照片来源整理清楚做好题目标识，数月查询下来，所拍资料已以万计。工作之劳累辛苦，可见一斑，其中，就包括新发现的有关闻一多的珍贵史料。《闻一多传》（增订本）共12章及"尾声"总计688页，各页注释总计1021条，平均每章（含尾声）近79条，每页近2条。还不包括书中引用已注明来源的大量引文例证等。作者对于注释这种容易被读者特别是非史学专业者忽视的问题，处理得非常认真细致，通过注释彰显的是周密细致的考证功夫、追求真理的探索精神，令人赞叹钦佩。

其一，历史著作的注释作用大致可分为：注明引文来源、对相关内容作补充说明、技术性说明，以及文字勘误说明等，属于历史著作中必不可少的体例要求与学术规范之一。本书的注释类别相当周全完备，其学术价值大致有四个方面：（1）注明引文来源，表明本段文字所述出自第一手资料或是权威资料，意在有据可依，为相应文字提供论据。如《闻一多传》第一章第一节第3页的两条注释，分别引自明代弘治年间、清代光绪年间的《黄州府志》，说明闻一多故乡浠水县建置的历史沿革，所述自然可信。其他各章注释所列闻一多著述、亲人书信、当事者回忆、档案资料、作者访谈记录，以及民国报刊史料等，均为作者鉴别精选后用于书中，表明所引史料的历史价值与可信程度；（2）表明尊重借鉴前人的学术成果，如季镇淮所著《闻一多年谱》、王康所著《闻一多传》等注释，当然也符合著作权法基本精神要求；（3）为保持正文叙述的连贯性，有些内容必须放到注释中；（4）为学术界核对引文提供查验线索，这是作者学术自信心的显示。

其二，注释条目多少与注释内容详略，必须依据正文的重要与否而确定，太多或许烦琐，太少又嫌轻率。作者总揽全局精心处理的注释，不仅恰当诠释了正文，突出了主题，也为他人提供了难得见到甚至是绝无仅有的学术信息。对重点章节，如第二章"活跃在清华校园"、第十二章"抗议与惩凶"，所列注释为全书最多（分别为 229 条、183 条）。其中，第二章引用《清华周刊》的注释就达 40 余条。缘何如此，《清华周刊》是中国近代以来刊行时间最长、影响最深远的高校学生刊物，自 1914 年 3 月创刊至 1937 年 5 月共出版 676 期（含各种增刊），要研究早期清华校史与人物，该刊均为不可或缺的独特史料。《闻一多传》正是充分利用了《清华周刊》，以及《清华学报》《晨报》等重要史料，才使闻一多在清华学校的历史再现趋于完整、准确、生动，大大提升了全书的学术内涵，对中国现代高教史研究提供了可贵启示与范例。

其三，该书涉及中国现代众多复杂陌生的人物和事件，除正文阐述外，以注释方式作了妥当解读，如第二章第 22 页的 8 条注释，就列出清华学校辛酉级乙班，闻一多的同班同学瞿世英、吴泽霖、钱宗堡、沈有乾、萨本栋、潘光旦、罗隆基、何浩若 8 人的简历。又如第 621 页对"中央社昆明分社"的注释："中央社昆明分社为抗战时期中央社在地方设立的三个分社之一，抗战中期，云南成为对外联络的唯一交通枢纽，该社更以最讲求时效而闻名国内新闻界。"此类注释貌似简单，实际信息含量较大，做起来很费心思，要查询许多资料甚至采访知情者方能成稿。它在给读者理解全书带来方便和提供进一步研究线索的同时，也表现了作者推本溯源的思维习惯与勤奋钻研的治学特色。

其四，某些重要注释说明作者不断追寻历史真相的研究过程，显示出作者极有远见的历史洞察力和鉴别复杂社会现象的考证功夫。对此下面将再作分析。

四 民主洪流斗士本色

第八章"走上新的道路"到第十一章"民主斗士（下）"，这是全书最重要最有分量的章节，占全书篇幅一半还多。之所以如此，作者意在"体现一个有血有肉的爱国知识分子，是如何在探索中反思，如何在比较中选择了光明的前途。也只有这样，闻一多的道路才能对今天，对后世，有所启迪"。(《闻一多传·初版后记》)令读者为之激励感奋。

这些章节从闻一多全家的贫困生活,诗人田间诗歌引发关注解放区,以杂文为武器批判现实写起,包括参加西南文化研究会,加入中国民盟,接触中共人士,学习《论联合政府》等中共领导人著作,直至参加五四纪念、抗战七周年纪念、护国起义纪念等活动,投入"一二·一"运动,反内战反独裁,支持学生罢课,控诉"一二·一"惨案,促进政协通过民主协议,悼念牺牲的四烈士,等等。有关以昆明为中心的大后方爱国民主运动,都做了全面详尽的反映。作者饱含激情的笔端,涌出一幕幕波澜壮阔、激荡人心的浩大场景。其中,尤以"一二·一"运动、最后一次演讲等政治活动中的闻一多写得特别精彩感人。比如,写到最后一次演讲结束时,作者描述:"这是闻一多的最后一次即席演说。面对反动派苟延残喘的猖狂反扑,闻一多横眉冷对,表现了不畏强暴的民族英雄气概。他的怒斥既是人民的吼声,也融进了他人格和生命的结晶。演说时而深沉,时又锋利,有议论也有抒情,处处扣人心弦。若说它是向敌人的投枪,那它也是激励人民的战鼓。'前脚跨出大门,后脚就不准备再跨进大门了',这句李公朴说过的话经过闻一多的重申,已成为对民主事业的千古名言,它深深镌刻在了中国革命的史册上。"作者说:在撰写本书过程中,"我的心一直随着闻一多的喜和悲而跳动着,从他的笑声和泪水中,我深刻地体会到什么是爱国主义激情"。(《闻一多传·初版后记》)

这些重点章节记述分析的重点,仍然是闻一多的思想转变历程。作者说,战时的贫困生活是促使闻一多思想转变的外在因素:"他在生活上已成为平民和贫民,因之观察问题的角度与方法也开始发生改变了。"对闻一多由诗人田间的诗歌触发,发表讴歌解放区新气象的《时代的鼓手》后,接连写下《文学的历史方向》《复古的空气》《家族主义与民族主义》等杂文,作者评论"这些杂文言辞尖锐、犀利,仿佛是匕首,仿佛是要爆发的火山。这就是闻一多的性格——战士的性格!"并且,这"也是他思想急剧转变的申述"。书中引用了许多闻一多发表的文章,来阐述其思想变化的历程,比如,《民盟的性质与作风》是闻一多生前发表的最后一篇文章,阐述了闻一多作为民盟核心成员的政治见解:"唯其有政治主张,所以我们不能做无原则的和事佬,而要在两级之间,做个明是非,辨真伪的公断人。"这些记述，既体现了思想史传记的特色，更深化了全书主题，增加了理性分析的分量。作者对抗战时代与各种政治力量之间多种复杂的关系有深切独到的考察理解，恰当揭示了闻一多作为民盟核心人物与抗战环境及其与周围人物的关系，作者笔下的闻一多才会那样有血有肉、真实可信、光辉照人。

五 揭示重大历史真相

在闻黎明《闻一多传》问世之前，虽有其他学者所写的闻一多传记和年谱出版，但闻黎明的《闻一多传》却是创新价值非常突出的作品，仅初版呈现的新发现、新史实就占全书 3/5 的篇幅。许多重要史实均为作者多方查找原始资料、潜心研究而得。但作者的要求并不局限于此，他探寻历史真相的目光更落在意义更大的重要问题方面。前面所述第622页的注释，其意义显得既特殊又重要，现全文引用于此：

> 关于蒋介石与李闻被刺的关系，笔者在1999年纪念闻一多100周年诞辰学术研讨会提交《闻一多被刺事件的历史考察》一文中有介绍，基本资料来自云南省公安厅喻芳提供之新中国成立后逮捕的刺杀李闻特务王子民、单学修、崔宝山等人供词，及唐纵日记、沈醉回忆等。文中认为李闻惨案为霍揆彰策划，蒋介石事前并不确知。由于该文在会上引起两种截然不同的反应，遂与不同意见者达成五年内暂不发表之约定。（2004年，该文收入武汉出版社出版之李少云、袁千正主编的《闻一多研究集刊》第9辑，事前并未通知笔者）多年来，笔者一直留意查阅和积累该专题史料，本文使用的台湾"国史馆""中央研究院"近代史研究所与历史语言研究所等档案，均佐证了笔者当年的分析。

原来，早在1988年冬，作者到昆明参加学术会议时，就注意到云南省公安厅喻芳所写的《李公朴、闻一多蒙难真相》（《云南文史丛刊》1988年第2期）一文，该文由喻芳依据历史档案、凶手交代材料及知情者提供的情况写成，史料价值较高。其中提到云南警备总司令霍揆彰带领该部稽查处长王子民到南京向陈诚和蒋介石汇报，拟将黑名单呈蒋圈定后就布置暗杀，但蒋正与美国马歇尔密谈，没有来得及召见霍揆彰等人。霍揆彰回昆明后，接南京政府密电称"中共蓄意叛乱，民盟甘心从乱，际此紧急时期，对于该等奸党分子，于必要时得便宜处置"。此密电经谁核准文中未说。接着，闻黎明又查对了唐纵日记、沈醉回忆等重要资料，以历史学家的独特眼光和实事求是的态度，写成《闻一多被刺事件的历史考察》一文，提出"李闻惨案为霍揆彰策划，蒋介石事前并不确知"的判断。由于该文涉及问题重大，在纪念闻一多100周年诞辰学术研讨会上"引起两种截然不同的反应"。于是闻黎明与对方达成五年内暂不发表的约定，以后就一直留意查寻积累该专题资料，直至查到蒋介石档案等一系列重要史料作为有力证据，始证实了作者当年的分析。接着，闻黎明接连发表了《闻一多被刺事件与1946年的中国时局》（日本岛根县立大学东北亚研究中心编：《东北亚研究》2004年1月号）、《美国对李公朴、闻一多被刺事件的反应与对策——李闻惨案再研究之一》（《江汉论坛》2006年第11期）、《李闻惨案之善后》（《近代史研究》2011年第4期）等文章，对此事作了更深入全面的考证阐述。

现在，对于李闻被刺事件及其善后问题，作者在《闻一多传》（增订本）中用整章篇幅已经阐述得十分清楚了。所引用的史料，包括蒋介石档案、蒋介石日记、傅斯年档案、朱家骅档案、王世杰档案等重要档案，以及昆明、上海、南京的《中央日报》，昆明的《云南日报》《正义报》，还有《新华日报》《解放日报》《文汇报》《大公报》等多家报纸当时的报道，运用这些可靠史料互相印证，去粗取精，去伪存真，通过繁复认真的潜心研究，终于将此重大史实澄清公布，显示了不断追求真理、维护学术规范的历史学家的高尚品格。

六　深刻折射史学启示

古往今来，东方西方，史学观念是不断演变进步的，以西方史学来说，从古希腊和古罗马的史学、中世纪史学，到文艺复兴时期的人本主义史学、启蒙主义时期的追求理性与进步的史学，史学观念发生了巨大的变化。进入20世纪以后，西方史学在传统史学的困境中觉醒，出现了以探讨人类历史发展终极原因为目标的思辨的历史哲学，强调主体认识作用的分析的历史哲学。以研究方法而论，传统史学主要是史料考证，辨别真伪；新史学提倡研究方法的革新，重视理论概括和解释。以史学与其他学科的关系来讲，传统史学强调自身的自主性，忽视与其他学科的结合；新史学则主张跨学科的研究、整体的综合研究，等等。纵观闻黎明先生的新著《闻一多传》（增订本），无不体现史学观念不断进步，史学方法不断完善的趋势与特点。全书遵循马克思主义史学，人们的社会存在决定人们的社会意识的观念，基本按照中国史学编年体、纪事本末体规范构思布局全书，并汲取了政治学、文化学、教育学、文学、美学、艺术学、经济学、心理学、逻辑学等多种学科研究方法之长，按照时间线索和空间观念结合的方法重构历史，使闻一多作为诗人、学者、民主斗士伟大而崇高的形象，矗立在我们面前。

在"学术研究"一章，作者概述闻一多的学术研究以中国古典文学为对象，最早重视唐代文学，陆续有《少陵先生年谱会笺》《全唐诗人引得今编》《闻一多选唐诗》等著述完成，清华大学时期有关《诗经》的研究硕果累累，武汉大学时期《楚辞》研究成果源源不断问世，联大时期耗时十余年的《楚辞校补》出版，具有开拓性地位，获 1943 年度教育部学术审议会二等奖。其他如《周易》研究、古文字研究、《庄子》研究等也做了工作。作者综合运用历史学、古典文学、文字学、民俗学、地理学等多学科知识，概括出闻一多学术研究的几个特点：（1）重视研究材料，深入广泛收集古人资料。为研究杜甫，收集了与杜甫有关的 360 余人的材料，写成《少陵先生年谱会笺》；编纂《全唐诗人小传》60 余万字，涉及 406 位诗人；《楚辞校补》共列 96 家（从西汉司马迁，到今人刘盼遂、游国恩、郭沫若等）。（2）继承清代朴学大师考据精神，还原作品本来面貌。包括说明背景、诠释词义、校正文字等研究手段。作者认为，由这种发人深省的治学之道，得出"惊世骇俗"的结论，所以令人心悦诚服。有关闻一多《诗经》的研究，书中也作了细致分析，如在《诗新台鸿字说》中对"鸿"的解读，"揭开罩在《诗经》上的政治说教面纱，把人们带到西周初年到春秋中叶那段历史长河中去。"又以《芣苢》为例，对闻一多"每读一首诗，必须把那里每个字的意义都追问透彻，不许存下丝毫的疑惑"的主张作了阐发。此外，作者还细致分析了闻一多治学从个别到一般、从微观到宏观的高明之处，以及敢于否定自己以往结论，不断发现，不断完善的进取历程。此类学术总结，自然体现了现今史学强调历史跨学科的综合研究，提倡研究方法的革新，重视理论概括和解释等特色，实际上也对闻一多作为诗人、学者的历史角色作了很好的阐释与再现。对此，笔者认为全书已表述得很充分，并不存在有些薄弱的问题。

最后一章"抗议与惩凶"，是全书耗时最长费力最多的内容。该章对李闻事件发生后，中国共产党人的抗议，毛泽东、朱德、周恩来、董必武等领导人发来唁电，《解放日报》《新华日报》刊发的社论，民盟和各界团体的抗议，闻一多的同事、战友的悼文、悼诗，海外知识分子的反应等各方面情况，都作了全面简要的叙述。对李闻惨案的性质、背景、国内外局势等，也作了深入准确的分析。作者指出，李闻惨案是战后中国影响异常广泛的一个政治事件。这一惨案出现在全面内战一触即发的前夕，李、闻是推动国共和谈中国第三大政党中国民主同盟的中央委员，相继数天死于同城。当时国共双方在关外展开激烈争夺，国民党军队在关内进攻中原解放区，但各方并未放弃和谈，美国亦在加紧调停。惨案的发生，立刻与战后中国是通过政治协商实现国内团结还是通过武力实现统一这一重大问题联系在一起，随之围绕事件的性质、责任、惩凶等问题，展开了长达一个半月的激烈较量。接着叙述国内不同政治势力围绕事件的性质展开的论争，国民党当局、民盟、中共等不同的态度，中共指出李闻被刺事件的性质是反动派决心要破坏和平和扩大内战的阴谋。作者还说："围绕李闻惨案的报道，是民主和反民主两大政治阵营的一次舆论交锋。它说明这一事件对执政集团造成了巨大的压力，以致不择手段应付社会谴责。出于自身利益考虑的国民党集团，不可能正视事实，自然也不可能弥合李闻惨案给其统治留下的内伤。"这些论述，对当时复杂的国内外关系和各方面对李闻惨案的不同反应作了客观深刻的阐述，为读者厘清了认识历史事件本质的脉络，也体现本书作为思想史、政治史为主的传记作品的理论深度与学术特色。

末了要说，历史人物的性格、思想、情感、经历异常丰富，在不同时期和不同场景中，其角色表现会有很大不同。历史著作只有反映了历史人物、历史事件的丰富性与复杂性，才可能最大限度地接近真实历史。

《闻一多传》（增订本）正是遵循马克思主义的唯物史观和史学本体论，汲取现代史学理论之长，运用导向型与技术性结合的方法，在收集、鉴别、运用大量第一手真实史料的基础上，孜孜以求，呕心沥血，方能完成这项重大学术工程。为学术界提供了杰出范例与宝贵经验，在重建学术规范的当今尤为难得。

本书《初版后记》说，闻一多为中华民族独立解放、为中国革命事业英勇奋斗的一生，正是一首动人心弦的壮丽诗篇。现今新版的《闻一多传》（增订本），不也是一部更为感人的壮丽诗篇么！

闻一多作品入选中学语文教材
历时性研究

戚　慧

（武汉大学）

　　自 1932 年至 2015 年，闻一多作品入选中学语文教材多达 19 篇（首）。80 多年来，闻一多的名字始终与语文教材联系在一起，他的精神成为中国巨大的教育资源。无疑，闻一多作品在整个中学语文教材体系中占有一定的分量，要继续发扬和传承伟大的民族精神，中学语文教育不可忽视。本文拟对闻一多作品入选中学语文教材进行历时性的考察，旨在进一步巩固闻一多在中学语文界的独特地位，填补闻一多研究在中学语文研究领域的空白，观照 20 世纪中国知识分子的精神结构，从而实现"立人"的教育理想。

一　民国时期(1932—1949)

　　中学语文教材的选编，从文言走向白话，经历了坎坷而艰辛的探索。五四新文学的迅速发展使白话文教材的地位得到正式的确定，随着白话文进入中学语文教材，闻一多作品也被选入各种版本的中学语文教材。民国时期，中学语文教材选入闻一多的作品有散文《青岛》，新诗《太阳吟》《一个观念》《故乡》《末日》《罪过》《你看》《一句话》《发现》《天安门》，共 10 篇（首）。

（一）《青岛》

《青岛》是闻一多于 20 世纪 30 年代在青岛大学执教期间所写的，是他一生中仅有的一篇写景抒情散文。民国时期，《青岛》曾先后 7 次入选中学语文教材。具体见下表：

表 1　　　　　　　《青岛》入选情况一览（按时间顺序排列）

序号	教材名称	编者	出版社	出版时间	备注
1	《新课程标准适用初中国文读本（第 4 册）》	朱文叔	中华书局	1934 年 7 月	阅读课文
2	《新课程标准适用初中国文读本（普及本第 4 册）》	朱文叔 宋文翰	中华书局	1936 年 2 月	讲读课文
3	《修正课程标准适用新编初中国文（第 3 册）》	宋文翰	中华书局	1937 年 3 月	讲读课文
4	《国定教科书初中国文（第 3 册）》	教育部编审委员会	华中印书局	1941 年 2 月	不详
5	《初级中学北新混合国语（第 5 册）》	赵景深	北新书局	1943 年 8 月	讲读课文
6	《初中国文读本（第 4 册）》	朱文叔	中华书局	1944 年 7 月	阅读课文
7	《中华文选（第 3 册）》	宋文翰	中华书局	1948 年 8 月	阅读课文

《修正课程标准适用新编初中国文（第 3 册）》入选《青岛》，课文的助读系统包含"题解""作者生平""注释""习题"四部分，助读材料十分简单，注释也很少。当时语文教材对白话散文的选编还未形成完善的系统，篇目选编以近似题材、体裁的文章为一组，在课后作简单的题解和写作背景说明，而关于这篇散文的艺术手法、语言特色没有只字提示。《新课程标准适用初中国文读本》同样对《青岛》作简单编排。

民国时期，中学语文教材对《青岛》的阐释基本上是从记叙文文体出发，注重写景状物，未从思想上和写法上进行具体说明。《青岛》一度成为佚文，直到 1981 年才被重新发现，被认为是闻一多难得的"文学散步"之作，符合闻一多"以美为艺术之核心"① 的诗学观。

（二）新诗

民国时期，闻一多的 9 首新诗入选中学语文教材。相对来说，《死水》集比《红烛》集更能得到中学语文界的认可，初中所选篇目数量要多于高中所选篇目数量。具体见表 2：

表 2　　　　　　　　　新诗入选情况一览

序号	篇目	教材名称	编者	出版社	出版时间	备注
1	《末日》	《中学生文学读本（第六册）》诗歌戏曲卷	洪超	中学生书局	1932 年 8 月	《死水》集
2	《天安门》	《世界初中活页文选叙事诗汇编》	刘大白	世界书局	1933 年 3 月	《死水》集
3	《罪过》	《世界初中活页文选叙事诗汇编》	刘大白	世界书局	1933 年 3 月	《死水》集
4	《故乡》	《初级中学国语教科书（第 1 册）》	戴叔清	上海文艺书局	1933 年	《大江》（辑诗）
5	《你看》	《蒋氏初中新国文（第 2 册）》	蒋伯潜	世界书局	1937 年 7 月	《死水》集
6	《一句话》	《开明新编国文读本（甲）》	叶圣陶 郭绍虞 周予同 覃必陶	开明书店	1943 年	《死水》集
7	《太阳吟》	①《初级中学北新混合国语（第 5 册）》 ②《北新文选（6）》	①赵景深 ②不详	①北新书局 ②北新书局	①1943 年 8 月 ②不详	《红烛》集
8	《发现》	《开明新编高级国文读本（第 2 册）》	吕叔湘 朱自清 叶圣陶	开明书店	1949 年 8 月	《死水》集
9	《一个观念》	《开明新编高级国文读本（第 2 册）》	吕叔湘 朱自清 叶圣陶	开明书店	1949 年 8 月	《死水》集

---

① 闻一多：《致梁实秋》，《闻一多全集》第 12 卷，湖北人民出版社 1993 年版，第 128 页。

以《故乡》《太阳吟》《你看》三首诗的入选为例进行说明。《故乡》入选《初级中学国语教科书》，课文后有"作者介绍"和"说明部分"。"作者介绍"注重闻一多的诗人和学者身份，"说明部分"介绍《故乡》是一首故乡的怀念诗，从许多琐碎的时间上，来反映作者强烈的怀念故乡之感，追忆故乡的情思。课后习题和诗歌的解释比较简单，注释也不多。

《太阳吟》入选《初级中学北新混合国语（第 5 册）》，课后附有"作者小传""注释""修辞法"及相关的"练习"。"作者小传"与戴叔清主编的教材介绍一致，"注释"解释了诗中的难解字词，"修辞法"的语法知识和配套的练习自成体系。由于混合编排，教材上的文法修辞知识较为简略。

《你看》入选蒋伯潜主编的《蒋氏初中新国文（第 2 册）》。这套教材是遵照教育部 1936 年修正的国文课程标准所编的，选材的标准是合于"党义"，能唤起民族意识、振作民族精神，足以陶冶学生性情及涵养国民道德等。教材的一大特点是采用活页式装订，所编课文比实际应教授的约多三分之一，可使教师有斟酌选授的空间。

从中学教材的诗歌选篇和阐释上可以看出，民国时期比较典型的、具有代表性的中学语文教材选入了闻一多的作品，但对闻一多作品的成就并没有充分的认识。教材选编者比较认可的是《死水》集的诗歌，这也体现了选编者在选择上的单一，主题理解上的单调，更没有对闻一多诗歌的语言、艺术技巧等方面进行具体、深入的分析。

二 "十七年"到"文革"时期(1949—1977)

（一）"十七年"时期

"十七年"时期，闻一多的研究深受时代环境的影响，特别是响应毛泽东"要写闻一多颂"的号召，一度成为政治工具。中学语文教材中闻一多作品选编呈现出政治化的倾向，作品的解读与传播也不免受其影响。闻一多作品的入选要以国家制定的语文教学大纲为依据，并切实地把握语文学科的特性——工具性与思想性。这一时期，入选的作品有《最后一次的讲演》《发现》和《一句话》。

1. 《最后一次的讲演》

《最后一次的讲演》是闻一多思想转变的重要体现，是对其晚期身份认定及政治定位的有力证明。这篇演讲自1949年以后高频率入选初中语文教材，成为爱国主义教育思想的宝贵资源，而闻一多则成为爱国主义知识分子的典范。"十七年"时期，《最后一次的讲演》曾两次入选中学语文教材，具体见表3：

表3　　　　　　　　《最后一次的讲演》入选情况一览

序号	教材名称	编者	出版社	出版时间	备注
1	《高级中学语文课本（第2册)》	人民教育出版社	人民教育出版社	1952年12月	第7课
2	《文学（第6册)》	张毕来　王微　蔡超尘	人民教育出版社	1957年11月	第10课

《最后一次的讲演》入选1952年《高级中学语文课本（第2册)》时，选文明显经过改动，且未标明出处。经比较发现，选文从"事情是曲折的，不是直线的"之后删去300多字。删去这些文字可能是基于以下理由：一是闻一多对美国的判断与事实不符，国民党是在美国的支持下发动内战的。现在经过时间的洗礼和历史的沉淀来看这些文字，不难理解闻一多曾留学美国，深受欧美自由民主的影响，青年时代怀有改造社会的理想，从青年到中年乃至后来殉难前期，他的思想经历了曲折的发展过程，他的认识也在不断地改变。二是讲演中对司徒雷登的赞美，与毛泽东《别了，司徒雷登》一文中对司徒雷登的评价相左，教材编写者秉着"完成思想政治教育任务"的理念删除了这些内容。但保留了从"反动派故意挑拨美苏的矛盾"到"事情是曲折的，不是直线的"，这段文字是站在闻一多的立场上认同国民党挑拨美苏矛盾，利用这种矛盾发动内战，然而在课后的"提示"表明美帝国主义指使蒋介石发动内战。显然，这两种看法是矛盾的。课文后附有"注解"和"提示"。"注解"对闻一多的生平作简要介绍，与民国时期的"作者介绍"相比，更加强调闻一多后期的政治活动。"提示"列举四条，说明了文章的写作背景和基本内容，鲜明陈述闻一多的政治身份和立场，充分肯定闻一多在号召

革命、推翻蒋匪帮的血腥统治上的作用。此后很长时间里，人教版教材的解读一直沿袭这一模式。

1957 年《文学（第 6 册）》第 10 课选入《最后一次的讲演》，教学内容强调"从文学获得知识、从文学受到陶冶"。课文有删节，与 1952 年删除的内容相同，还删去了"反动派故意挑拨美苏矛盾"这一小节，总计删去 400 多字。此后，教材在选入《最后一次的讲演》时，基本上都删去了这些内容。"课后练习"从课文的思想内容和语言特点两个方面进行引导。

"十七年"时期，教参的解读成为师生理解闻一多作品的重要参照尺度，其意义和价值是值得肯定的，但受到当时政治环境的影响，编写者秉持政治观念，对教材的选择缺乏理性的思考或受极左方针的影响，一味地突出闻一多作品的思想内容，忽视了作品本身的文学价值。

2. 新诗

"十七年"时期，闻一多的《发现》和《一句话》因符合时代的要求而入选中学语文教材，被教材以隐性的方式"经典化"。教材编写者有意夸大闻一多诗歌中爱国主义的思想内容，诗歌的评价和阐释被纳入为阶级斗争服务的范围，解读角度单一、片面。

1956 年到 1958 年间使用的语文教材，采用分科编排的方式，分为《汉语》和《文学》。闻一多《发现》和《一句话》入选《文学》教材，具体见表 4：

表 4　　　　　　　《发现》与《一句话》入选情况一览

序号	篇目	教材名称	编者	出版社	出版时间	备注
1	《发现》	《初级中学课本文学（第 4 册）》	张毕来 蔡超尘	人民出版社	1956 年	与《一句话》编为一组
2	《一句话》	《高级中学课本文学（第 4 册）》	张毕来 蔡超尘	人民出版社	1957 年	与《发现》编为一组

在《初级中学课本文学（第 4 册）》中，"注释"解释诗歌中难懂词语，"课后练习"强调对《一句话》的思想感情和诗歌内容的解读。根据教材的选编原则，从思想内容上解读闻一多新诗，并未提及诗歌的艺术

特色和语言特点。长期以来，《一句话》被研究者认为是新中国成立的预言。教参解读时，也注重诗歌所包含的强烈的爱国情感，《一句话》被称作闻一多式的爆发，"咱们的中国"更是成为一种政治口号而鼓舞人心。

从价值取向来看，中学教材的闻一多诗歌选篇倾向于：闻一多诗篇的内容和思想印证了闻一多为国殉难的壮烈事迹。教材选编者把闻诗中符合政治意识的内容放大，把容易引起质疑、混淆的内容缩小，并在教参中进行说明，建议学生不提问的内容教师可不回答。这在一定程度上不利于对闻一多文本的准确解读，遮蔽了闻一多作品的真实内涵。

（二）"文革"时期

"文革"时期，语文教育被当成政治工具，其存在意义仅仅满足于国家政治斗争的需要，失去了教育本身的意义。这一时期，中国内地闻一多作品的出版和相关评论几乎全面停滞。在 1976 年北京市教育局教材编写组编写的《语文（第 4 册）》① 中，《最后一次的讲演》被选入其中，教材的前言附有毛泽东语录。虽然"文革"已近尾声，但教育仍旧笼罩在"文革"的阴影下。教材不乏毛选文、政治领袖的文章，仍充斥着大量的政治性课文。但与"文革"前期相比，批判性的文章已经删去，选文开始有了自己的特色。

三　新时期（1978—2000）

新时期，进入一个理性觉醒的时代。伴随着对"文革"越来越彻底的否定以及大量历史真相的澄清，人们逐渐摆脱极端政治意识形态的束缚，开始以怀疑和审慎的态度看待事物。新时期，也是中国现代文学研究的辉煌期，拨乱反正，把"文革"中被颠倒的历史重新澄清，发掘有价值的作家作品，对他们进行重新定位、评价。学术界出现了大量言说闻一多的著作、论文，各种研讨会的召开，促使闻一多的研究迎来新的局面。在这样的时代环境下，中学语文教材开始复兴，清理"文革"时

---

① 北京市教育局教材编写组：《语文（第四册）下》，人民出版社 1976 年版，第 127—132 页。

期的错误观点，正本清源。

这一时期，《最后一次的讲演》《静夜》《一句话》入选中学教材，虽对闻一多作品的阐释未完全脱离意识形态主导论，在教学思想方面仍着重对学生进行爱国主义教育，但语文教材解读已呈现新的面貌。教材对闻一多身份的认识更趋理性、清晰，"爱国者"形象虽仍不可动摇，但作为学者、诗人、诗论家的闻一多，其丰富性逐渐为中学语文教材所意识与书写。

（一）《最后一次的讲演》

《最后一次的讲演》作为讲读课文入选中学语文教材，具体见表5：

表5　　　　　　　　《最后一次的讲演》入选情况一览

序号	教材名称	编者	出版社	出版时间	备注
1	《全日制十年制学校初中课本语文（第4册)》	中小学通用教材中学语文编写组	人民教育出版社	1978 年 7 月	
2	《初级中学课本语文（第4册)》	中学语文编辑室	人民教育出版社	1982 年 6 月	

《全日制十年制学校初中课本语文（第4册)》入选《最后一次的讲演》。教材的编排体系包括"课文""注释""思考和练习"、"语文知识"等方面。"课文"有明显删改，"注释"解释文中重难点词语。"思考和练习"对《最后一次的讲演》的解读注重启发性和引导性，让学生在朗读的过程中自己体会闻一多的语言和精神，并设计了讲演比赛会的活动，鼓励学生积极参与。

《初级中学课本语文（第4册)》，是1978年版教材的修订本。教材已经有意删去了毛文选和政治时文，单元的设置更加合理，有了文体意识，选编更具灵活性和多元性。第16课选入《最后一次的讲演》，作为选读课文，比起之前作为讲读课文，地位有所下降。作者介绍强调"诗人、学者"身份，未列出民主战士的身份，背景介绍简洁，给师生的学习留有讨论、思考的空间。

（二）新诗

新时期以来，《红烛》和《死水》两部诗集重新印行出版。面对相对宽松的时代环境，对闻一多诗歌的研究也逐渐摆脱了政治环境的束缚，出现了这样的转变：从研究诗歌的思想内容方面转向思想、艺术手法、文本价值等方面。这一时期，《静夜》《一句话》入选语文教材。

1. 《静夜》

新时期，《静夜》曾入选高三《语文第五册》"诗二首"①。教材从时代背景角度入手解读《静夜》，在思想上表达对军阀混战、政治腐败的黑暗现实的强烈不满，在艺术上强调《静夜》是一首谨严的现代格律诗，从构思巧妙、意境深邃、讲究用词、善于选用不同类型的句式等方面进行分析。《静夜》在 21 世纪后，不再入选中学语文教材，教材编写者可能考虑到闻一多写作《静夜》时心境亦颇为曲折，中学生理解起来有一定的难度。

2. 《一句话》

"十七年"时期，《一句话》被看作新中国成立的"伟大的预言"，新时期有学者对此表示质疑，从闻一多的生平寻找解读的线索，尝试还原文本的意义。学术界对闻一多的诗歌的解读立场更加客观、公正。新时期，《一句话》的入选具体见表6：

表 6 　　　　　　　《一句话》入选情况一览

序号	教材名称	编者	出版社	出版时间	备注
1	《阅读（第 2 册）》	人民教育出版社语文二室	人民教育出版社	1987 年 5 月	
2	《语文读本（第 2 册）》	人民教育出版社中学语文室	人民教育出版社	1997 年 6 月	第 39 课

1987 年《阅读（第 2 册）》第 3 单元"诗五首"选入《一句话》，教材的"提示和思考"引导学生朗读时注意体会作者的思想感情，"课堂练

---

① 　人民教育出版社中学语文室：《语文第五册》，人民教育出版社 1984 年版，第 96 页。

习"设置层层深入，注重学生的阅读体验和感受。课文的编排遵循语文学科的特点，彰显科学性、系统性。教材对《一句话》的解读，虽仍强调思想内容，但也注重诗歌的艺术感染作用，注意培养学生的审美鉴赏能力。

四　21 世纪（2000—　）

21 世纪，学术界对闻一多的研究如火如荼地开展起来，由以往单一、片面到现在的全面发展的良好态势，并呈现出动态发展的局面。大量闻一多研究著作的出版，闻一多纪念活动及学术会议的多次召开，无疑都巩固了闻一多在中国现代史上的地位。

我国基础教育新一轮的课程改革也在 21 世纪拉开了帷幕，新课程对教材、学校、教师、学生都提出全新的挑战。语文新课标规定："教材选文要具有典范性，文质兼美，富有文化内涵和时代气息，题材、体裁、风格丰富多样。"闻一多的作品因符合上述的规定而广泛入选中学语文教材。

（一）《最后一次的讲演》

21 世纪，《最后一次的讲演》入选多版本中学语文教材，选编系统相比之前更加成熟、完善，教材的课程资源得到全面的开发。2001 年张志公编写的义务教育《初中语文课本（第 4 册）》入选《最后一次的讲演》，课文题注对闻一多的身份介绍简单明了，不做政治上的引导。阅读"提示"既概括课文的写作背景、主要内容、思想感情，又提出朗读要求，还有需要掌握的字词，充分调动师生研读课文的积极性。"实践·积累"对课文进行整体把握，既概括课文的主要内容，又列举讲演稿的特征，还设置语言表达的练习，注重字、词、句的积累。教材的解读不再是单纯地强调闻一多的思想意义，而是从文本出发，分析讲演的艺术价值、语言应用价值。教材充分开发利用语文课程资源，体现了鲜明的开放性，以更好地培养学生的语文综合素养。

（二）新诗

21世纪，学术界对闻一多的研究出现众多新成果，特别是对闻一多诗歌研究更趋系统性和学理性。闻一多诗歌作品在每个时期都有入选，在不同时期反映编写者不同的选取角度和诗歌精神。2000年后，《色彩》《忆菊》《发现》《红烛》《死水》《一句话》《太阳吟》《也许》《七子之歌》等诗歌作品入选中学语文教材，篇数比以往任何一个时期都多，闻一多作品的选编取得了长足的发展与进步。

1.《死水》

《死水》素来被推崇为新格律诗的典范之作。自21世纪以来，多次入选不同版本的高中语文教材，具体见表7：

表7 《死水》入选情况一览

序号	教材名称	编者	出版社	出版时间	备注
1	《义务教育课程标准实验教科书语文》	课程教材研究所、中学语文课程教材研究开发中心	人民教育出版社	2001年	
2	《语文（第1册）》	人民教育出版社中学语文室编著	人民教育出版社	2003年6月	第1单元第2课中国现代诗三首
3	《普通高中课程标准实验教科书必修》	语文出版社教材研究中心	语文出版社	2009年9月	"诗意地栖居"模块：中国现代诗二首选编
4	《普通高中课程标准实验教科书必修》	陈佳民 柯汉琳	广东教育出版社	2004年7月	中国现代诗歌五首

2003年人教版全日制普通高级中学教科书《语文必修（第1册）》第1单元"中国现代诗三首"入选《死水》。课文题注不仅简单介绍闻一多的身份，而且对《死水》的写作背景进行说明，帮助学生更好地研读诗歌。注释解释诗中重难点词语。"课后练习"强调在了解时代背景和作者思想的基础上，理解"死水"的象征意义和诗人可能寄寓的思想感情。

教材注重提供有价值的思路和方法，让学生在朗读中自己感受诗歌的含义。

21 世纪的教参在吸收过去教参编写经验的基础上，在新课标的指导下，立足于教材，强调教材编写的意图与主旨。编写教参时，提供更多的是研读课文的思路，而不是一家之言的结论，激发了教师的主动性。值得注意的是，教参注重借鉴吸收学术界的研究成果。

2.《忆菊》与《发现》

《忆菊》是闻一多初到美国之后所写，是他认为的"一篇得意之作"①。2008 年苏教版《高中语文（必修 3）》的"祖国土"模块，以"颂歌的变奏"的主题入选《忆菊》与《发现》，引导师生对比阅读。

《发现》凭借自身的魅力在长期的解读与接受中成为现代新诗的经典作品。2009 年苏教版《高中语文（必修 3）》第 1 单元"祖国土"专题编入《发现》，课文导入用热情洋溢的语言引导学生进入专题学习。作者介绍简洁鲜明，突出闻一多作家、诗人的身份。教材设置了"文本研习""问题探究""活动体验"三种注重于学习过程的结构组织，对教学方式和学习方法提出了明确的建议。教材内容设计强调学生对教材所提供的经典文本的阅读与理解，有意识地创设对话情境，以细腻的情感和动人的细节引导学生进行文本研读与沟通、交流。此外，《发现》还多次入选《新语文读本》，编者把解读的权利全部交给了师生，由师生共同去创生课程，导语设计的主要目的是为了激发学生的学习兴趣和探索热情。

3.《一句话》《色彩》《红烛》

《一句话》是各个时期都曾入选的新诗名篇，或作为讲读课文或作为阅读课文。21 世纪，《一句话》作为阅读课文入选沪教版初中《语文（第 1 册）》第 4 单元，教材编排比较简单。

《色彩》多次入选初中语文教材，内容浅显，学生容易理解。沪教版七年级《语文（下册）》第 3 单元的"少年诗情"模块选入《色彩》，教材建议对《色彩》的理解可结合闻一多的绘画创作和"三美"中的"绘画美"主张而谈，引导学生理解闻一多先生追求诗歌色彩美中永恒的"美的精神"。在初中时打好解读闻一多诗歌的理论基础，有助于理解高

---

① 闻一多：《致闻家骊》，《闻一多全集》第 12 卷，湖北人民出版社 1993 年版，第 146 页。

中语文教材中闻一多的诗歌作品。

《红烛》是诗集名，也是这部诗集的序诗。作为序诗，自然凝聚着闻一多最深厚的情感，成为闻一多精神的象征。《红烛》入选教育部规划教材职业高级中学课本，被编入第 15 课"口语交际练习——介绍"①。《红烛》是闻一多的诗歌中比较容易理解的诗篇，教材提示通过诗歌的内容和表现手法来体会诗人的爱国情感和艺术精神。

4. 《太阳吟》和《洗衣歌》

《太阳吟》是闻一多在美国留学期间的作品，曾多次作为选文选入高中《语文》读本。具体见表 8：

表 8 　　　　　　　　　　 **《太阳吟》入选情况一览**

序号	教材名称	编者	出版社	出版时间	备注
1	《语文读本（第 2 册）》	人民教育出版社中学语文室	人民教育出版社	2000 年 12 月	第 24 课
2	《语文读本必修（第 1 册）》	人民教育出版社中学语文室	人民教育出版社	2003 年 6 月	

2003 年《语文读本必修（第 1 册）》选入《太阳吟》，用简洁概括性的语言介绍诗歌创作背景，提供进一步解读诗歌的诗人自述资料，提示朗读时注意诗人的情感变化，并讨论诗歌的形式美等问题，具有启发性。

1949 年以来，闻一多的《洗衣歌》很少入选中学语文教材，仅在 2001 年被选入四年制初中《语文（第 8 册）》，15 课"诗三首"②。教材的编排比较简单，仅列出诗歌内容。

5. 《也许》

《也许》最初发表于 1925 年 3 月 27 日《清华周刊·文艺增刊》第 9 期，原标题为"薤露词——为一个苦命的夭折少女而作"，后收入《死水》集题为"也许"。在对闻一多作品不断解读的同时，也存在误读的现

---

① 王瑞林、谷公胜、于黔勋：《教育部规划教材职业高级中学课本语文第一册》，人民教育出版社 2000 年版，第 239—242 页。

② 人民教育出版社中学语文室：《语文第八册》，人民教育出版社 2001 年版。

象，《也许》就是其中一例。学术界对《也许》是否为立瑛而作的问题，一段时间争议不断。查阅闻一多年谱和研究资料可以发现，这个问题不难解决。季镇淮编的《闻朱年谱》早有记载："1926 年冬，立瑛夭。"[①]梁实秋曾在《谈闻一多》写道："一多在吴淞不久，长女立瑛病重，遂遣返湖北。立瑛是民国十一年十二月生，此时未满五岁，不幸夭折。"[②] 根据这些资料可以推测出闻一多长女立瑛殁于 1926 年秋冬之际或冬季。可以得出结论：《也许》发表时，立瑛尚在人间，因而《也许》并不是为立瑛所作。

然而，中学语文教材对《也许》的解读长期存在着误读现象。吴思敬选编的人教版高中选修课本《中国现代诗歌散文欣赏》和苏教版选修教材《现代诗歌选读》及其配套教参都将《也许》作为悼念亡女的诗来处理，这样的解读显然是对闻一多诗歌的误解、错解，缩小了闻一多诗歌的解读空间。长期如此，以讹传讹，应予纠正。

在 21 世纪，我们回顾中学语文教材 80 多年的选编历程，经过时间和距离的过滤后，显得更加清晰。闻一多的作品在中学语文教材上占有一定的分量，这是闻一多及其作品与思想的自身魅力所在，也是对其作品客观、公正评价的一个重要标志。

回望 20 世纪，中学语文教材对闻一多作品的解读一直侧重于政治性阐释和阶级分析的层面，而忽视了闻一多作品特有的艺术价值和文化内涵。21 世纪的语文教材编写者，要联系现实生活，使学生认识到闻一多作品超越时代的不朽价值；要还原闻一多，认识到他是一个自由和民主的追随者，一个人间至爱者，一个思想不断变化、与时俱进的人，而不是一尊冰冷的雕像或一个天生的斗士；闻一多作品教材解读要体现系统性原则，把闻一多的作品看成相互关联的系统，注意把握不同文本内在的联系，同时也要注意吸收新近的学术成果。

就目前而言，中学语文教材对闻一多作品的选编和选篇应该更趋于合理化，要确定适合中学生阅读的闻一多作品的篇目和数量；学术界要

---

① 季镇淮：《闻朱年谱》，清华大学出版社 1986 年版，第 24 页。
② 梁实秋：《谈闻一多》，《闻一多在美国》，华东师范大学出版社 1985 年版，第 140—141 页。

深度介入中学闻一多作品的选编研究，在不断发掘闻一多研究的深度和广度的同时，又要及时地把它们转化为普及性的内容，进入中学语文课堂；语文界要改变中学闻一多作品的解读方式，注重多元化思维，应及时借鉴吸收学术界对闻一多研究的新成果，把有价值的资源传递给学生；教材编写者对闻一多形象的塑造，不要模糊化，也不要一味地夸大，而应该走向人性化。中学语文工作者应悉心挖掘闻一多这座精神文化富矿，尽职尽责地为 21 世纪的语文教育做出更大的贡献。

闻一多佩戴过的西南联大校徽

吴龙辉　黄　艳

（浠水县闻一多纪念馆）

西南联大校徽

　　浠水县闻一多纪念馆珍藏了一枚闻一多佩戴过的西南联大校徽。这枚校徽为铁质材料，底3.2cm，腰3.4cm的等腰三角形，正面为黑、紫底色，有"联大"二字，背面有别针。

　　西南联大起于忧患，是中国教育史乃至世界教育史上无法磨灭的一段记忆。

　　1937年7月月7日，卢沟桥事变爆发，日本全面侵华。此时，在清华大学任教的闻一多已获批准休假从事研究，7月19日，他带着闻立鹏、闻铭、闻惠三个孩子及保姆赵妈，经津浦路去南京，回到暂时还平静的武昌。不久，平津沦陷，南开大学成为中国第一所罹难的高等学府，校舍被日军飞机炸毁，清华大学体育馆被改作日军厨房，图书馆被挪作他用。为保存中国的教育文化力量，在北方的各大学纷纷搬迁到大后方，清华大学奉命南下长沙，与北京大学、南开大学组成国立长沙临时大学。

南下的清华大学师生途经武昌，经常来探望闻一多。1937年10月2日，朱自清也来拜访，老友相见于国难之时，自是有说不完的话。因为战乱时期，许多教授因家累难以南下，朱自清征求闻一多的意见，希望他暂缓一年的休假，前往临大任课。闻一多爽快答应，并于1937年10月20日收到一封从长沙寄往武昌的信件。信中云："一多先生大鉴：敬启者。本校现在长沙加入临时大学合组授课，已定于11月1日正式上课，查先生原定于本年度国内休假从事研究，唯现以此间中国文学系教授南来者不多，拟请台从展延休假一年，前来临大任课，以利教务，敬希察允。尊驾何日莅湘，并乞赐示。至为跂盼，专此敬颂教祺，梅贻琦。"1937年10月23日，闻一多离开武昌，来到古城长沙。因清华、北大、南开和搬迁的机关学校一下子挤入长沙，房屋不敷分配，临大文学院暂设在南岳衡山脚下的圣经学院。10天后，闻一多赶往南岳，他的第一堂课没有讲课，而是做了番安定人心的谈话。

长沙临时大学10月25日正式开学，11月1日学生开始正式上课。然而，11月12日上海失陷，12月13日南京陷落，武汉告急，长沙危急，仅维持了4个月的长沙临大又被迫再度西迁云南昆明。

1938年2月，长沙临大决定全体师生分三路西迁云南昆明，一路乘车经过桂林、柳州到南宁，再从越南河内转昆明，一路徒步经湘黔抵昆明，一路乘船经广州、香港到越南，再乘车到昆明。闻一多既不乘车，也不坐船，而是加入320余人组成的湘黔滇旅行团徒步到昆明。有人问闻一多："您大可以坐车、乘船，何必受这份罪呢？"闻一多很严肃地说："国难期间，走几千里路算不了受罪，再者我在十五岁以前，受着古老家庭的束缚，以后在清华读书，出国留学，回国后一直在各大城市教书，过的是假洋鬼子的生活，和广大的农村隔绝了。虽然是一个中国人，而对于中国社会及人民生活，知道得很少，真是醉生梦死呀！现在应该认识认识祖国了！"

湘黔滇旅行团从 2 月 20 日至 4 月 28 日，历时 68 天，途经湖南、贵州和云南三省 27 县数百村镇，跋涉行程 3200 余里，除乘车乘船外，步行 2600 余里。途中有教授退出，有人搭车，自始至终走到底的只有闻一多与李继侗、曾昭抢。

1938 年 4 月 2 日，教育部发电命令国立长沙临时大学更名为国立西南联合大学。联大设有校务常务会，由北大校长蒋梦麟、清华校长梅贻琦、南开校长张伯苓轮任常务委员会主席，任期各一年。第一学年由清华校长梅贻琦担任，后来因蒋梦麟、张伯苓均在重庆任职，梅贻琦长期留于昆明，因此没有实施轮任制度，一直由梅贻琦任主席，主导校务。

1938 年 6 月，国民政府教育部发出命令，要求全国各高校制定校歌和校训，并呈报教育部。10 月 6 日，西南联大常委会聘请冯友兰、朱自清、罗常培、罗庸、闻一多 5 位教授组成校歌校训制作委员会，并确定"刚毅坚卓"为校训，《满江红》为校歌。校训、校歌、校徽、校庆、校旗是西南联大重要的人文构造。

闻一多纪念馆珍藏的这枚联大校徽，是由联大第一届学生自治会经过广泛征求同学意见后，并得到学校同意，于 1939 年上半年确定使用的。校徽呈三角形的三等分，每一等分同为一个三角形，代表清华、北大、南开三校的大联合，中间有"联大"二字，中间一点，是三角形的三点合一，也寓意北大、清华、南开三校合一的稳定。这枚校徽，它是西南联大人文构建的重要一部分，它蕴含着闻一多爱国爱民的情怀，它记载着闻一多在《神话与诗》《周易义证纂》《楚辞校补》《唐诗杂论》等学术研究成就，它承载了中国抗战教育史上可歌可泣的一页。

西南联大从 1937 年 8 月长沙临时大学的建立，到 1946 年 7 月西南联大的停止办学，共存在 8 年零 11 个月。它在国家危亡之际，保存了中国最重要的教育资源，展现了中华民族最宝贵的品格，传播了民族精神和血脉。培养出来了一大批人杰俊才，为中国乃至世界的发展作出了重要贡献。

将浠水闻一多故居重建提上
全国"两会"议事日程的台前幕后

汪德富　姚　娜

（闻一多红烛书画院）

闻一多故居在湖北省浠水县巴河镇，位于长江中游北岸的望天湖畔。1899年11月24日，闻一多诞生于此。

闻一多从小生活在三世同堂之家，祖上世代耕读，原有宅院，因人口增多，又于一里许外筑起一所大院落，于是有了新屋、老屋之别，分家时，诸兄抽签，三房仍住老屋，大、二、四房搬入新屋。新屋在望天湖的北岸，青砖瓦房，一进三重院，高朗气派，是典型的湖北家族宅院格局，房子坐落在山坳内，屋后树木葱茏，门前是一垅稻田，院内有三个厅堂，里面可以耍龙灯，两旁有小厅、书房、寝室、天井等，各房分别占有二三十间住房，大门悬挂匾额，上书"春生梅阁"四字，故人称此院落为"春生阁"，大门两边悬挂对联"七十从心所欲，百年之计树人"，院内有书房，即"绵葛轩"，藏有经、史、子、集、群书字画，数量可观，故居首重大门左手第二间房屋，是闻一多书斋"二月庐"，1912年，闻一多考入清华后，常常利用每年暑假返家在此读书两个月，将书斋取名"二月庐"，写出了"二月庐""二月庐漫记""古瓦集"等诗文传世。

多年之后，闻一多曾经这样描述他的故宅："面对一幅淡山明水的画屏，在一块棋盘似的稻田边上，蹲着一座看棋的瓦屋——紧紧地被捏在小山底拳心里。"这清灵、别致的文字勾染出了一幅活脱脱的水墨丹青图画，表现出闻一多对家乡的热爱之情。这美丽的自然景色给了幼年闻一多美的熏陶，家乡的明山秀水滋养了诗人、学者和画家闻一多。

闻氏是鄂东一带的书香门第，代有才人，曾出过进士 2 人，举人 5 人，贡生 17 人，太学生 62 人，秀才 119 人；当代院士（闻立时，中国工程院院士；闻玉梅，中国工程院院士，复旦大学病原微生物研究所所长）2 人，教授 52 人，革命烈士（闻一多和其堂弟即抗日将领闻允志）2 人。

清华大学南迁昆明时，闻一多特别思念故乡，1944 年春，闻一多为其弟弟闻家驷题书了陶渊明两句诗：众鸟欣有托，吾亦爱吾庐—驷弟出纸属书陶句时同客滇南弥念湖上老宅也：1946 年 5 月底弟弟闻家驷将随北京大学从昆明复员先一步回北京，临行前闻一多去看他，在兄弟俩交谈中特别提到故乡老宅，打算坐火车回北平，途经武汉时，回乡下巴河老家去看看，不久后在昆明被国民党特务暗杀了，这个愿望始终也没有实现。

1947 年刘邓大军挺进大别山，驻扎浠水，邓小平政委亲派政治部干部陈斐琴到闻一多故居祭拜，并嘱咐要保护好烈士故居。然而，"闻一多故居"却在 1954 年长江百年一遇的大洪水中淹没毁掉了，一直没有得到恢复重建，目前，闻一多故居遗址范围内的屋基及水塘、山林植被和望天湖水资源一直保存完好。

为了实现闻一多回到巴河故居的遗梦，闻一多红烛书画院积极响应 2015 年浠水县政府工作报告中关于重建闻一多故居的号召，充分发挥自身品牌资源优势，为重建闻一多故居做出了大量卓有成效的工作。

一、2015 年为湖北全国人大代表、英山县百丈河村党支部书记王金初出席全国两会，起草了《关于恢复重建湖北浠水县"闻一多故居"的建议》。经黄冈市人大常委会副主任王楚平、黄冈市人大法规与调研室主任黄新国修改，最后由浠水县政府秘书科审订报黄文虎县长定稿上报全国人大常委会，王金初建议国家有关部门以"闻一多故居"为中心的景点列为红色旅游经典景区，将"闻一多故居"纳入"十三五"期间国家重点建设项目，王金初在建议中还写道："'闻一多故居'本身的历史文化资源丰富，其恢复重建可把实施爱国主义教育和红色旅游有机统一，完美结合，形成寓教于乐的特色。"

建议透露，这项工程预计建设年限为 3 年，总体投资在人民币 5 亿元左右。

二、王金初代表在全国两会上接受记者采访。专家学者咨询、大会讨论。专门编印和制作了图文并茂的《闻一多故居》历史、现状及恢复后影响效果简介及视频、电子档。并在 2015 年 2 月 28 日在黄冈市欢送全国人大代表赴京参加"两会"期间，当面将《关于恢复重建湖北浠水县"闻一多故居"的建议》和相关资料交给王金初代表，并反复讲解相关历史背景，使不太了解过去那段历史的王金初代表懂得了闻一多先生的伟大人生，增强了提出复闻一多故居建议的责任感。

三、在 2015 年春节期间，通过朋友关系，了解了《湖北日报》、《长江日报》、新华社、《人民日报》、中央电视台、《中国文化报》、《光明日报》等主流媒体驻湖北代表团记者名单及联系方式，并逐一和这些上会记者联系，介绍全国人大代表、英山县百丈河村党支部书记王金初即将在全国"两会"上有一个《关于恢复重建湖北浠水县"闻一多故居"的建议》，请大家采访报道。所有记者都积极响应。3 月 5 日《长江日报》特派记者刘佳率先报道湖北全国人大代表、英山县百丈河村党支部书记王金初，呼吁"重建闻一多故居"的建议。以新华社、《人民日报》、中新网、中国经济网、光明网、中国文化网为主的上百家网站转发了这条消息，在全国"两会"期间引起了海内外巨大反响。

四、做好拜访闻一多亲属的工作，得到他们的积极支持。重建闻一多故居工作在媒体报道后，闻一多亲属特别是闻一多三子、中央美术学院闻立鹏教授很关心这件事，2015 年 3 月 6 日闻一多书画院长汪德富、浠水县移民局长冯继安奉命进京，3 月 7 日先到湖北代表团看望王金初代表，请她在"两会"期间安排时间拜访闻一多亲属，王金初代表非常高兴，3 月 11 日，十二届全国人大三次会议休会一天，王金初放弃休息时间，邀请仙桃市全国人大代表罗功英一同看望了闻一多之子、中央美术学院教授闻立鹏先生，得到闻立鹏夫妇热情接待。随行的《湖北日报》、《长江日报》、新华社、《人民日报》、中央电视台、《中国文化报》、《光明日报》记者报道了此次活动情景，再次引起海内外关注。

五、上门拜访全国政协委员、中国书法家名誉主席、著名书法家沈鹏，中国社会科学院近代史研究所党委书记、研究员周溯源，北京大学教授刘少英，清华大学教授金德年，中国科学院闻瑞梅等专家学者对重建闻一多故居的意见。

六、将闻一多故居徽记取得国家版权保护。

七、将闻一多故居内闻一多书斋二月庐注册成文化品牌商标。

八、请景德镇陶瓷艺术家和湖北知名书画艺术家创作了闻一多故居风景图。

为配合全国人大代表王金初呼吁"重建闻一多故居"的建议工作，闻一多红烛书画院努力整合各种资源，得到社会各界好评，引起了国家文物局、湖北省发改委、湖北省文化厅的高度重视。闻一多故居重建工作将在"十三五"规划期间完成。

被历史尘封80年的闻一多逸事

闻新燕口述　汪德富　姚娜整理

（武汉电影公司　闻一多红烛书画院）

国人皆知，爱国诗人、学者闻一多先生，不仅是一位学识渊博，书画皆精的文坛巨子，而且更是一位品格高尚、爱憎分明、铁骨铮铮的民族精英，然而他在对敌斗争中，如秋风扫落叶、残酷无情，直到献出宝贵生命的事迹，多见于许多著作与民间传颂中，但鲜为人知的另一面即对待人民的深爱与希望则是菩萨心肠的慈母形象，即使对待犯错者的教育上，也以保护对方人格尊严为前提，做到春风化雨，润物细无声。

最近，笔者拜访了闻家亲属，由闻一多侄孙女闻新燕首次对我深情讲述了发生在他父亲闻立勋身上的故事。

1899年11月24日（阴历十月二十二日），伟大的爱国主义诗人、著名学者、民主斗士闻一多先生出生在湖北省浠水县巴河镇闻家铺村望天湖畔的闻家新屋。

巴河镇位于巴水河汇入长江的出口处，自古以来帆樯云集，商贾不绝，便利的交通和繁荣的经济，促使文化发展异常，尊师重教，养育了不少杰出人才，是个人杰地灵之地，比较有名的人物有明末宰相姚明恭、清嘉庆状元陈沆，是巴河人引为自豪的文人榜样。

从巴河镇往西南走四五里地，就是闻家新屋，它掩映在一片苍松翠柏之中，依山傍水，房屋坐西朝东，门前一块空地是稻场，稻场前面是一口水塘，水塘不远处便是有名的望天湖。望天湖方圆近10平方公里，辽阔而平静，波光粼粼，南岸苍翠的调军山，好像浮在湖面上，与东边

的城山遥相对望。每逢春秋,登高远眺,烟洲沙屿,雾气茫茫,江南胜景,尽收眼底。闻一多曾在诗歌《二月庐》中这样描述故居:

> 面对一幅淡山明水的画屏,
> 在一块棋盘似的稻田边上,
> 蹲着一座看棋的瓦屋——
> 紧紧地被捏在小山底掌心里。

1932年回到母校清华大学任国文系教授。抗战爆发,随校迁往长沙、昆明,任西南联大文学系教授。再没回到故乡巴河。

我父亲闻立勋,1912年生于巴河望天湖,是闻一多大哥闻展民的儿子,祖父1907年到天津投考学校,考入北洋法政专门学校,和革命先驱李大钊是同班同学,也是好友。

父亲虽是闻一多这一房的次孙,但是长子闻展民的独子,从小生得聪明伶俐,祖父祖母和家人都视为掌上明珠,闻一多也十分喜爱他,闻一多对晚辈的学习非常关心,常出题目教他们做文章。望天湖的荷花开了,他出"咏荷花"的题目教他们作诗。那时候,军阀混战,溃兵横行乡里,有时为了躲避骚扰,家里人不得不在湖中船上度过。闻一多知道后,就出了个"溃兵行"的题目叫他们作。文章作好后,他亲自给他们修改。谁的文章做得好,他就把自己的牙刷牙膏、镜子等日常用品奖给谁。有年暑假,他特地给我父亲糊了把扇子,并在上面画了个牧童骑牛,手拿着书看。还题了四句话:"王冕牧牛,骑牛读书,试问尔儿,自比何如?"来激励侄辈们。

我父亲从小由于受到闻一多勤奋好学的影响,成绩非常优异,1930年考入武汉大学,进了大学后,由于自小受到长辈溺爱,在大学期间贪玩,学习不够用功,家里谁说他都不听。我祖父闻展民和闻一多商量,托闻一多带到身边管教,用俗话讲,再不听话的孩子要怕一个人,我父亲就服他四叔闻一多。

1932年我父亲转到北京上辅仁大学(现今北京师范大学),在北京上大学期间和四叔闻一多全家吃住在一起。闻一多生活、学习上处处关怀备至、循循善诱,从不发脾气,当自己的孩子对待,我父亲受其影响,产生了很大变化。

过了一段时间，我父亲贪玩的老毛病又犯了，并学会了抽烟，从老家寄给他的费用不够他花销，也不好向四叔闻一多开口要。怎么办呢？他观察叔叔每个月领工资是拿自己私章去领，他就花心思想把叔叔工资冒领到开销。有一个月，发工资时间到了，我父亲就偷偷到四叔叔房里把抽屉打开，将闻一多私章拿到财务室去领工资，因为我父亲长期在叔叔家吃住，财务室都知道他是闻一多侄儿，以为闻一多教授忙，叫侄儿来代领，也没在意，就叫我父亲把闻一多章子拿出来盖，当我父亲把闻一多章子交给财务会计时，会计一愣。仔细一看，这不是闻一多每次领工资的那枚章子，心想，闻一多怎么这么粗心啦，财务觉得有点儿问题，但不知道闻立勋是来冒领叔叔的工资，就对我父亲说，今天钱不够，你明日来拿。

钱没领到，就偷偷把章子放回了原处，但这一天闻立勋是战战兢兢，要是叔叔知道今天冒领工资还不知道怎么处罚自己。

当日，财务室就找闻一多说：闻教授，你怎么回事呀？今天这么粗心，把不是领工资的章子叫侄儿来拿钱。

闻一多听财务人员这么一说，心里就知道是怎么回事了，他对财务人员说：是我粗心了，慌慌张张拿错了。等他再来领工资时你就把钱给他。

回到家里，闻一多也没声张，把我父亲找到房里平静地说：立勋啦，你看啦，我领工资是用这个章子，其他章子是我画画上用的，你以后领工资就用这个章子去领。当时我父亲自知叔叔已知道一切，非常愧疚，脸吓得通红，一个劲儿地说，叔叔我对不起你，我错了！我改！闻一多当时也没骂他，更没有打他，他就说，要用钱跟我说一声，知道错了就行了，现在你把这枚章子拿去，明天就去财务把工资领回来。

家里发生了这么一件事，闻一多没有对任何人讲，包括他的家人。我父亲一生也铭记心中。

领工资一事发生不久后又发生了一件事，因为家庭条件较好，闻一多嘱咐他别学会抽烟，他也答应四叔叔决不抽烟，但我父亲劣性未改，偷偷到学校抽烟，有一天下午，我父亲买了一包当时最高档的香烟，正在宿舍和同学吞云吐雾，这时，闻一多到学校来看他，正从宿舍窗外经过时，我父亲发现了四叔叔的身影，吓得赶紧灭了烟，把未抽完的一包烟丢到窗外，闻一多走进室内时，像是没看到他抽烟一样，只问他学习怎么样，生活上缺些什么？从此，我父亲一生再没抽烟。

闻一多言传身教的方法，不但影响我父亲整个人生，还延续到我们这一代。在我的记忆中，父亲从来没有打骂我们姐弟俩。"文化大革命"期间，父亲关进牛棚，下放嘉鱼农村改造，心情非常不好，家里保姆辞掉了，自己做饭吃。有一次吃完饭，我去洗碗，把放在案板上的碗全部打碎了，我吓得直哭，父亲看到打碎的碗惊得目瞪口呆，因为经济条件、物资条件非常困难，特别是我父亲和母亲结婚时有一对非常高档细瓷，黄釉上浮雕彩绘的龙凤活灵活现、栩栩如生宝盖碗，是闻家祖传珍宝，拿钱是买不到的，父亲母亲就用这对碗吃饭，过去家里有保姆时，父亲嘱咐保姆洗这对碗时要非常仔细、格外小心不要磕了、碰了。就是我把这么珍贵的龙凤对碗摔碎了，我父亲一句责备的话没说，还宽慰我说，下次注意，哪个孩子做到不犯错呢，只要记得就行了。他不是以粗爆方式教育小孩，因为闻一多言传身教、宽以待人教育方法影响了他一生，我们闻家现在是代代相传。

1946 年 7 月 15 日，闻一多在云南各界追悼李公朴的大会上，面对国民党特务，拍案而起，慷慨激昂地发表了即席讲演——著名的《最后一次讲演》，下午 5 时许，在回家途中，惨遭国民党特务杀害，时年仅 47 岁。噩耗传到上海，我父亲在办公室痛哭一场，怒骂国民党无耻，当场把自己的国民党证撕得粉碎。1916 年至 1946 年闻一多书信手迹，几乎涵盖了闻一多从 17 岁到 47 岁的生命过程。这些堪称历史文物的原件，部分是我父亲在抗日战争逃避轰炸的艰辛岁月中精心保存下来的，1946 年转交闻一多夫人高孝贞后，得到闻一多全家形影不离的守护。

快要解放的时候，我父亲从上海辞职回武汉。新中国成立后由婶娘魏克推荐到武汉电影院工作被任命为第一任经理。1984 年病逝于汉口。

跨界与拓新：史料方法理论

——2016 闻一多国际学术研讨会综述

裴 亮

（武汉大学）

2016 年，是现代著名诗人、学者、民主战士闻一多先生殉难七十周年。10 月 22 日至 23 日 "2016 闻一多国际学术研讨会" 在武汉大学隆重召开。研讨会由武汉大学文学院、《文学评论》编辑部、中国闻一多研究会、闻一多基金会、中国现代史学会主办，华中师范大学文学院、湖北大学文学院、中南民族大学文学与新闻传播学院、中南财经政法法大学新闻与文化传播学院、西南大学新诗研究所、江汉大学人文学院协办。武汉大学人文社科院副院长夏堃义、《文学评论》副主编高建平、武汉大学文学副院长方长安分别致辞，闻一多基金会理事长赵宝江发来了贺信。中共中央党校教务部主任、中国现代史学会会长柳建辉、日本二松学舍大学牧角悦子代表与会的中外学者发言。来自中国、日本等国家和香港、台湾等地区的八十余位学者与会，提交学术论文五十余篇，议题集中在古今文化转换中的闻一多、闻一多的学术思想与学术研究、闻一多的诗学思想与新诗创作、海外闻一多研究等，将闻一多研究推向了传统话题翻出新意、前沿问题集中凸显、跨学科研究成果显著的新阶段。

一 范式的跨学科"互渗":文史互证

闻一多的人生经历及其文学世界不仅蕴藏着独特的文化价值,更是一个历史阶段的坐标和时代精神的象征。对于闻一多与历史事件、文化思潮的关系以及生平文献史料的辨析,是本次会议的重点议题之一。相比以往单纯从文学作品出发的解读或局限于文献史料的勾连爬梳这种"从文本到文本"的单向度研究,本次研讨会论文更多地采取作家经历的史实性考证与文学史、思想史以及社会史相结合的文史互证法,以历史的、科学的态度来准确地理解历史语境中的闻一多与闻一多现象。

闻黎明(中国社科院)围绕闻一多《最后一次的演讲》诞生的时代背景、过程、报告会当时的现场状况等进行了社会史的考证,并以此为基础梳理和解读了这一作品在其后的传播过程中分别刊载在《学生报》《新华日报》《民主周刊》以及《闻一多全集》上不同版本的流变及其成因,使历史场景更加充实与完整。逄增玉(中国传媒大学)从思想史的角度切入,在与鲁迅与郭沫若的比较中,考察了闻一多在五四运动、创作新诗、抗战时期的文化复兴与复古等文学运动中表现出的独特选择与立场,论证了闻一多的文化选择与文学路向之于现代中国思想与文化发展方向的历史价值。商金林(北京大学)则从精神史的层面探讨了闻一多的"精英意识"的形成及其表现,具体包括"明辨是非坚守理性和底线""学术研究勇于自我修正""立场爱憎毫不避讳和遮掩""需要挺身而出时不惜赴汤蹈火"四个方面。

不少论者打破了以往仅就闻一多单一诗学思想进行孤立求证的研究模式,通过对闻一多个人教育史、生活史中关键节点的相关史料的爬梳,来探讨闻一多的思想形成路径与人生道路选择。陈卫(福建师范大学)以传记性的笔法考察了闻一多在武汉大学赴任与去职前后的求学、教学、生活、交友以及文学活动史实,指出在武汉大学期间他的案头准备与教学实践帮助他完成了从文学家到教育家、从作家到学者的身份转型。金富军(清华大学)梳理了闻一多从 1912 年入学到 1922 年毕业的十年间,清华大学在教学、管理、校园文化等方面的相关历史史料。从清华校史的角度探讨了校园文化之于闻一多思想形成的环境因素,特别指出闻一多为社会进步、民族富强而读书之思想的形成与清华学校积极提倡社会事业以培养学生实干和服务精神密不可分。吴艳（江汉大学）通过整理闻一多在西南联合大学时期的教学与研究活动，探究他是如何以教师和学者身份展开其"教"与"研"的互动，揭示出闻一多通过兼顾涵养精神情怀的"作文"与介入社会现实的"治学"来坚守和提升大学精神的做法具有典范性的教育价值。周建华（赣南师范大学）与陈昶（复旦大学）合作撰文通过检视闻一多在西南联大参与的教育、学术与政治活动，梳理了闻一多从加入西南文化研究会到加入民盟再到殉难期间思想与行为变化的发展轨迹，指出1943年的"唐诗课"事件在闻一多联大时期的思想发展中具有标志性的转折意义：走出书斋，放眼现实，追求民主。

对闻一多相关文献史料的跨文体发掘、辑佚和整理研究，也是本次研讨会的一大亮点。

汪德富及姚娜（闻一多书画院）搜集整理了新闻媒体对闻一多故居重建工作的新闻报道，还原了闻一多故居建设中的历史过程和具体细节。陈建军（武汉大学）新发现了闻一多在《清华周刊》（1925年3月6日）上发表的一则新闻稿，在上海国立政治大学刊物《政治家》上发表的一首新诗《往常》，并考证此诗乃是闻一多为长女闻立瑛所写。作者还发现了闻一多致容庚手札一通、为陈梦家《高禖郊社祖庙通考》所作跋文一篇，为徐志摩所作肖像速写画一幅。这些佚作均未收入《闻一多全集》，相关年谱与传记中也未见著录，具有重要的文献价值。

二　对象的跨文类"融通"：古今对话

闻一多不仅是一位诗人，也是一位文学史家、一位民主斗士。多重的身份与人格在闻一多身上于不同时期或隐或显。身份的复杂性在带来多元化研究视角的同时，也易造成某种论说格局的固化和思维模式的僵化。本次研讨会在研讨对象的选定上，打破了既往研究在文章类别与时间序列中呈现出的"现代—诗歌—诗人"与"古代—文论—学者"这种将现代与古代、诗歌创作与文学研究割裂的思维模式，将其放在古今融会中来反思其创作与文论间的"对话"与"融通"关系。

潘吉英（福建师范大学）通过探讨闻一多《唐诗杂论》中批评贾

岛诗歌时提出的"人生的半面"这一观点中所蕴含的特殊性与共通性，分析指出抗日战争不仅是闻一多角色转换萌芽的契机，也是他写作《贾岛》的土壤。在战争触发下，具有强烈现实关怀精神的闻一多从生活史的角度着眼，在"郊寒岛瘦"相似的诗风中寻绎出他们迥异的生活态度，在历史借鉴中汲取了自我体悟与反思的资源。牧角悦子（日本二松学舍大学）则将闻一多的诗歌创作与诗性人格和他的古典学研究（尤其是神话研究）进行对读，指出闻一多的神话学方法论与其诗人身份密不可分。闻一多的神话研究也充分融汇了他对诗歌灵性超越理性与感性的模糊性理解。基于诗与神话之间的亲和性，闻一多将古典学研究的重心放在古代，并将诗的起源问题置于神话研究以及古代歌谣研究的背景之下进行研究，从而在诗以及神话研究上开创了新的局面。郑月超（日本庆应义塾大学）以《乐府诗笺》为中心分析探讨了闻一多的现代治学观念与古典乐府研究之间的关联。分析认为正是闻一多诗人、教师和学者的多重身份使闻一多既有诗人对语言文字的灵性又有教师的条理性和研究者的缜密性。这多重特性呈现在现代文学史研究与书写观念下的文字校勘与注释之中，成就了乐府研究的伟大杰作《乐府诗笺》。

中国现代学术史中不乏兼有作家身份的学者，这是从古典向现代学术转型中一个值得研究的现象。闻一多的学术研究是在中国学术史和现代学术语境中生成的，他的学术世界和学术史的关系也呈现出相当的复杂性和丰富性。刘殿祥（大同大学）在梳理闻一多与中国学术史关系的基础上，将闻一多的国学研究置于中国现代学术语境和学术流派中进行考察，指出闻一多学术研究特别是国学研究的从"诗"到"思"的现代国学研究的特征，即主体性的学术人格、个性化的学术历程和现代化的学术思想。吕若涵（福建师范大学）以闻一多古典文学研究中的《唐诗杂论》及其他相关学术文章为例，探讨现代作家型学者的论学文章，经由文学性思维与辞章文采的渗透后，文体上向学术随笔移位倾靠的过程，并指出在此过程中，中国诗文评传统与现代学术规范共同发挥着重要作用。

三 方法的跨领域"创新"：从文到人

本次研讨会上来自文学、史学、艺术学、教育学等多领域的学者就闻一多研究展开了广泛深入的交流互动。不同学科背景的学者都注意到了跨学科对于研究闻一多的重要性。一些论文，表明很多学者特别注意跨学科的新视角，借鉴心理学、视觉形象学、教育学、译介学、传播学等理论方法来积极开拓闻一多研究的新向度和新空间。

沈楠（云南大学）、尹可丽（云南师范大学）合作撰文从心理学的人格理论出发，运用心理传记学的研究方法，探讨了闻一多六个主要人生阶段的人格发展及影响因素。经过大量文献和数据的统计发现影响其人格发展的因素主要包括传统文化中的理想人格、闻一多所认同的精神榜样、与师长及学生的互动交往，以及闻一多的自我调控系统等。梁笑梅（西南大学）通过分析闻一多的静态影像（图传、画传）与动态影像（电视剧、纪录片、电影），指出基于不同的文化立场和价值取向，影像世界中的人物形象与历史和现实构成潜在的对话关系。"神圣化"策略常被用于闻一多这样的革命和进步诗人的研究中，塑造出高大完美的正面形象，成为担负教化功能的典范。戚慧（武汉大学）从中学语文教育的角度，梳理出 80 年来不同时期闻一多作品入选中学语文教材的情况，认为中学语文教材对闻一多作品的编选和解读多侧重于政治性的阐释而往往忽视了闻一多作品特有的艺术价值和文化内涵，对作品的人文精神和人文关怀关注不够，遮蔽了闻一多作品的艺术特质与鉴赏价值。熊辉（西南大学）从译介学的视角探讨了闻一多诗歌翻译的选材标准、译者的文化素养以及译诗在译入语国语境中的合法性等问题，指出闻一多的译诗文体观念是其新诗文体观念的构成部分，并受到早期中国新诗形式观念的影响和制约。明飞龙（赣南师范大学）从文化空间和文学生产的角度出发，勾勒西南联大相关文化沙龙的面貌，阐释其与闻一多后期诗学精神生成之间的关联，认为闻一多后期的诗学精神与西南联大文化沙龙之间是一种相互推动、相辅相成的关系。周仁政（湖南师范大学）综合运用概念史考古与文本细读相结合的方法，对《死水》与"象征主义"的关系问题进行了学理性考察，指出中国早期象征主义虽以李金发为代表，但其开创的"难懂"的写作范例并未真正被中国现代诗歌传统所接纳。而闻一多的《死水》以"审丑"为特征，代表着新诗审美主义由牧歌式的自然审美向象征化的都市"审丑"的转换，是一种继承了波德莱尔初期创作特色的"好懂"的象征主义。

此外，还有学者从传播学的视角探讨闻一多及其作品在文学史书写评价与普通读者阅读接受中的状况。余蔷薇（武汉大学）以徐志摩与闻一多的比较考察为案例，指出徐志摩的诗歌虽拥有持续不衰的读者群体，但此阅读盛况没有使他重返在民国文学史著中的显赫地位。而闻一多的诗歌阅读虽然遭遇冷淡，但其在文学史著中的地位也没有因此动摇。以此现象出发余文梳理了二者在新诗史中地位的起伏变化与其作品在读者中的接受状况的关系。陈澜（江汉大学）则对闻一多诗集《红烛》、《死水》的接受史进行了历时性梳理，指出大致经历了备受冷落、同盟者热捧、褒贬共存、政治意识形态化阐释、学理性解读五个阶段。这种变化与政治文化气候、文学场域、阅读接受语境以及诗人自身命运的改变等因素密不可分。

四 视野的跨文化"拓展"：中西交流

将闻一多的文学世界放置在跨文化交流与跨语际流动中进行考察，无疑使闻一多研究获得了更为广阔的全球视野，有利于呈现出闻一多文学价值及其精神蕴含的复杂性与多面性。邓捷（日本关东学院大学）从留日作家的越境体验出发梳理了从鲁迅、穆木天到郭沫若、郁达夫笔下作为"现代性"表象的女性描写，并以之为参照谱系比较分析了闻一多留美期间的诗歌中的女性书写，认为诗人笔下对爱人、对祖国、对自己的文学理想所表达的现代性想象可称为"风与琴"的关系。诗人们摇摆于爱国的感情和纯粹的艺术（文学）之间而谋求二者的共存。留日作家以"象征诗"为媒介，而留美的闻一多则借鉴了"律诗"的形式。小林基起（日本鹿儿岛大学）从闻一多海外传播的角度切入，梳理了日本闻一多研究的学术史，特别指出日本九州大学目加田诚先生所撰写的《闻一多评传》（1955 年 6 月《文学研究》第 52 辑），不论是材料的丰富还是论证的水平都非常具有学术价值，从多个方面全面成功地描绘出闻一多先生的整体形象，可以视为日本闻一多研究的开山之作。任毅（闽南师范大学/武汉大学）基于对闻一多与基督教之关系的梳理，从宗教文化的角度分析了闻一多诗歌中的宗教理念、楚辞研究中所渗透的佛道禅精神以及他参与民主活动中表现出的宗教情怀，指出闻一多接受基督教文化，看重的是宗教精神凝聚人心、振兴民族的理论意义。邹小娟（武汉大学）则以闻一多在清华和美国求学阶段所阅读和翻译的英美诗歌为研究对象，梳理了他受到英国诗人阿尔弗雷德·丁尼生、郝士曼以及勃朗宁夫妇等诗人在诗学层面的影响。通过梳理闻一多旅美期间与美国意象派诗人的文学交往和精神联系，归纳出了他在新诗创作和理论的建构过程中对西方诗歌艺术的汲取和吸收。与之相呼应的是杨四平、魏文文（安徽师范大学）二人从跨文化交流中最常见的"回返影响"的角度出发，探讨了跨语境文学交往下闻一多的意象主义诗学生成过程中的美国因素及其影响途径。

五　理论的跨越式"突破"：继往开来

诗学理论与诗学思想一直以来是闻一多研究中的传统课题，也是成果积累最为丰富的学术领域。本次研讨会跳脱了以往较多局限于"三美理论""诗歌节奏""新诗格律化"等传统话题展开探讨的格局，对闻一多的后期诗学、诗歌朗诵理论、文学交往与诗学建构之关联等前沿热点进行了富有新意的考察，收获了一批重量级的研究成果。李海燕、陈国恩（武汉大学）合作撰文对闻一多后期诗学思想中表现出逐渐远离纯诗、凸显现实主义色彩的特点进行了考察，指出闻一多后期诗学并非前期诗学的彻底否定和摒弃，而是闻一多生命诗学的内在调整和发展。罗义华（中南民族大学）将闻一多从 1912 年进入清华学校到 1926 年发表《诗的格律》的经历划分为清华十年、留美三年、归国一年三个区间，分别梳理了闻一多在上述三种时空区间里的文学交往活动，探讨了交往关系对于闻一多新诗理论建设活动的意义。李光荣（西南民族大学）从闻一多后期所提出的"全新的诗"这一新诗发展目标为线索对闻一多的诗歌朗诵理论进行了全新的考察。通过对闻一多指导新诗社创作实践活动的梳理，李文认为闻一多提倡的朗诵诗有以下原则：在态度上是人民立场，在功能上是团结战斗，在艺术上是综合运用，在风格上是雅俗共赏。这样的思想态度和艺术风格，正是他"全新的诗"的理论追求。这些研究成果拓宽了闻一多诗学理论探索的视野和领域，具有推动这一传统课题研究继往开来的重大价值。

本次会议闭幕式由中国闻一多研究会会长、武汉大学陈国恩主持。他从文史研究相结合的模式转换、研究方向的广泛拓新、旧问题的新阐释和多领域的视角交叉四个方面对本次学术研讨会的特点和创新点进行了高屋建瓴的总结。武汉大学孙党伯教授致大会闭幕词，他再次强调了闻一多先生鲜明独特的人格魅力，严谨扎实的学术态度，爱国献身的精神气节，对当下知识分子仍具有重要的教育意义与榜样价值。同时，他也肯定了本次研讨会在传承中求创新，坚持知人论世、实事求是的学术精神，必将给今后的闻一多研究带来更为深广的学术空间和良好的发展契机。

新增中国闻一多研究会
理事名单

（以姓氏拼音排名）

常务理事：

　　江　斌　贾英坚　宋　靖

理　　事：

　　陈　昶　陈建军　陈　澜　邓　捷　戴美政　郭铁军　高晓红

　　胡德才　纪海龙　金富军　李海燕　李俊国　梁笑梅　吕若涵

　　罗义华　任秀霞　任　毅　逄增玉　裴　亮　彭　磊　施　军

　　孙晓萍　汪德富　王桂妹　闻丹青　吴翔宇　吴　艳　万龙生

　　叶　林　杨　彬　袁晴川　余蔷薇　禹权恒　翟业军　张文明

　　张延果　庄桂成　周建华　周仁政　邹小娟　朱华阳

后　　记

2016 年，是中国现代著名诗人、学者、民主战士闻一多先生殉难 70 周年。

经过一年多的筹备，获国家教育部的批准，2016 年 10 月 22—23 日，由武汉大学文学院、《文学评论》编辑部、中国闻一多研究会、闻一多基金会、中国现代史学会主办，华中师范大学文学院、湖北大学文学院、中南民族大学文学与新闻传播学院、中南财经政法大学新闻与文化传播学院、西南大学新诗研究所、江汉大学人文学院协办，2016 闻一多国际学术研讨会在武汉大学召开。来自国内各高校、研究机构和日本等国家和地区的 80 余名学者与会，收到论文 50 余篇。

闻一多基金会理事长、国家建设原副部长、武汉市原市长赵宝江给研讨会发来了贺信。武汉大学人文社科院副院长夏埒义教授，《文学评论》副主编、国际美学学会主席高建平教授，中共中央党校副教育长、中国现代史学会常务副会长柳建辉教授，日本闻一多学会会长、日本二松学舍大学牧角悦子教授，武汉大学文学院副院长方长安教授先后在开幕式上致辞，祝贺研讨会的召开，强调当下闻一多研究被时代所赋予的新价值，面临的新挑战。闭幕式上，中国闻一多研究会会长、武汉大学文学院陈国恩教授做学术总结，中国闻一多研究会原秘书长、武汉大学文学院孙党伯教授致闭幕词。

这是闻一多研究史上一次承前启后、开拓创新的国际学术研讨会。与会学者就闻一多与爱国主义传统、古今文化转换中的闻一多、闻一多与大学精神、闻一多的学术思想与学术研究、闻一多的诗学思想与新诗创作、海外闻一多研究等课题进行了广泛交流，深入研讨，取得了重要成果。年轻学者，已经成为闻一多研究的一支重要力量。

　　论文经作者修订，现汇编成册，付梓出版。要感谢主办单位和协办单位为研讨会的顺利举办和论文集出版所给予的宝贵支持，责编的辛苦也在此一并致谢。

编　者

2017 年 1 月 15 日